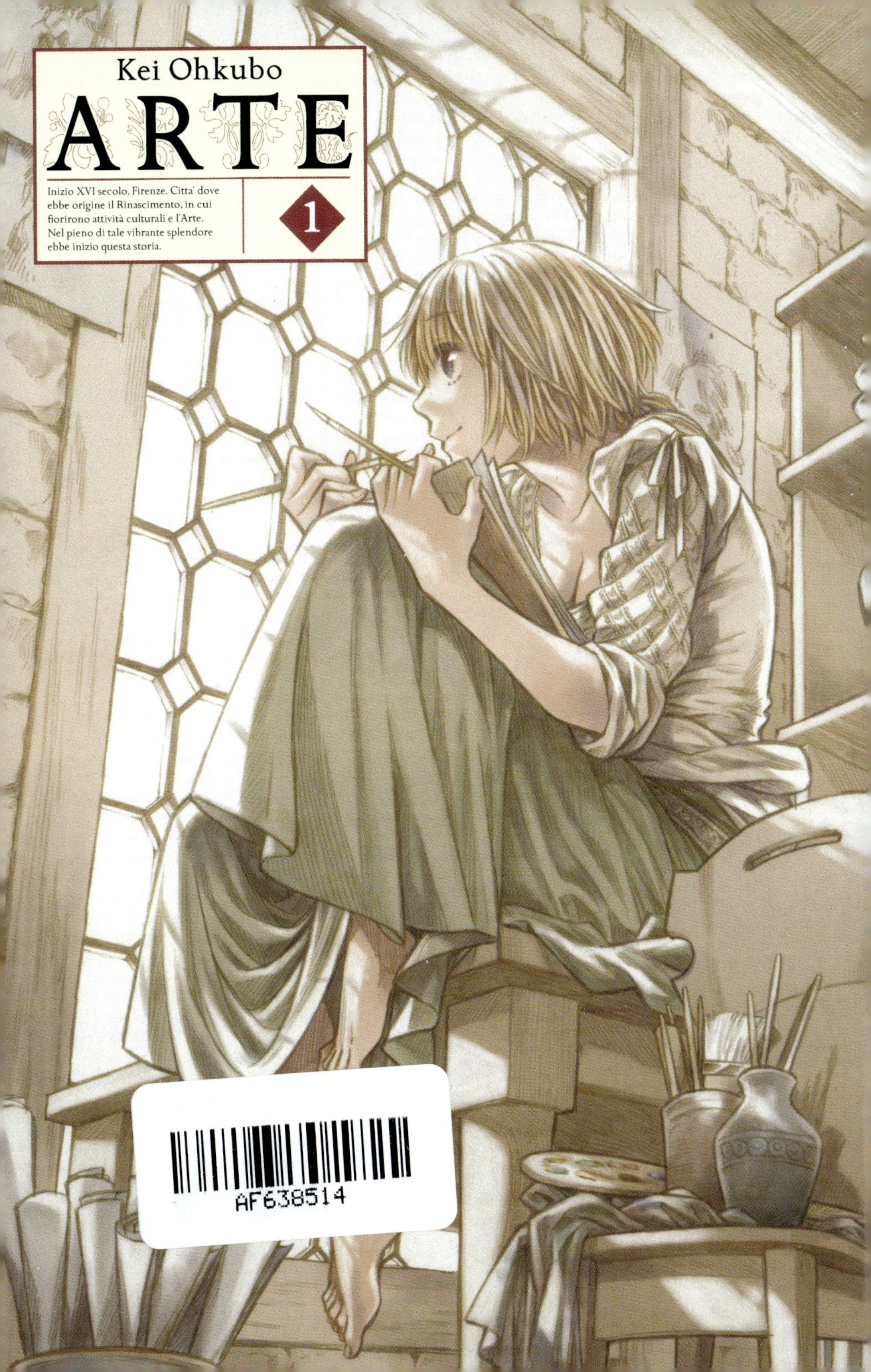
Kei Ohkubo
ARTE
Inizio XVI secolo, Firenze. Citta' dove ebbe origine il Rinascimento, in cui fiorirono attività culturali e l'Arte. Nel pieno di tale vibrante splendore ebbe inizio questa storia.
1

INHALT

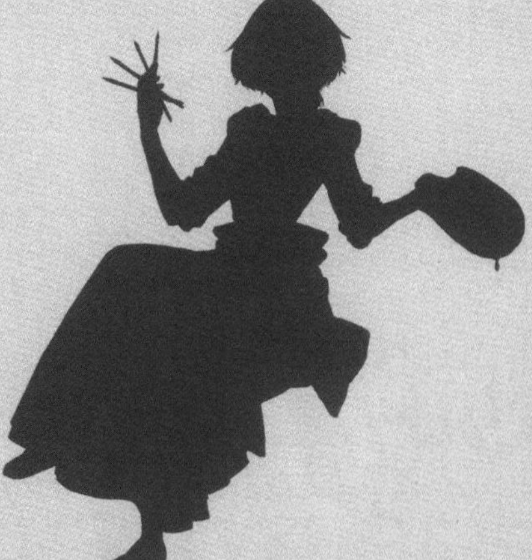

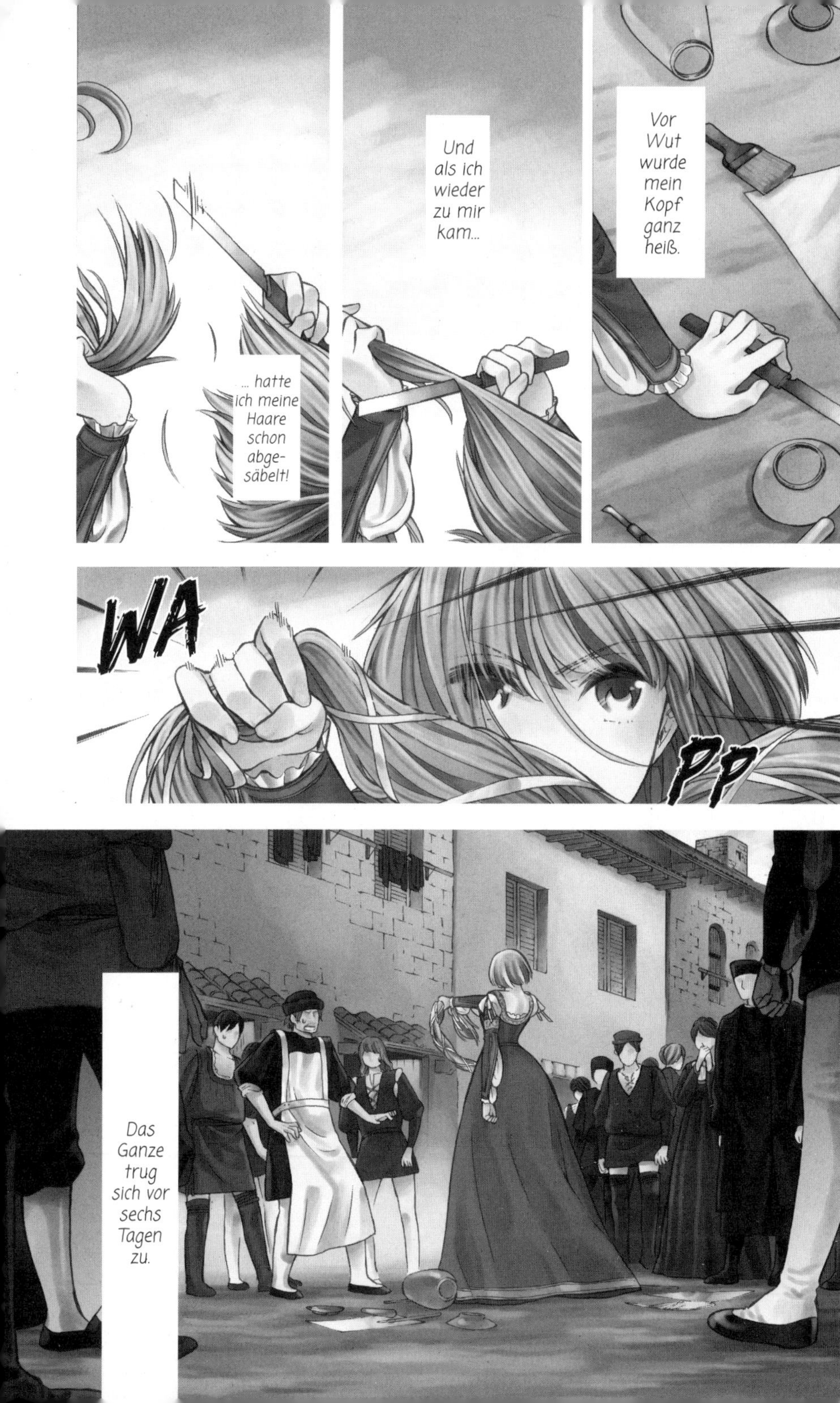
Vor Wut wurde mein Kopf ganz heiß.
Und als ich wieder zu mir kam...
... hatte ich meine Haare schon abgesäbelt!
WA
PP
Das Ganze trug sich vor sechs Tagen zu.

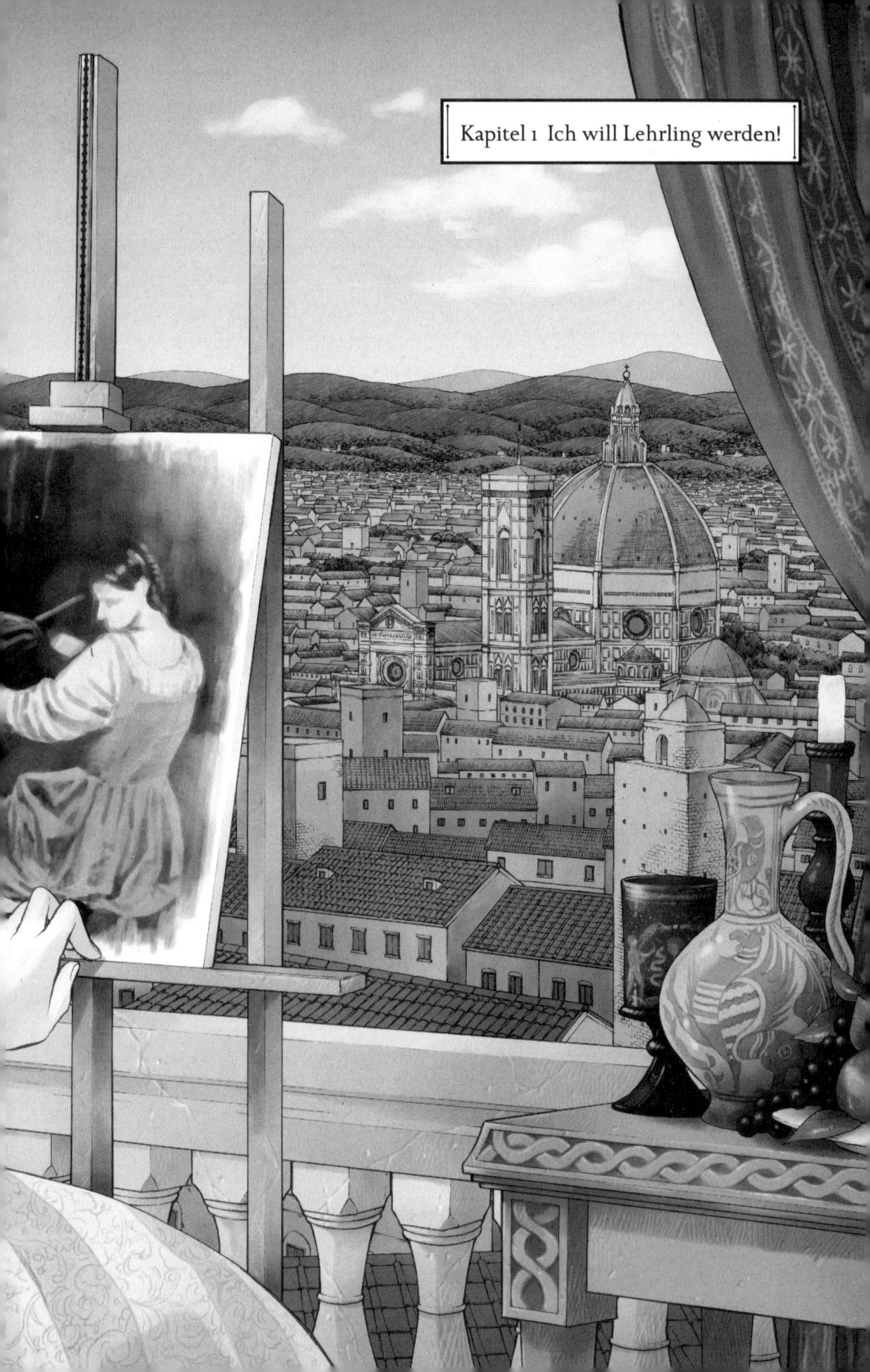
Kapitel 1 Ich will Lehrling werden!

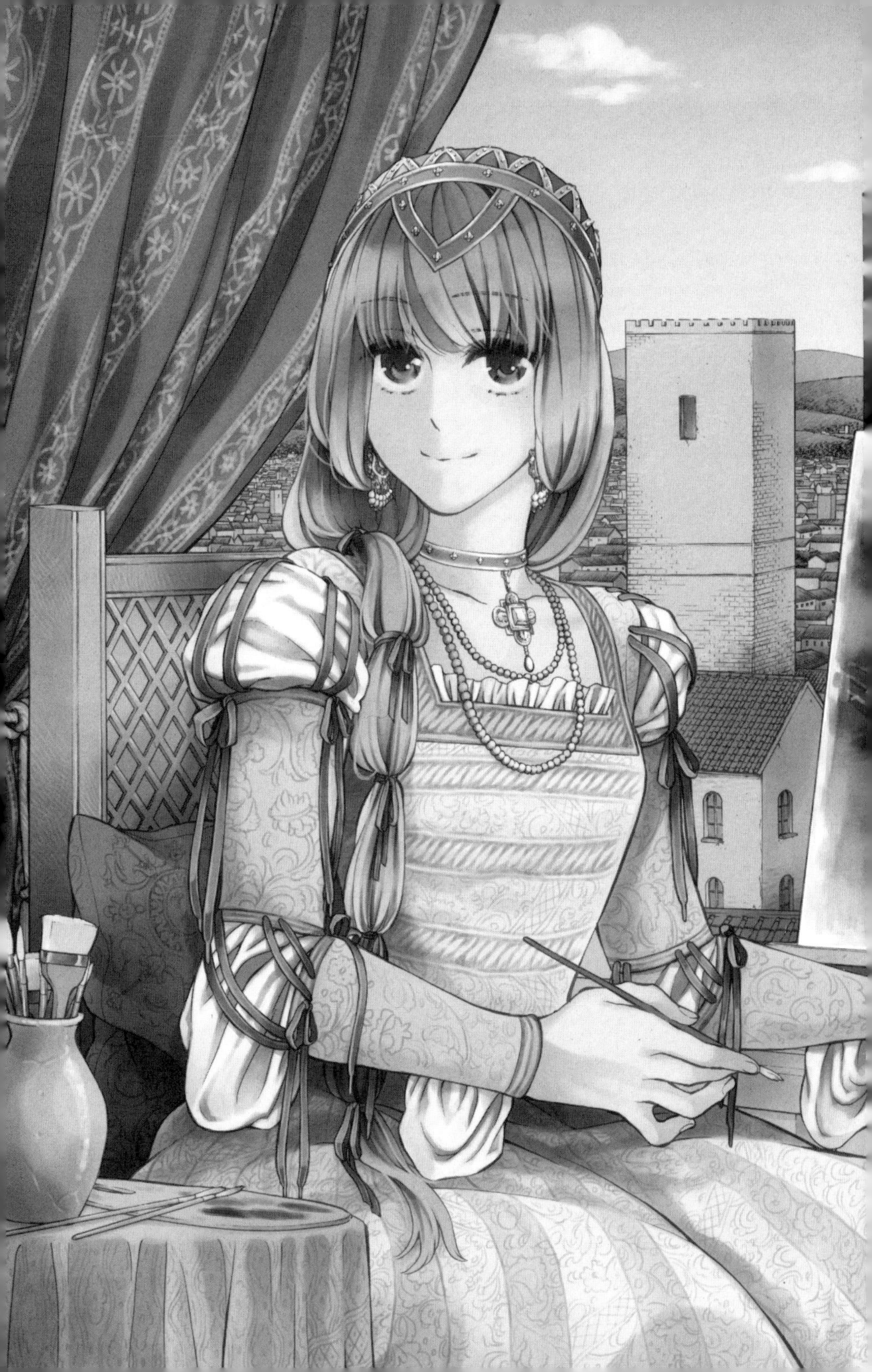

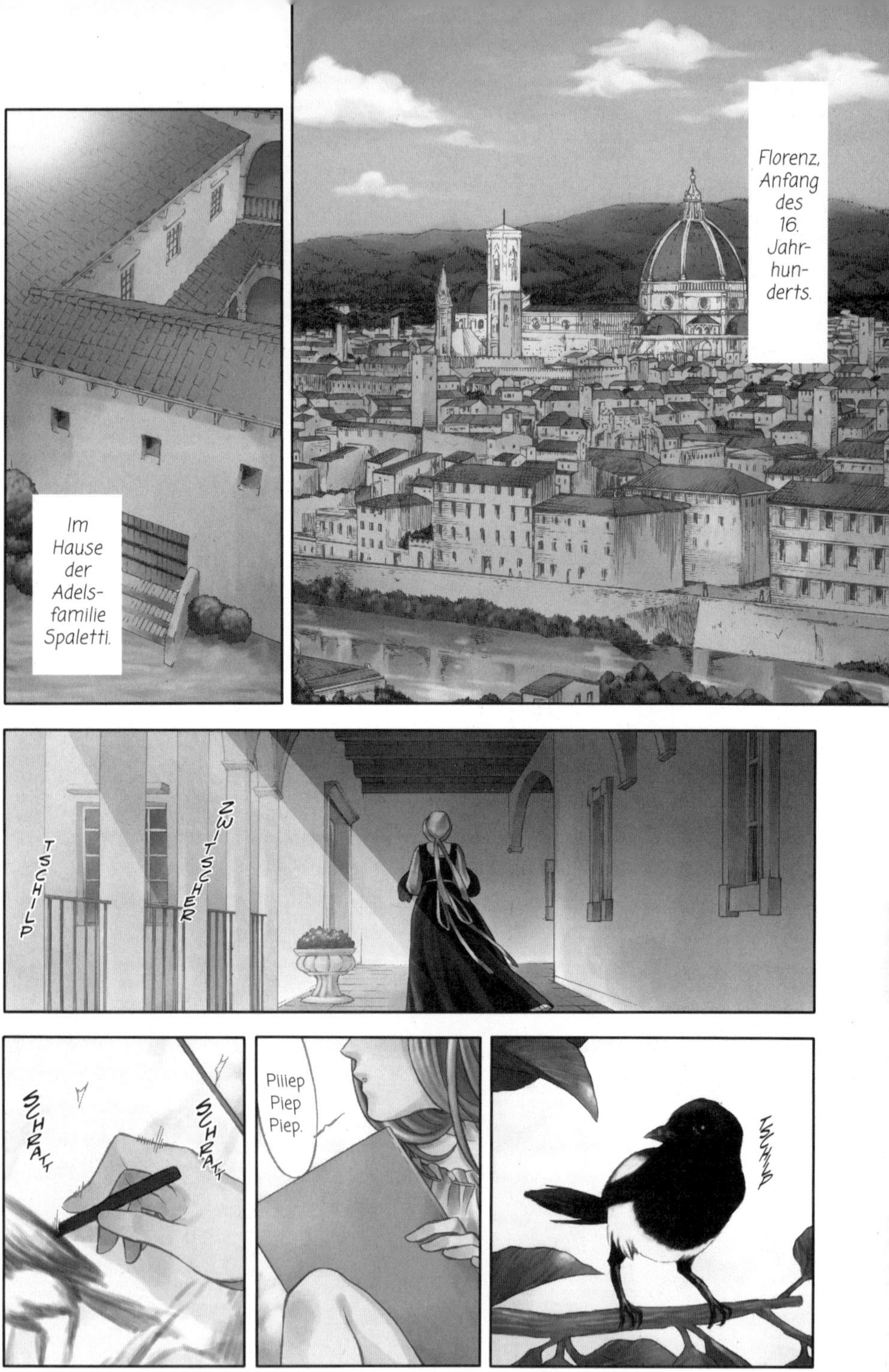
Florenz, Anfang des 16. Jahrhunderts.
Im Hause der Adelsfamilie Spaletti.
ZWITSCHER
TSCHILP
TSCHILP
Piiiep Piep Piep.
SCHRAKK
SCHRAKK

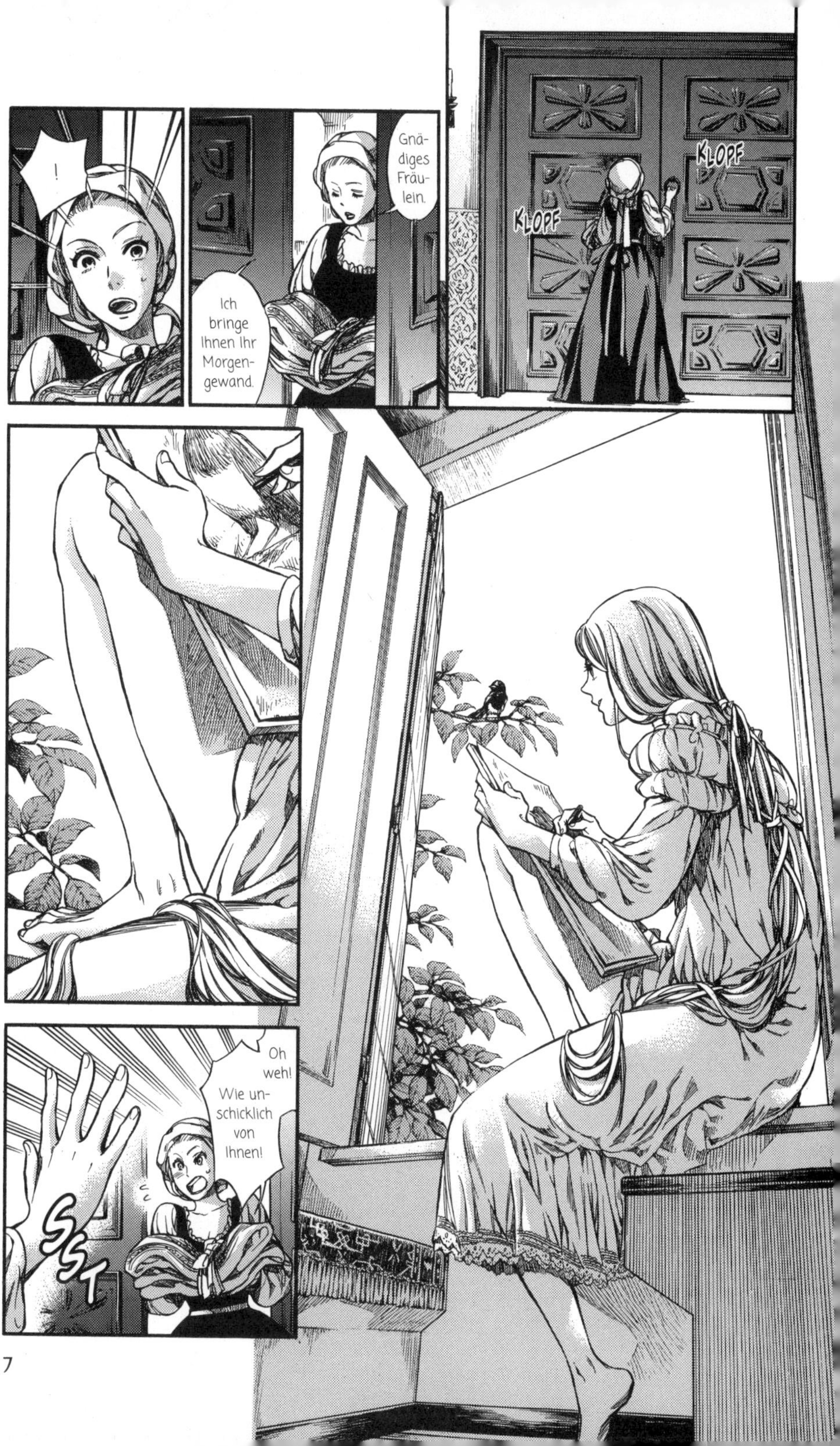
KLOPF
KLOPF
Gnädiges Fräulein.
Ich bringe Ihnen Ihr Morgengewand.
!
Oh weh!
Wie unschicklich von Ihnen!
SST

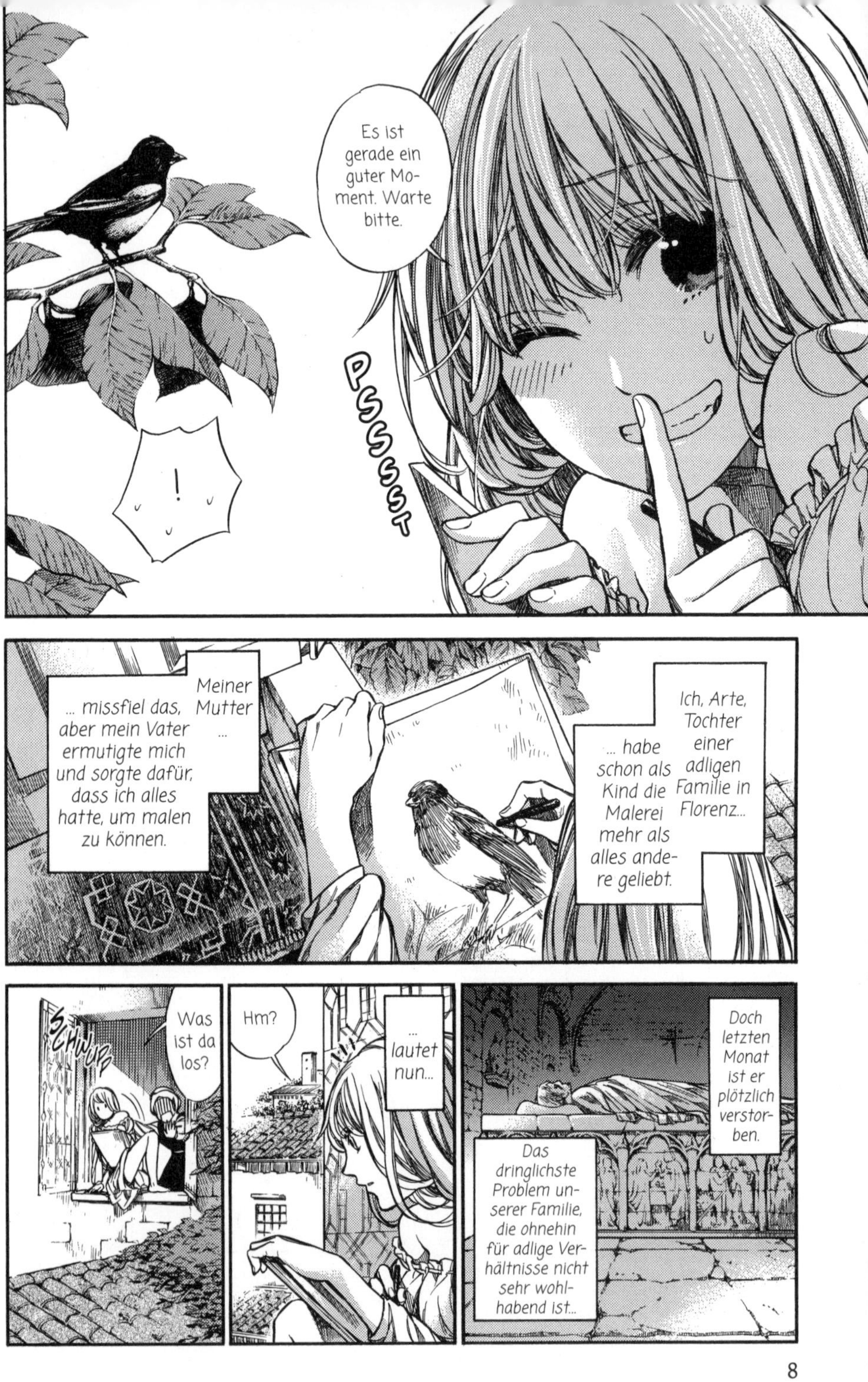
Es ist gerade ein guter Moment. Warte bitte.
PSSSST
!
Ich, Arte, Tochter einer adligen Familie in Florenz...
... habe schon als Kind die Malerei mehr als alles andere geliebt.
Meiner Mutter ...
... missfiel das, aber mein Vater ermutigte mich und sorgte dafür, dass ich alles hatte, um malen zu können.
Doch letzten Monat ist er plötzlich verstorben.
Das dringlichste Problem unserer Familie, die ohnehin für adlige Verhältnisse nicht sehr wohlhabend ist...
... lautet nun...
Hm?
Was ist da los?
SCHWUP

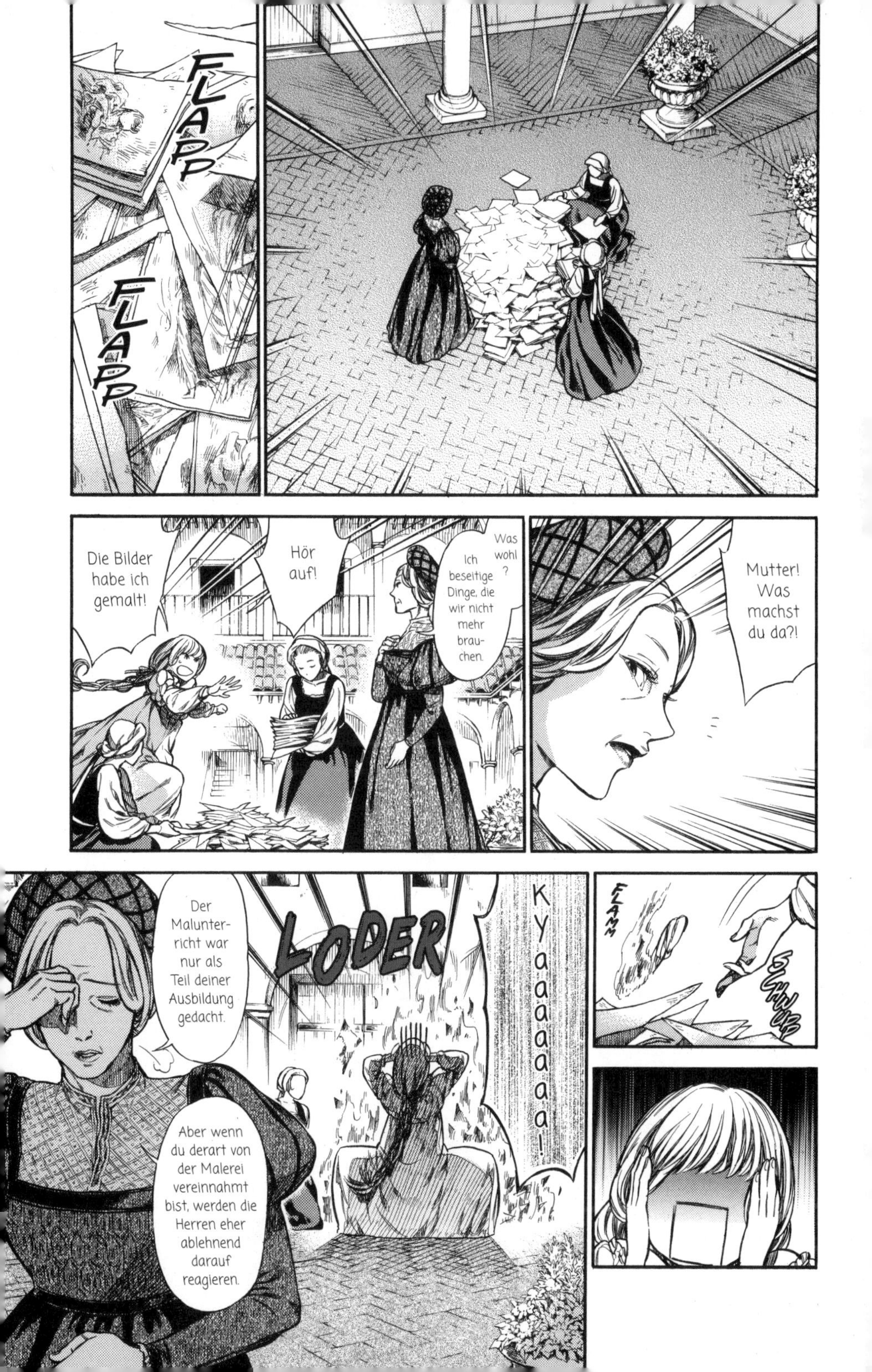
FLAPP
FLAPP
Mutter! Was machst du da?!
Was wohl?
Ich beseitige Dinge, die wir nicht mehr brauchen.
Hör auf!
Die Bilder habe ich gemalt!
SCHWUPP
FLAMM
LODER
KYaaaaaaa!
Der Malunterricht war nur als Teil deiner Ausbildung gedacht.
Aber wenn du derart von der Malerei vereinnahmt bist, werden die Herren eher ablehnend darauf reagieren.

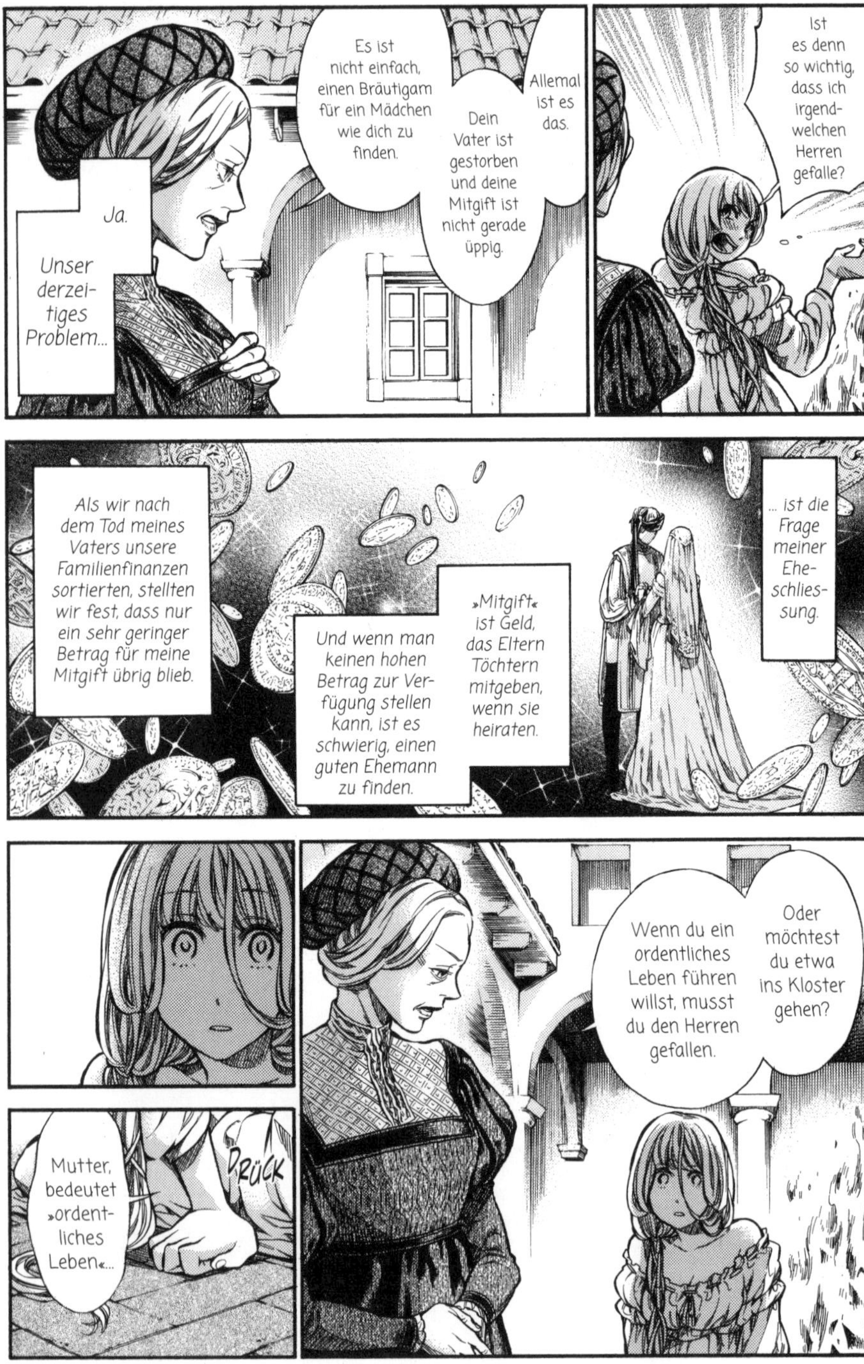
Ist es denn so wichtig, dass ich irgendwelchen Herren gefalle?
Allemal ist es das.
Dein Vater ist gestorben und deine Mitgift ist nicht gerade üppig.
Es ist nicht einfach, einen Bräutigam für ein Mädchen wie dich zu finden.
Ja.
Unser derzeitiges Problem...
... ist die Frage meiner Eheschliessung.
»Mitgift« ist Geld, das Eltern Töchtern mitgeben, wenn sie heiraten.
Und wenn man keinen hohen Betrag zur Verfügung stellen kann, ist es schwierig, einen guten Ehemann zu finden.
Als wir nach dem Tod meines Vaters unsere Familienfinanzen sortierten, stellten wir fest, dass nur ein sehr geringer Betrag für meine Mitgift übrig blieb.
Oder möchtest du etwa ins Kloster gehen?
Wenn du ein ordentliches Leben führen willst, musst du den Herren gefallen.
DRÜCK
Mutter, bedeutet »ordentliches Leben«...

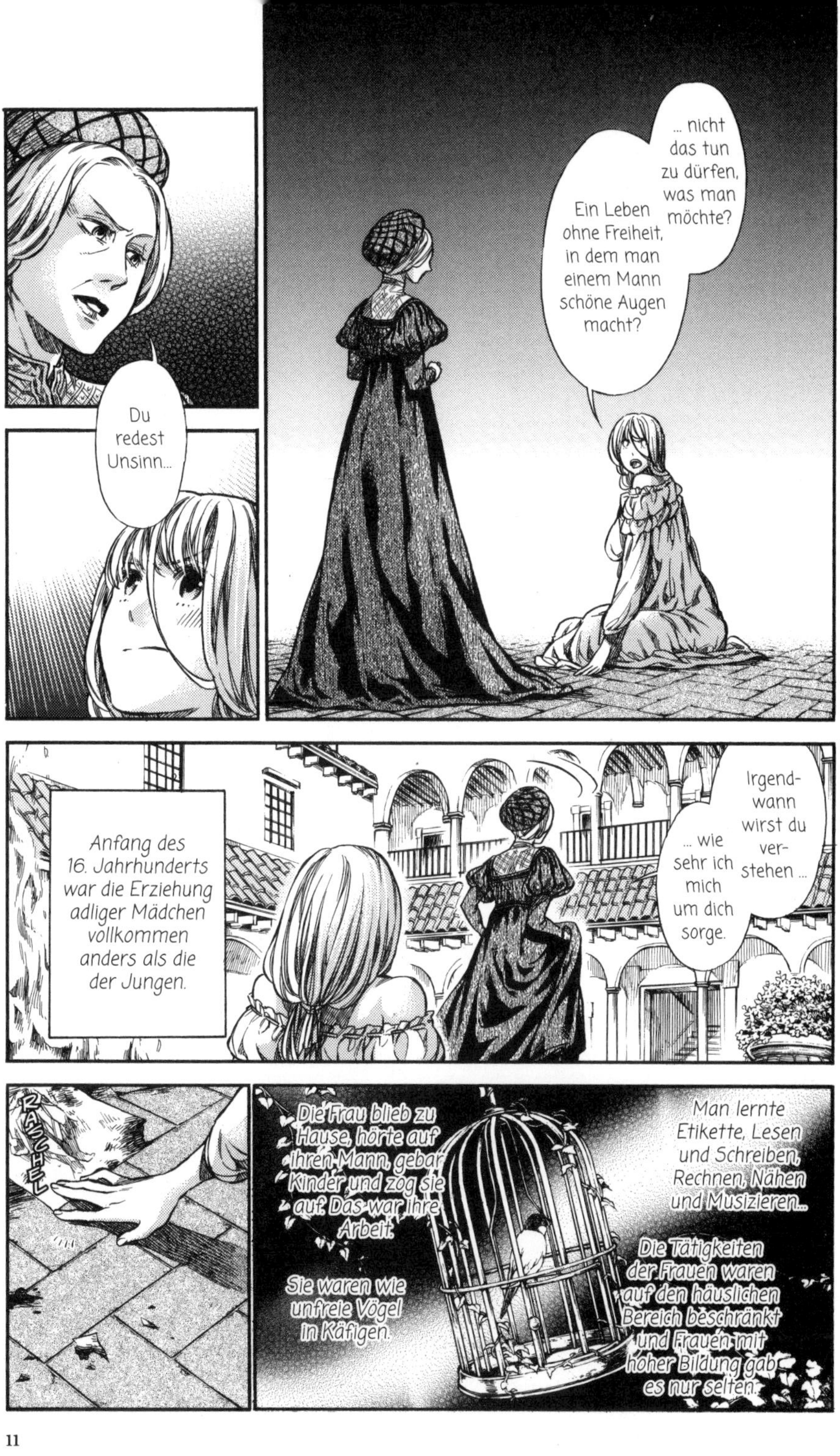
Du redest Unsinn...
Ein Leben ohne Freiheit, in dem man einem Mann schöne Augen macht?
... nicht das tun zu dürfen, was man möchte?
Anfang des 16. Jahrhunderts war die Erziehung adliger Mädchen vollkommen anders als die der Jungen.
Irgendwann wirst du verstehen ...
... wie sehr ich mich um dich sorge.
RASCHEL
Die Frau blieb zu Hause, hörte auf ihren Mann, gebar Kinder und zog sie auf. Das war ihre Arbeit.
Sie waren wie unfreie Vögel in Käfigen.
Man lernte Etikette, Lesen und Schreiben, Rechnen, Nähen und Musizieren...
Die Tätigkeiten der Frauen waren auf den häuslichen Bereich beschränkt und Frauen mit hoher Bildung gab es nur selten.

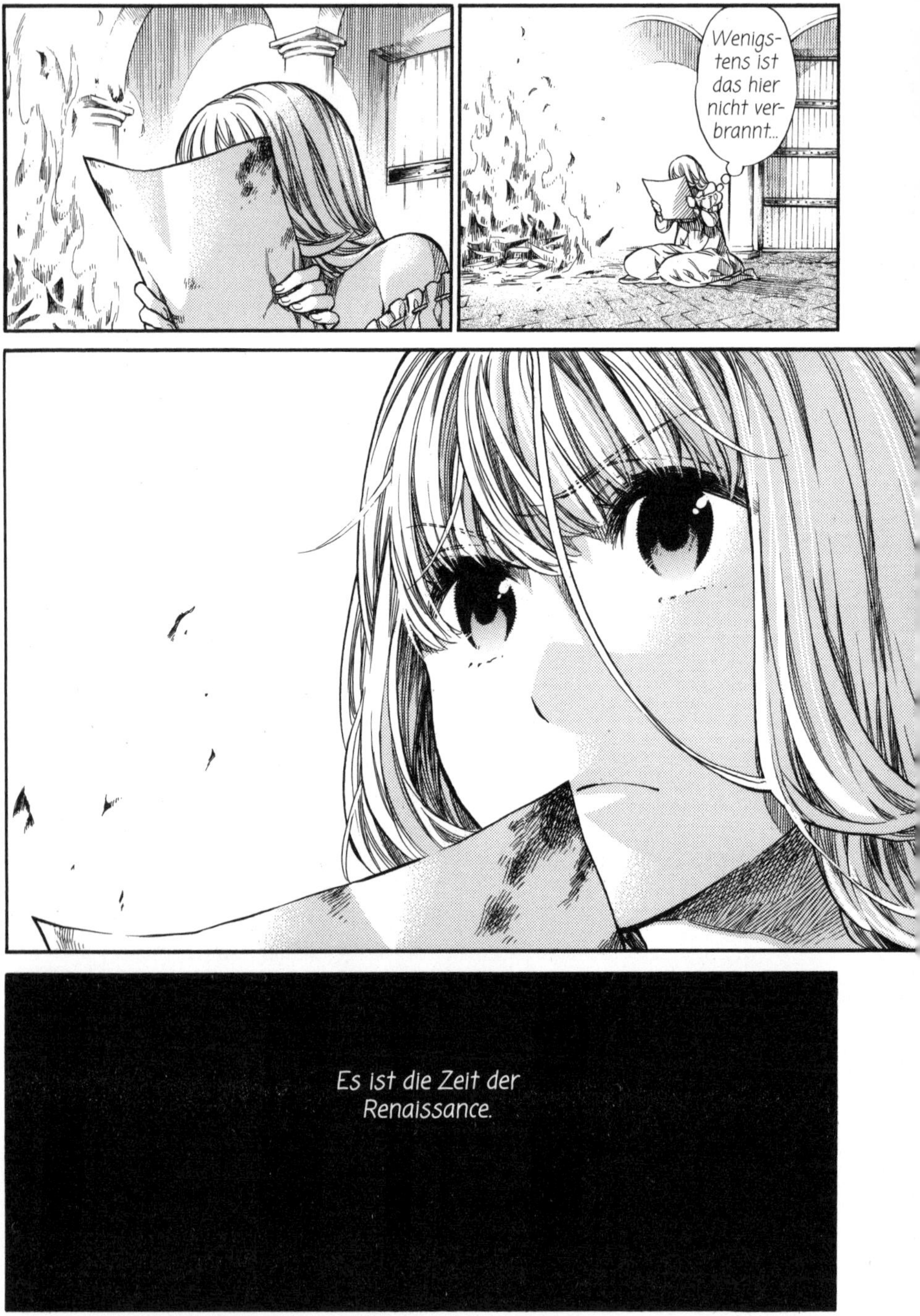
Wenigstens ist das hier nicht verbrannt...
Es ist die Zeit der Renaissance.

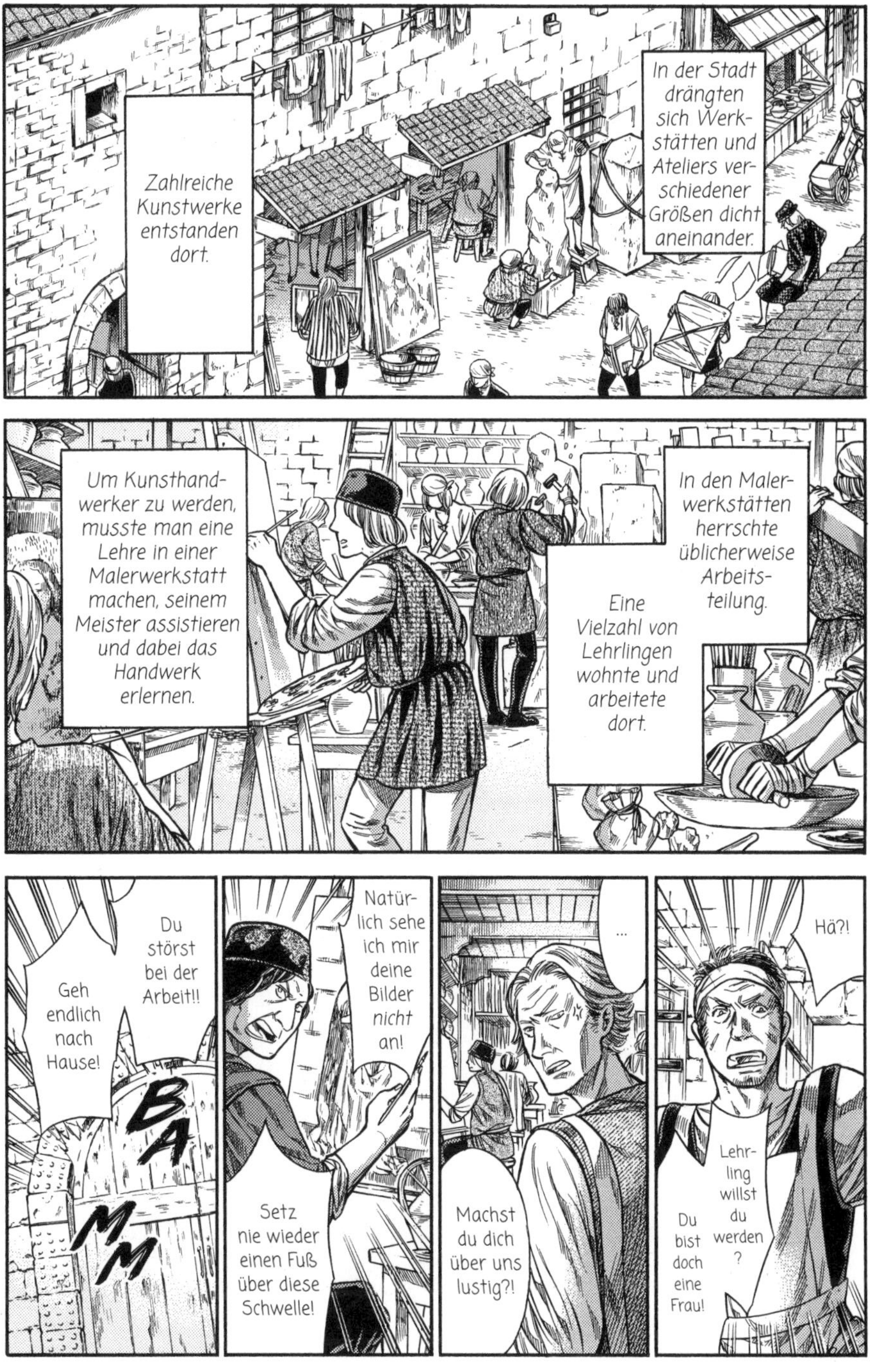

In der Stadt drängten sich Werkstätten und Ateliers verschiedener Größen dicht aneinander.
Zahlreiche Kunstwerke entstanden dort.
In den Malerwerkstätten herrschte üblicherweise Arbeitsteilung.
Eine Vielzahl von Lehrlingen wohnte und arbeitete dort.
Um Kunsthandwerker zu werden, musste man eine Lehre in einer Malerwerkstatt machen, seinem Meister assistieren und dabei das Handwerk erlernen.
Hä?!
Lehrling willst du werden?
Du bist doch eine Frau!
...
Machst du dich über uns lustig?!
Natürlich sehe ich mir deine Bilder nicht an!
Setz nie wieder einen Fuß über diese Schwelle!
Du störst bei der Arbeit!!
Geh endlich nach Hause!
BAMM

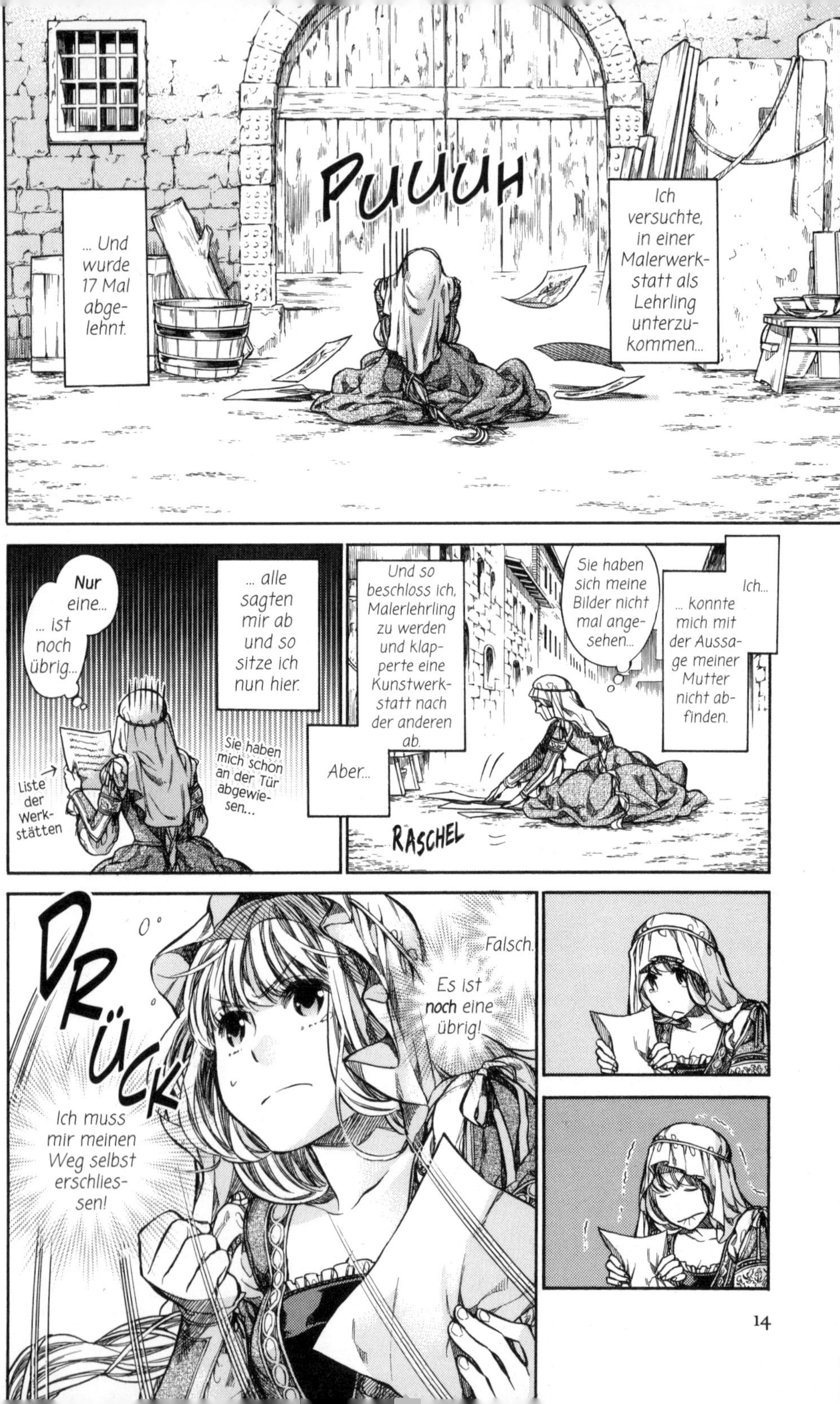
Ich versuchte, in einer Malerwerkstatt als Lehrling unterzukommen...
... Und wurde 17 Mal abgelehnt.
PUUUH
Ich...
... konnte mich mit der Aussage meiner Mutter nicht abfinden.
Sie haben sich meine Bilder nicht mal angesehen...
Und so beschloss ich, Malerlehrling zu werden und klapperte eine Kunstwerkstatt nach der anderen ab.
Aber...
RASCHEL
... alle sagten mir ab und so sitze ich nun hier.
Nur eine...
... ist noch übrig...
Sie haben mich schon an der Tür abgewiesen...
Liste der Werkstätten
Falsch.
Es ist noch eine übrig!
Ich muss mir meinen Weg selbst erschliessen!
DRÜCK

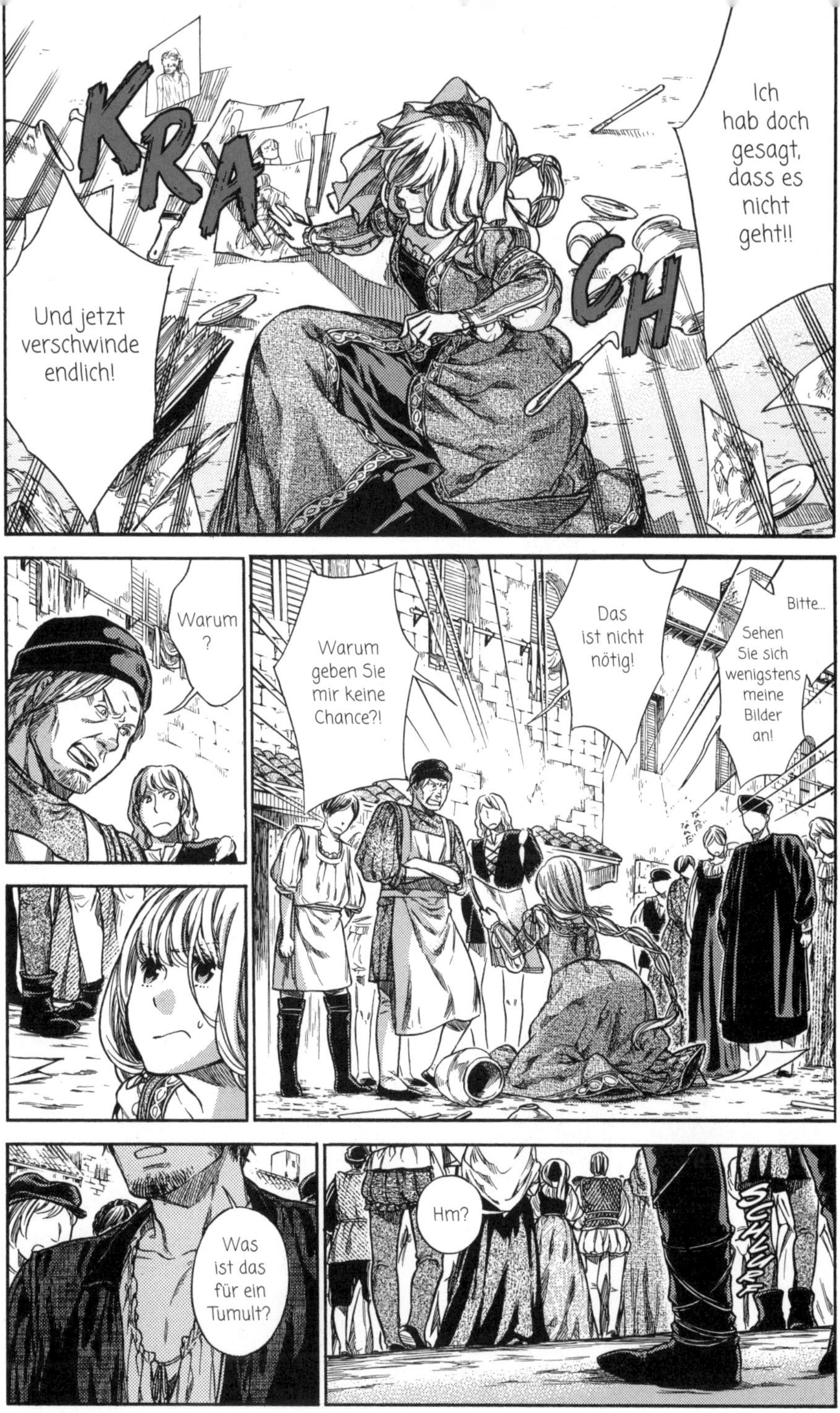
Ich hab doch gesagt, dass es nicht geht!!
KRA
CH
Und jetzt verschwinde endlich!
Bitte...
Sehen Sie sich wenigstens meine Bilder an!
Das ist nicht nötig!
Warum geben Sie mir keine Chance?!
Warum?
Hm?
Was ist das für ein Tumult?

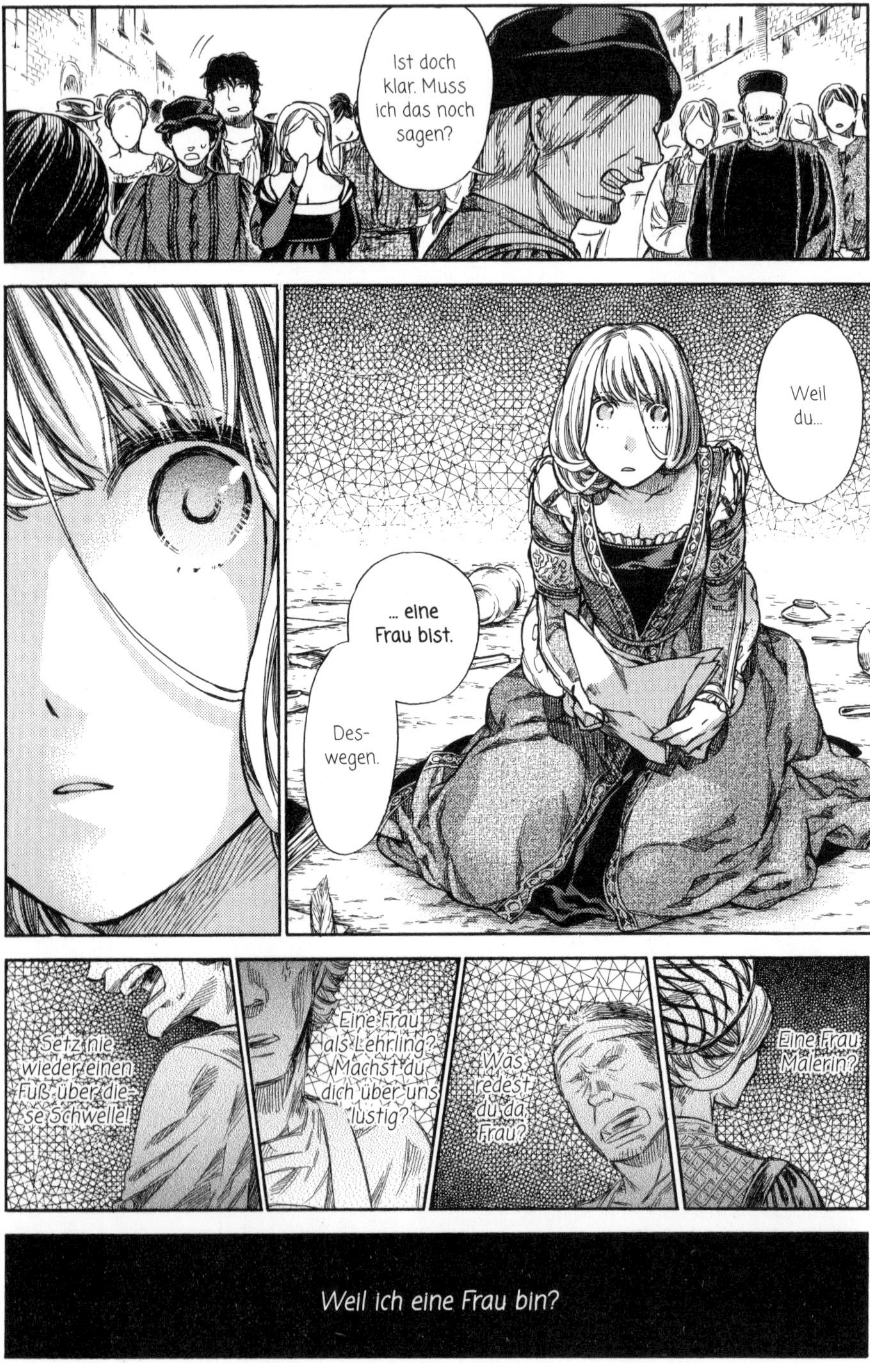
Ist doch klar. Muss ich das noch sagen?
Weil du...
... eine Frau bist.
Des-wegen.
Eine Frau Malerin?
Was redest du da, Frau?
Eine Frau als Lehrling? Machst du dich über uns lustig?
Setz nie wieder einen Fuß über diese Schwelle!
Weil ich eine Frau bin?

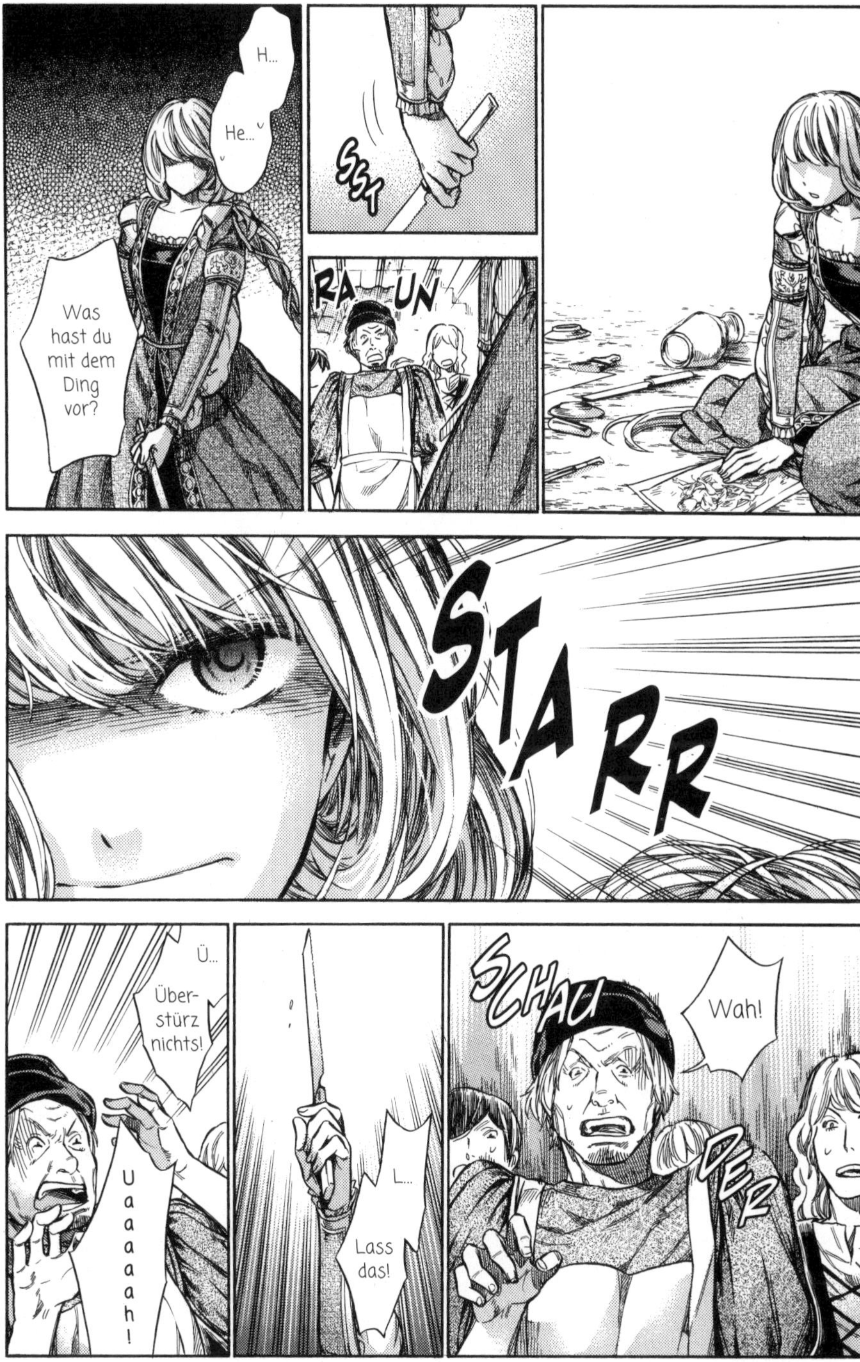
SSK
RA-UN
H...
He...
Was hast du mit dem Ding vor?
STARR
SCHAUDER
Wah!
L...
Lass das!
Ü...
Überstürz nichts!
Uaaaaah!

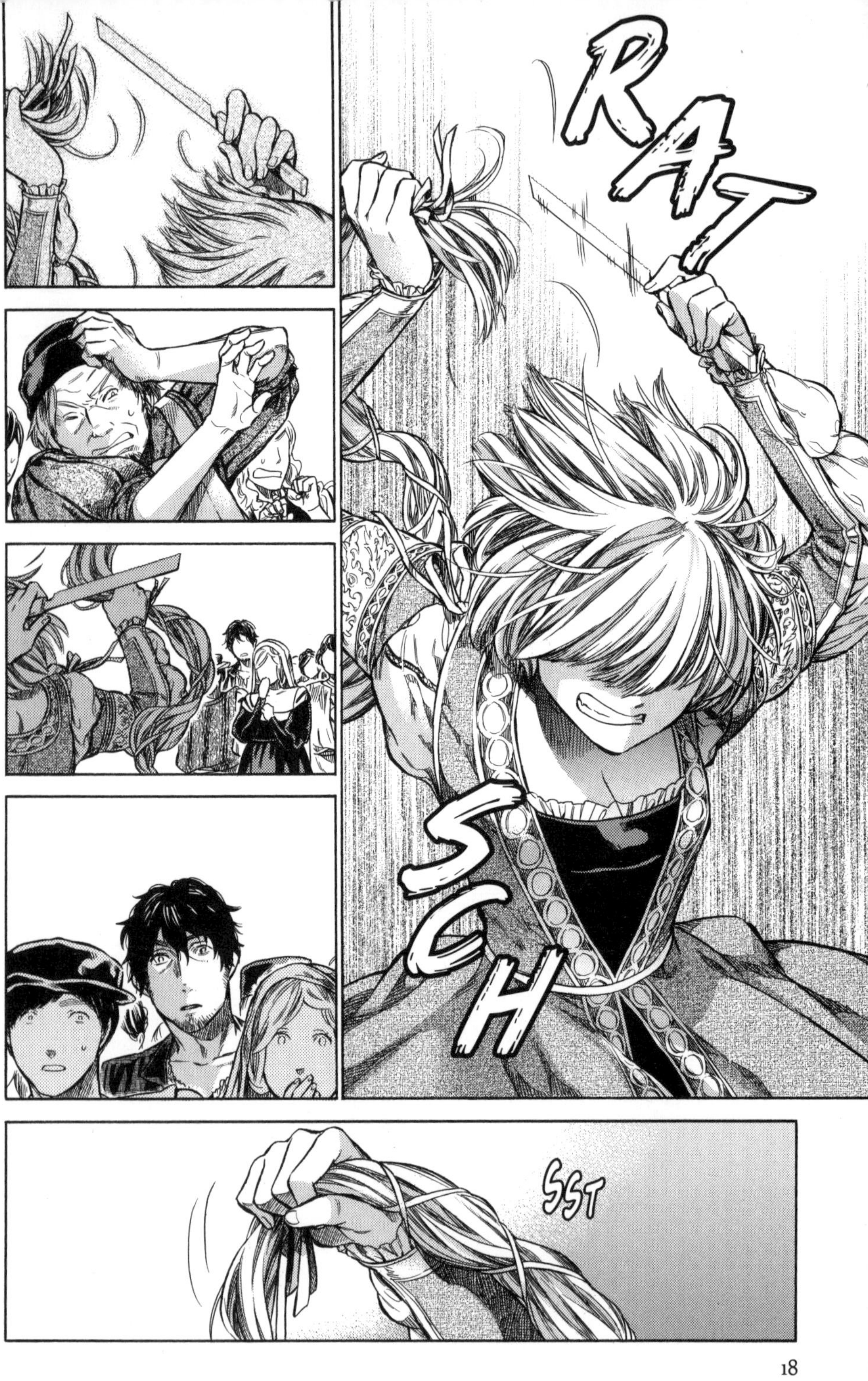
RATSCH
SST

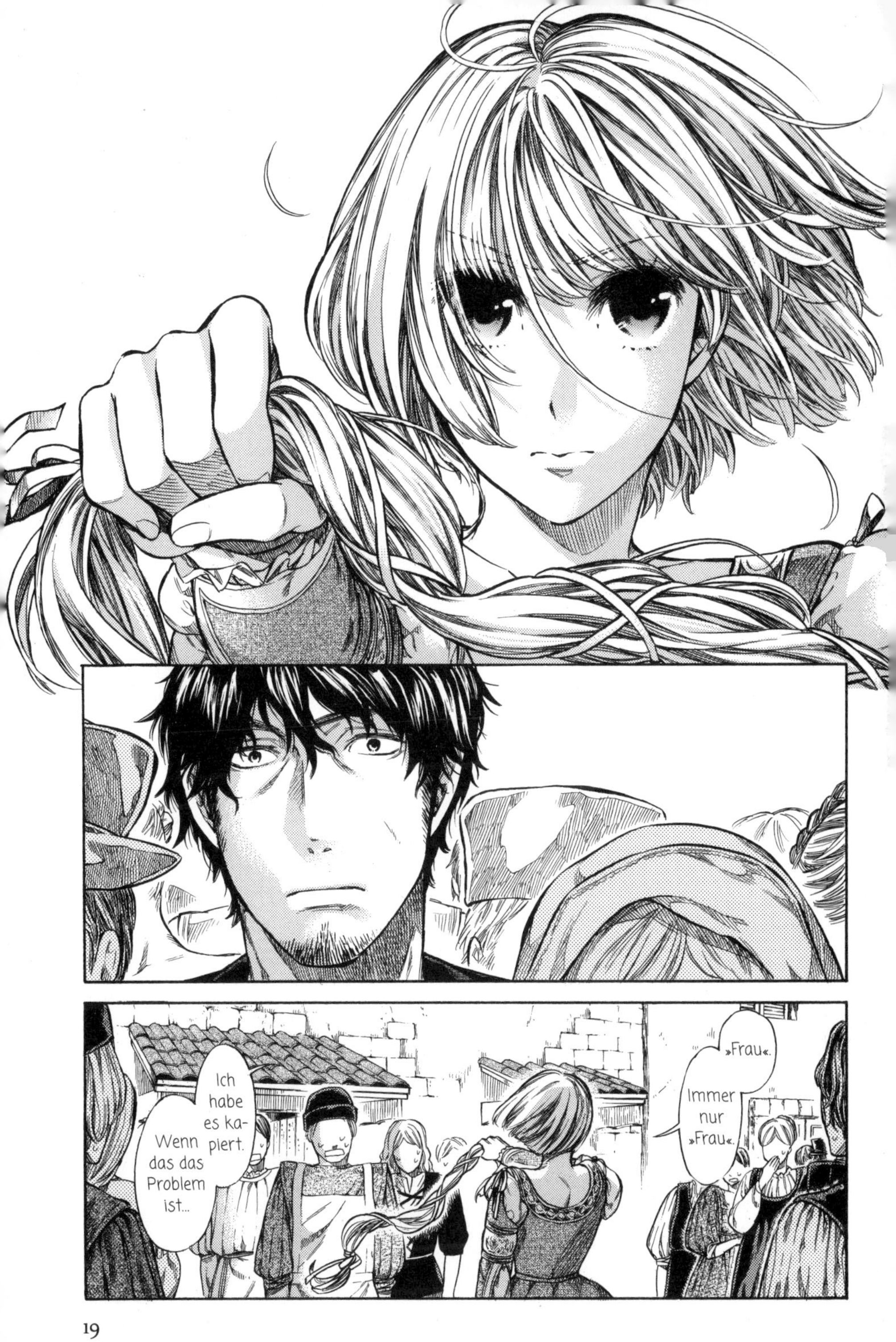
»Frau«.
Immer nur »Frau«.
Ich habe es kapiert.
Wenn das das Problem ist...

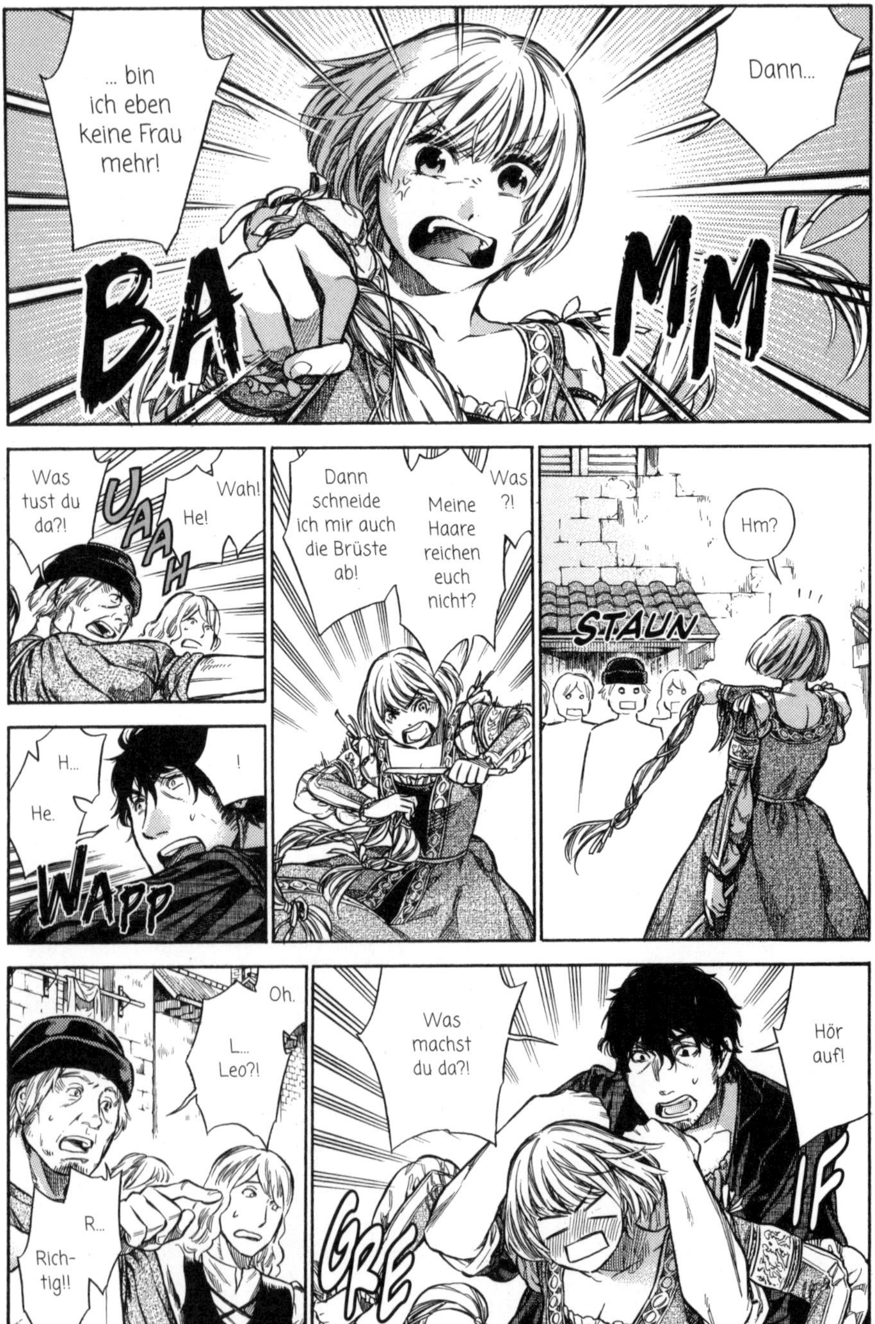
Dann...
... bin ich eben keine Frau mehr!
BAMM
Hm?
STAUN
Was ?!
Meine Haare reichen euch nicht?
Dann schneide ich mir auch die Brüste ab!
Wah!
He!
Was tust du da?!
UAAAH
!
H...
He.
WAPP
Hör auf!
Was machst du da?!
GREIF
Oh.
L... Leo?!
R...
Rich-tig!!

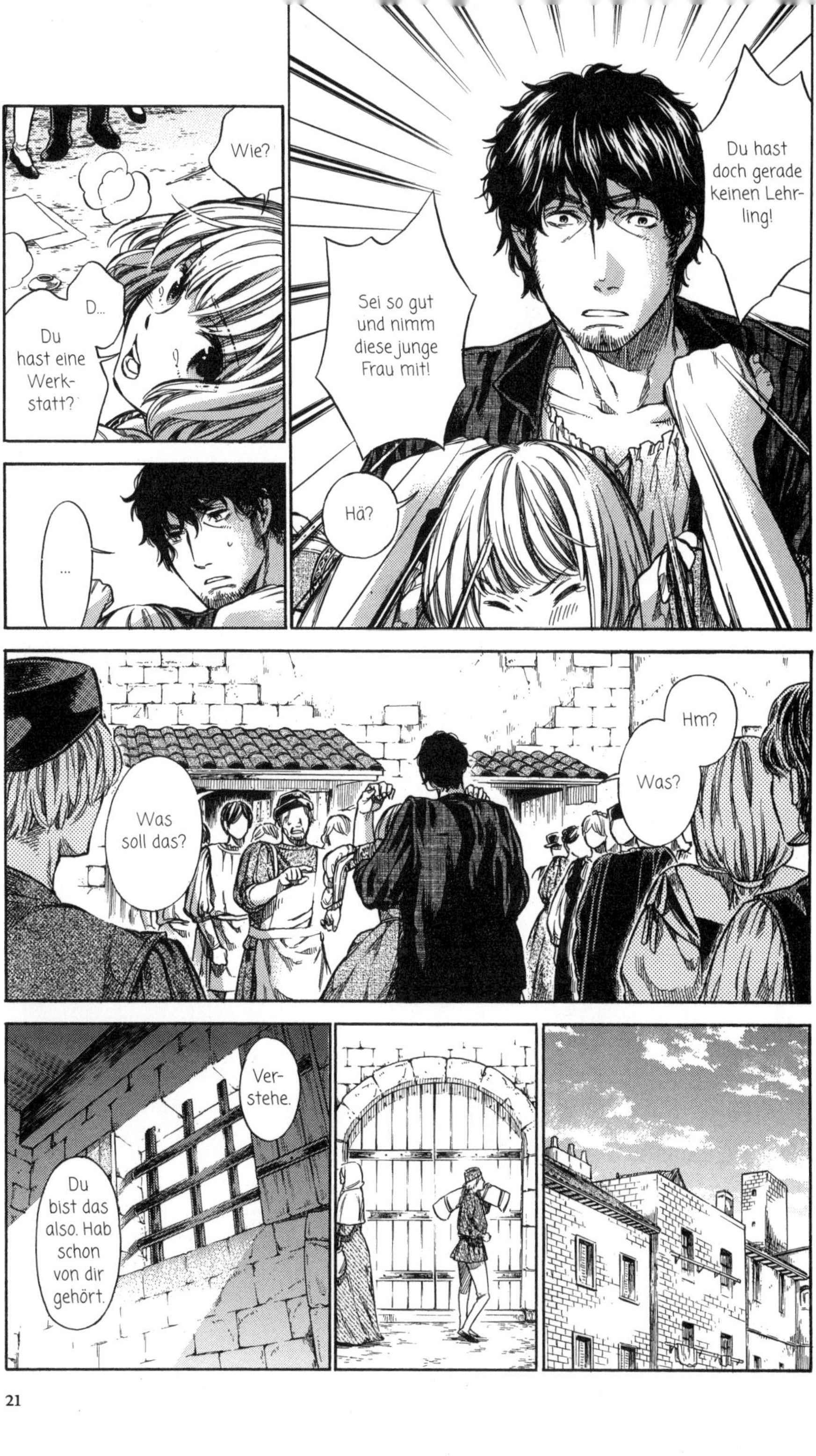

Du hast doch gerade keinen Lehrling!
Sei so gut und nimm diese junge Frau mit!
Hä?
Wie?
D...
Du hast eine Werkstatt?
...
Hm?
Was?
Was soll das?
Verstehe.
Du bist das also. Hab schon von dir gehört.

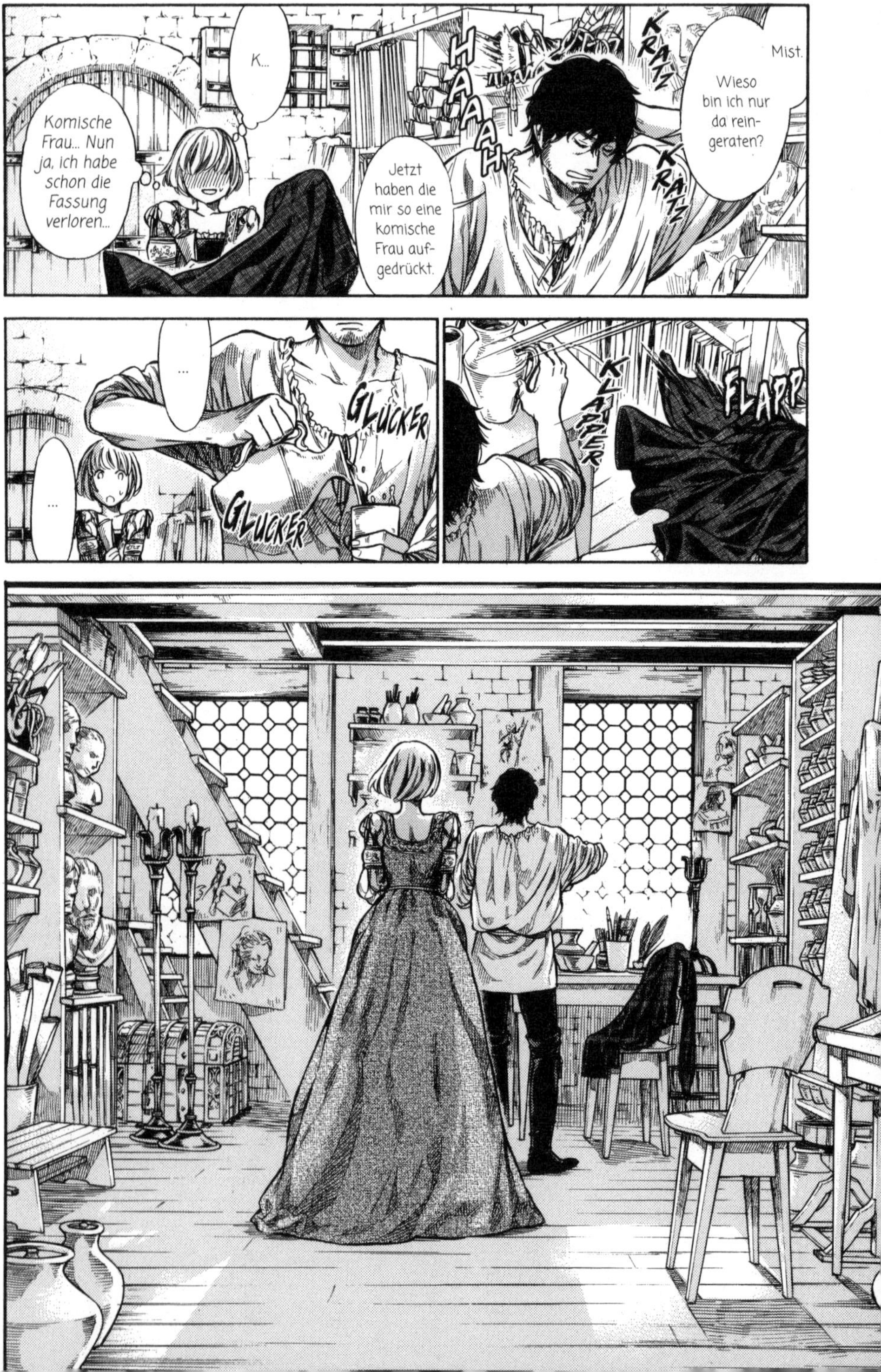
Mist.
Wieso bin ich nur da reingeraten?
KRATZ
KRÄTZ
HAAAAH
Jetzt haben die mir so eine komische Frau aufgedrückt.
K...
Komische Frau... Nun ja, ich habe schon die Fassung verloren...
FLAPP
KLAPPER
...
GLUCKER
GLUCKER
...

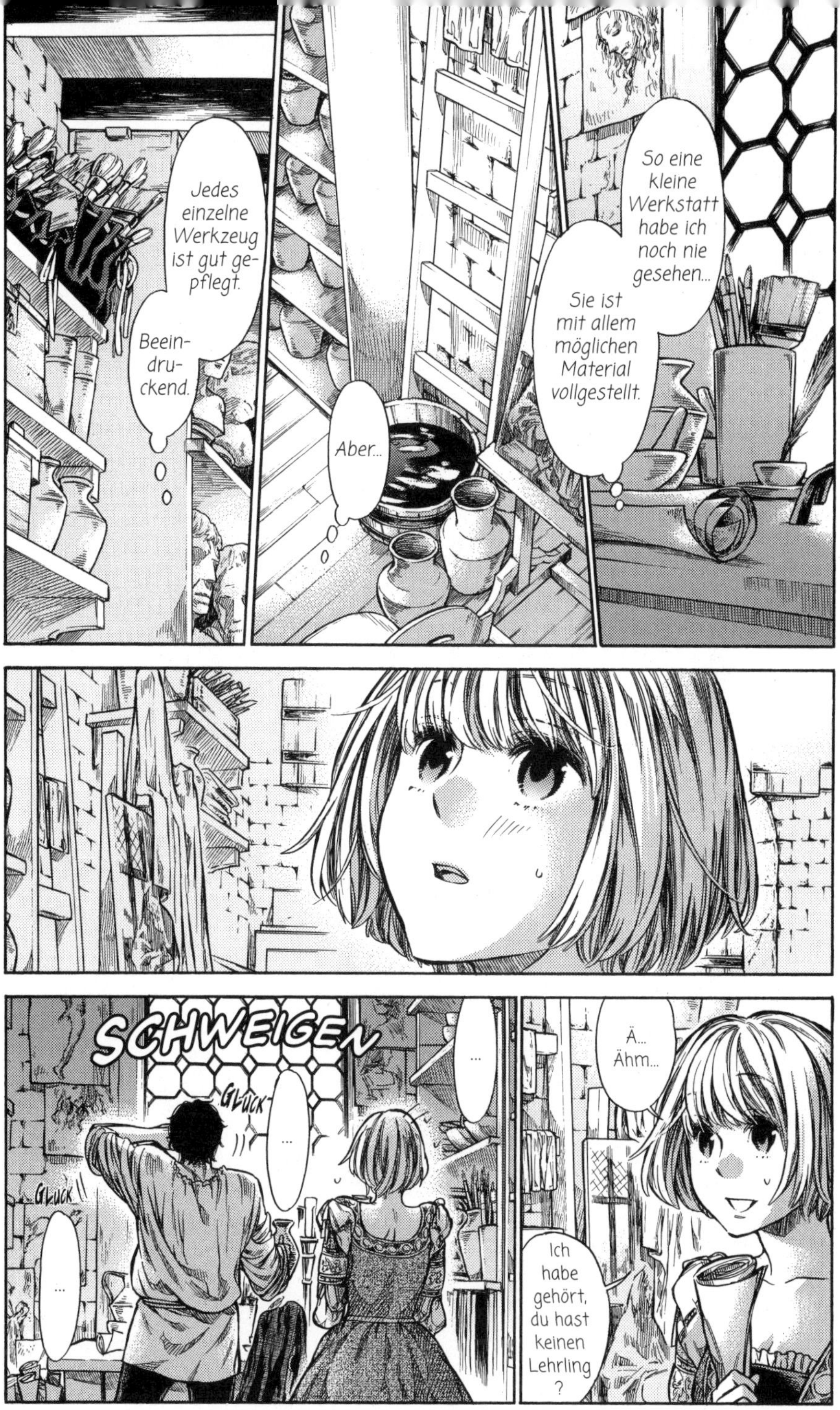

So eine kleine Werkstatt habe ich noch nie gesehen...
Sie ist mit allem möglichen Material vollgestellt.
Aber...
Jedes einzelne Werkzeug ist gut gepflegt.
Beeindruckend.
SCHWEIGEN
Ä... Ähm...
Ich habe gehört, du hast keinen Lehrling?
...
...
GLUCK
GLUCK
...

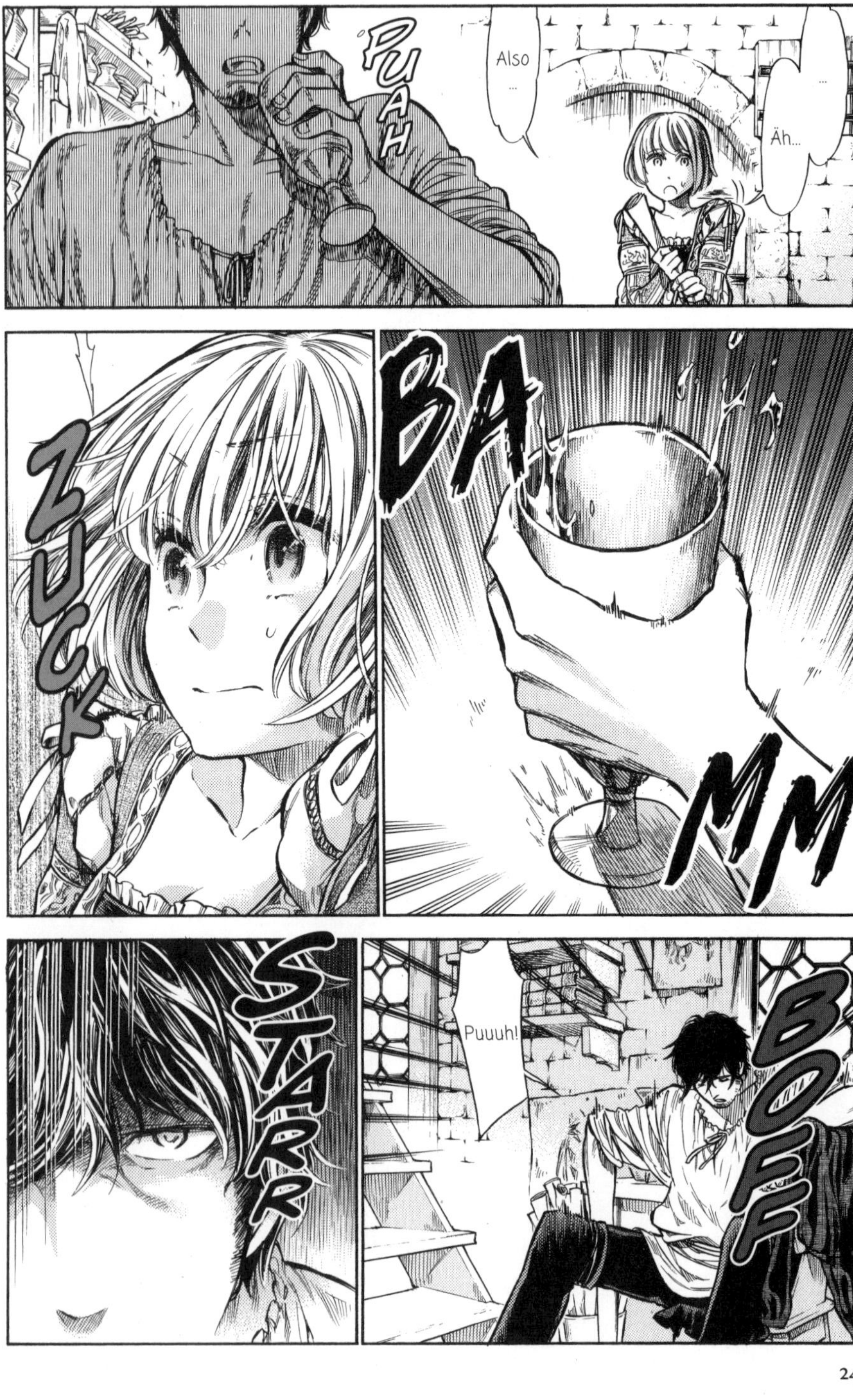

...
Äh...
Also ...
PUAH
ZUCK
BAMM
STARR
Puuuh!
BOFF

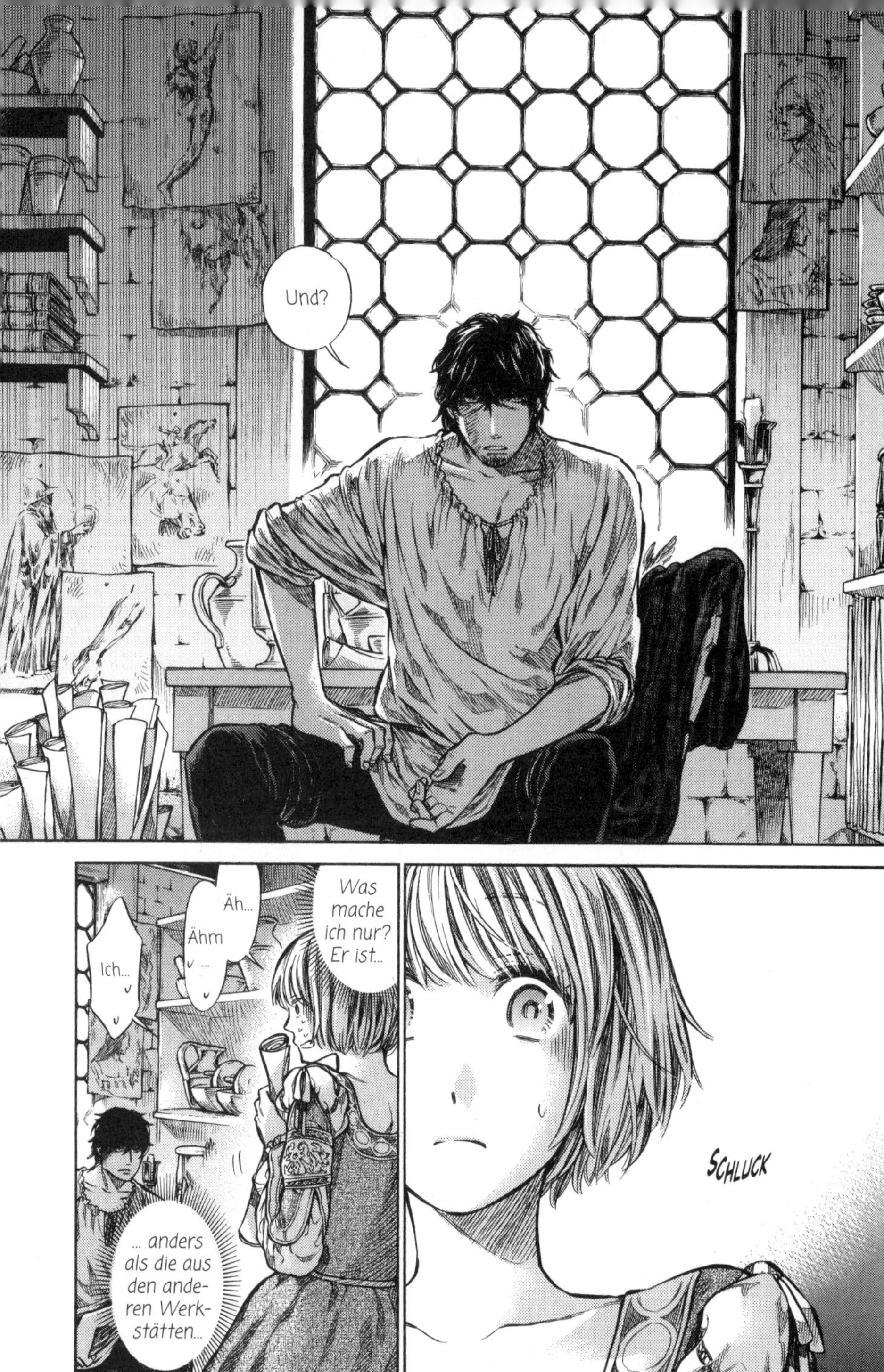
Und?
Schluck
Was mache ich nur? Er ist...
Äh...
Ähm ...
Ich...
... anders als die aus den anderen Werkstätten...

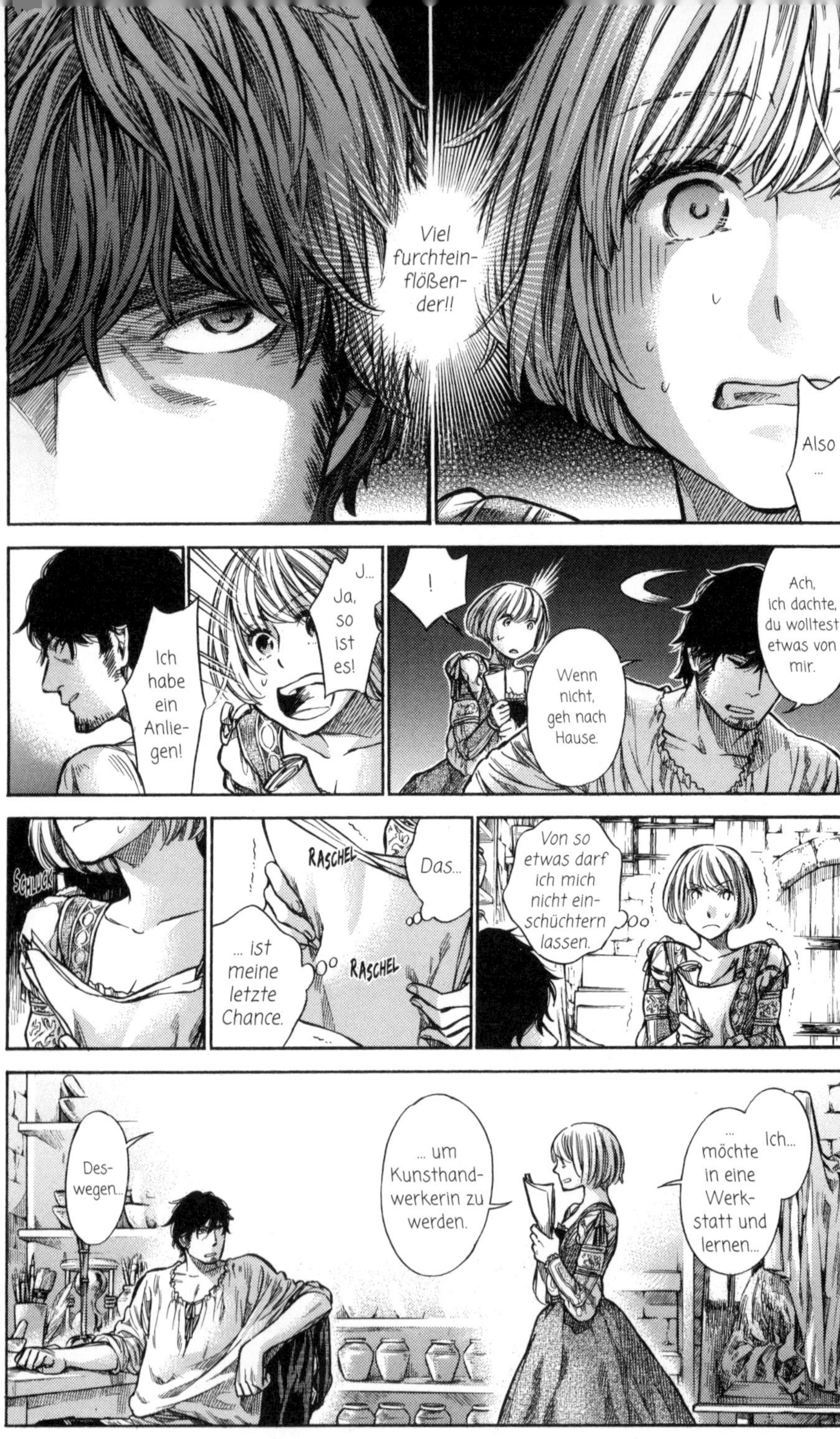
Also ...
Viel furchteinflößender!!
Ach, ich dachte, du wolltest etwas von mir.
!
Wenn nicht, geh nach Hause.
J... Ja, so ist es!
Ich habe ein Anliegen!
Von so etwas darf ich mich nicht einschüchtern lassen.
Das...
RASCHEL
... ist meine letzte Chance.
RASCHEL
SCHLUCK
Ich...
... möchte in eine Werkstatt und lernen...
... um Kunsthandwerkerin zu werden.
Deswegen...

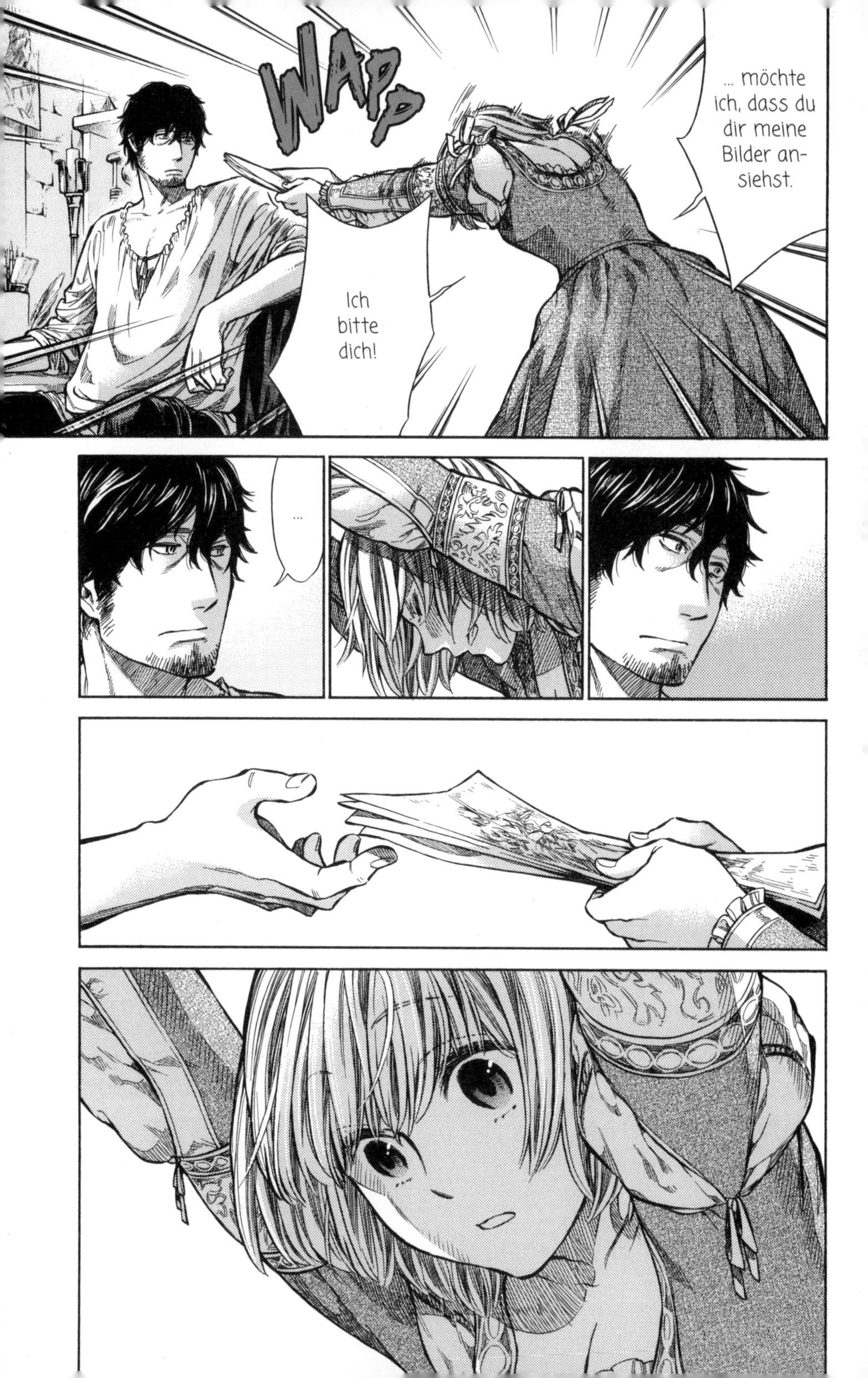
... möchte ich, dass du dir meine Bilder an-siehst.
WAPP
Ich bitte dich!
...

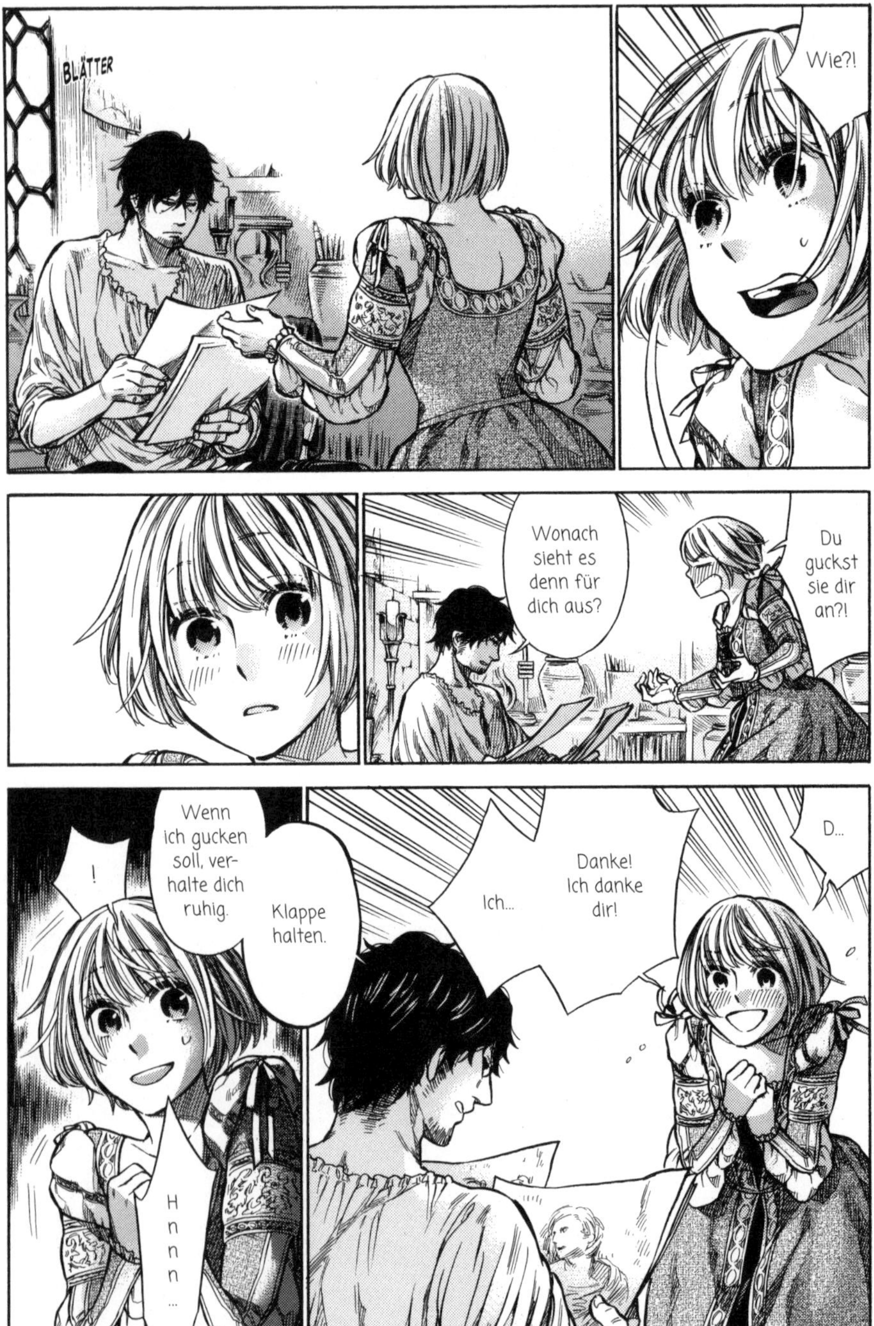
Wie?!
BLÄTTER
Du guckst sie dir an?!
Wonach sieht es denn für dich aus?
D...
Danke! Ich danke dir!
Ich...
Klappe halten.
Wenn ich gucken soll, verhalte dich ruhig.
!
Hnnn...

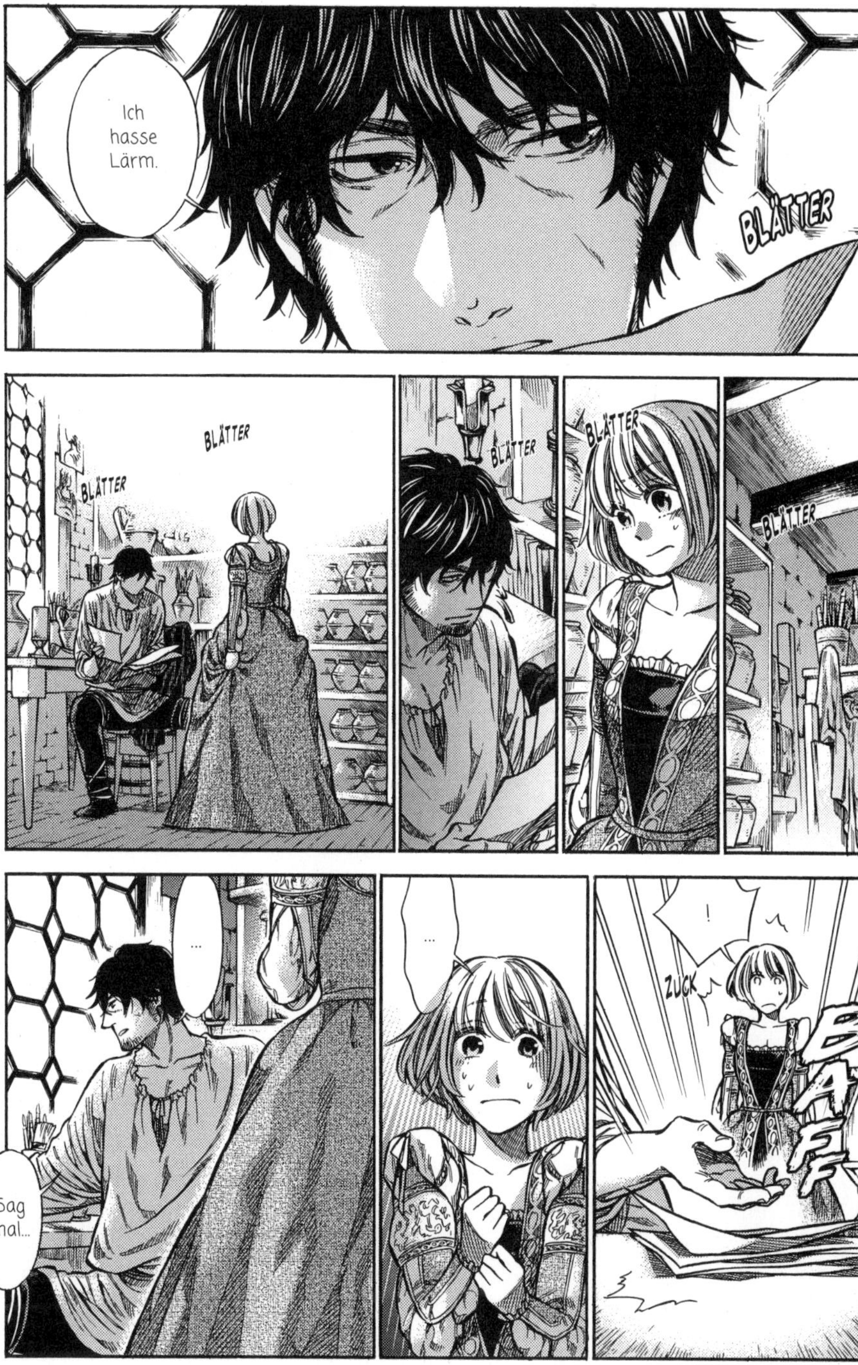

BLÄTTER
Ich hasse Lärm.
BLÄTTER
BLÄTTER
BLÄTTER
BLÄTTER
BLÄTTER
!
ZUCK
BAFF
...
...
Sag mal...

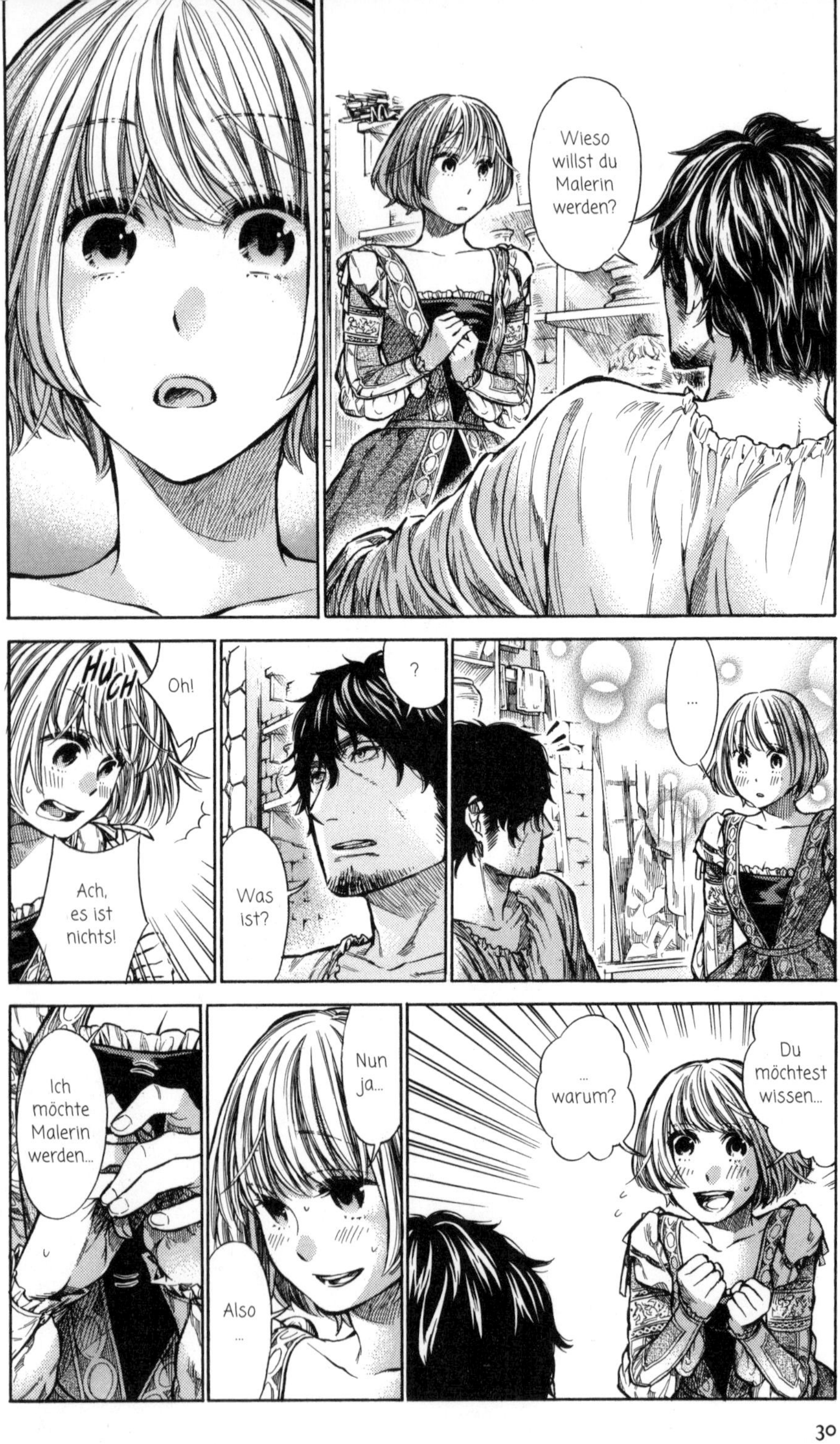
Wieso willst du Malerin werden?
…
?
Was ist?
HUCH
Oh!
Ach, es ist nichts!
Du möchtest wissen…
… warum?
Nun ja…
Also …
Ich möchte Malerin werden…

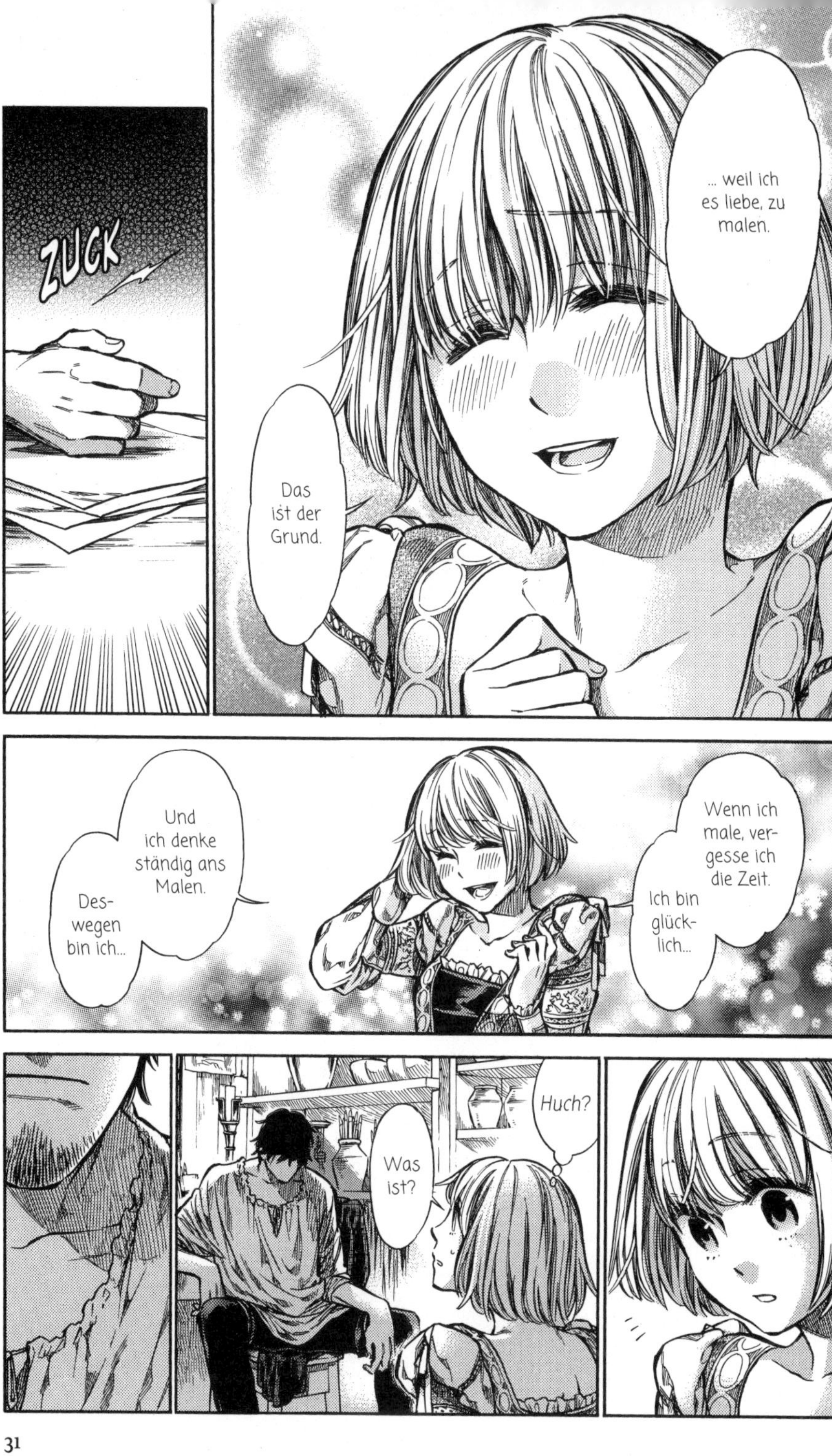
… weil ich es liebe, zu malen.
Das ist der Grund.
ZUCK
Wenn ich male, vergesse ich die Zeit.
Ich bin glücklich…
Und ich denke ständig ans Malen.
Deswegen bin ich…
Huch?
Was ist?

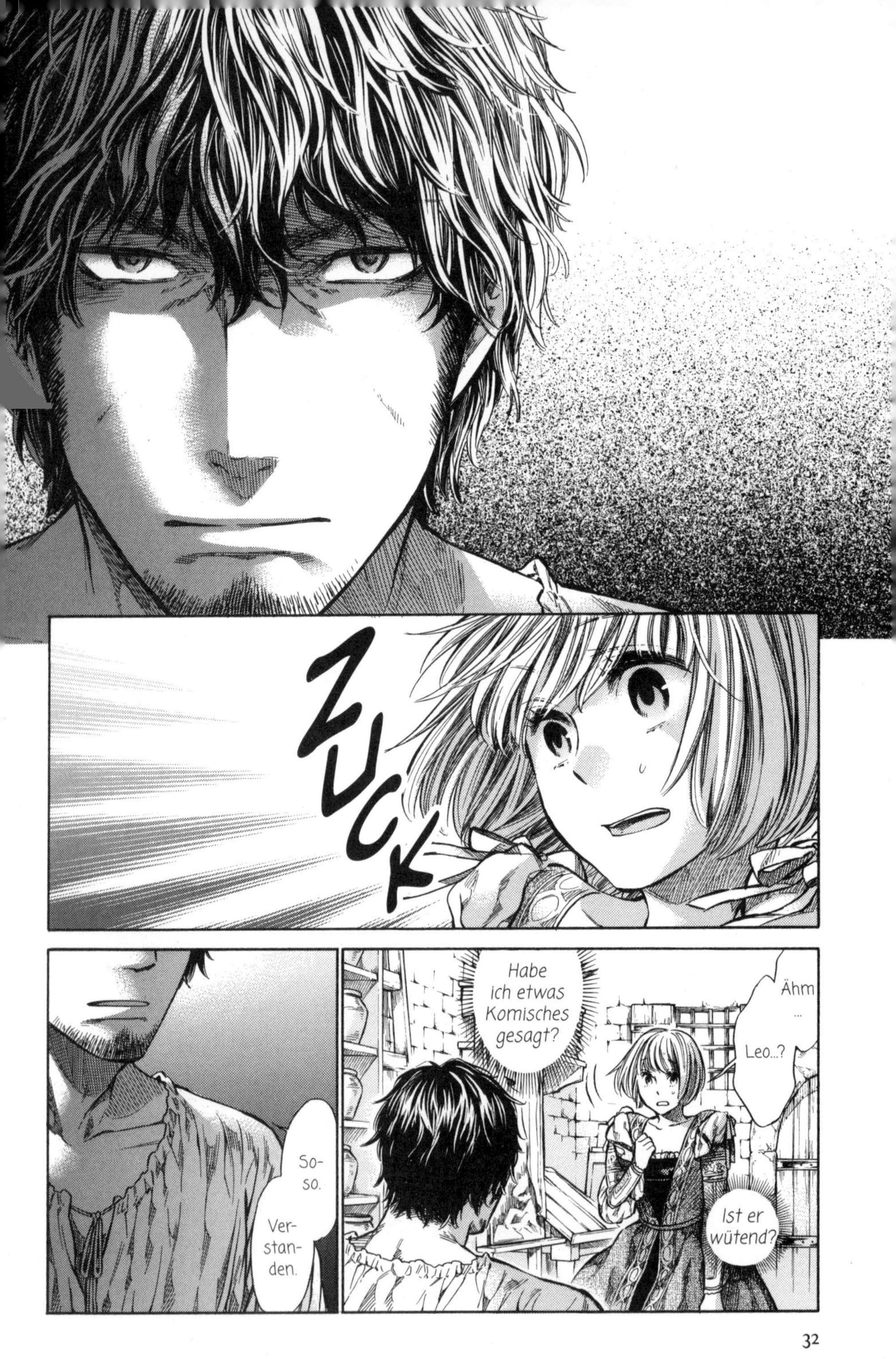
ZUCK
Habe ich etwas Komisches gesagt?
Ähm ...
Leo...?
Ist er wütend?
So-so.
Verstanden.

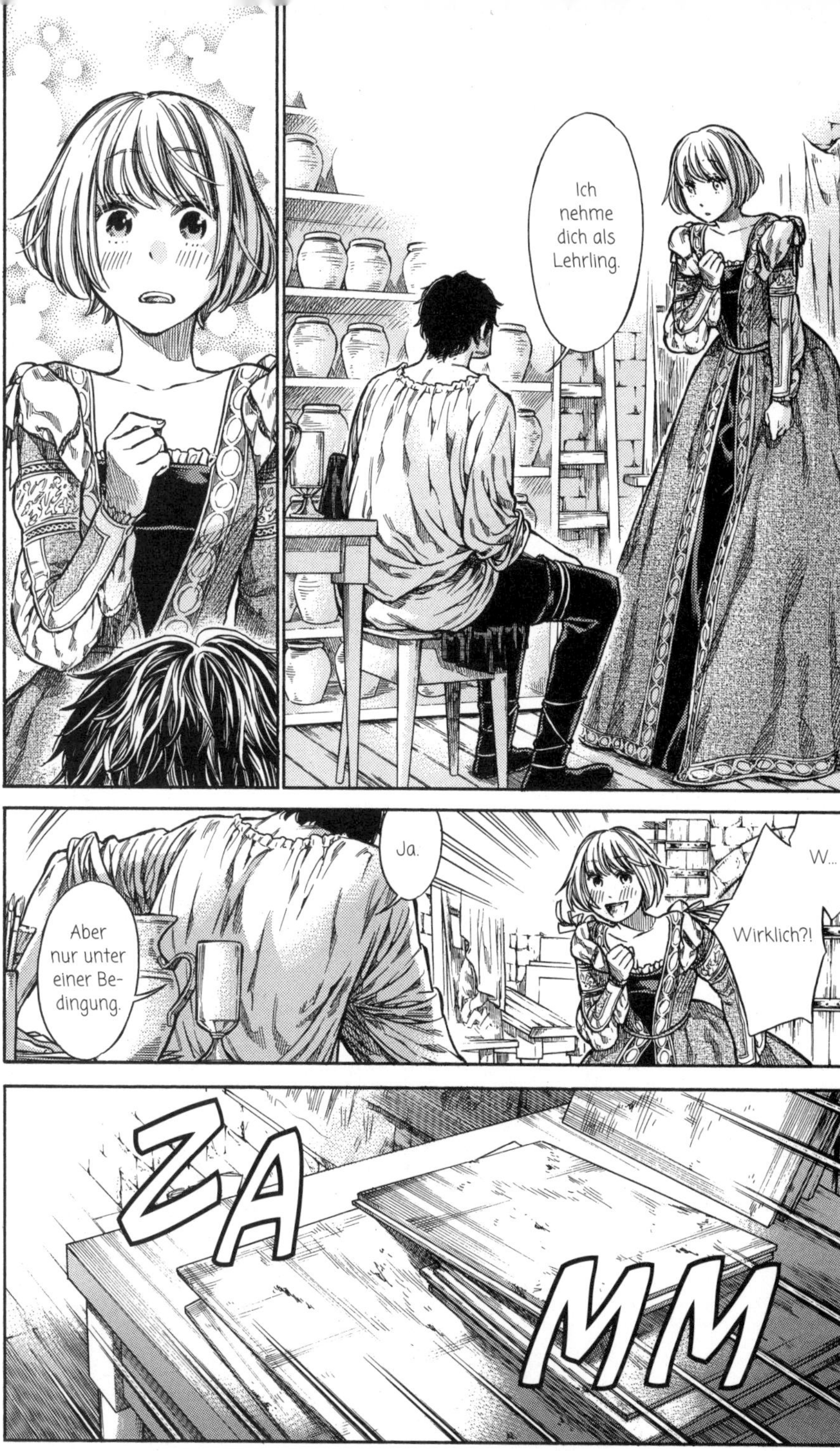
Ich nehme dich als Lehrling.
W...
Wirklich?!
Ja.
Aber nur unter einer Bedingung.
ZAMM

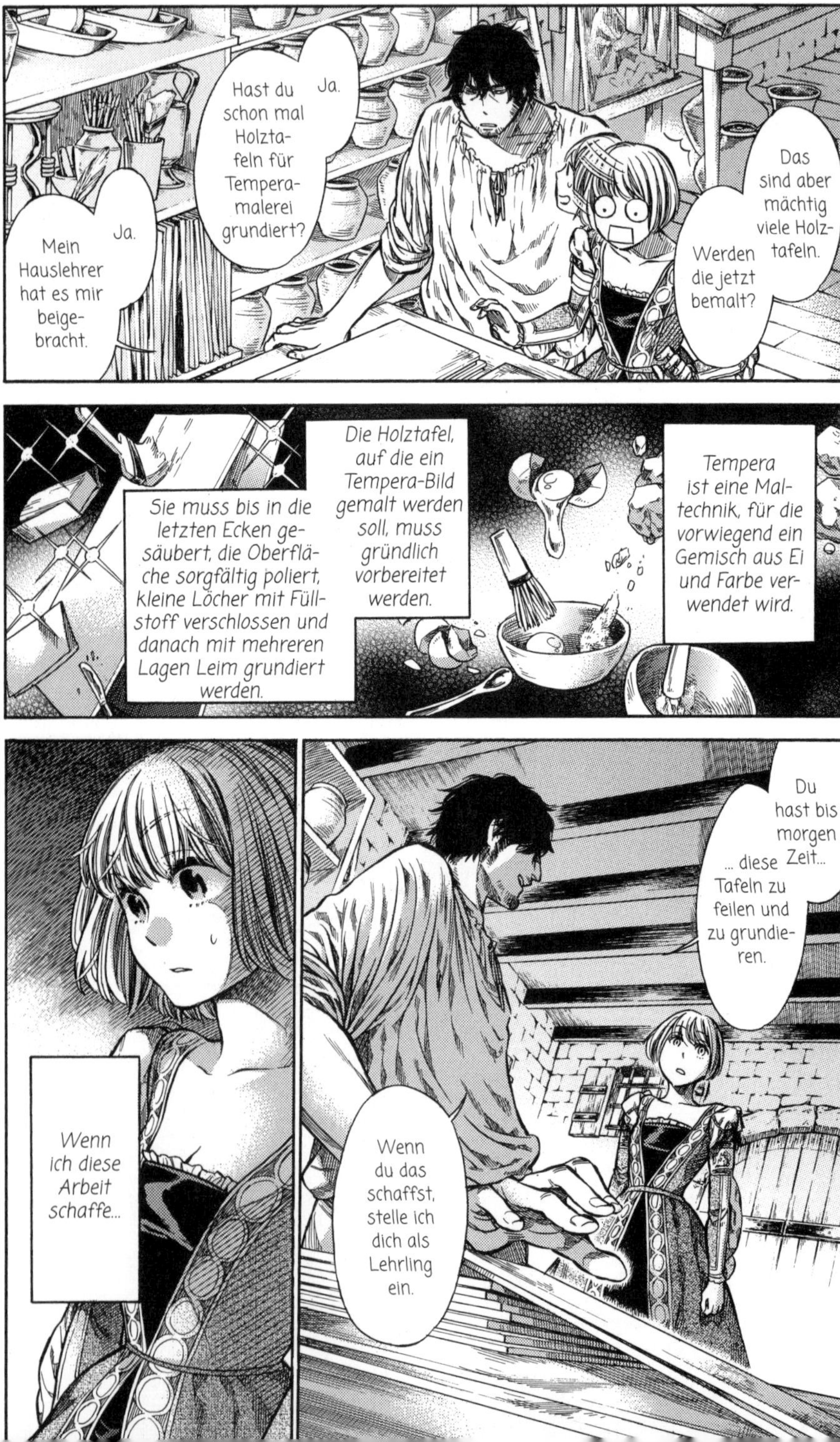

Das sind aber mächtig viele Holztafeln.
Werden die jetzt bemalt?
Ja.
Hast du schon mal Holztafeln für Temperamalerei grundiert?
Ja.
Mein Hauslehrer hat es mir beigebracht.
Tempera ist eine Maltechnik, für die vorwiegend ein Gemisch aus Ei und Farbe verwendet wird.
Die Holztafel, auf die ein Tempera-Bild gemalt werden soll, muss gründlich vorbereitet werden.
Sie muss bis in die letzten Ecken gesäubert, die Oberfläche sorgfältig poliert, kleine Löcher mit Füllstoff verschlossen und danach mit mehreren Lagen Leim grundiert werden.
Du hast bis morgen Zeit...
... diese Tafeln zu feilen und zu grundieren.
Wenn du das schaffst, stelle ich dich als Lehrling ein.
Wenn ich diese Arbeit schaffe...

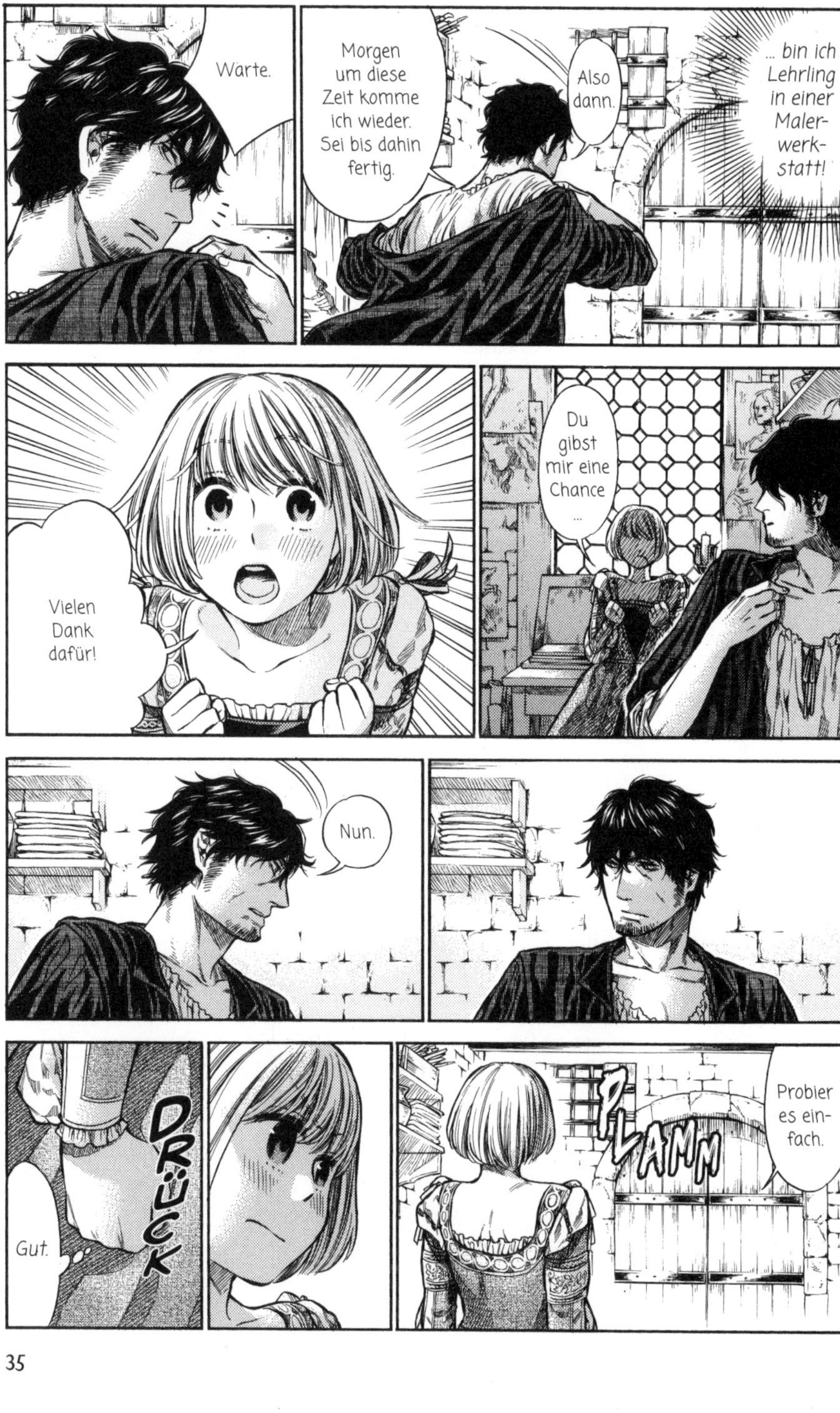
... bin ich Lehrling in einer Malerwerkstatt!
Also dann.
Morgen um diese Zeit komme ich wieder. Sei bis dahin fertig.
Warte.
Du gibst mir eine Chance ...
Vielen Dank dafür!
Nun.
Probier es einfach.
PLAMM
DRÜCK
Gut.

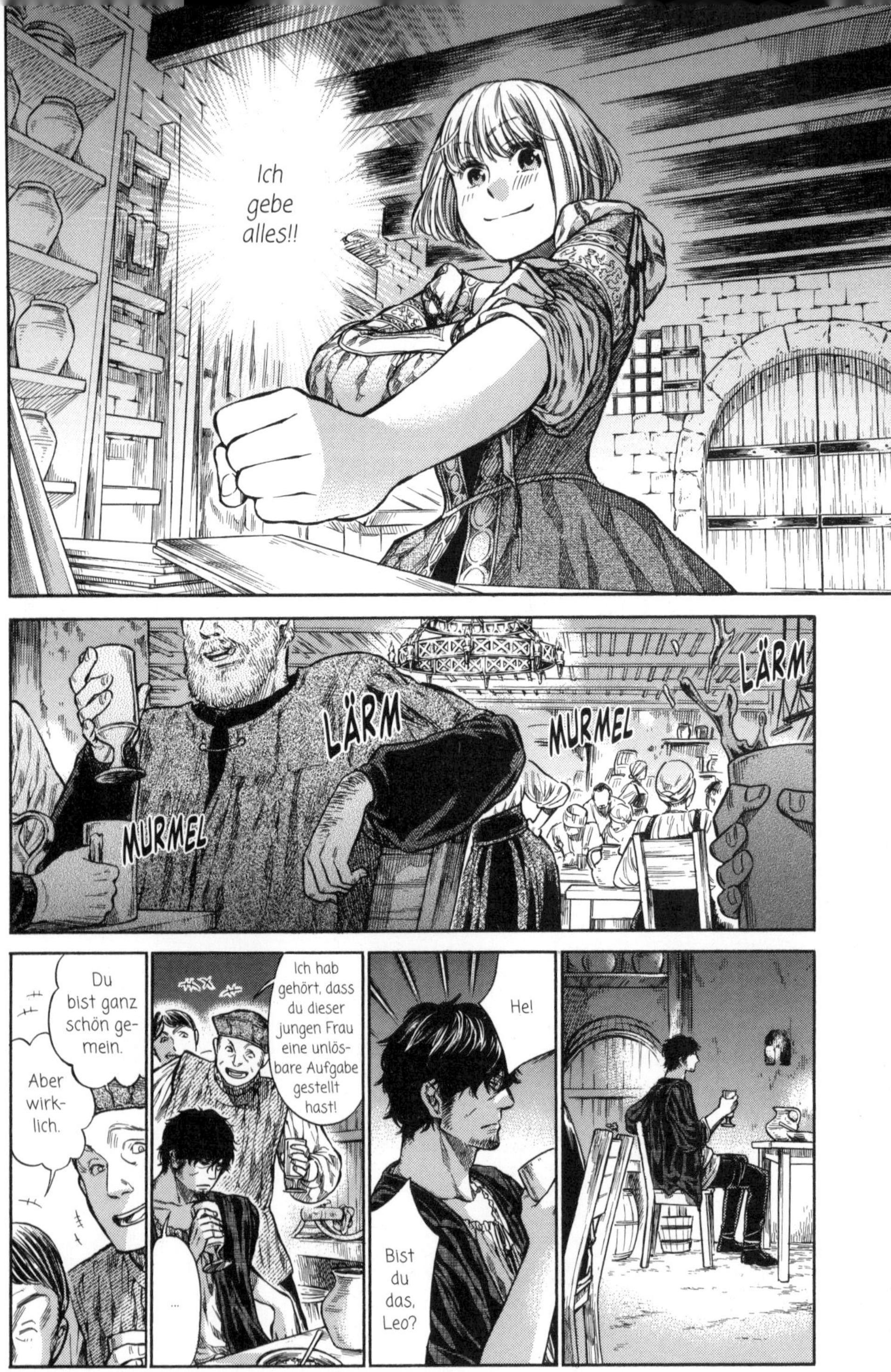
Ich gebe alles!!
LÄRM
MURMEL
LÄRM
MURMEL
He!
Bist du das, Leo?
Ich hab gehört, dass du dieser jungen Frau eine unlösbare Aufgabe gestellt hast!
...
Du bist ganz schön gemein.
Aber wirklich.

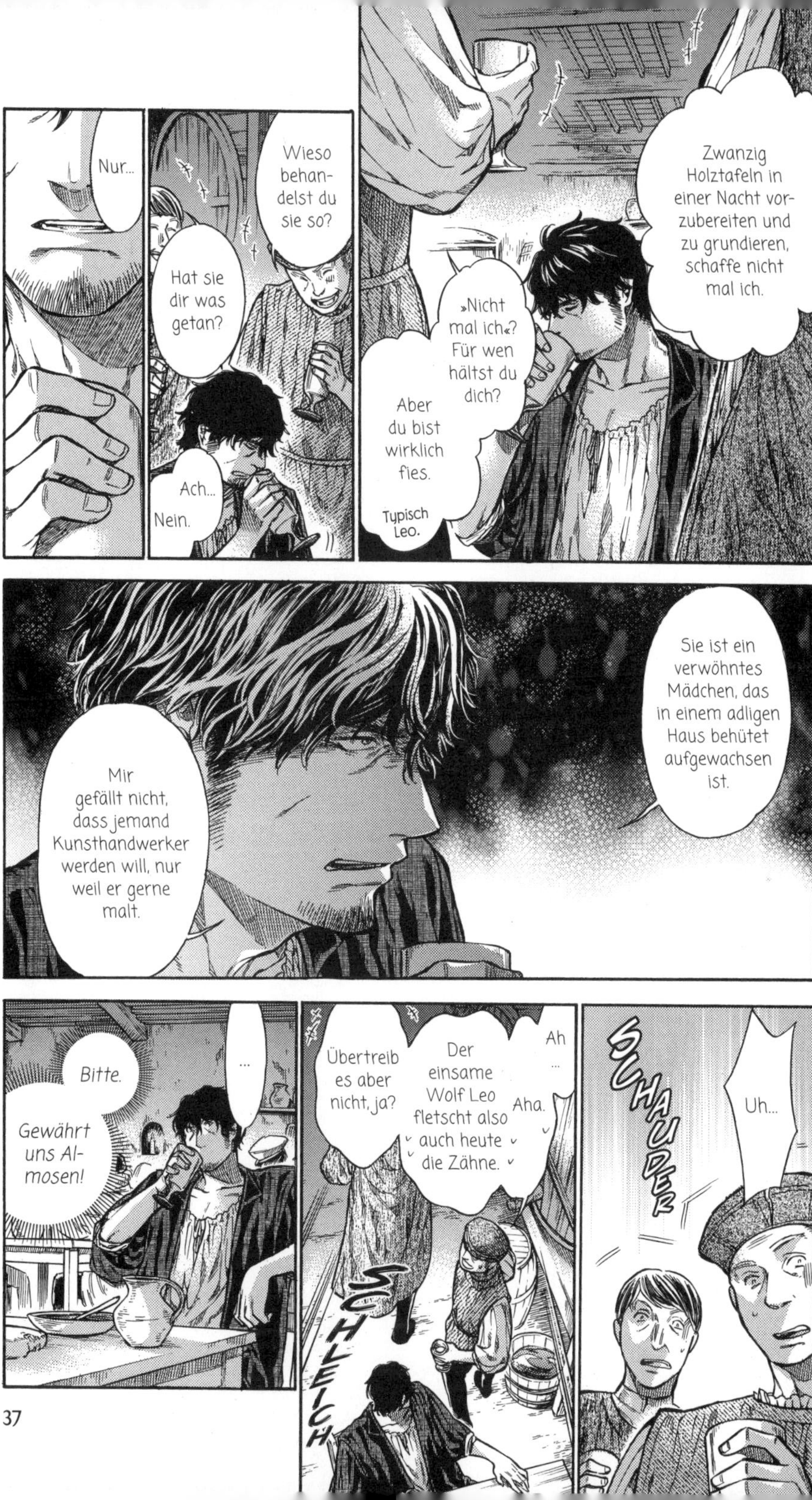
Zwanzig Holztafeln in einer Nacht vorzubereiten und zu grundieren, schaffe nicht mal ich.
»Nicht mal ich«? Für wen hältst du dich?
Aber du bist wirklich fies.
Typisch Leo.
Wieso behandelst du sie so?
Hat sie dir was getan?
Ach... Nein.
Nur...
Sie ist ein verwöhntes Mädchen, das in einem adligen Haus behütet aufgewachsen ist.
Mir gefällt nicht, dass jemand Kunsthandwerker werden will, nur weil er gerne malt.
SCHAUDER
Uh...
Ah... Aha.
Der einsame Wolf Leo fletscht also auch heute die Zähne.
Übertreib es aber nicht, ja?
SCHLEICH
...
Bitte.
Gewährt uns Almosen!

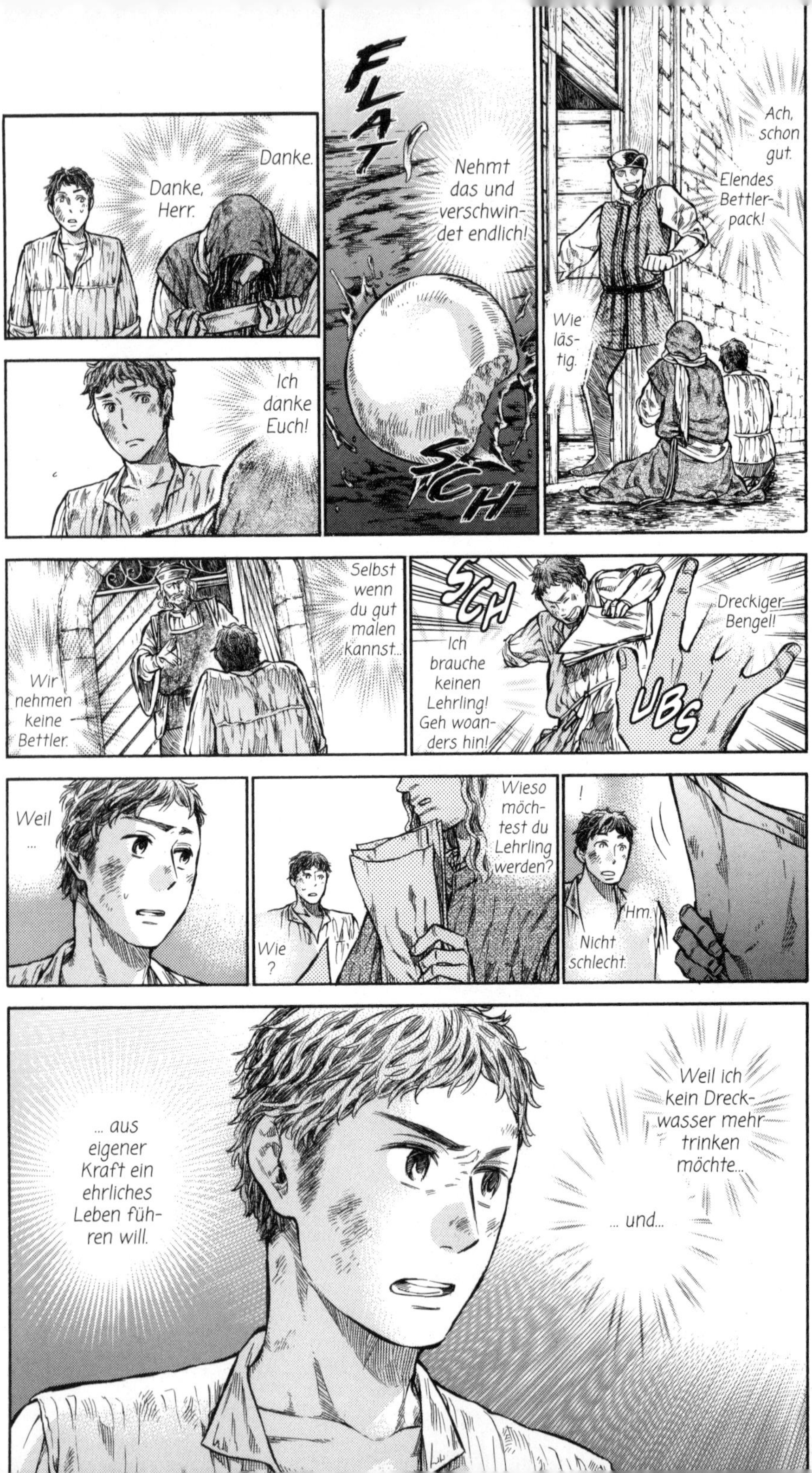
Ach, schon gut.
Elendes Bettlerpack!
Wie lästig.
FLAT
Nehmt das und verschwindet endlich!
SCH
Danke.
Danke, Herr.
Ich danke Euch!
Dreckiger Bengel!
UBS
SCH
Ich brauche keinen Lehrling! Geh woanders hin!
Selbst wenn du gut malen kannst...
Wir nehmen keine Bettler.
!
Hm.
Nicht schlecht.
Wieso möchtest du Lehrling werden?
Wie?
Weil ...
Weil ich kein Dreckwasser mehr trinken möchte...
... und...
... aus eigener Kraft ein ehrliches Leben führen will.

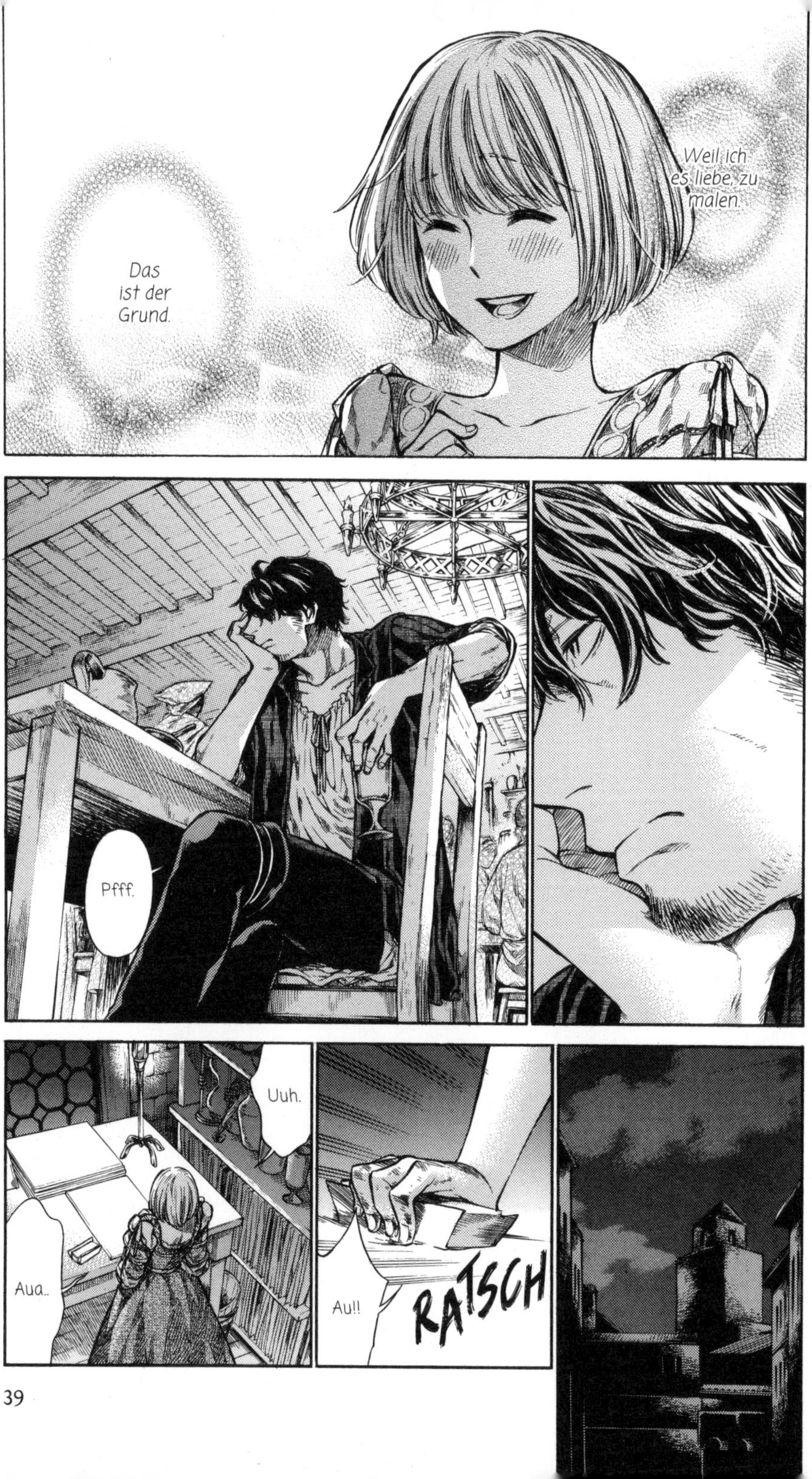
Weil ich es liebe, zu malen.
Das ist der Grund.
Pfff.
RATSCH
Au!!
Uuh.
Aua..

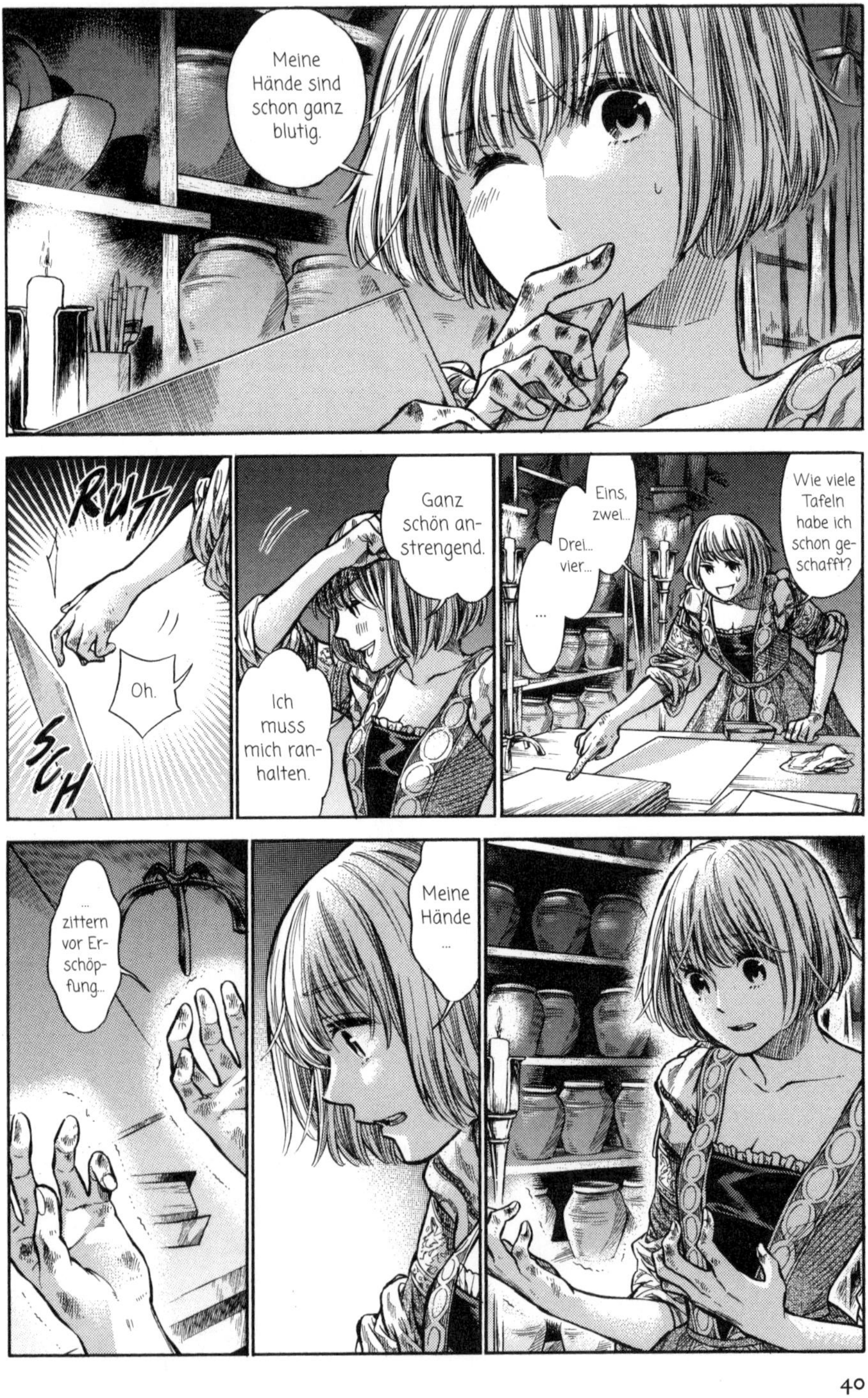
Meine Hände sind schon ganz blutig.
Wie viele Tafeln habe ich schon geschafft?
Eins, zwei...
Drei... vier...
...
Ganz schön anstrengend.
Ich muss mich ranhalten.
RUT
Oh.
SCH
Meine Hände ...
... zittern vor Erschöpfung...

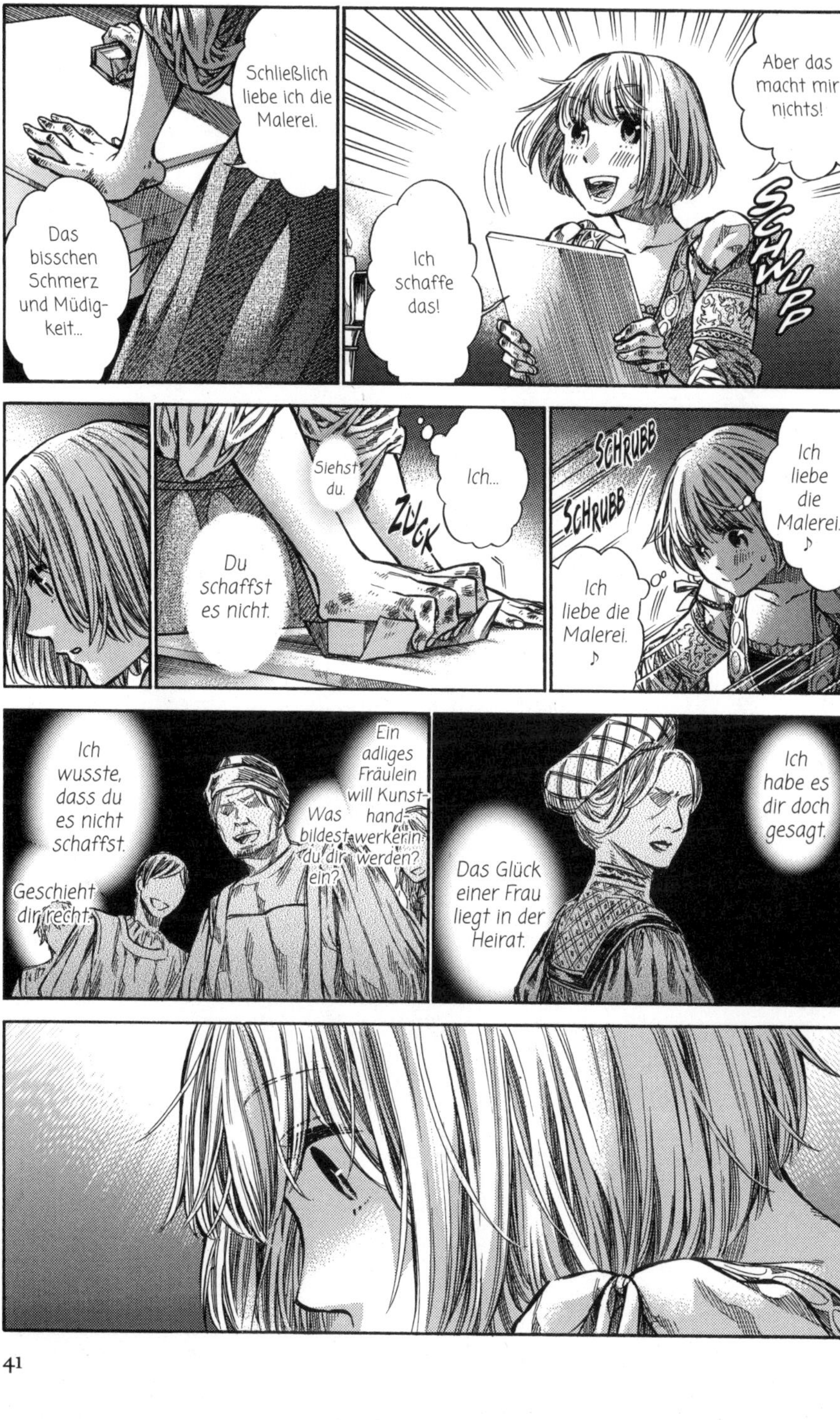
Aber das macht mir nichts!
SCHWUPP
Ich schaffe das!
Schließlich liebe ich die Malerei.
Das bisschen Schmerz und Müdigkeit...
Ich liebe die Malerei. ♪
SCHRUBB
SCHRUBB
Ich liebe die Malerei. ♪
Ich...
ZUCK
Siehst du.
Du schaffst es nicht.
Ich habe es dir doch gesagt.
Das Glück einer Frau liegt in der Heirat.
Ein adliges Fräulein will Kunsthandwerkerin werden?
Was bildest du dir ein?
Ich wusste, dass du es nicht schaffst.
Geschieht dir recht.

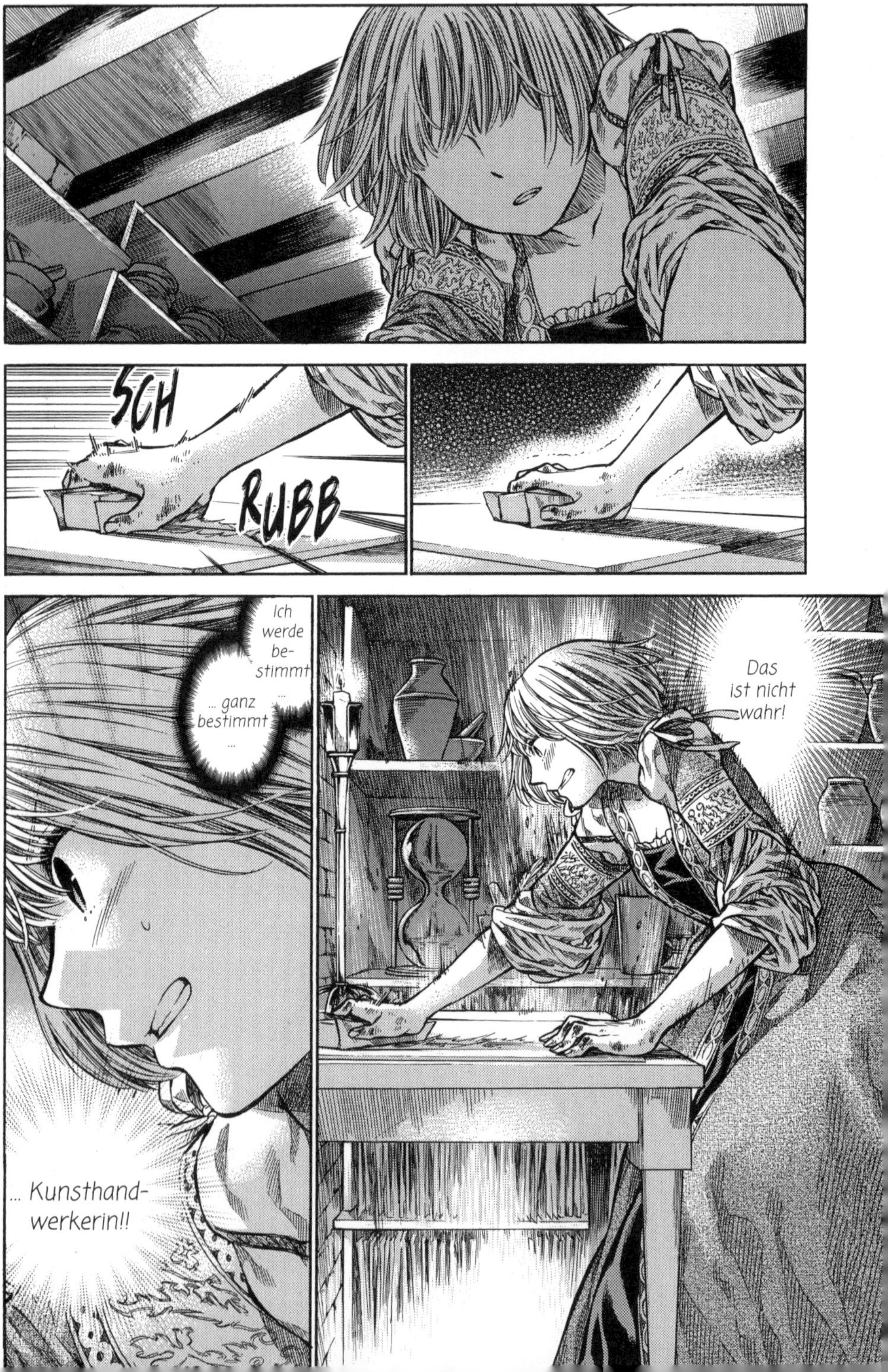
SCH
RUBB
Das ist nicht wahr!
Ich werde be-stimmt ...
... ganz bestimmt ...
... Kunsthand-werkerin!!

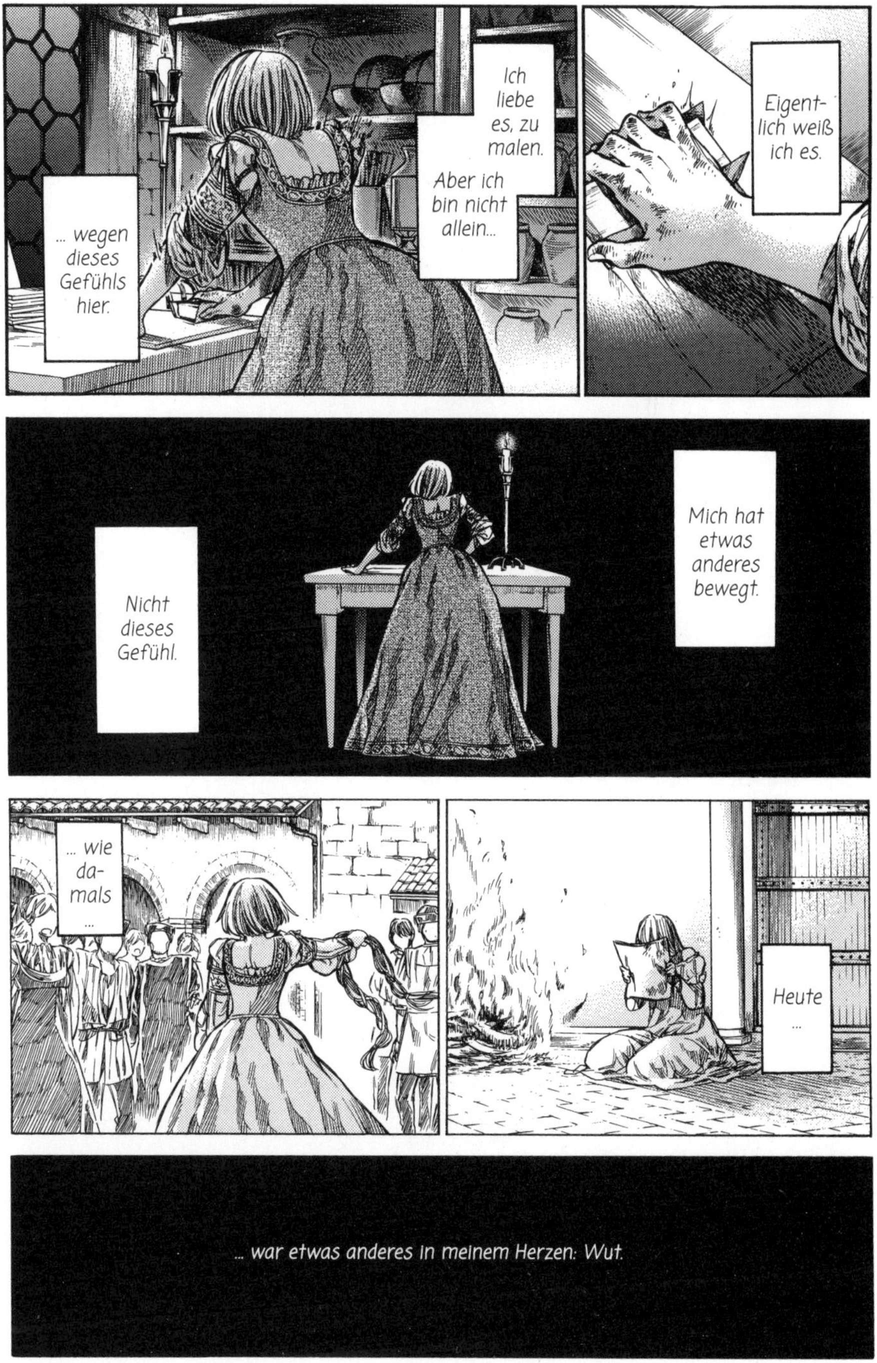

Eigent-lich weiß ich es.
Ich liebe es, zu malen.
Aber ich bin nicht allein…
… wegen dieses Gefühls hier.
Mich hat etwas anderes bewegt.
Nicht dieses Gefühl.
Heute …
… wie da-mals …
… war etwas anderes in meinem Herzen: Wut.

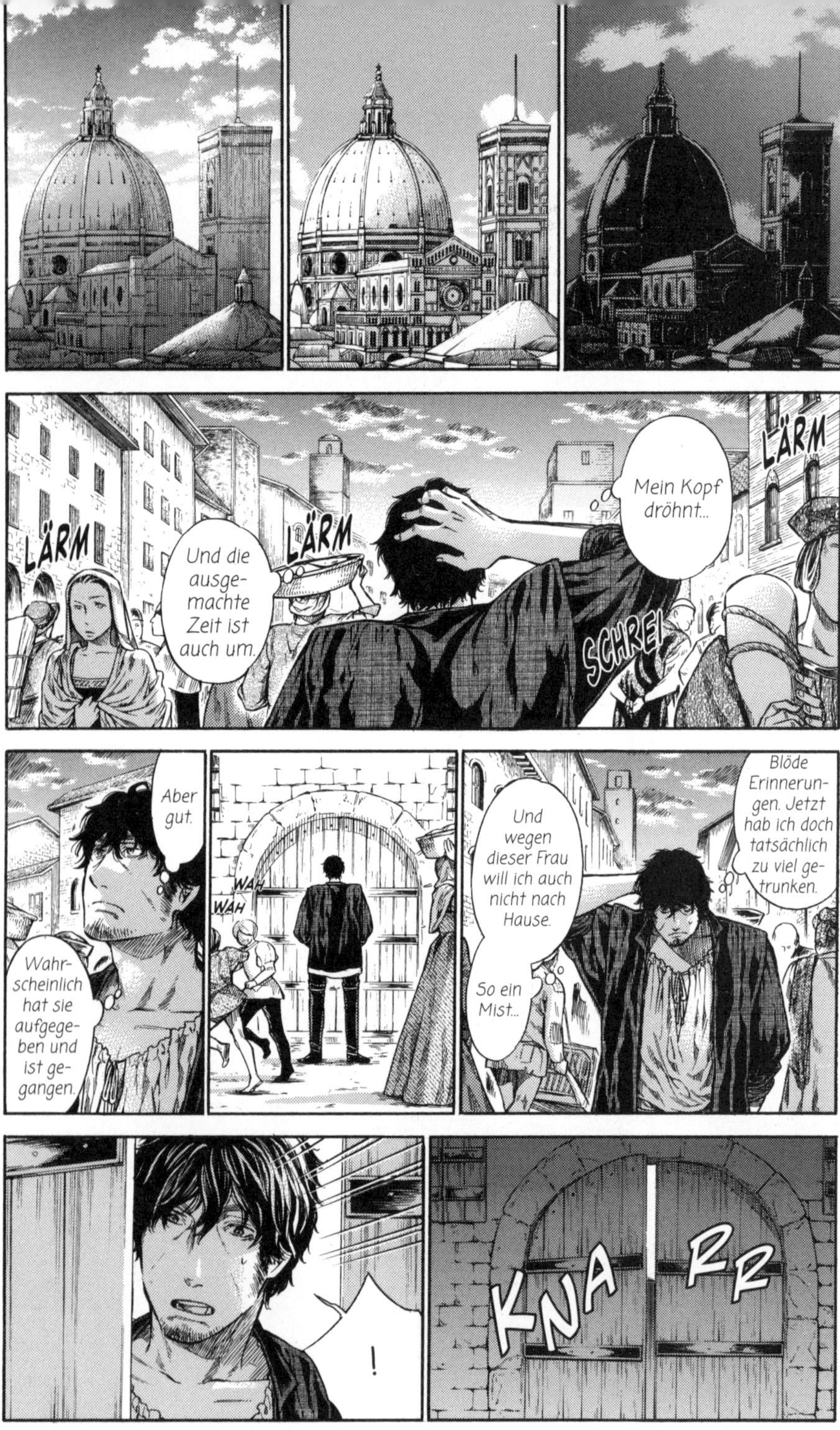
LÄRM
Mein Kopf dröhnt...
SCHREI
LÄRM
Und die ausgemachte Zeit ist auch um.
LÄRM
Blöde Erinnerungen. Jetzt hab ich doch tatsächlich zu viel getrunken.
Und wegen dieser Frau will ich auch nicht nach Hause.
So ein Mist...
WAH
WAH
Aber gut.
Wahrscheinlich hat sie aufgegeben und ist gegangen.
KNA RR
!

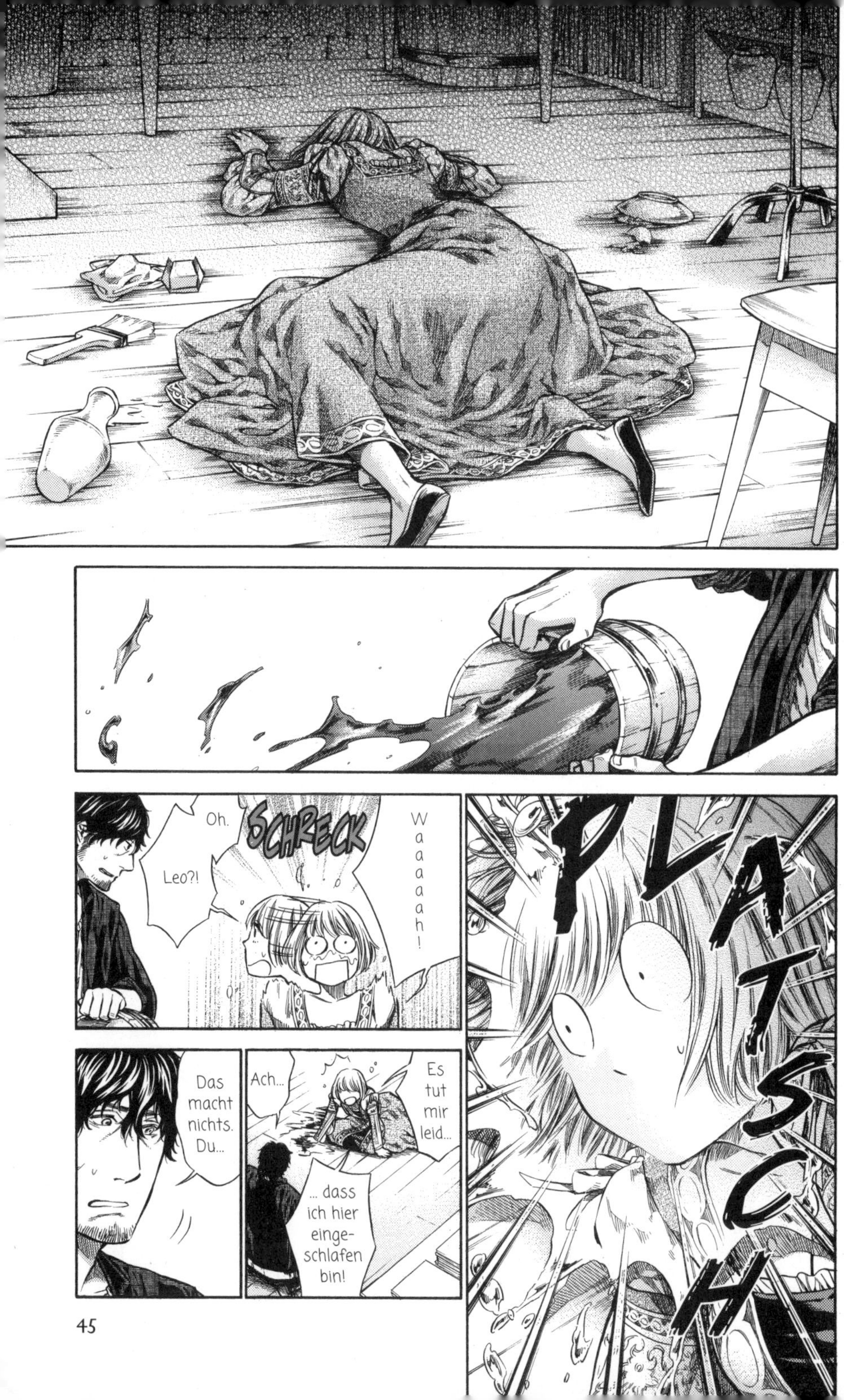
PLATSCH
Waaaaaah!
SCHRECK
Oh.
Leo?!
Es tut mir leid...
Ach...
... dass ich hier einge-schlafen bin!
Das macht nichts. Du...

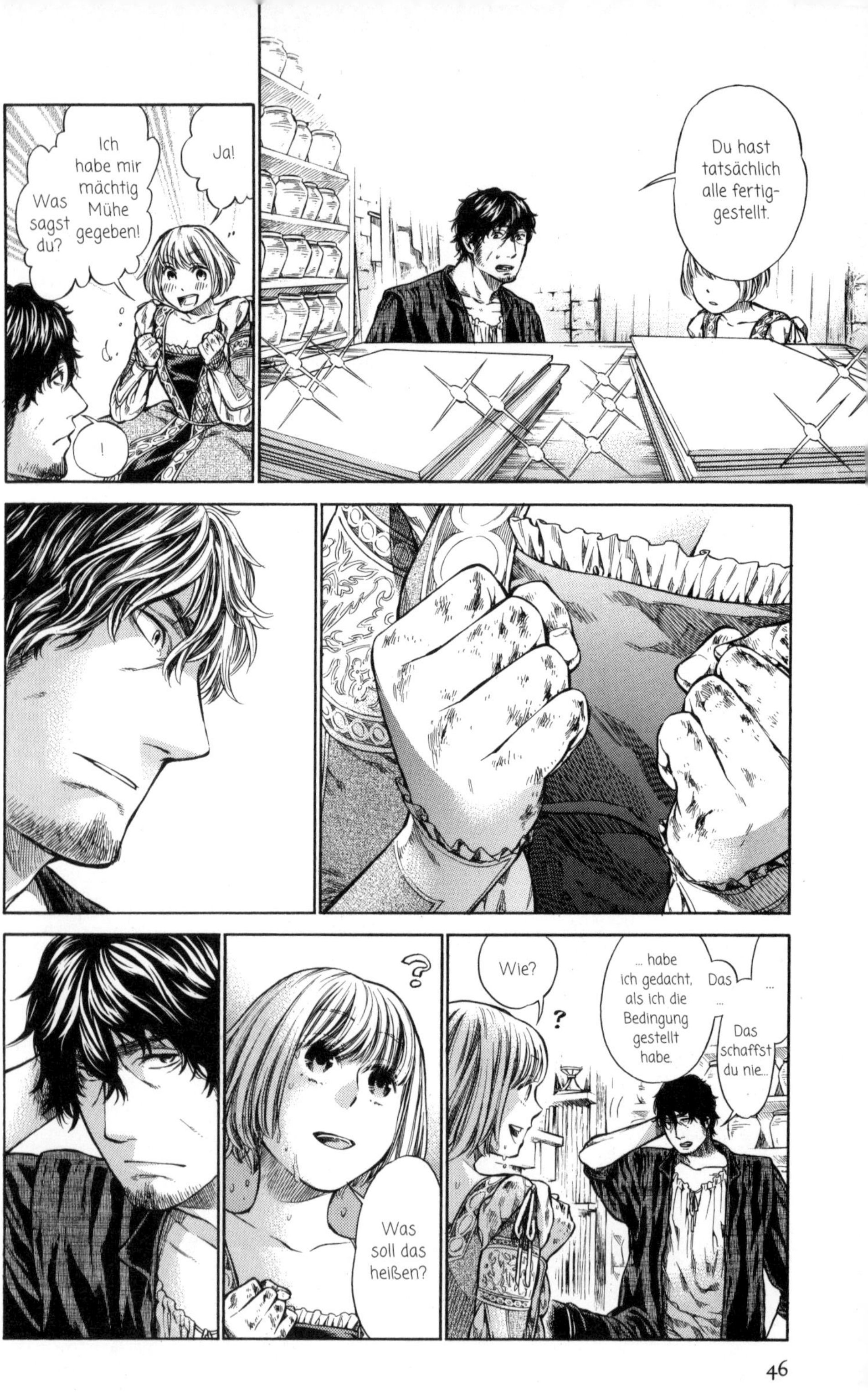
Du hast tatsächlich alle fertig-gestellt.
Ja!
Ich habe mir mächtig Mühe gegeben!
Was sagst du?
!
Das ... Das schaffst du nie...
... habe ich gedacht, als ich die Bedingung gestellt habe.
Wie?
?
?
Was soll das heißen?

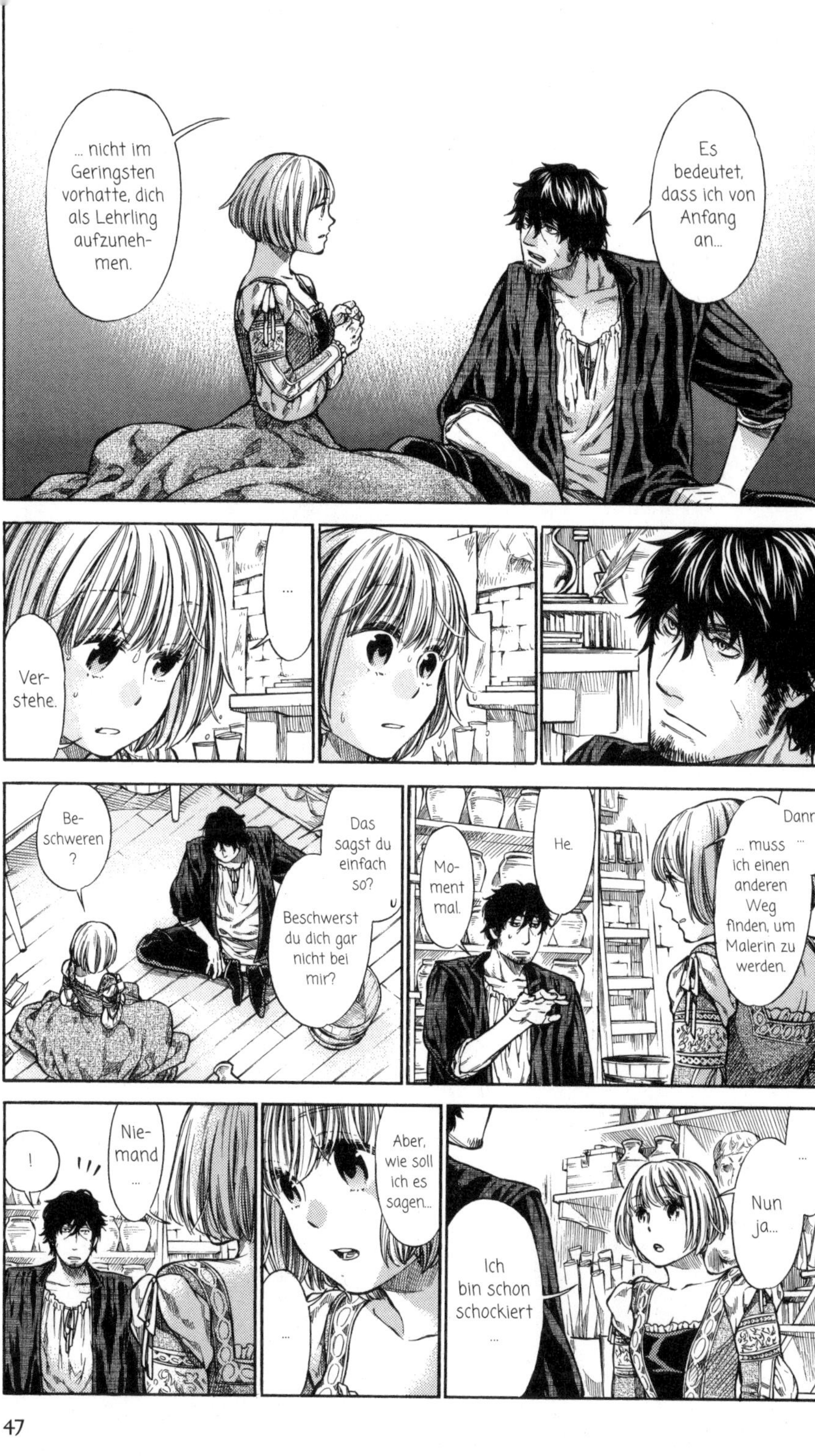

Es bedeutet, dass ich von Anfang an...
... nicht im Geringsten vorhatte, dich als Lehrling aufzunehmen.
...
Verstehe.
Dann ... muss ich einen anderen Weg finden, um Malerin zu werden.
He.
Moment mal.
Das sagst du einfach so?
Beschwerst du dich gar nicht bei mir?
Beschweren?
...
Nun ja...
Ich bin schon schockiert ...
Aber, wie soll ich es sagen...
...
Niemand ...
!

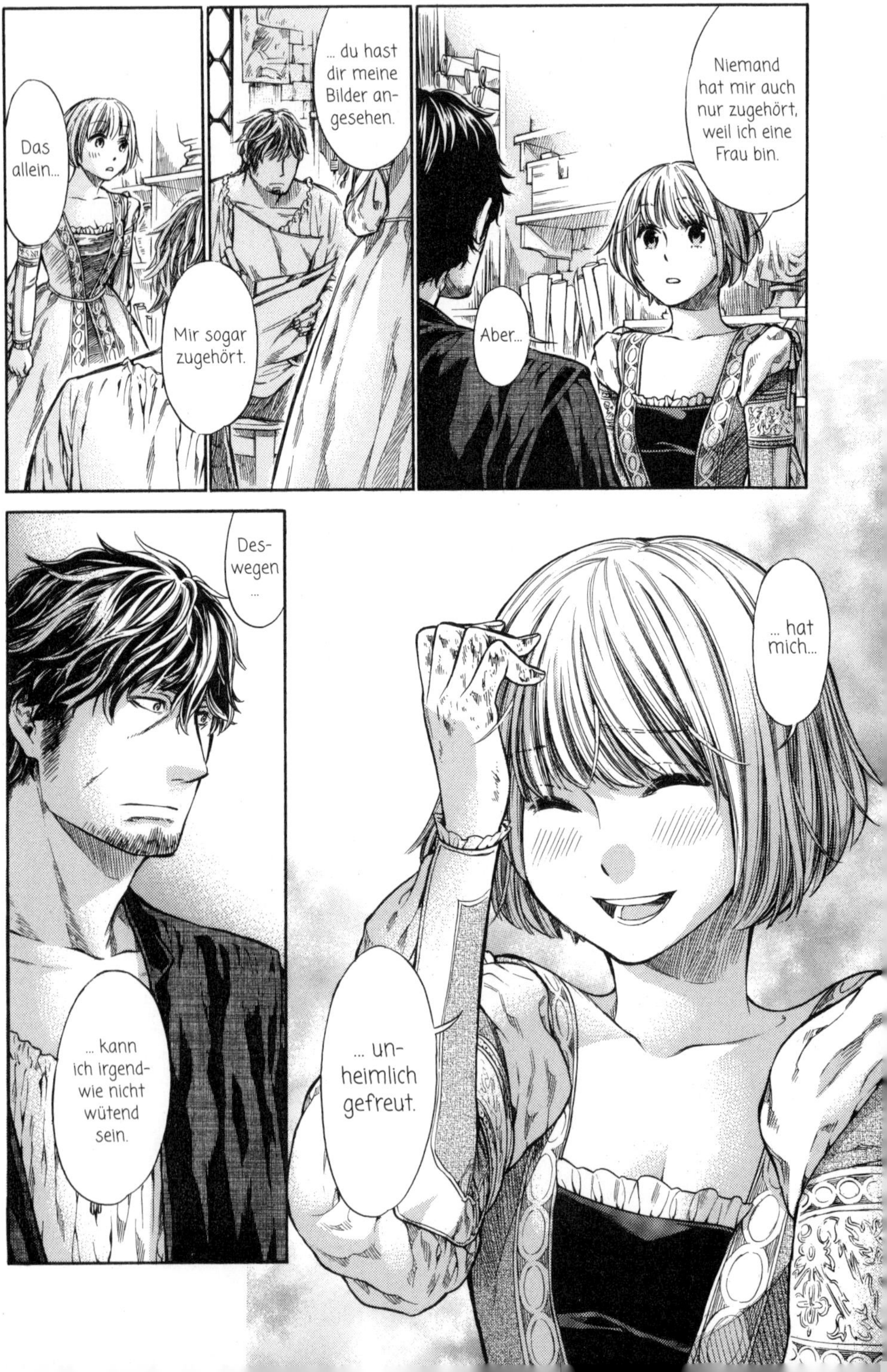
Niemand hat mir auch nur zugehört, weil ich eine Frau bin.
Aber...
... du hast dir meine Bilder angesehen.
Mir sogar zugehört.
Das allein...
... hat mich...
... unheimlich gefreut.
Deswegen ...
... kann ich irgendwie nicht wütend sein.

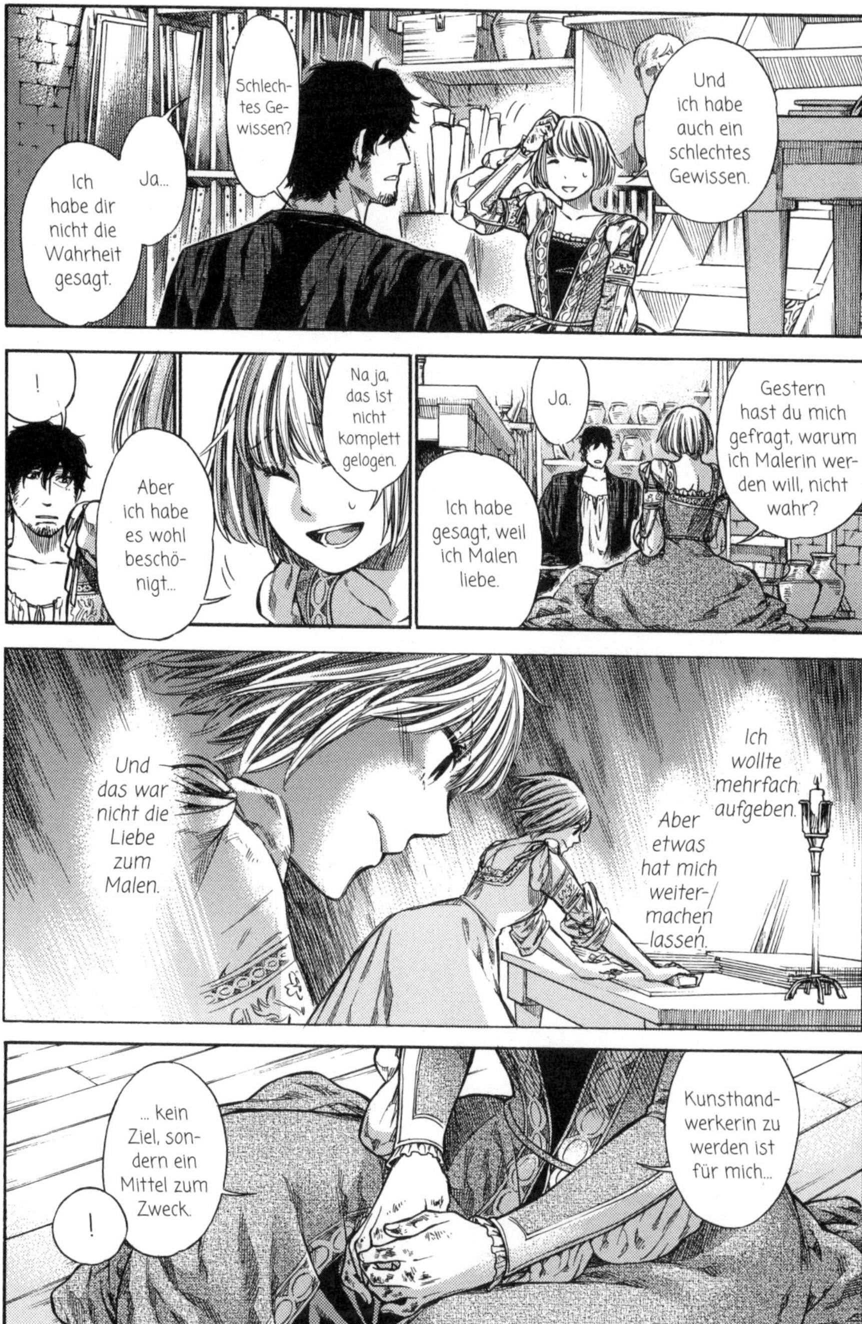
Und ich habe auch ein schlechtes Gewissen.
Schlechtes Gewissen?
Ja...
Ich habe dir nicht die Wahrheit gesagt.
Gestern hast du mich gefragt, warum ich Malerin werden will, nicht wahr?
Ja.
Ich habe gesagt, weil ich Malen liebe.
Na ja, das ist nicht komplett gelogen.
!
Aber ich habe es wohl beschönigt...
Ich wollte mehrfach aufgeben.
Aber etwas hat mich weitermachen lassen.
Und das war nicht die Liebe zum Malen.
Kunsthandwerkerin zu werden ist für mich...
... kein Ziel, sondern ein Mittel zum Zweck.
!

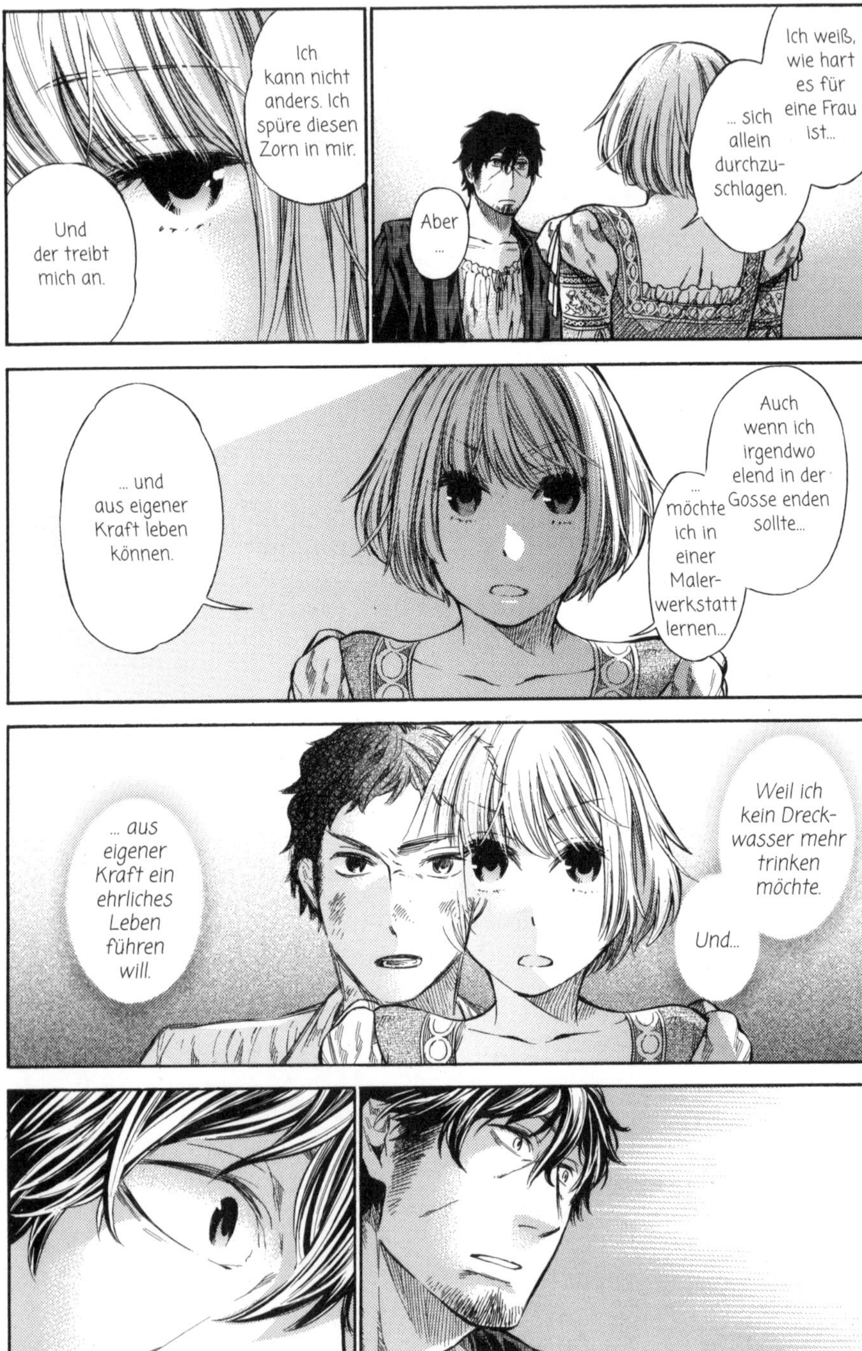
Ich weiß, wie hart es für eine Frau ist...
... sich allein durchzuschlagen.
Aber ...
Ich kann nicht anders. Ich spüre diesen Zorn in mir.
Und der treibt mich an.
Auch wenn ich irgendwo elend in der Gosse enden sollte...
... möchte ich in einer Malerwerkstatt lernen...
... und aus eigener Kraft leben können.
Weil ich kein Dreckwasser mehr trinken möchte.
Und...
... aus eigener Kraft ein ehrliches Leben führen will.

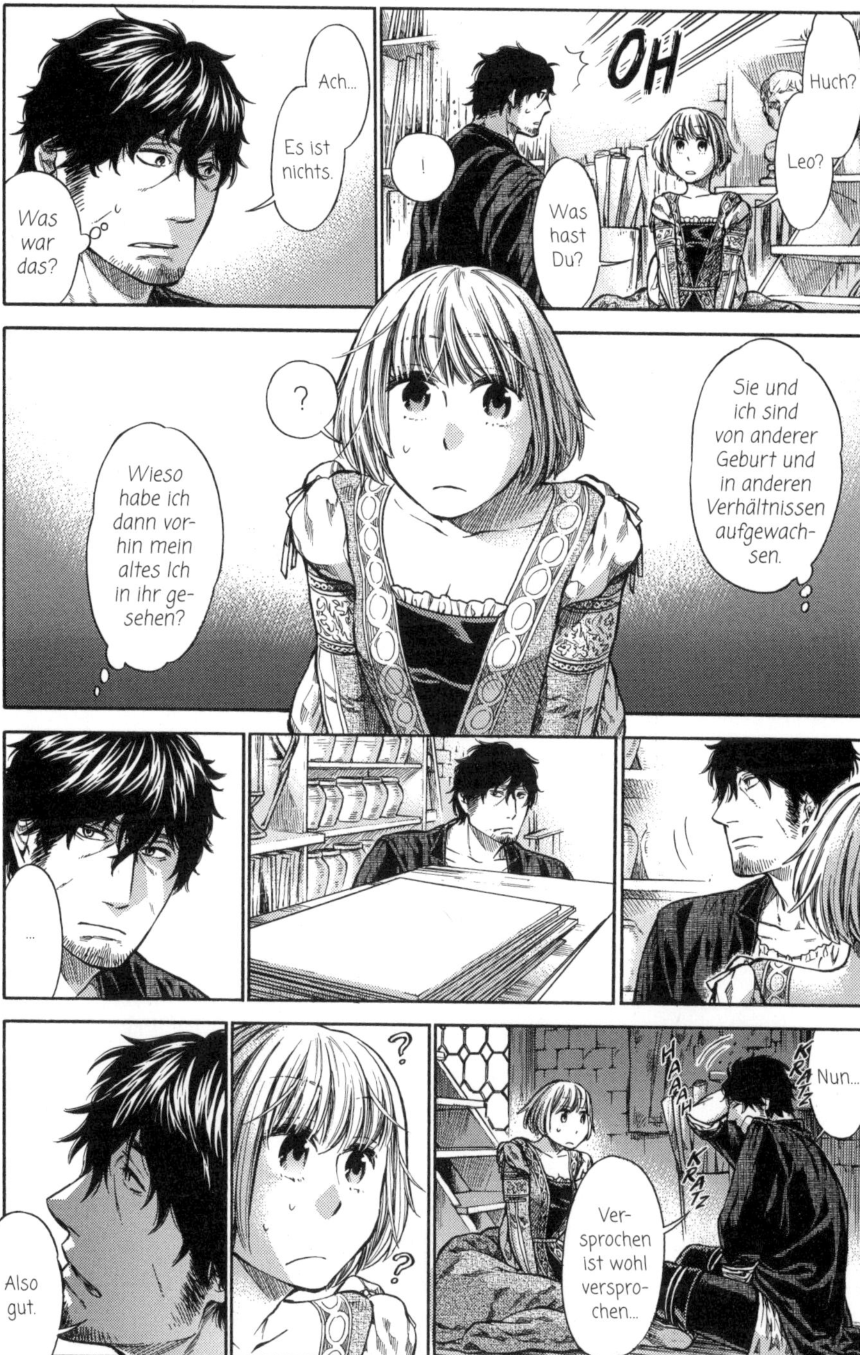
Huch?
Leo?
OH
!
Was hast Du?
Ach…
Es ist nichts.
Was war das?
Sie und ich sind von anderer Geburt und in anderen Verhältnissen aufgewachsen.
?
Wieso habe ich dann vorhin mein altes Ich in ihr gesehen?
…
Nun…
KRATZ
HAAAH
KRATZ
Versprochen ist wohl versprochen…
?
?
Also gut.

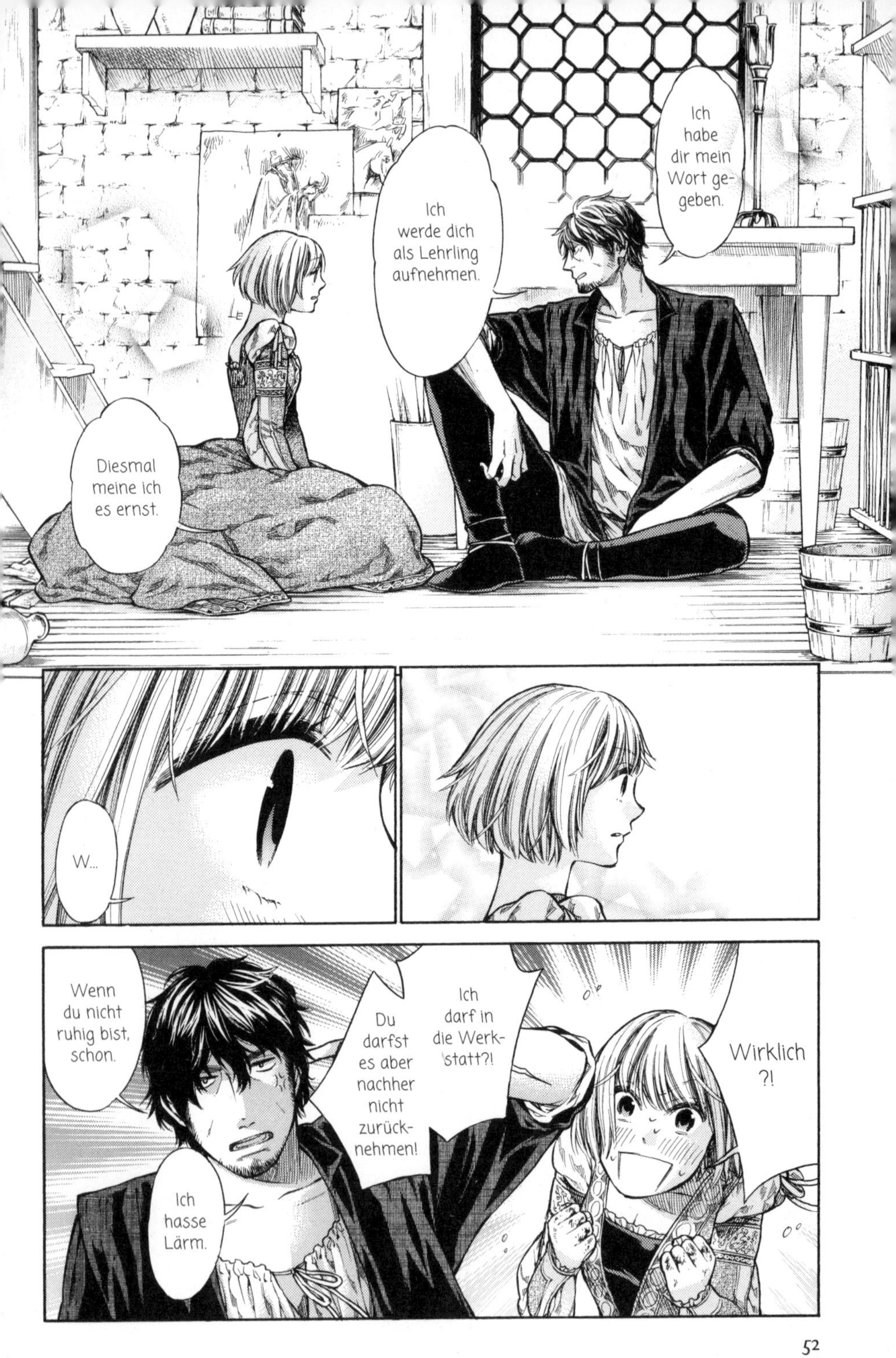
Ich habe dir mein Wort gegeben.
Ich werde dich als Lehrling aufnehmen.
Diesmal meine ich es ernst.
W...
Wirklich?!
Ich darf in die Werkstatt?!
Du darfst es aber nachher nicht zurücknehmen!
Wenn du nicht ruhig bist, schon.
Ich hasse Lärm.

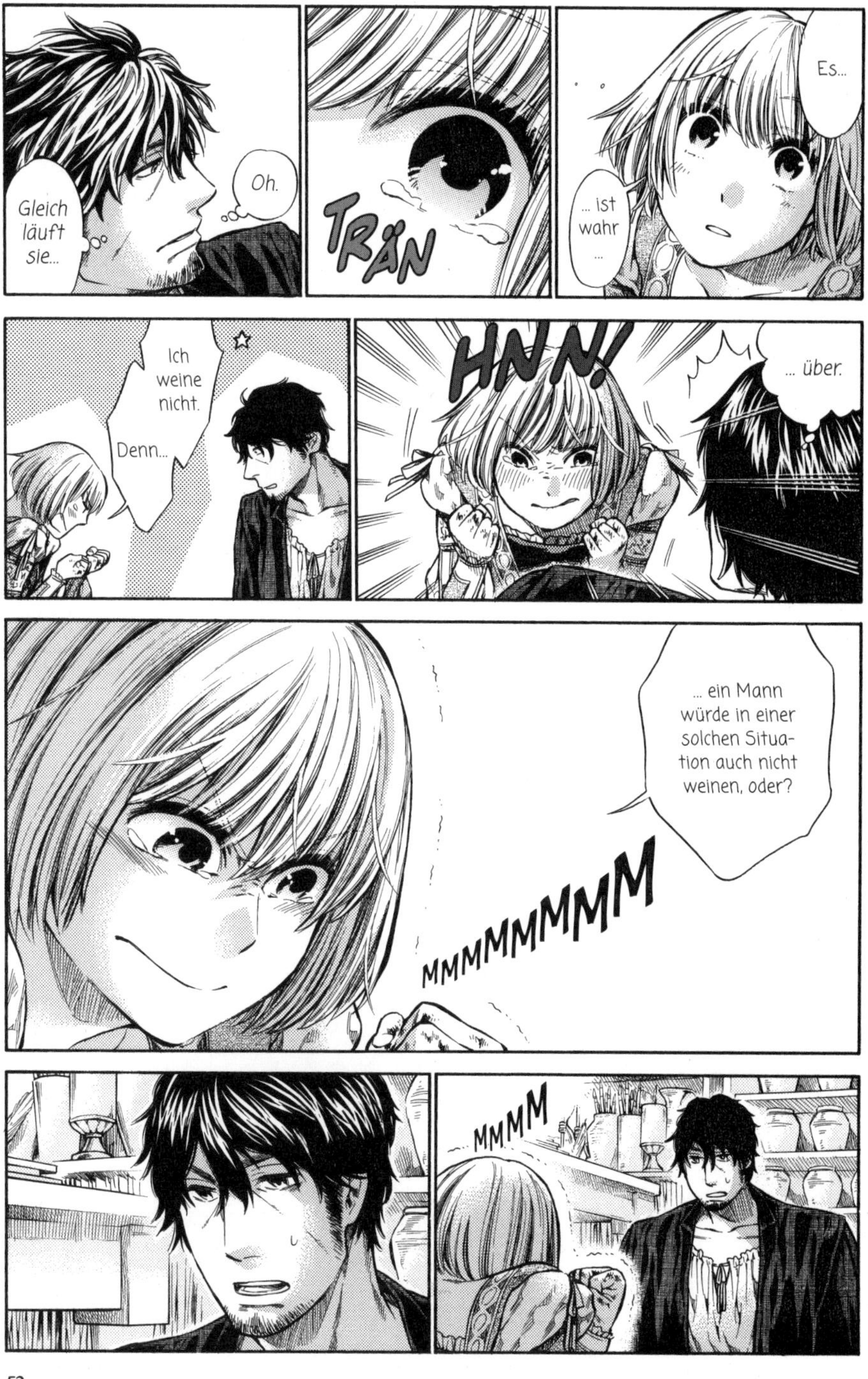
Es...
... ist wahr ...
TRÄN
Oh.
Gleich läuft sie...
... über.
HNN!
Ich weine nicht.
Denn...
... ein Mann würde in einer solchen Situation auch nicht weinen, oder?
MMMMMMMMMM
... MMMM

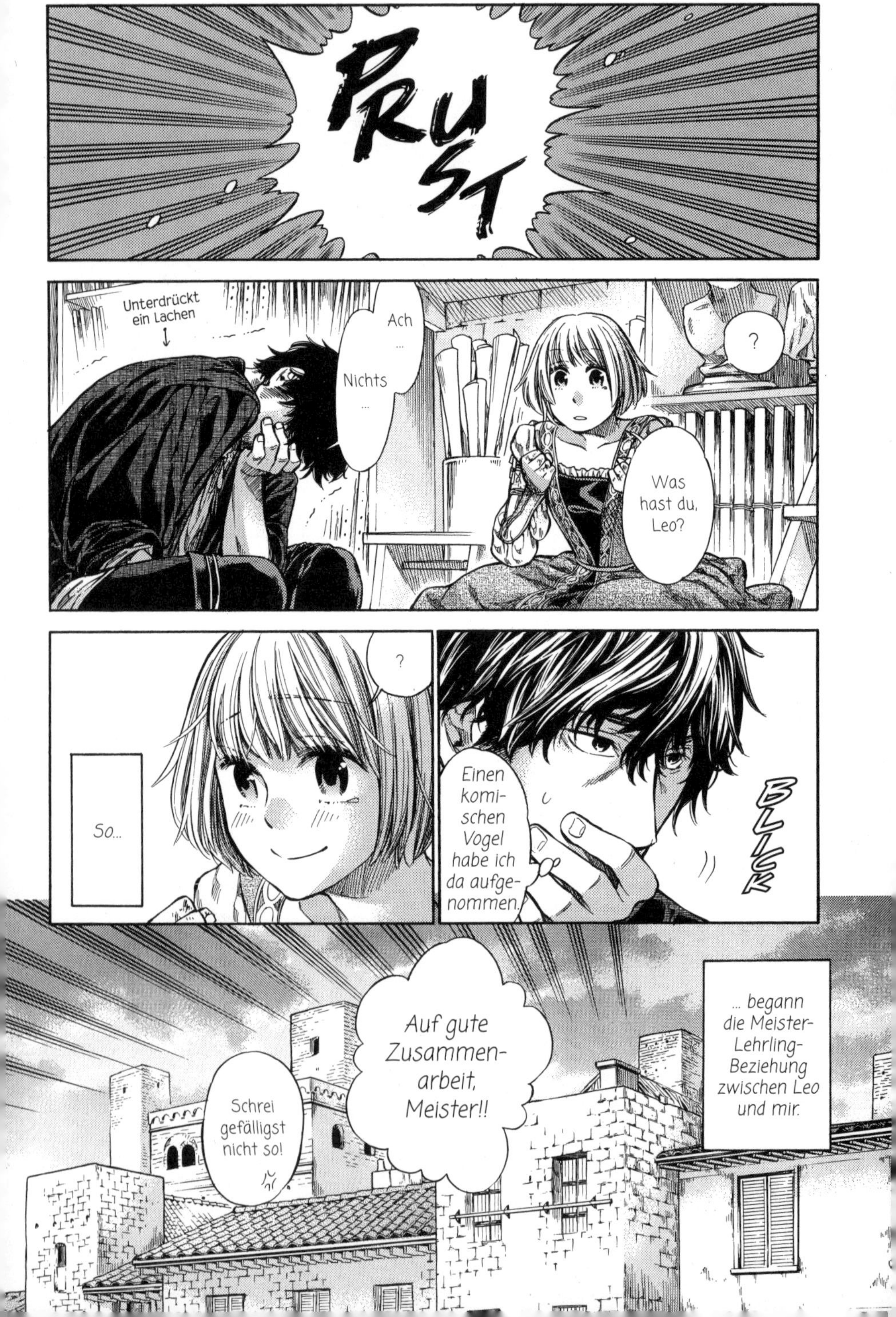
PRUST
Unterdrückt ein Lachen
?
Was hast du, Leo?
Ach … Nichts …
?
BLICK
Einen komischen Vogel habe ich da aufgenommen.
So…
… begann die Meister-Lehrling-Beziehung zwischen Leo und mir.
Auf gute Zusammenarbeit, Meister!!
Schrei gefälligst nicht so!

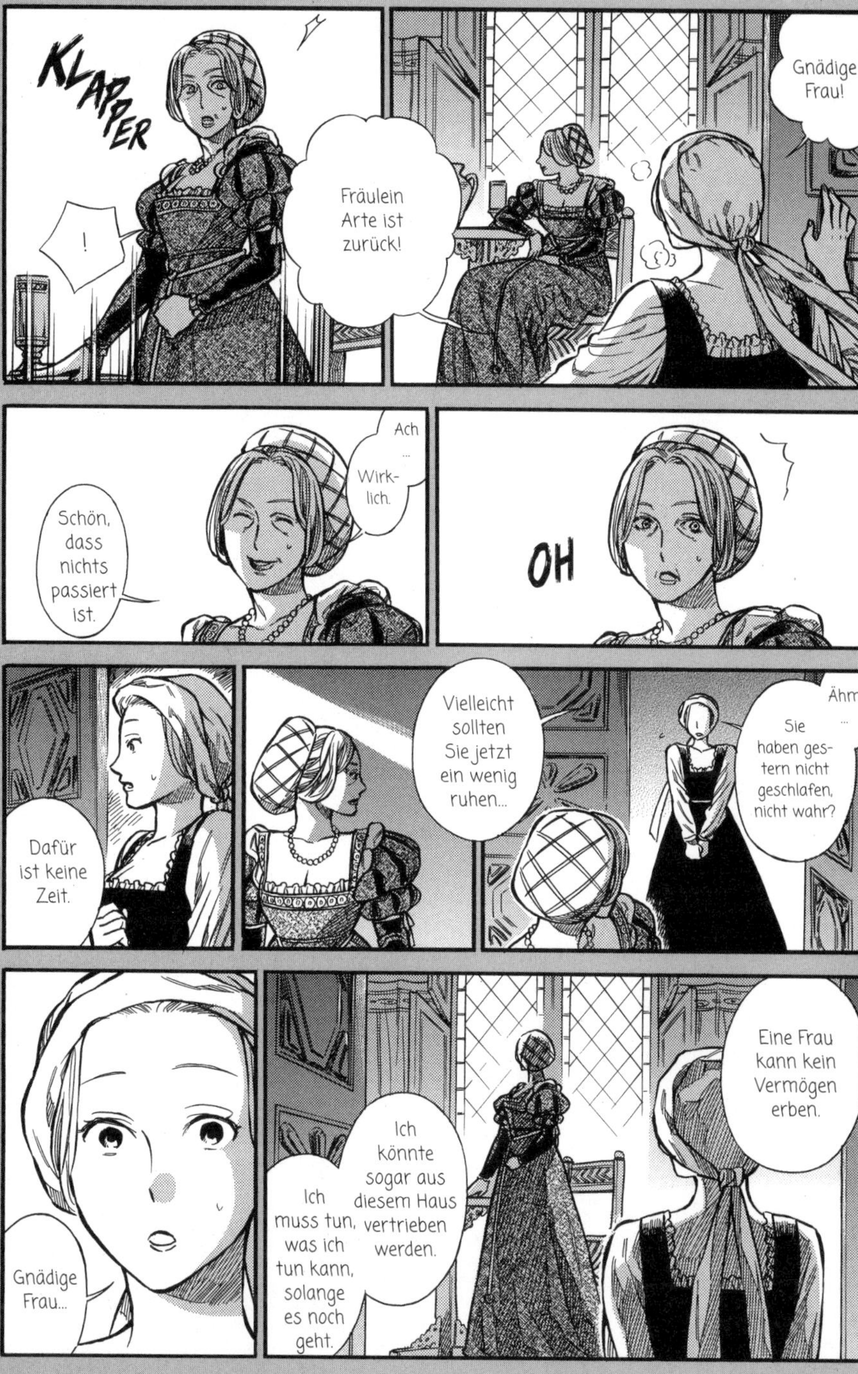
Gnädige Frau!
Fräulein Arte ist zurück!
KLAPPER
!
OH
Ach … Wirk-lich.
Schön, dass nichts passiert ist.
Ähm … Sie haben ges-tern nicht geschlafen, nicht wahr?
Vielleicht sollten Sie jetzt ein wenig ruhen…
Dafür ist keine Zeit.
Eine Frau kann kein Vermögen erben.
Ich könnte sogar aus diesem Haus vertrieben werden.
Ich muss tun, was ich tun kann, solange es noch geht.
Gnädige Frau…

ARTE

Inizio XVI secolo, Firenze. Citta' dove ebbe origine il Rinascimento, in cui fiorirono attività culturali e l'Arte. Nel pieno di tale vibrante splendore ebbe inizio questa storia.

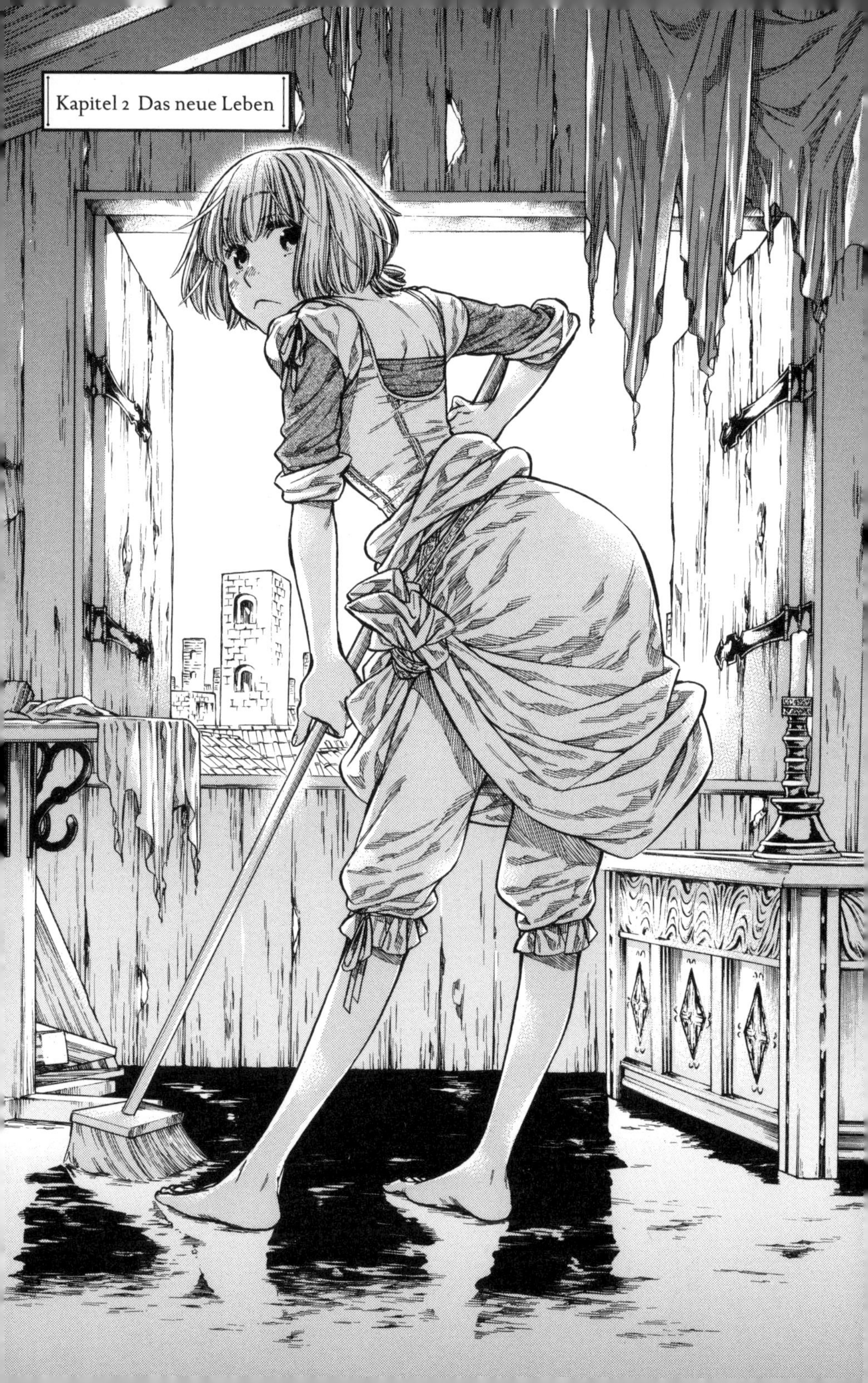
Kapitel 2 Das neue Leben

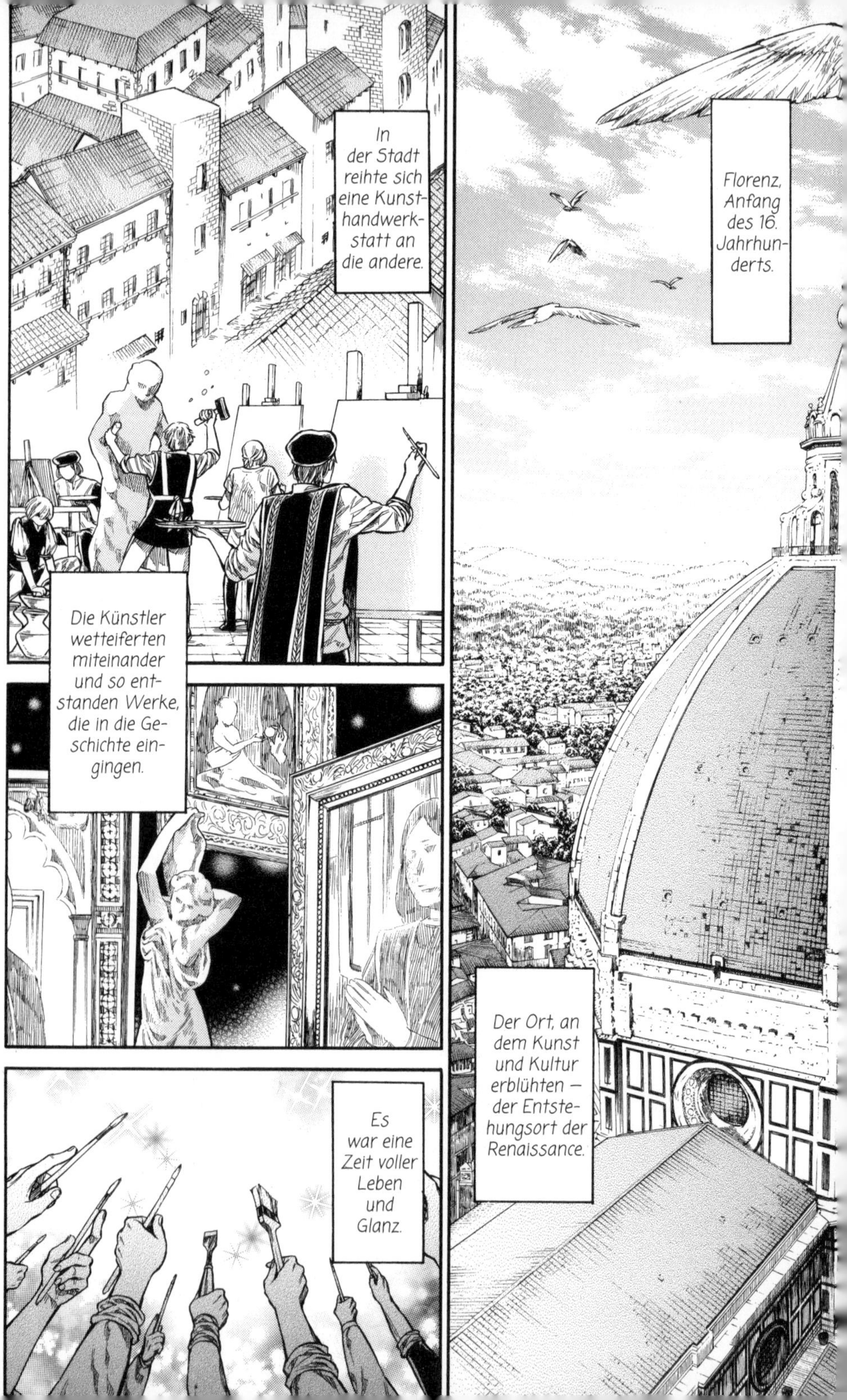
Florenz, Anfang des 16. Jahrhunderts.
Der Ort, an dem Kunst und Kultur erblühten – der Entstehungsort der Renaissance.
In der Stadt reihte sich eine Kunsthandwerkstatt an die andere.
Die Künstler wetteiferten miteinander und so entstanden Werke, die in die Geschichte eingingen.
Es war eine Zeit voller Leben und Glanz.

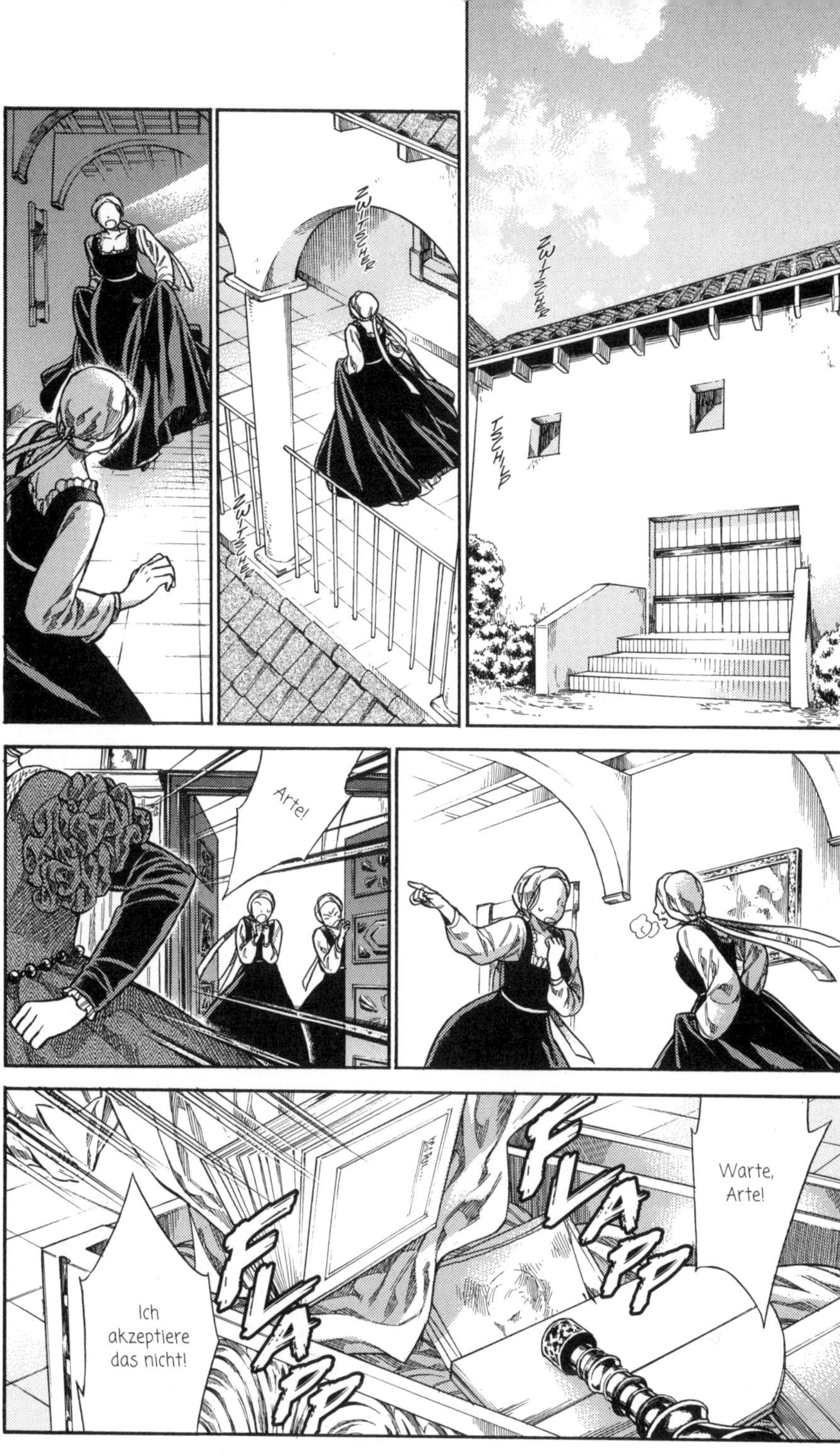
ZWITSCHER
TSCHILP
ZWITSCHER
ZWITSCHER
Arte!
Warte, Arte!
FLAPP
FLAPP
Ich akzeptiere das nicht!

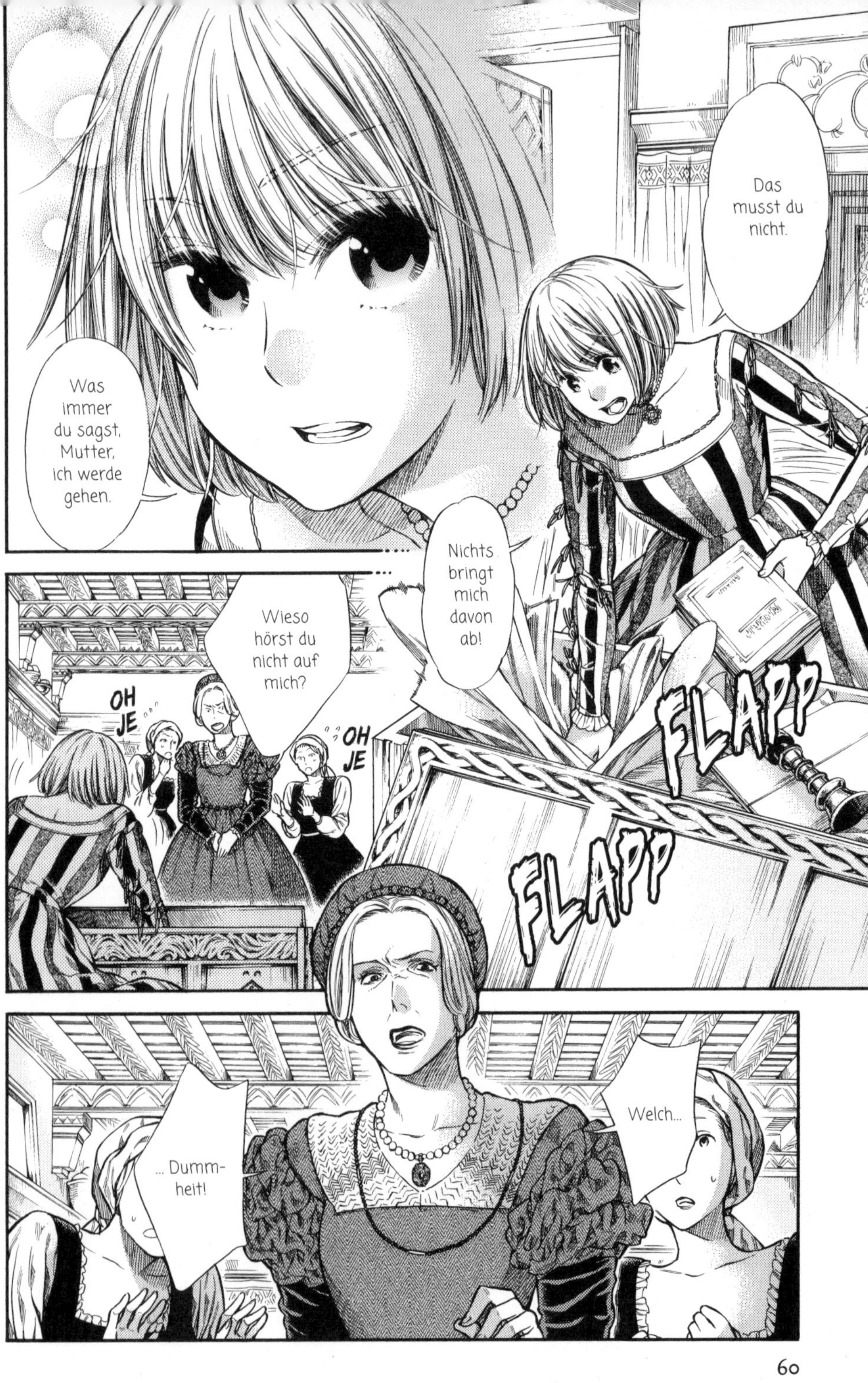
Das musst du nicht.
Was immer du sagst, Mutter, ich werde gehen.
Nichts bringt mich davon ab!
FLAPP
FLAPP
Wieso hörst du nicht auf mich?
OH JE
OH JE
Welch…
… Dumm-heit!

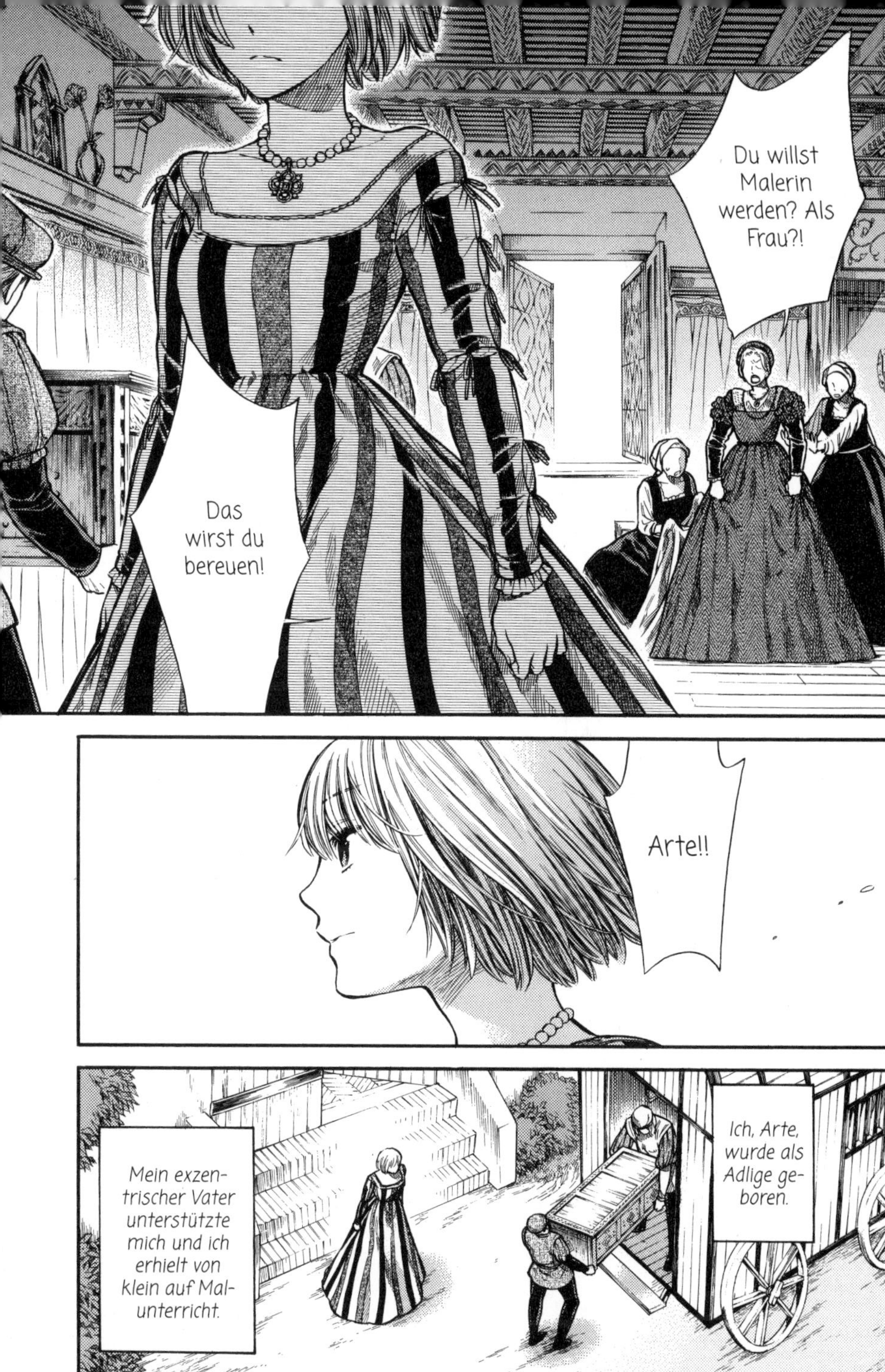
Du willst Malerin werden? Als Frau?!
Das wirst du bereuen!
Arte!!
Ich, Arte, wurde als Adlige geboren.
Mein exzentrischer Vater unterstützte mich und ich erhielt von klein auf Malunterricht.

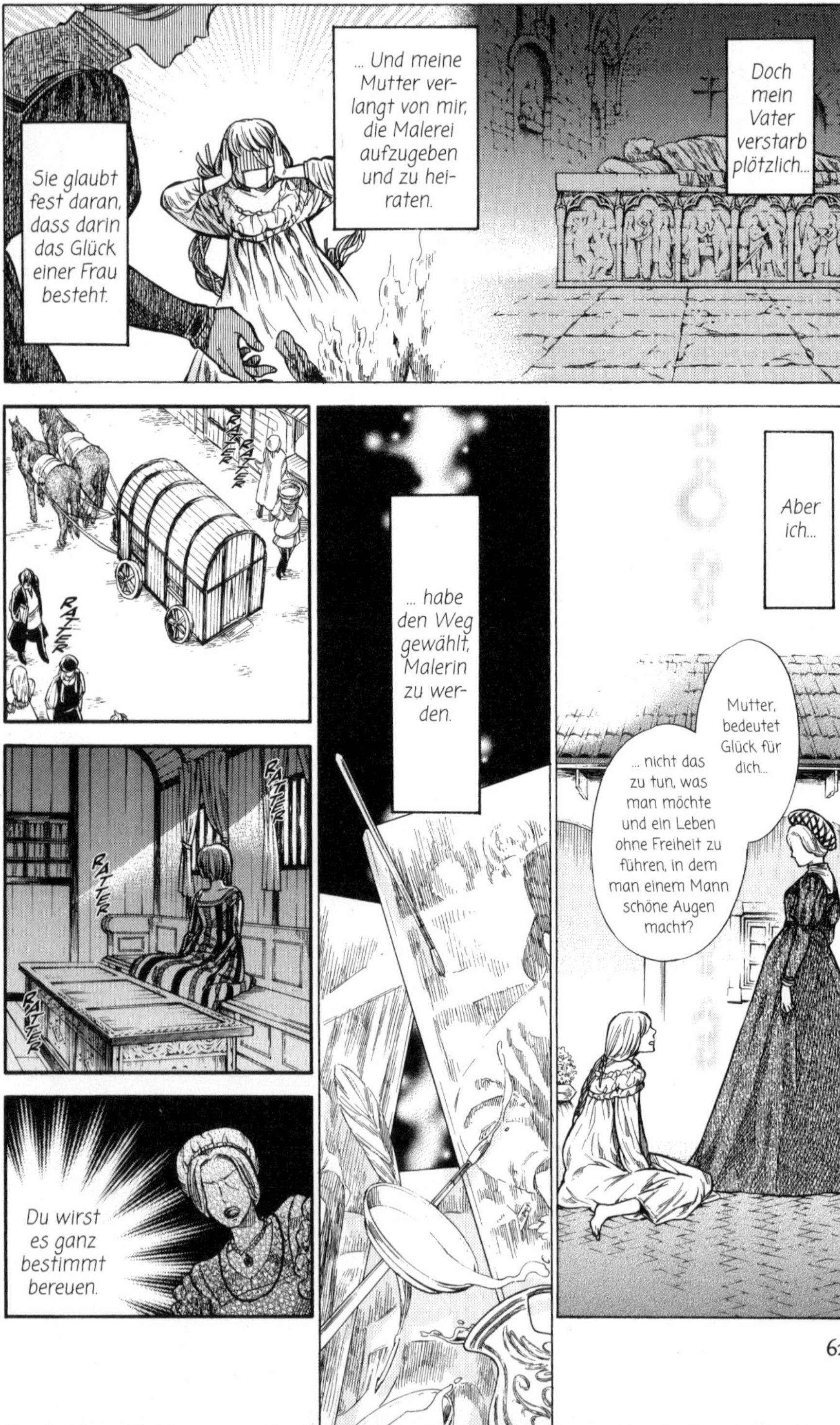
Doch mein Vater verstarb plötzlich...
... Und meine Mutter verlangt von mir, die Malerei aufzugeben und zu heiraten.
Sie glaubt fest daran, dass darin das Glück einer Frau besteht.
Aber ich...
Mutter, bedeutet Glück für dich...
... nicht das zu tun, was man möchte und ein Leben ohne Freiheit zu führen, in dem man einem Mann schöne Augen macht?
... habe den Weg gewählt, Malerin zu werden.
RATTER RATTER
RATTER
RATTER
RATTER
RATTER
Du wirst es ganz bestimmt bereuen.

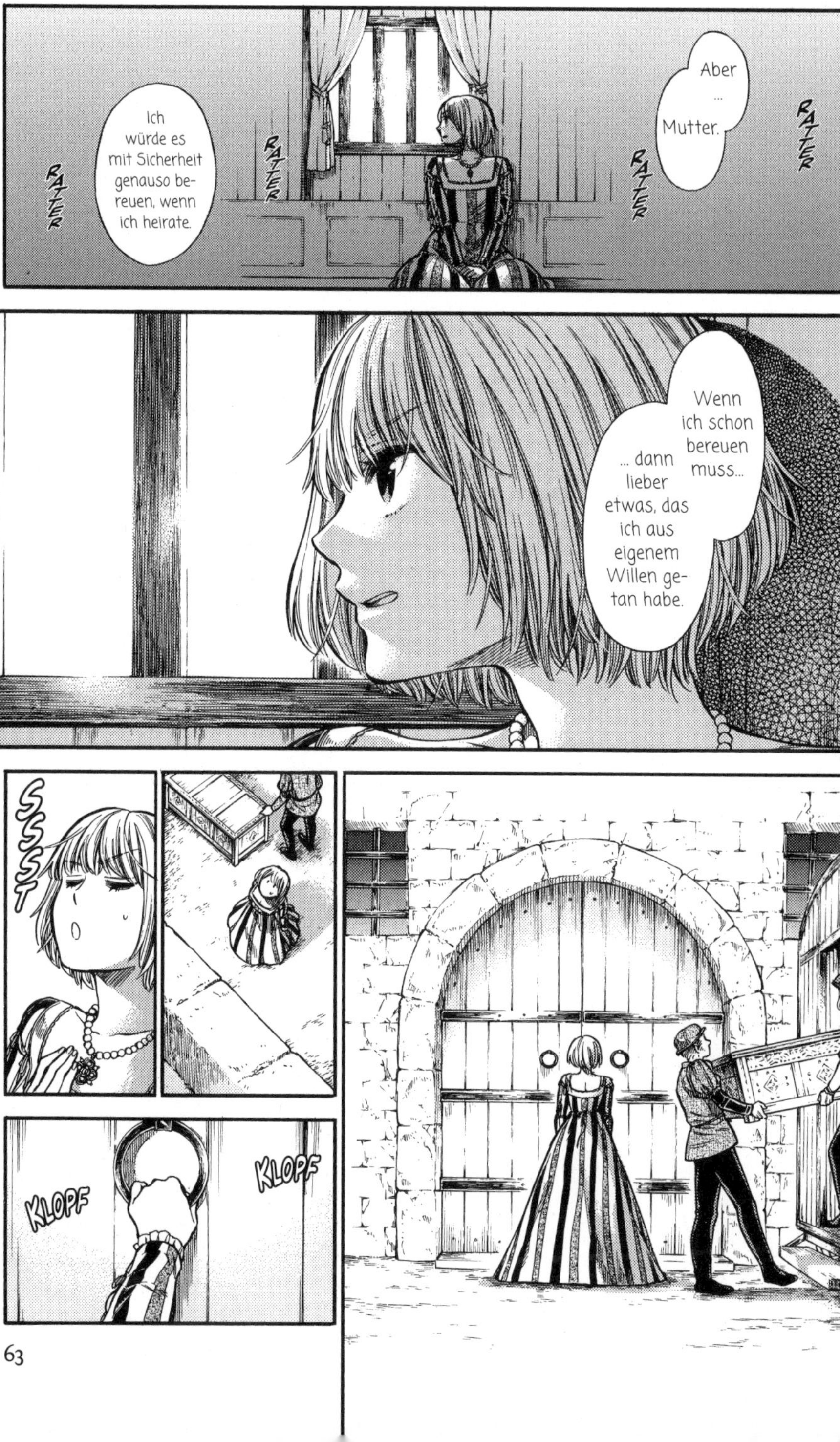
RATTER
Aber ... Mutter.
RATTER
Ich würde es mit Sicherheit genauso bereuen, wenn ich heirate.
RATTER
RATTER
Wenn ich schon bereuen muss...
... dann lieber etwas, das ich aus eigenem Willen getan habe.
SSST
KLOPF
KLOPF

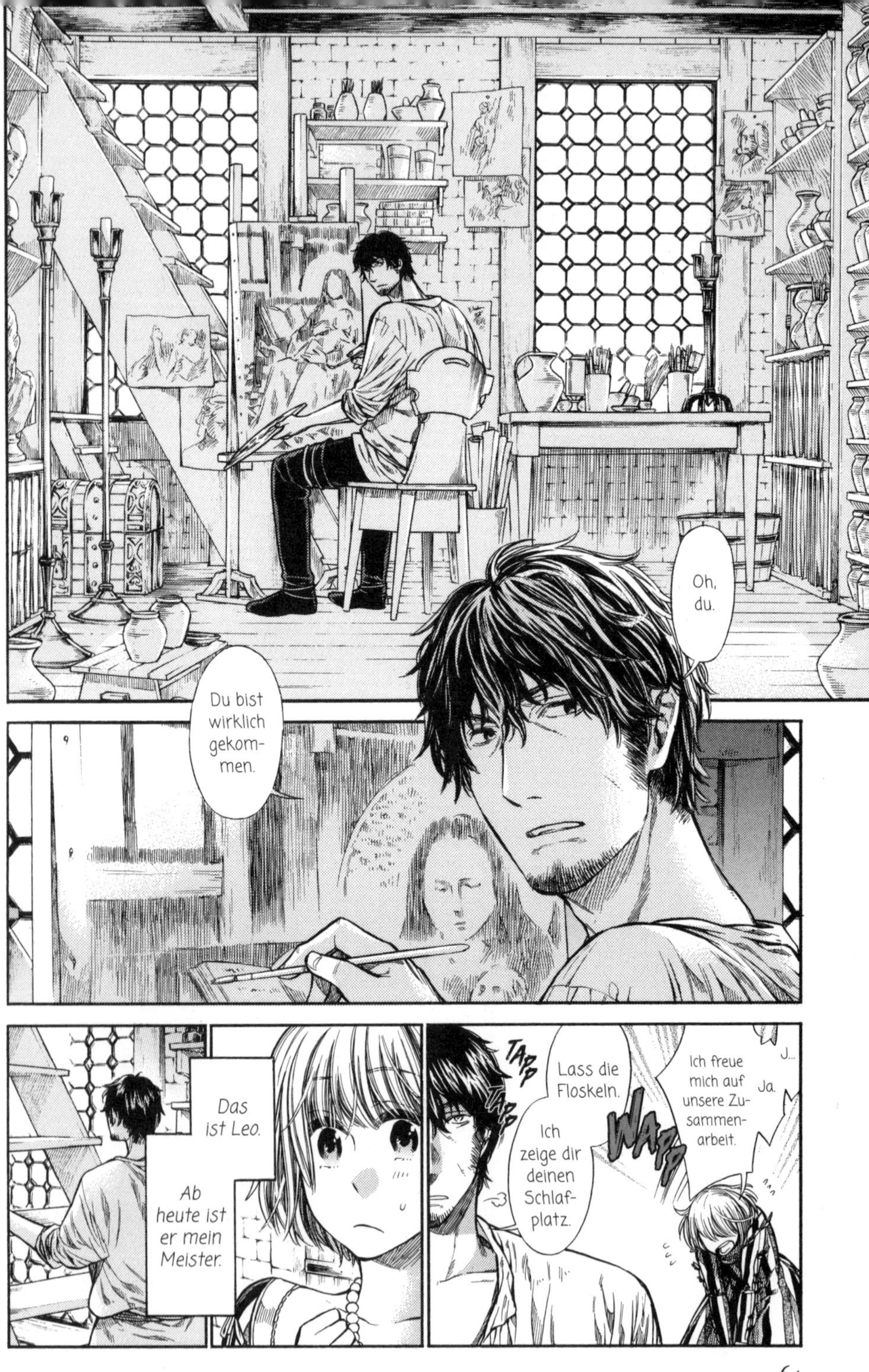
Oh, du.
Du bist wirklich gekommen.
J... Ja.
Ich freue mich auf unsere Zusammenarbeit.
WAPP
Lass die Floskeln.
TAPP TAPP
Ich zeige dir deinen Schlafplatz.
Das ist Leo.
Ab heute ist er mein Meister.

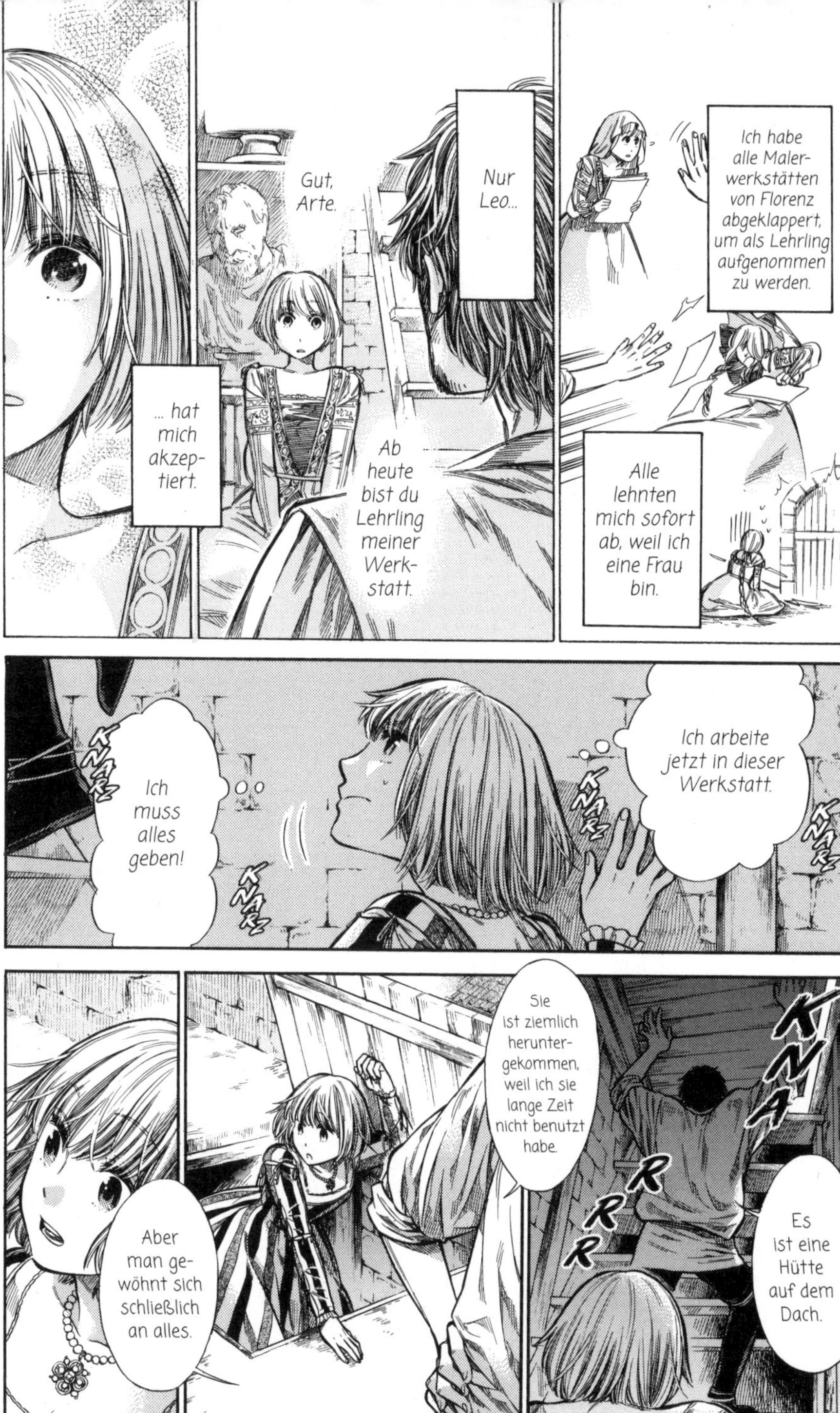
Ich habe alle Maler-werkstätten von Florenz abgeklappert, um als Lehrling aufgenommen zu werden.
Alle lehnten mich sofort ab, weil ich eine Frau bin.
Nur Leo...
Gut, Arte.
Ab heute bist du Lehrling meiner Werk-statt.
... hat mich akzep-tiert.
KNARZ
Ich arbeite jetzt in dieser Werkstatt.
KNARZ
Ich muss alles geben!
KNARZ
KNARZ
KNARRRR
Es ist eine Hütte auf dem Dach.
Sie ist ziemlich herunter-gekommen, weil ich sie lange Zeit nicht benutzt habe.
Aber man ge-wöhnt sich schließlich an alles.

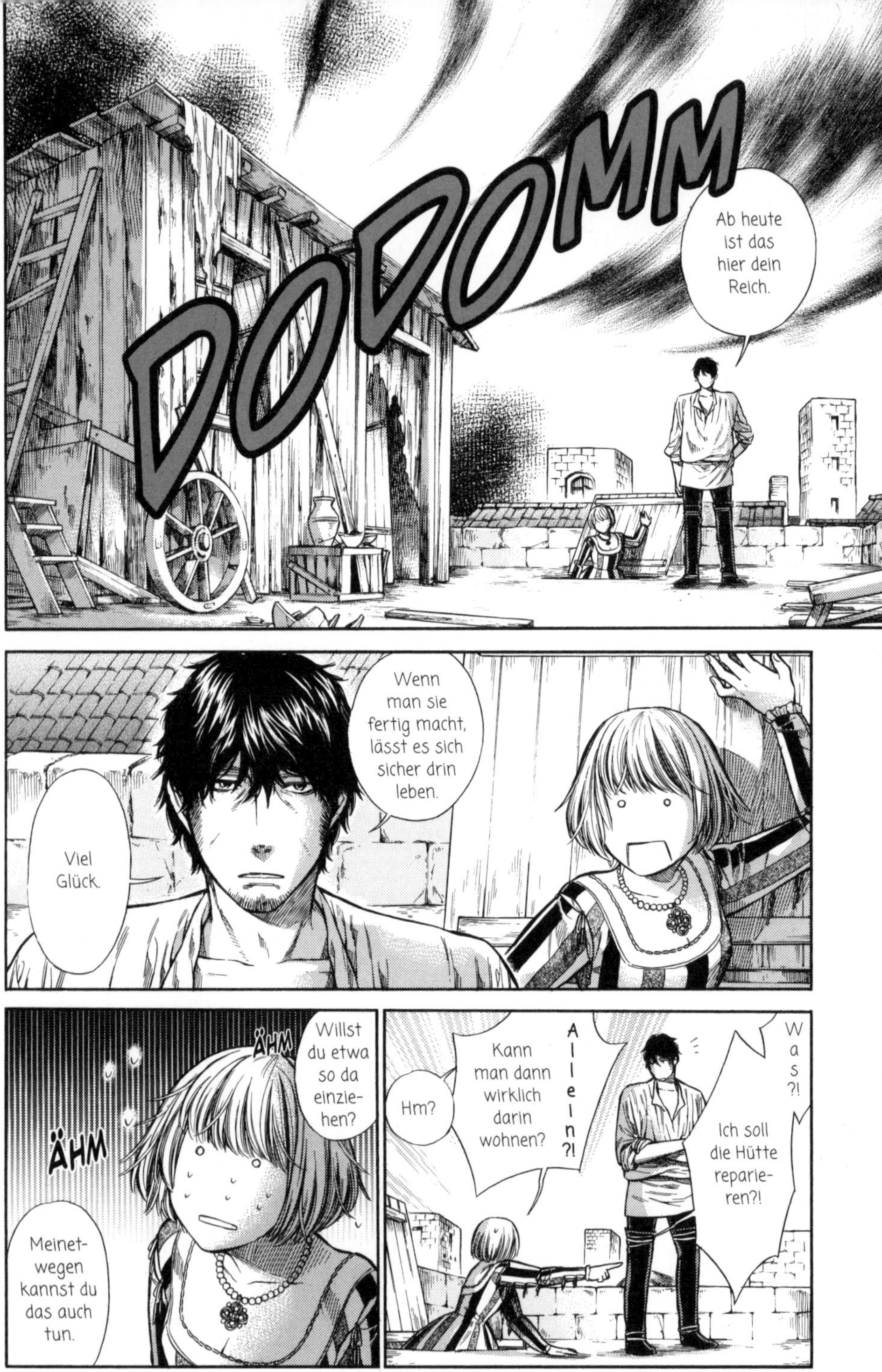
DODOMM
Ab heute ist das hier dein Reich.
Wenn man sie fertig macht, lässt es sich sicher drin leben.
Viel Glück.
Was?!
Ich soll die Hütte reparieren?!
Allein?!
Kann man dann wirklich darin wohnen?
Hm?
Willst du etwa so da einziehen?
ÄHM
ÄHM
Meinetwegen kannst du das auch tun.

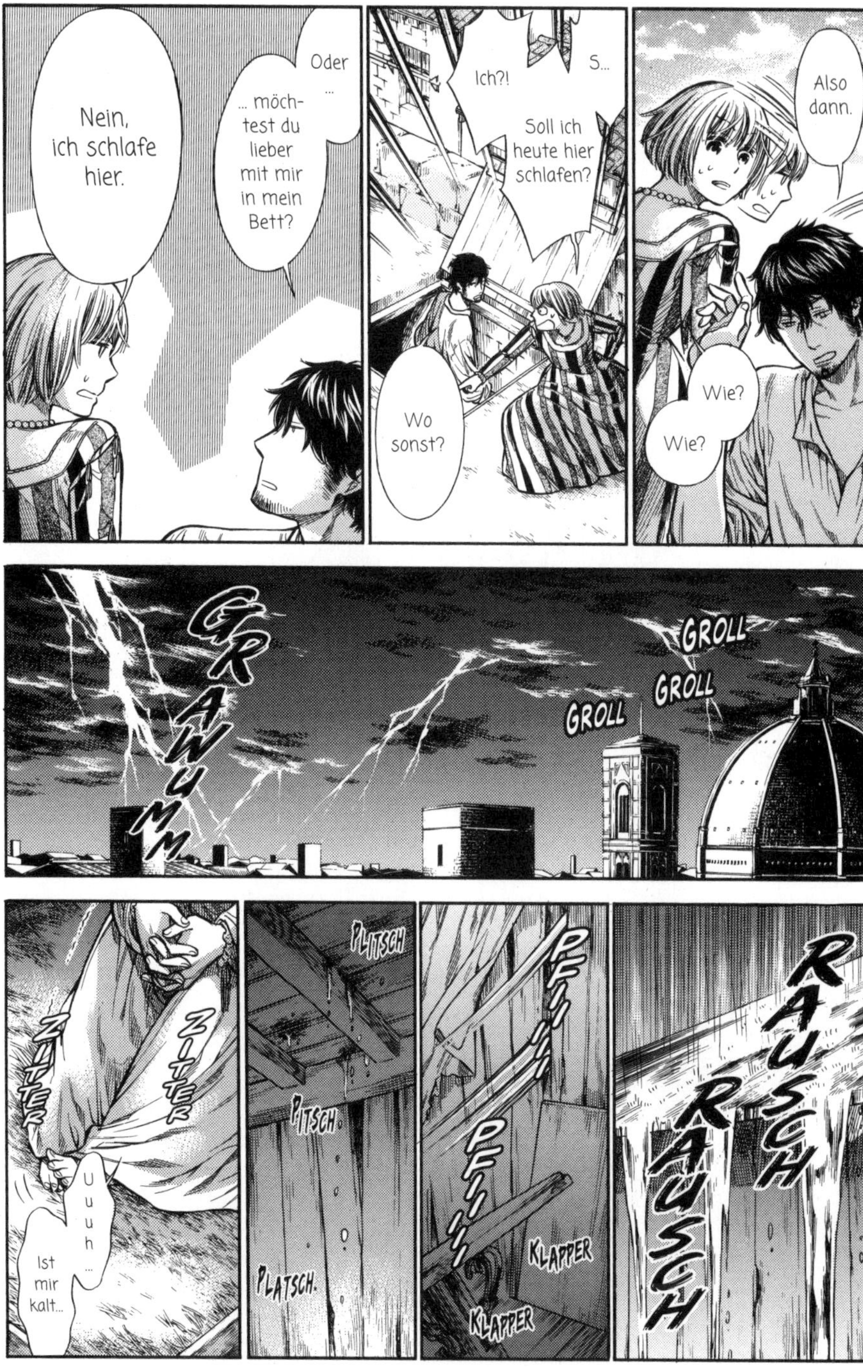
Also dann.
Wie?
Wie?
S...
Soll ich heute hier schlafen?
Ich?!
Wo sonst?
Oder ...
... möchtest du lieber mit mir in mein Bett?
Nein, ich schlafe hier.
GROLL
GROLL
GROLL
GRAWUMM
RAUSCH
RAUSCH
PFIIIII
PFIIIII
KLAPPER
KLAPPER
PLITSCH
PITSCH
PLATSCH.
ZITTER
ZITTER
Uuuh ...
Ist mir kalt...

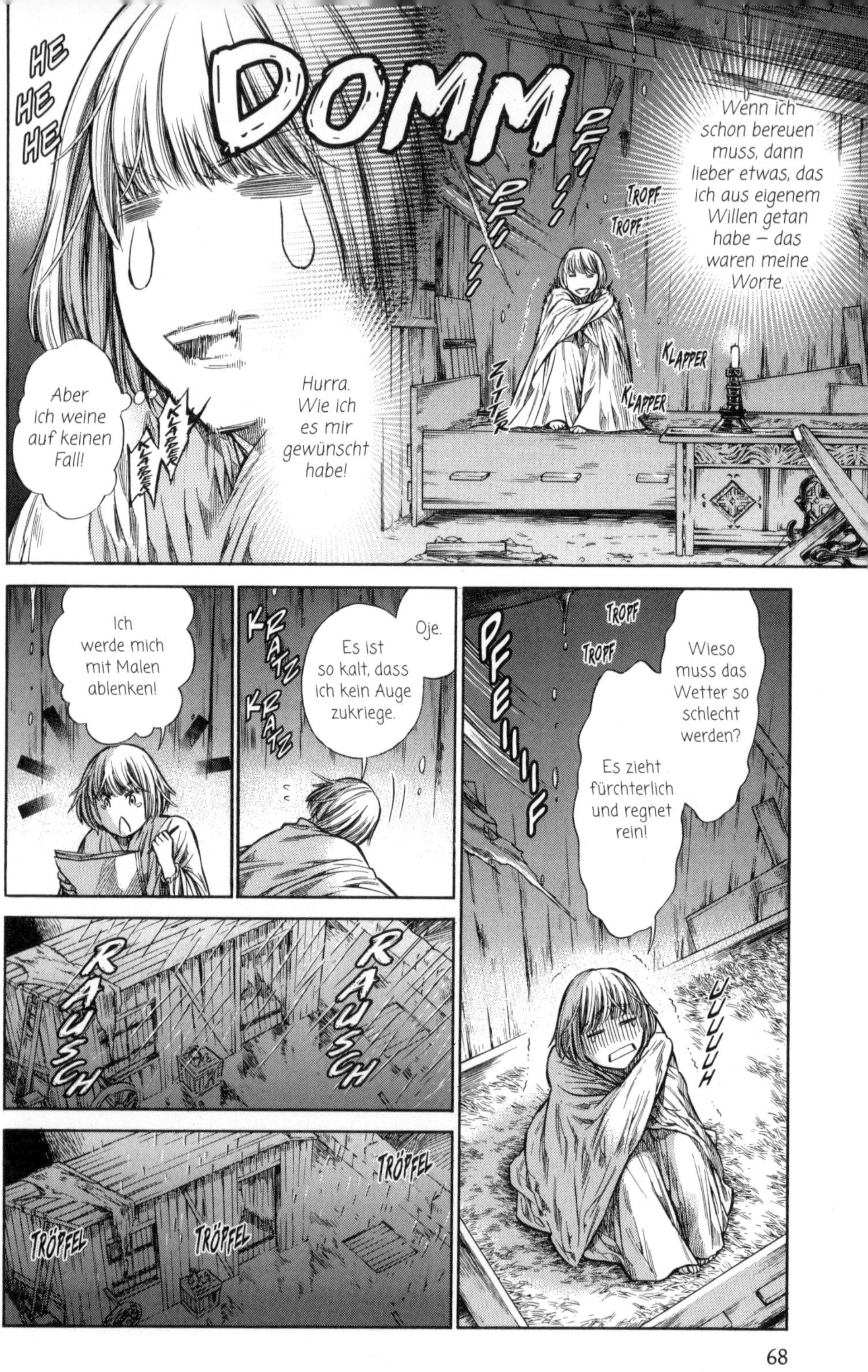
DOMM
PFIII
Wenn ich schon bereuen muss, dann lieber etwas, das ich aus eigenem Willen getan habe – das waren meine Worte.
TROPF
TROPF
KLAPPER
KLAPPER
ZITTER
Hurra. Wie ich es mir gewünscht habe!
Aber ich weine auf keinen Fall!
KLAPPER
KLAPPER
HE HE HE
TROPF
TROPF
Wieso muss das Wetter so schlecht werden?
Es zieht fürchterlich und regnet rein!
PFEIIIIIIF
UUUUUH
Oje.
Es ist so kalt, dass ich kein Auge zukriege.
KRATZ
KRATZ
Ich werde mich mit Malen ablenken!
RAUSCH
RAUSCH
TRÖPFEL
TRÖPFEL
TRÖPFEL

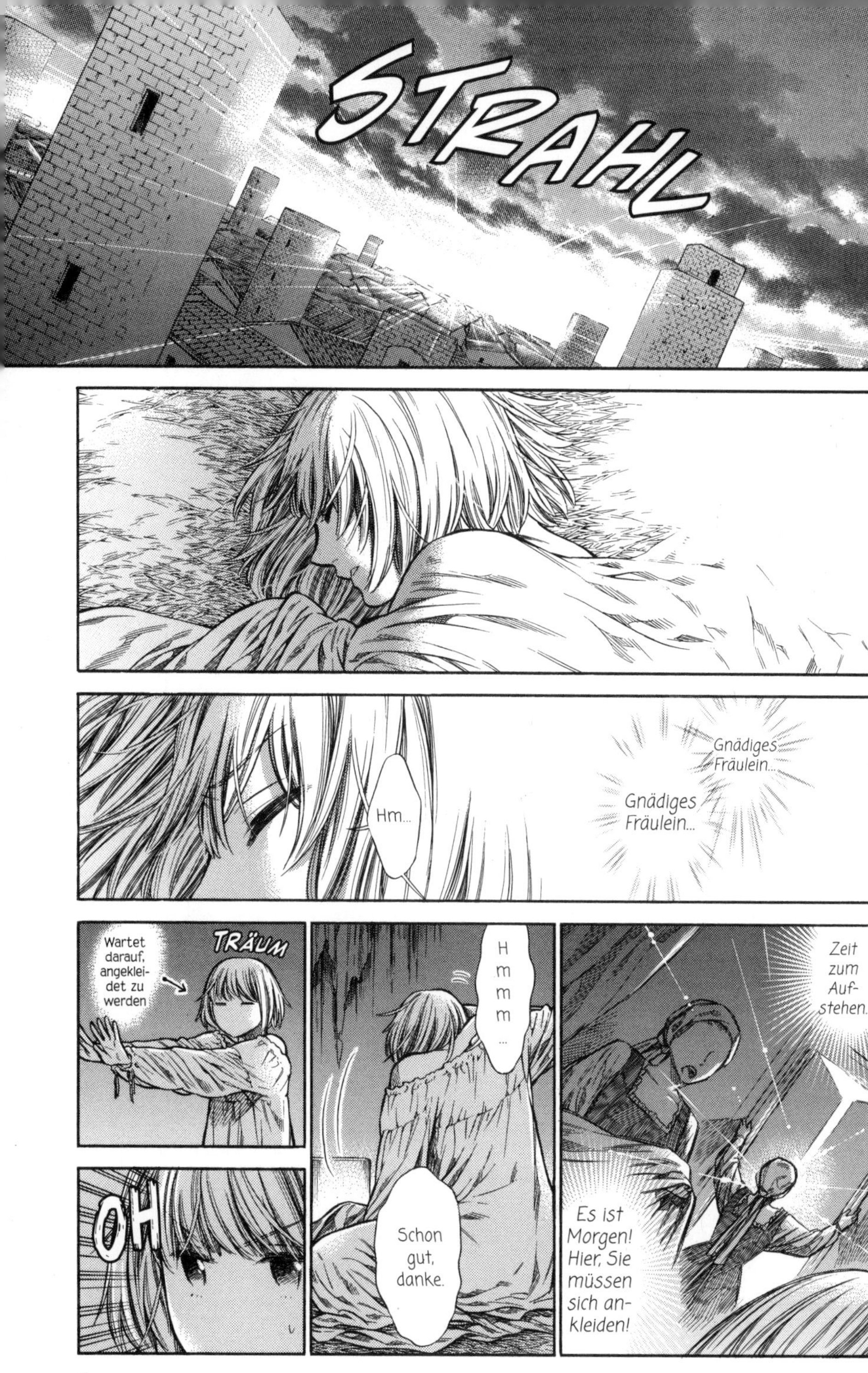
STRAHL
Gnädiges Fräulein...
Gnädiges Fräulein...
Hm...
Zeit zum Auf-stehen.
Es ist Morgen! Hier, Sie müssen sich an-kleiden!
Hmmm...
Schon gut, danke.
TRÄUM
Wartet darauf, angeklei-det zu werden
OH

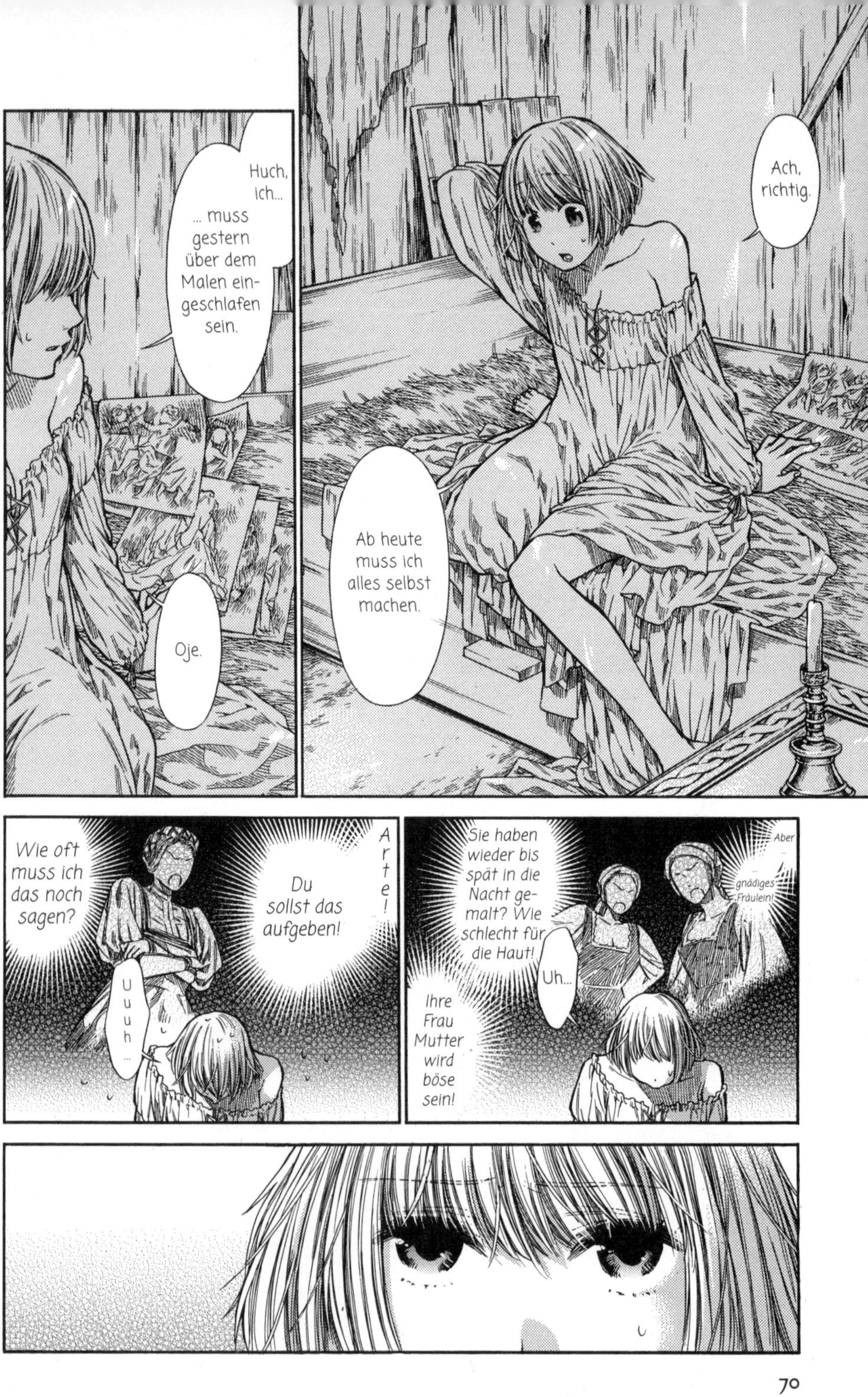
Ach, richtig.
Ab heute muss ich alles selbst machen.
Huch, ich... ... muss gestern über dem Malen ein-geschlafen sein.
Oje.
Aber ... gnädiges Fräulein!
Sie haben wieder bis spät in die Nacht gemalt? Wie schlecht für die Haut!
Uh...
Ihre Frau Mutter wird böse sein!
Arte!
Du sollst das aufgeben!
Wie oft muss ich das noch sagen?
Uuuh...

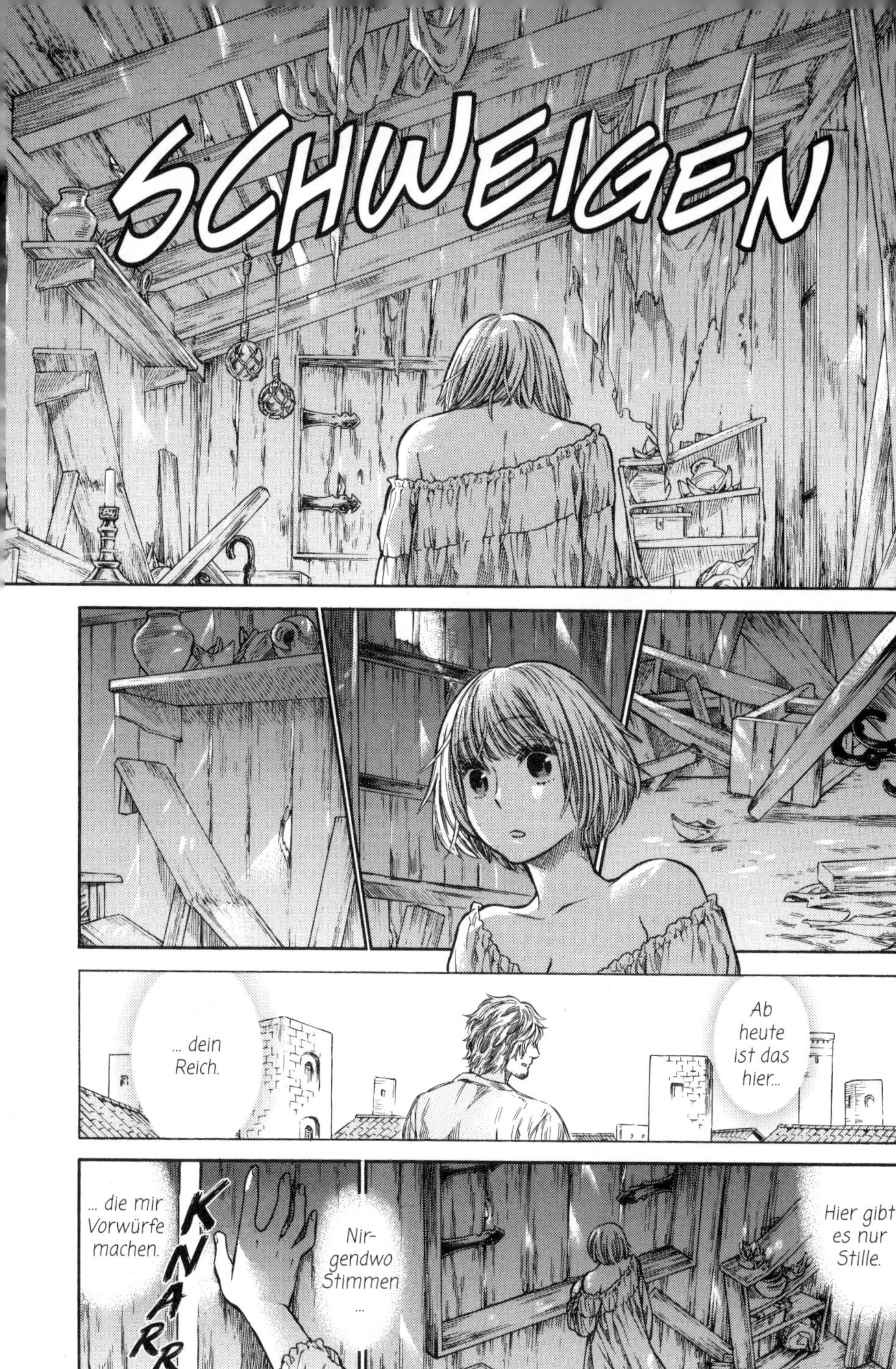
SCHWEIGEN
Ab heute ist das hier...
... dein Reich.
Hier gibt es nur Stille.
Nirgendwo Stimmen ...
... die mir Vorwürfe machen.
KNARR

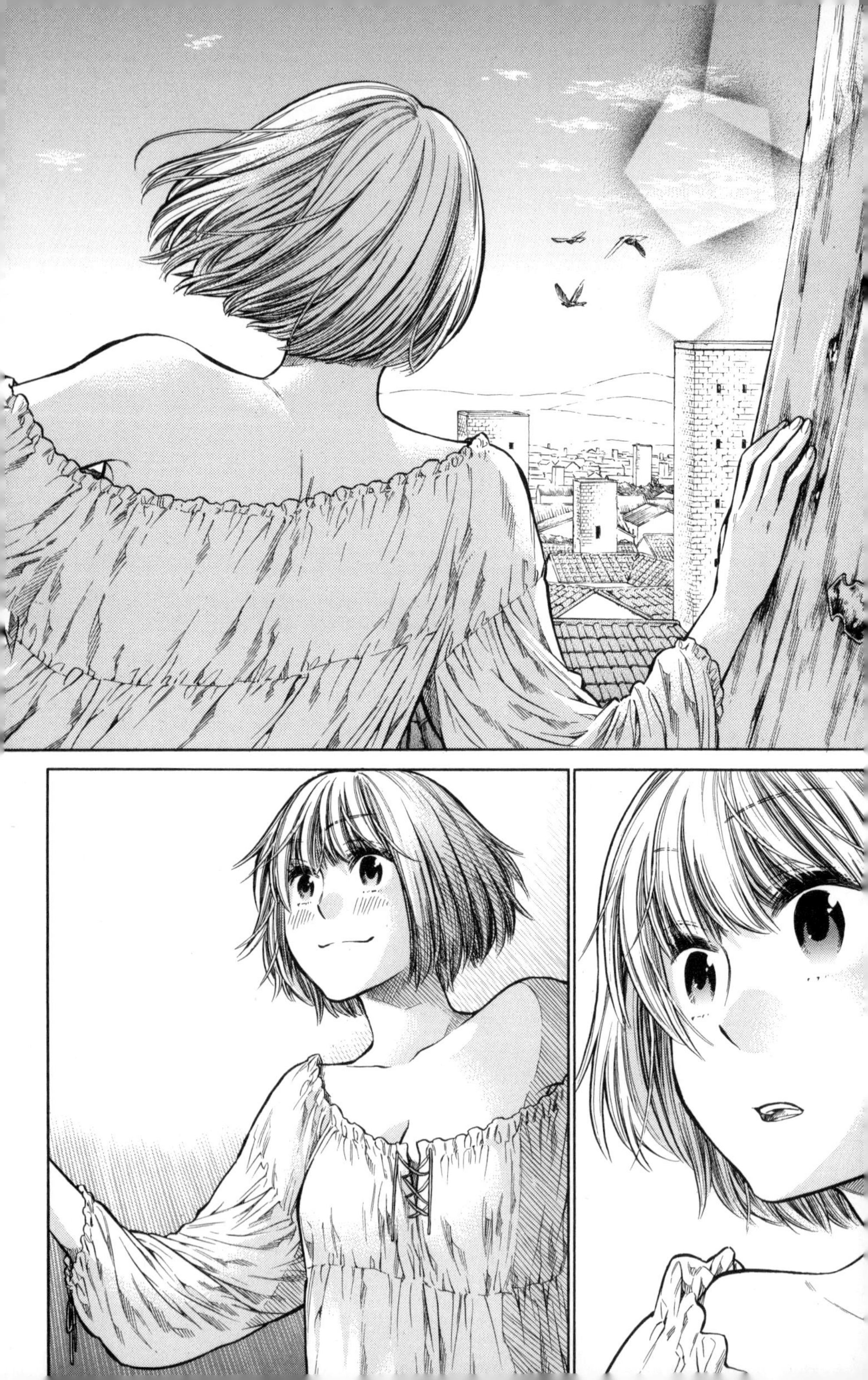

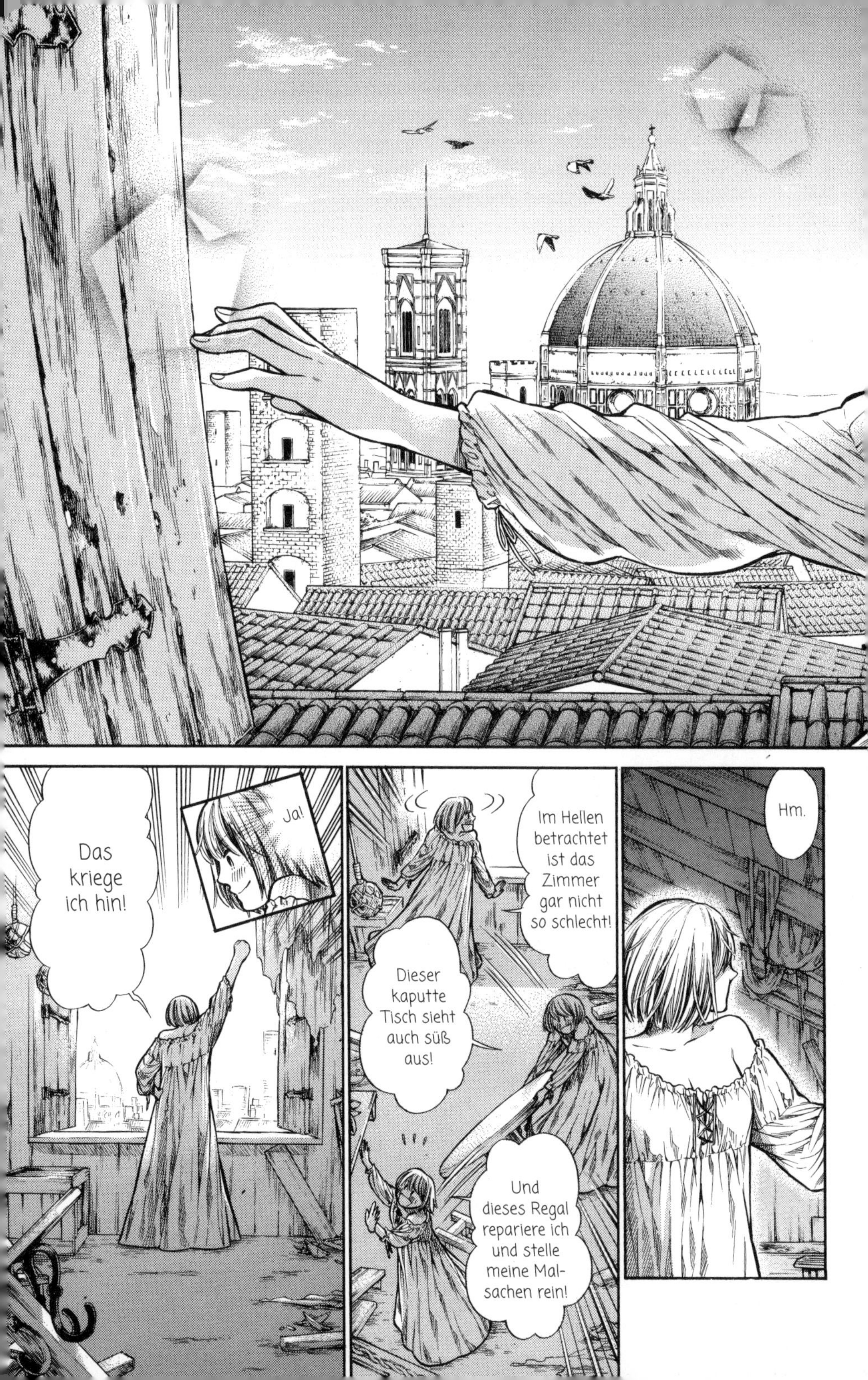
Hm.
Im Hellen betrachtet ist das Zimmer gar nicht so schlecht!
Dieser kaputte Tisch sieht auch süß aus!
Und dieses Regal repariere ich und stelle meine Malsachen rein!
Das kriege ich hin!
Ja!

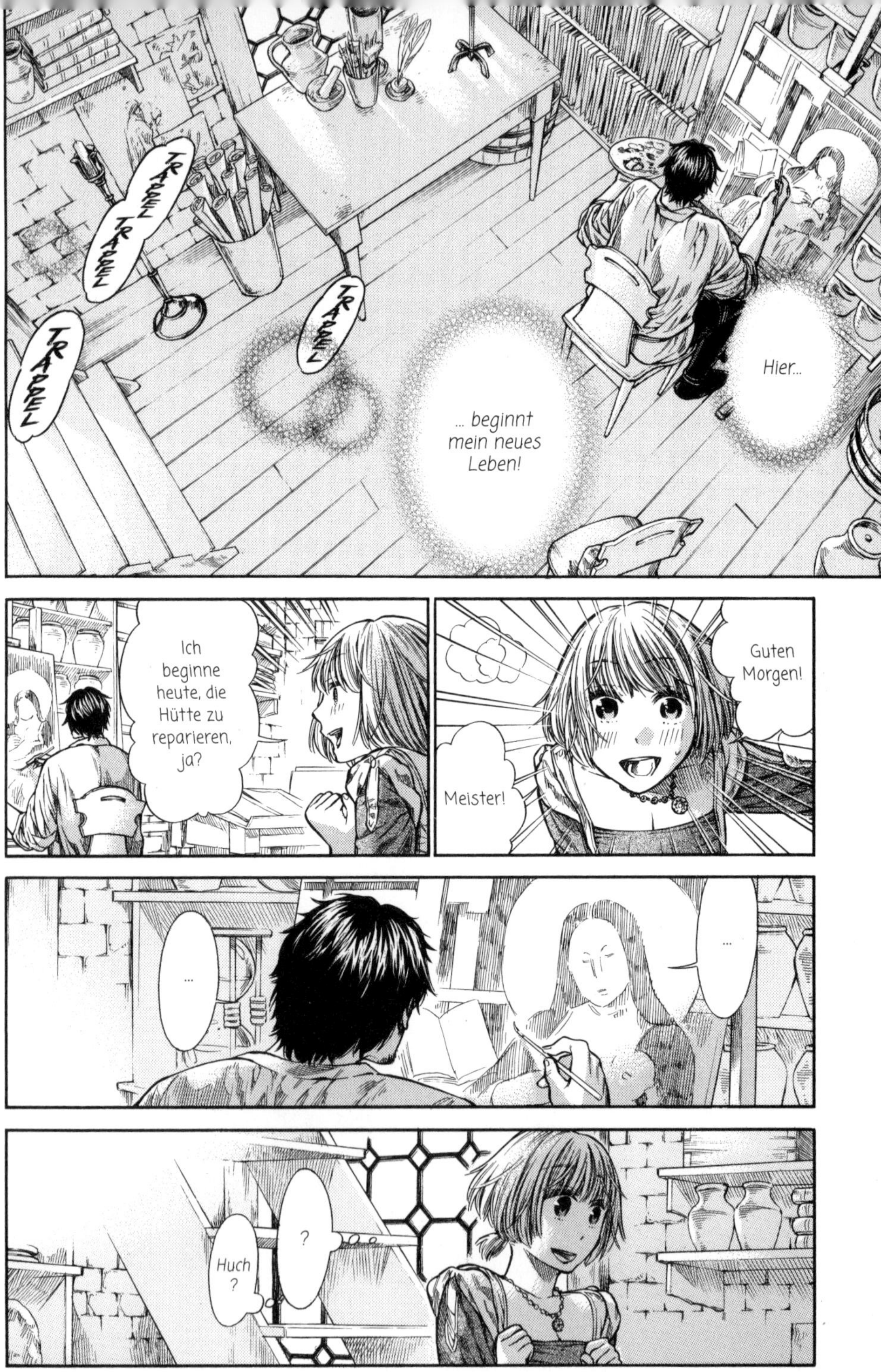
TRAPPEL TRAPPEL
TRAPPEL
TRAPPEL
Hier...
... beginnt mein neues Leben!
Guten Morgen!
Meister!
Ich beginne heute, die Hütte zu reparieren, ja?
...
...
?
Huch ?

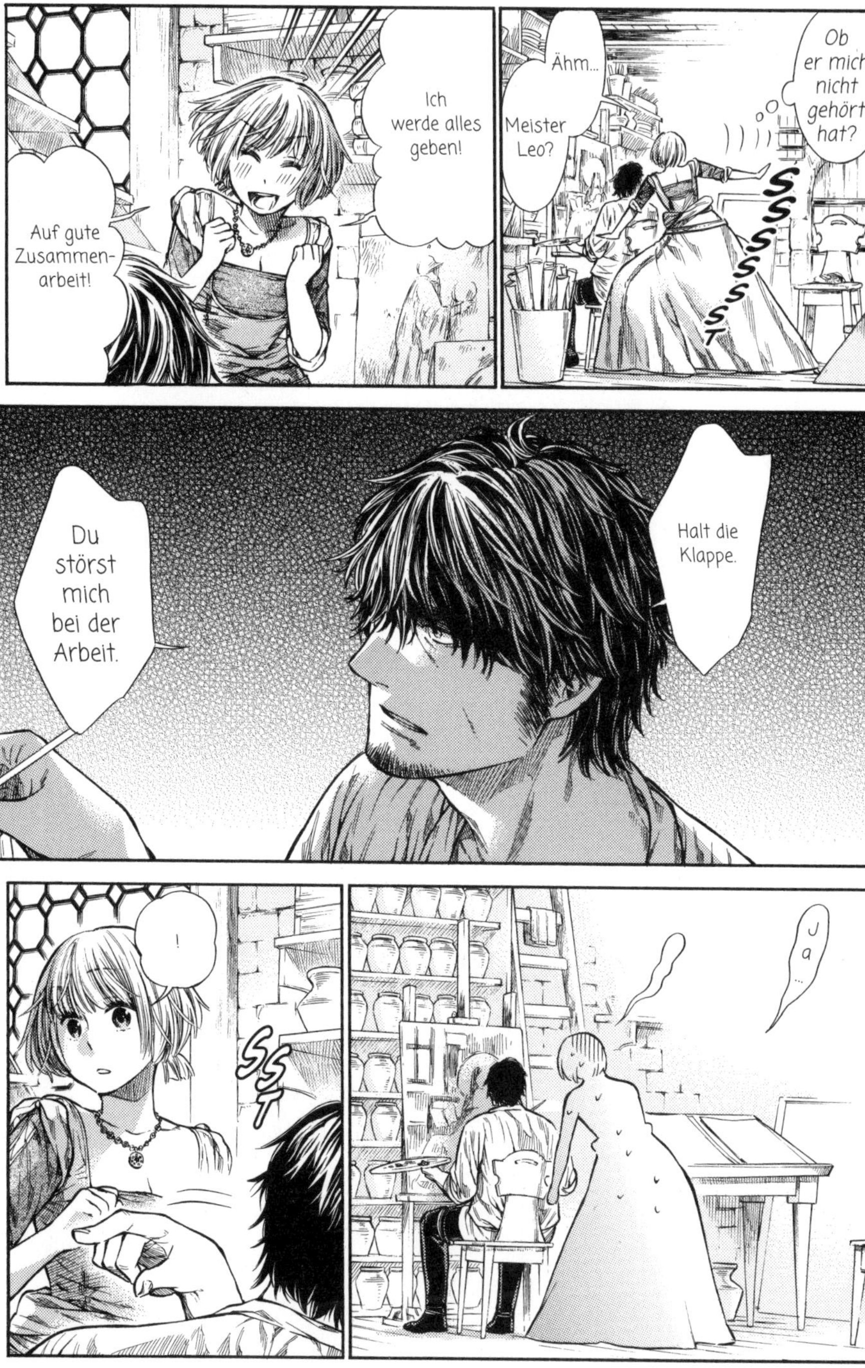

Ähm...
Meister Leo?
Ob er mich nicht gehört hat?
SSSSSSST
Ich werde alles geben!
Auf gute Zusammenarbeit!
Halt die Klappe.
Du störst mich bei der Arbeit.
Ja...
SST
!

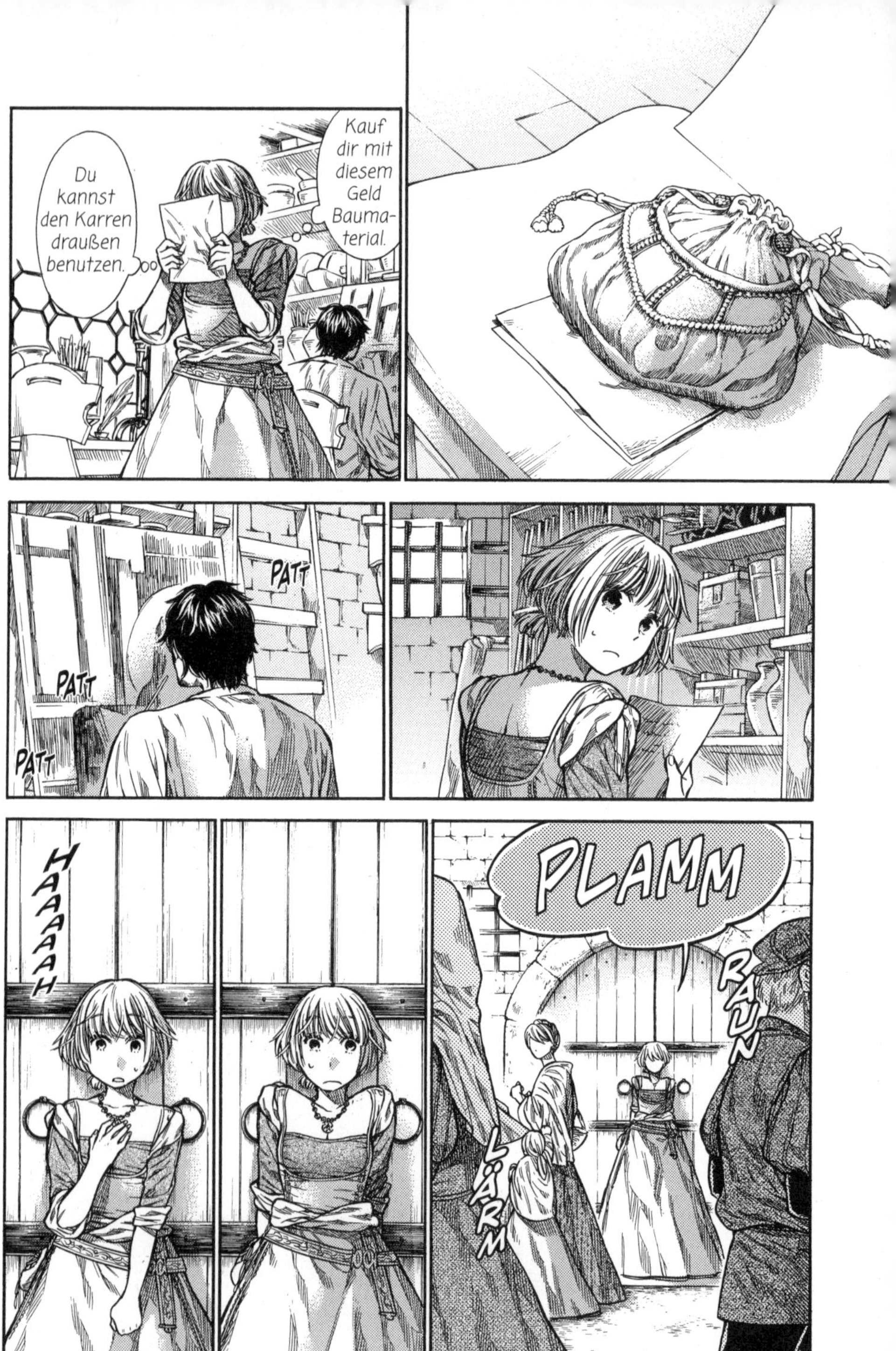
Kauf dir mit diesem Geld Baumaterial.
Du kannst den Karren draußen benutzen.
PATT
PATT
PATT
PLAMM
RAUN
LÄRM
HAAAAAAH

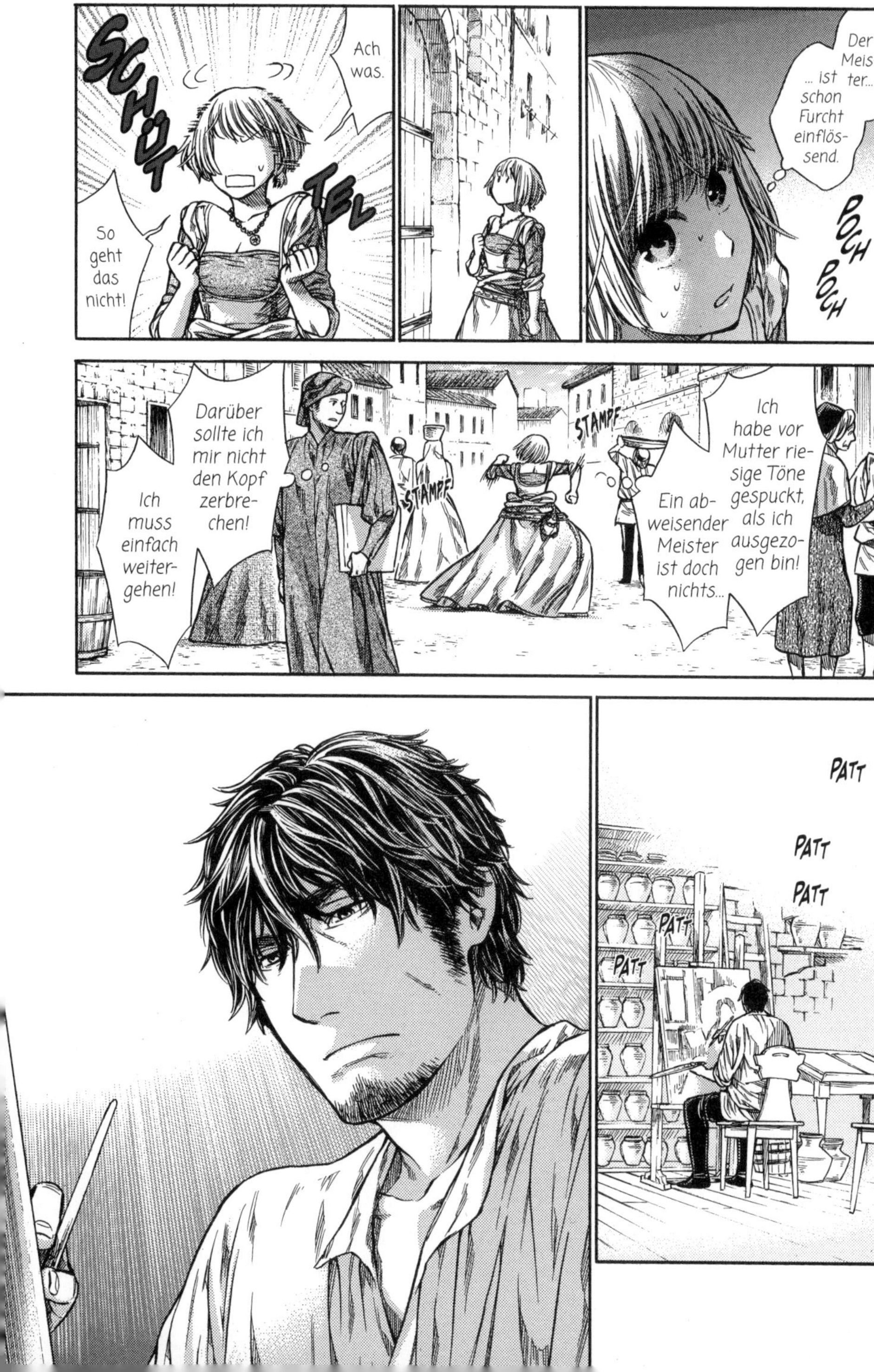
Der Meister... ... ist schon Furcht einflössend.
POCH POCH
Ach was.
SCHÜTTEL
So geht das nicht!
Ich habe vor Mutter riesige Töne gespuckt, als ich ausgezogen bin!
Ein abweisender Meister ist doch nichts...
STAMPF
STAMPF
Darüber sollte ich mir nicht den Kopf zerbrechen!
Ich muss einfach weitergehen!
PATT
PATT
PATT
PATT
PATT

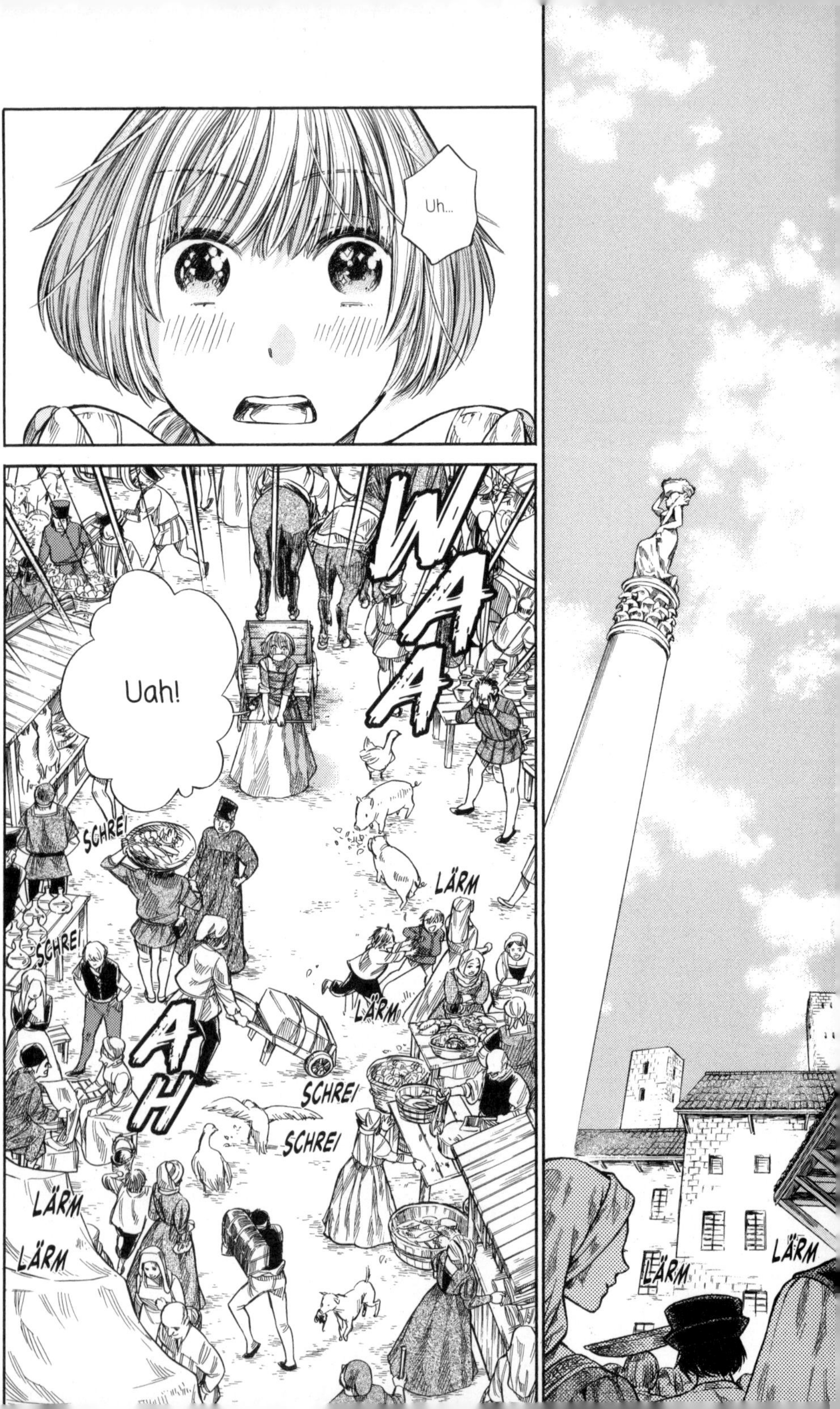
Uh...
WAAA
Uah!
SCHREI
LÄRM
SCHREI
LÄRM
AAH
SCHREI
SCHREI
LÄRM
LÄRM
LÄRM
LÄRM

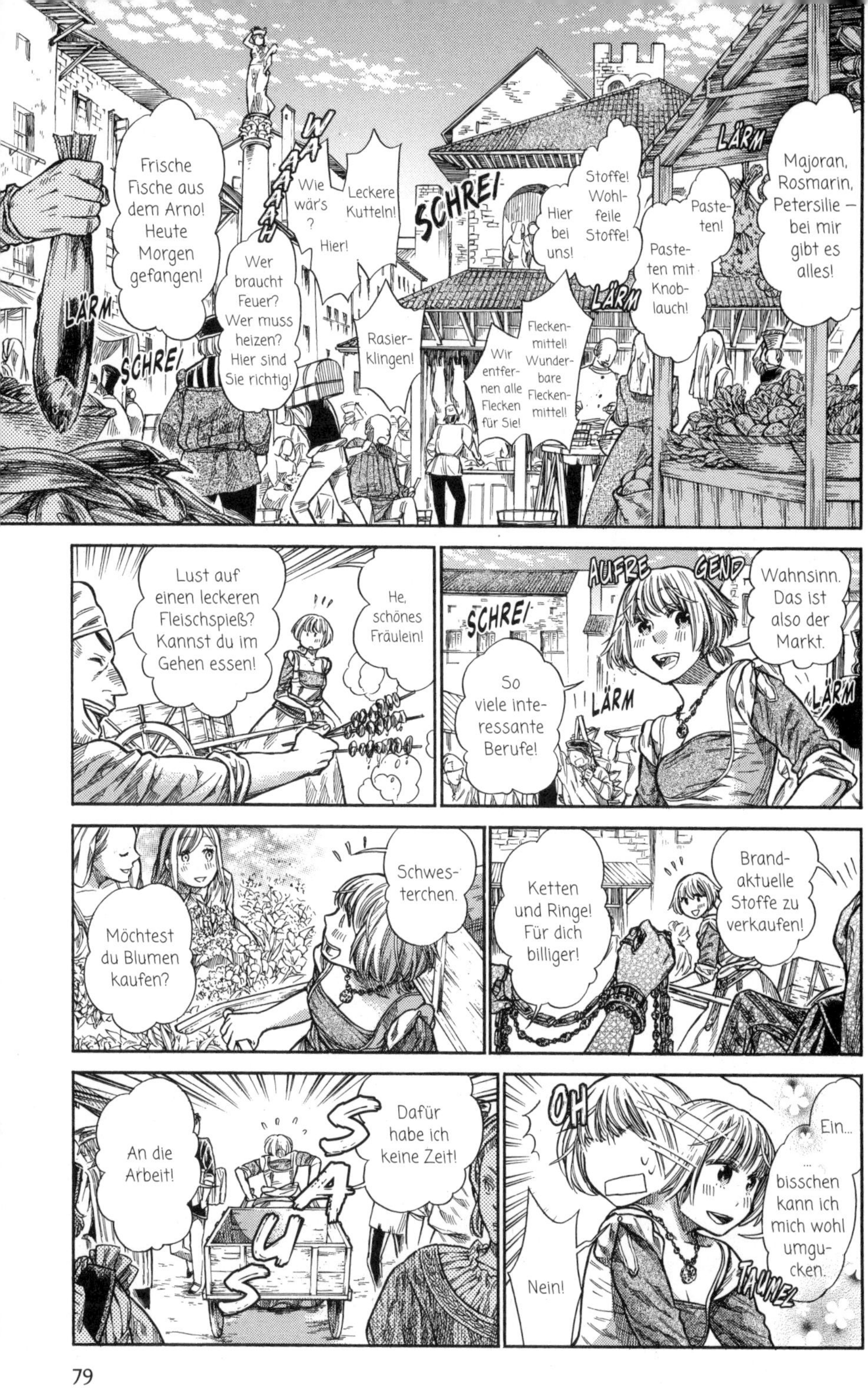

Majoran, Rosmarin, Petersilie – bei mir gibt es alles!
LÄRM
Pasteten!
Pasteten mit Knoblauch!
Stoffe! Wohlfeile Stoffe!
Hier bei uns!
LÄRM
Fleckenmittel! Wunderbare Fleckenmittel!
Wir entfernen alle Flecken für Sie!
SCHREI
Leckere Kutteln!
Wie wär's? Hier!
Rasierklingen!
WAAAAAH
Wer braucht Feuer? Wer muss heizen? Hier sind Sie richtig!
Frische Fische aus dem Arno! Heute Morgen gefangen!
LÄRM
SCHREI
AUFREGEND
Wahnsinn. Das ist also der Markt.
LÄRM
So viele interessante Berufe!
LÄRM
SCHREI
He, schönes Fräulein!
Lust auf einen leckeren Fleischspieß? Kannst du im Gehen essen!
Brandaktuelle Stoffe zu verkaufen!
Ketten und Ringe! Für dich billiger!
Schwesterchen.
Möchtest du Blumen kaufen?
Ein…
… bisschen kann ich mich wohl umgucken.
TAUMEL
OH
Nein!
Dafür habe ich keine Zeit!
SAUS
An die Arbeit!

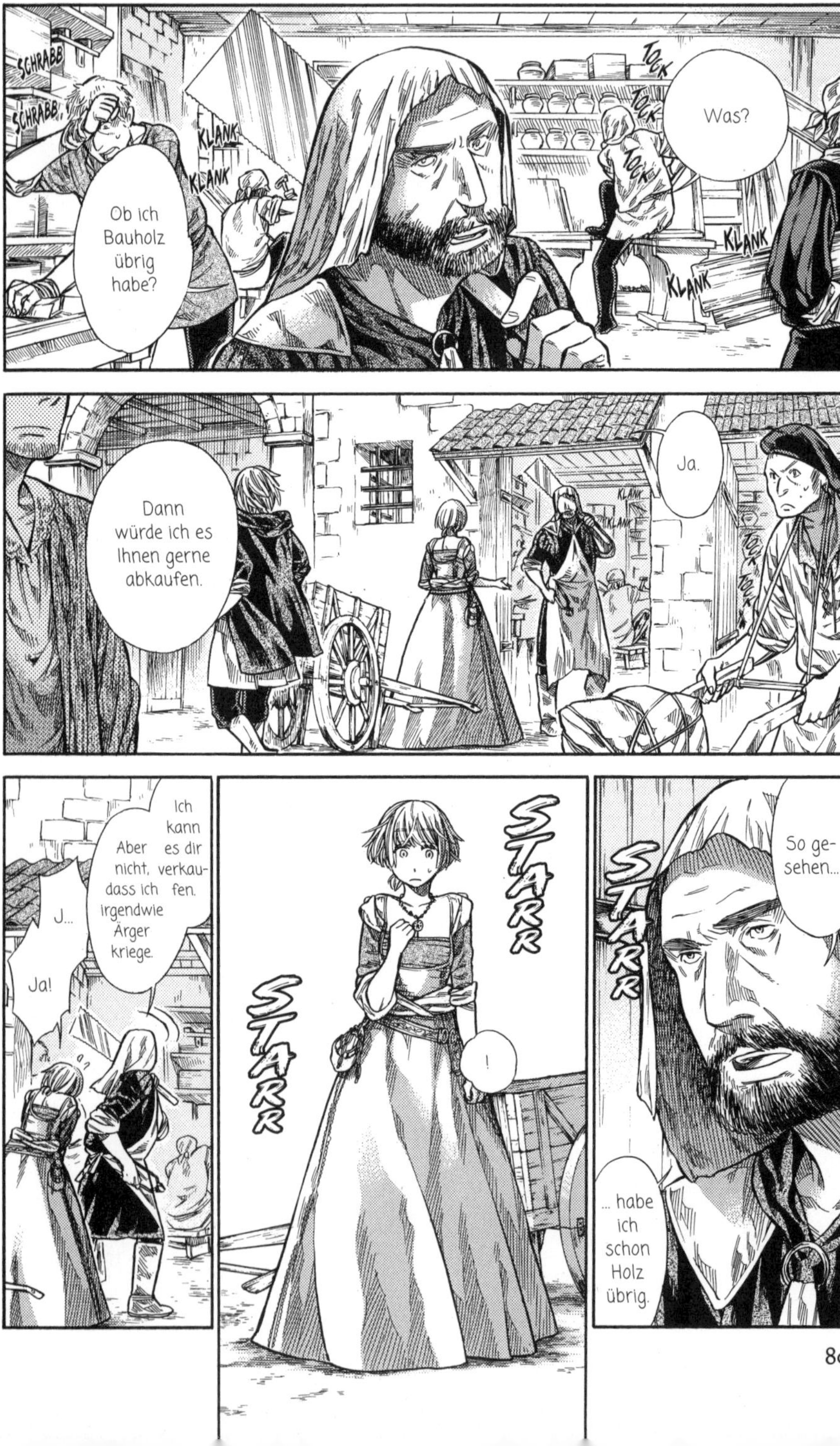
TOCK TOCK TOCK
Was?
KLANK KLANK
SCHRABB SCHRABB
KLANK KLANK
Ob ich Bauholz übrig habe?
Ja.
KLANK KLANK
TOCK TOCK
Dann würde ich es Ihnen gerne abkaufen.
So gesehen...
STARR
... habe ich schon Holz übrig.
STARR
STARR
!
Ich kann es dir nicht verkaufen.
Aber dass ich irgendwie Ärger kriege.
J...
Ja!

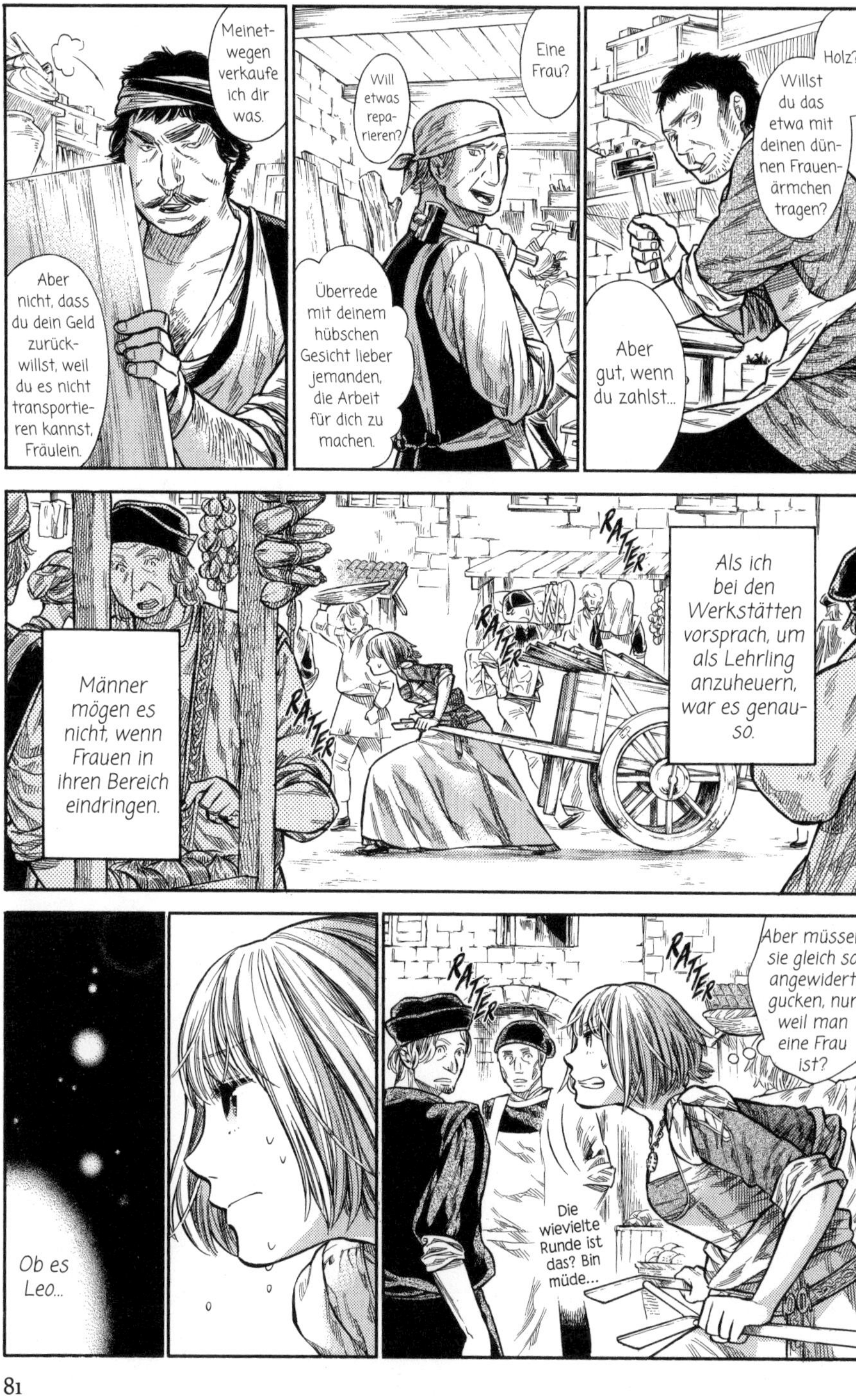
Meinet-wegen verkaufe ich dir was.
Aber nicht, dass du dein Geld zurück-willst, weil du es nicht transportie-ren kannst, Fräulein.
Eine Frau?
Will etwas repa-rieren?
Überrede mit deinem hübschen Gesicht lieber jemanden, die Arbeit für dich zu machen.
Holz?
Willst du das etwa mit deinen dün-nen Frauen-ärmchen tragen?
Aber gut, wenn du zahlst...
Als ich bei den Werkstätten vorsprach, um als Lehrling anzuheuern, war es genau-so.
RATTER
RATTER
RATTER
Männer mögen es nicht, wenn Frauen in ihren Bereich eindringen.
RATTER
RATTER
Aber müssen sie gleich so angewidert gucken, nur weil man eine Frau ist?
Die wievielte Runde ist das? Bin müde...
Ob es Leo...

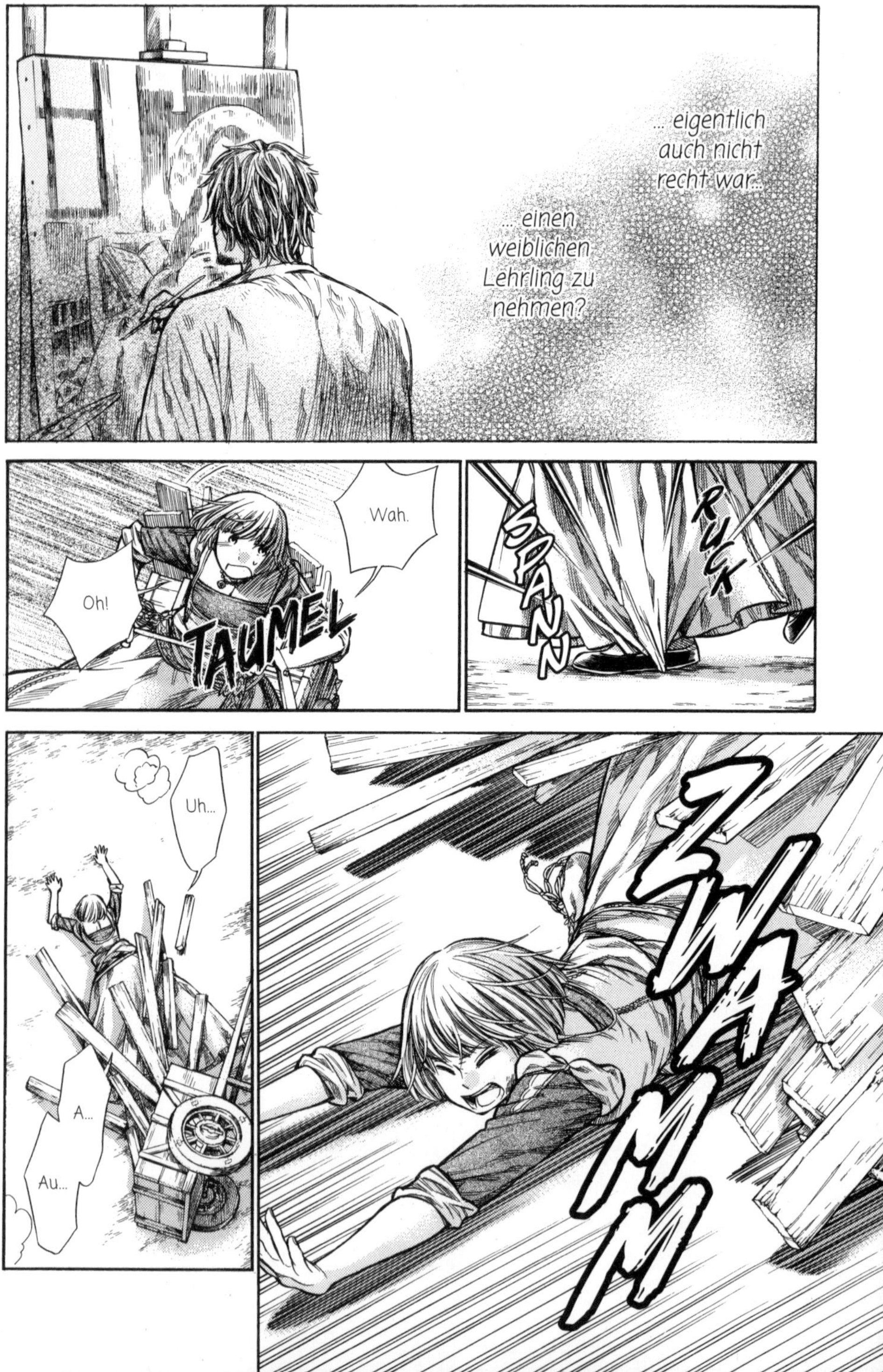
... eigentlich auch nicht recht war...
... einen weiblichen Lehrling zu nehmen?
RUCK
SPANN
Wah.
Oh!
TAUMEL
ZWAMMM
Uh...
A...
Au...

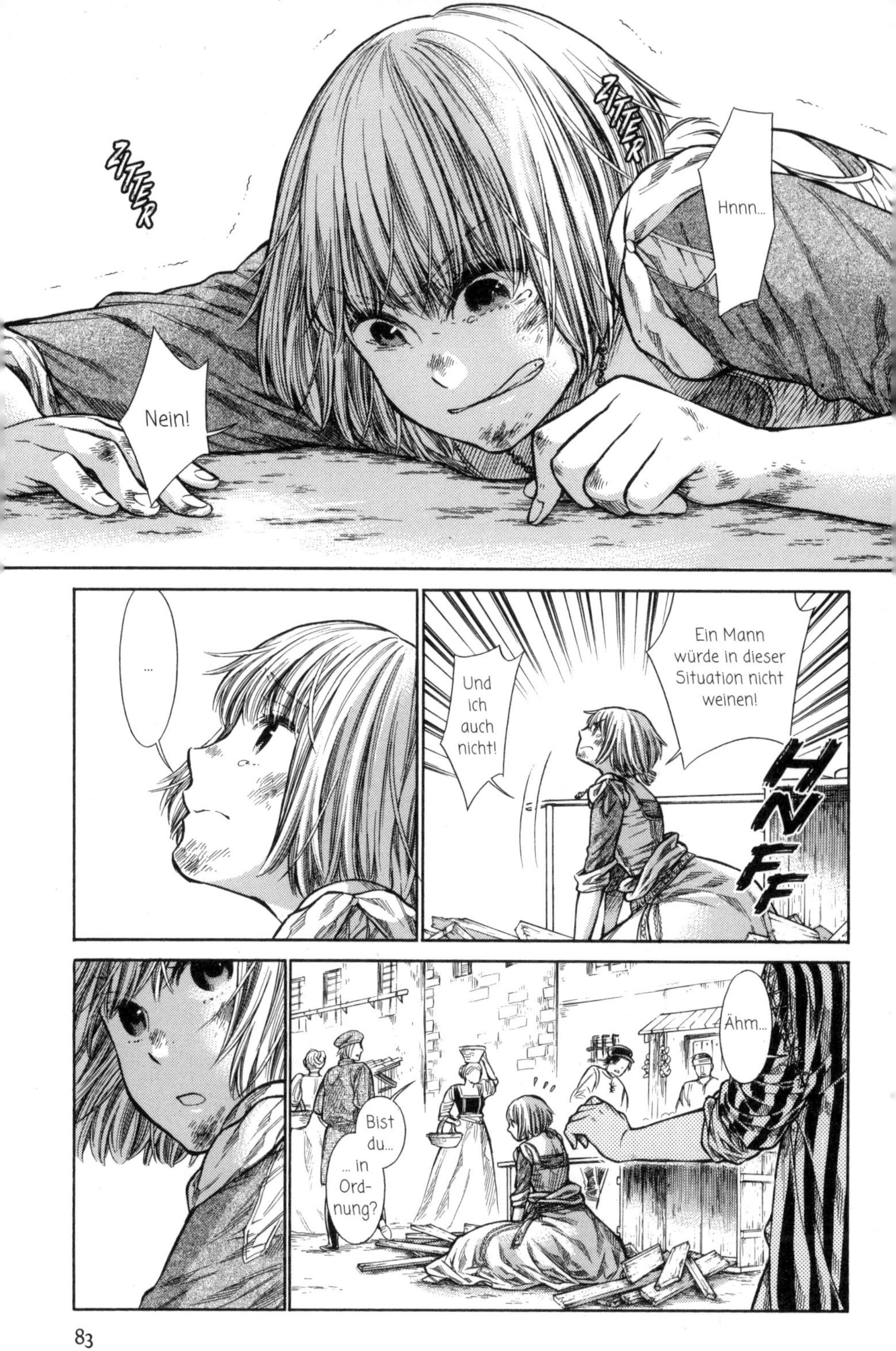
ZITTER
Hnnn...
ZITTER
Nein!
Ein Mann würde in dieser Situation nicht weinen!
HNFF
Und ich auch nicht!
...
Ähm...
Bist du...
... in Ordnung?

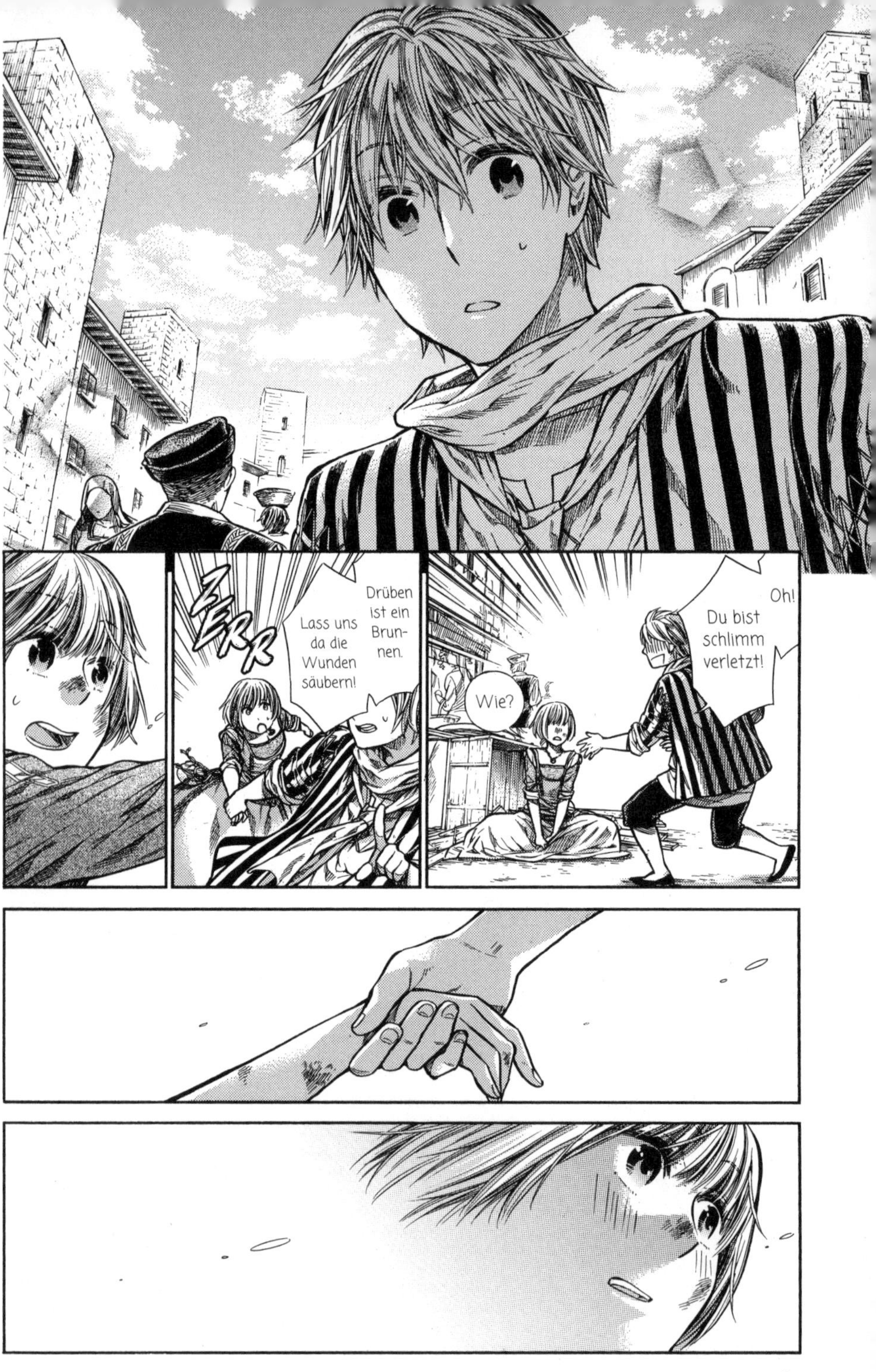
Oh!
Du bist schlimm verletzt!
Wie?
ZERR
Drüben ist ein Brunnen.
Lass uns da die Wunden säubern!

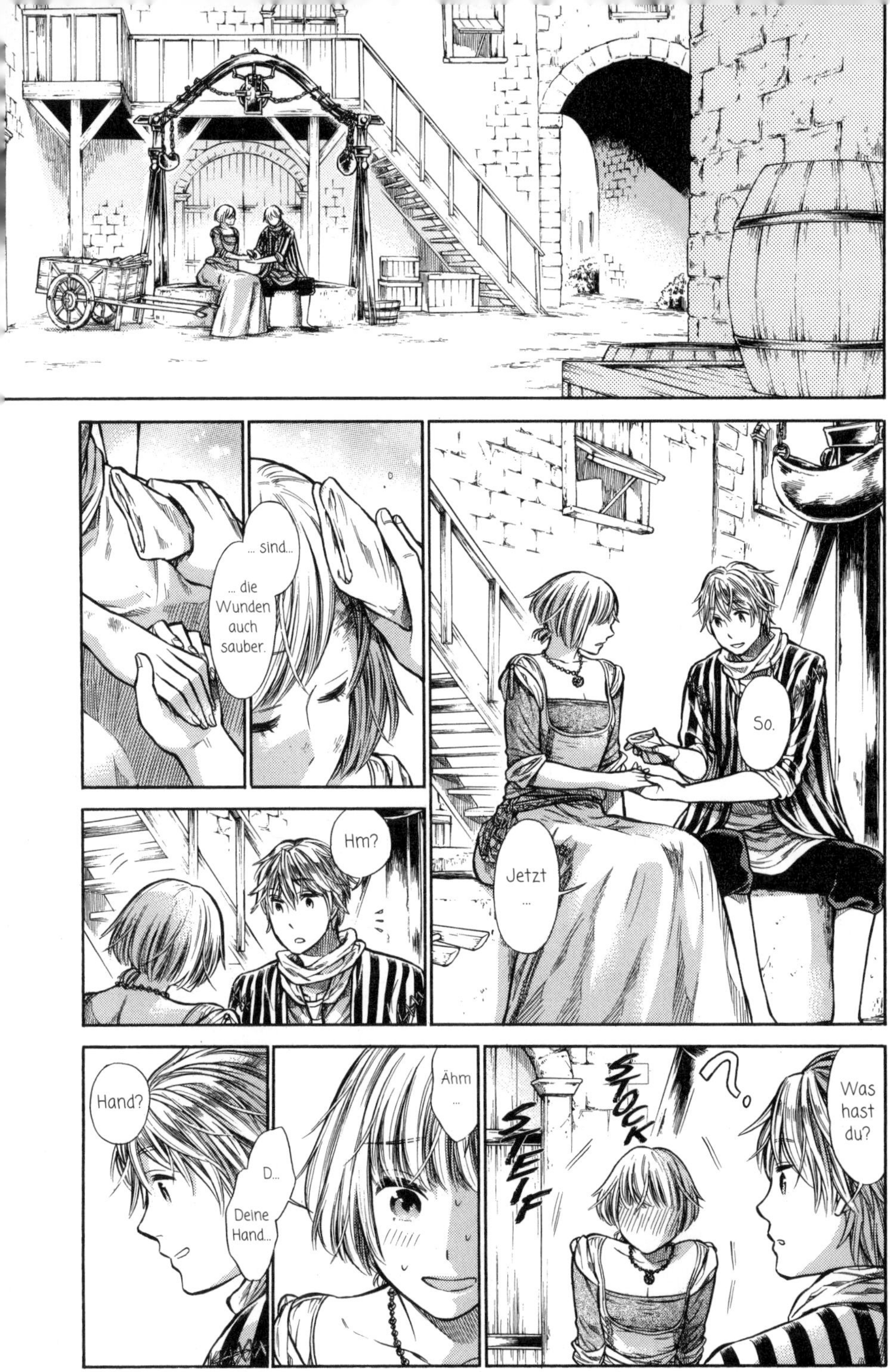
So.
Jetzt ...
... sind...
... die Wunden auch sauber.
Hm?
Was hast du?
STOCK
STEIF
Ähm ...
D...
Deine Hand...
Hand?

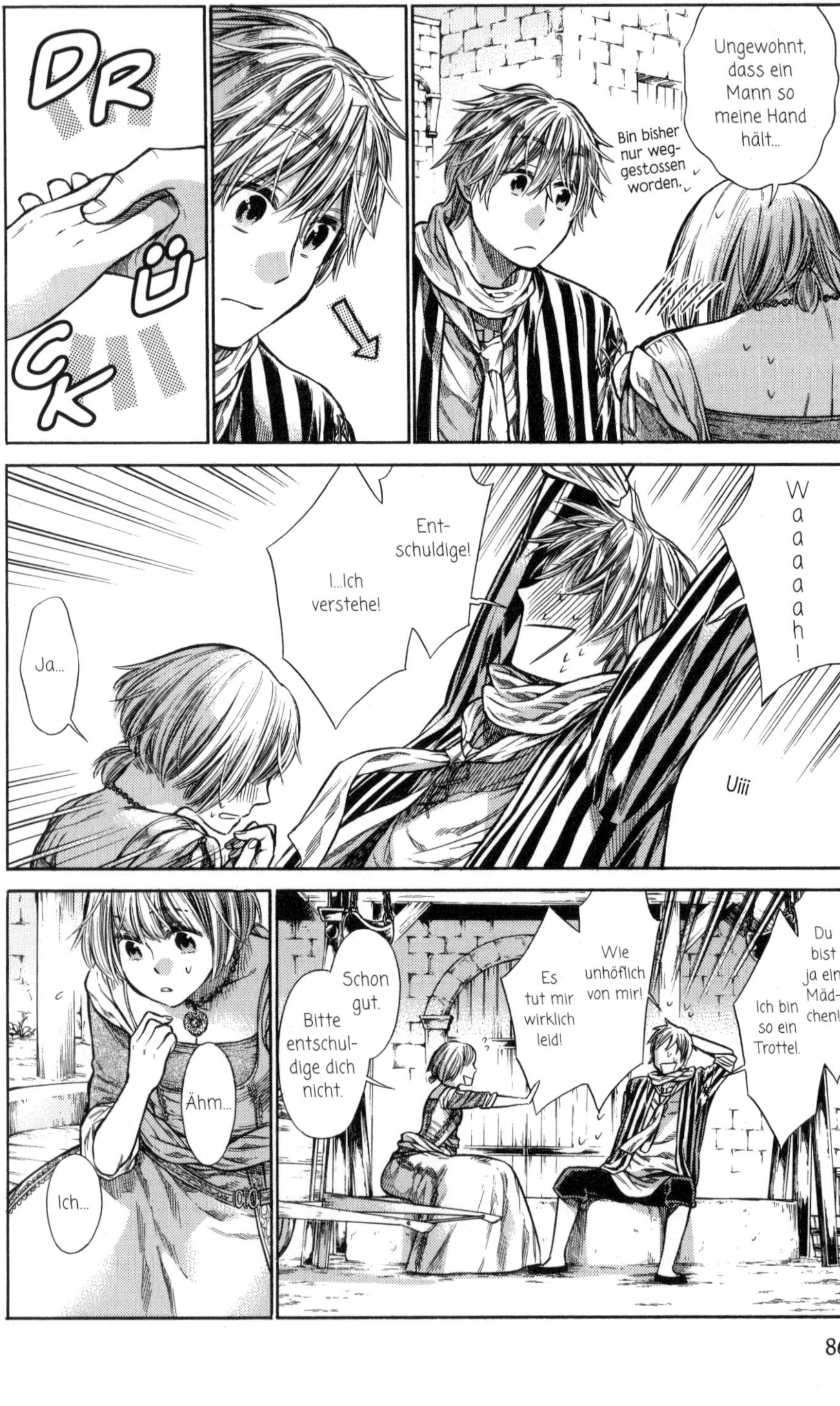
Ungewohnt, dass ein Mann so meine Hand hält...
Bin bisher nur weg-gestossen worden.
DRÜCK
Waaaaaah!
Ent-schuldige!
I...Ich verstehe!
Uiii
Ja...
Du bist ja ein Mäd-chen!
Ich bin so ein Trottel.
Wie unhöflich von mir!
Es tut mir wirklich leid!
Schon gut.
Bitte entschul-dige dich nicht.
Ähm...
Ich...

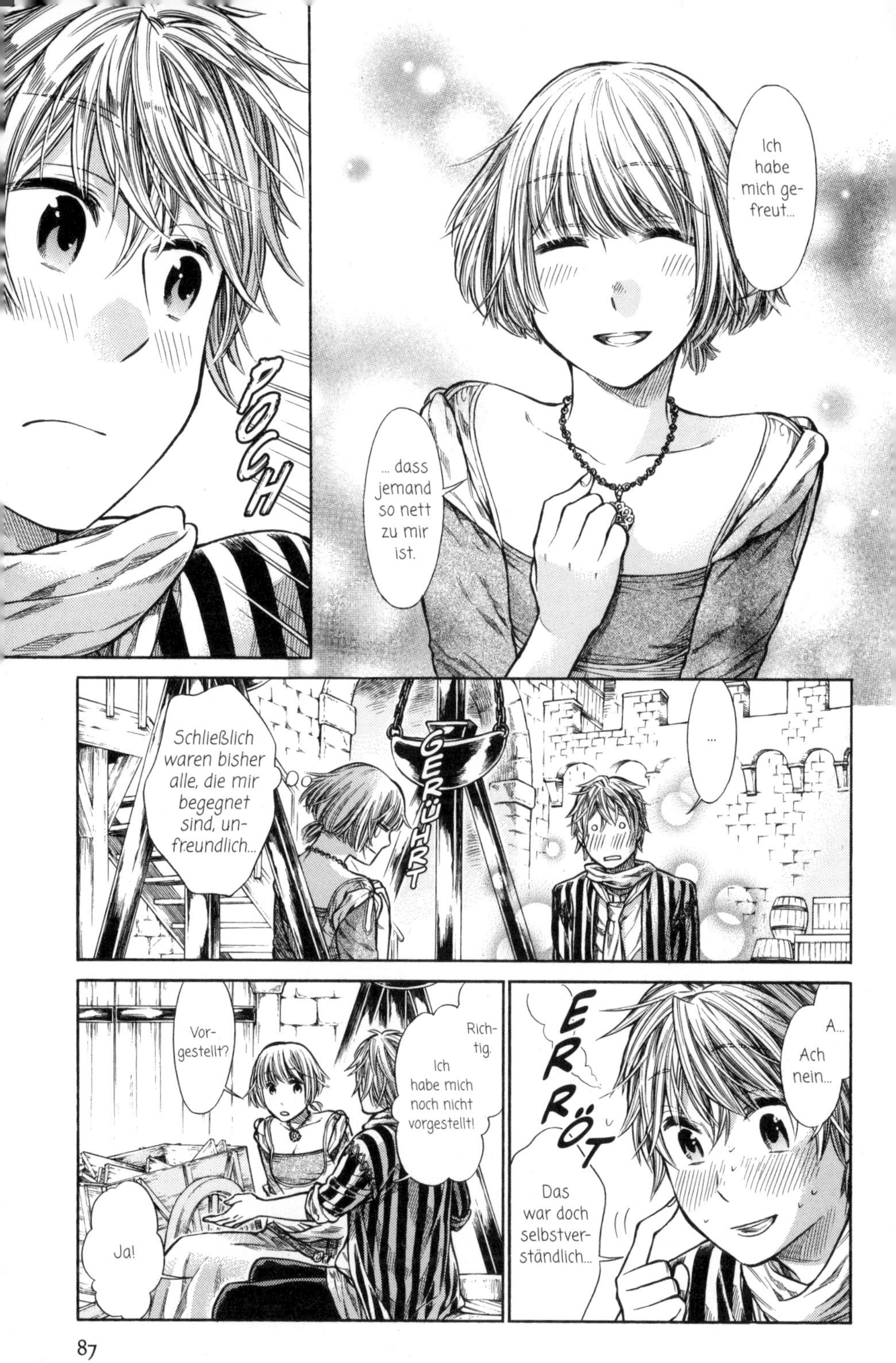
Ich habe mich gefreut...
... dass jemand so nett zu mir ist.
POCH
...
GERÜHRT
Schließlich waren bisher alle, die mir begegnet sind, unfreundlich...
ERRÖT
A... Ach nein...
Das war doch selbstverständlich...
Richtig.
Ich habe mich noch nicht vorgestellt!
Vorgestellt?
Ja!

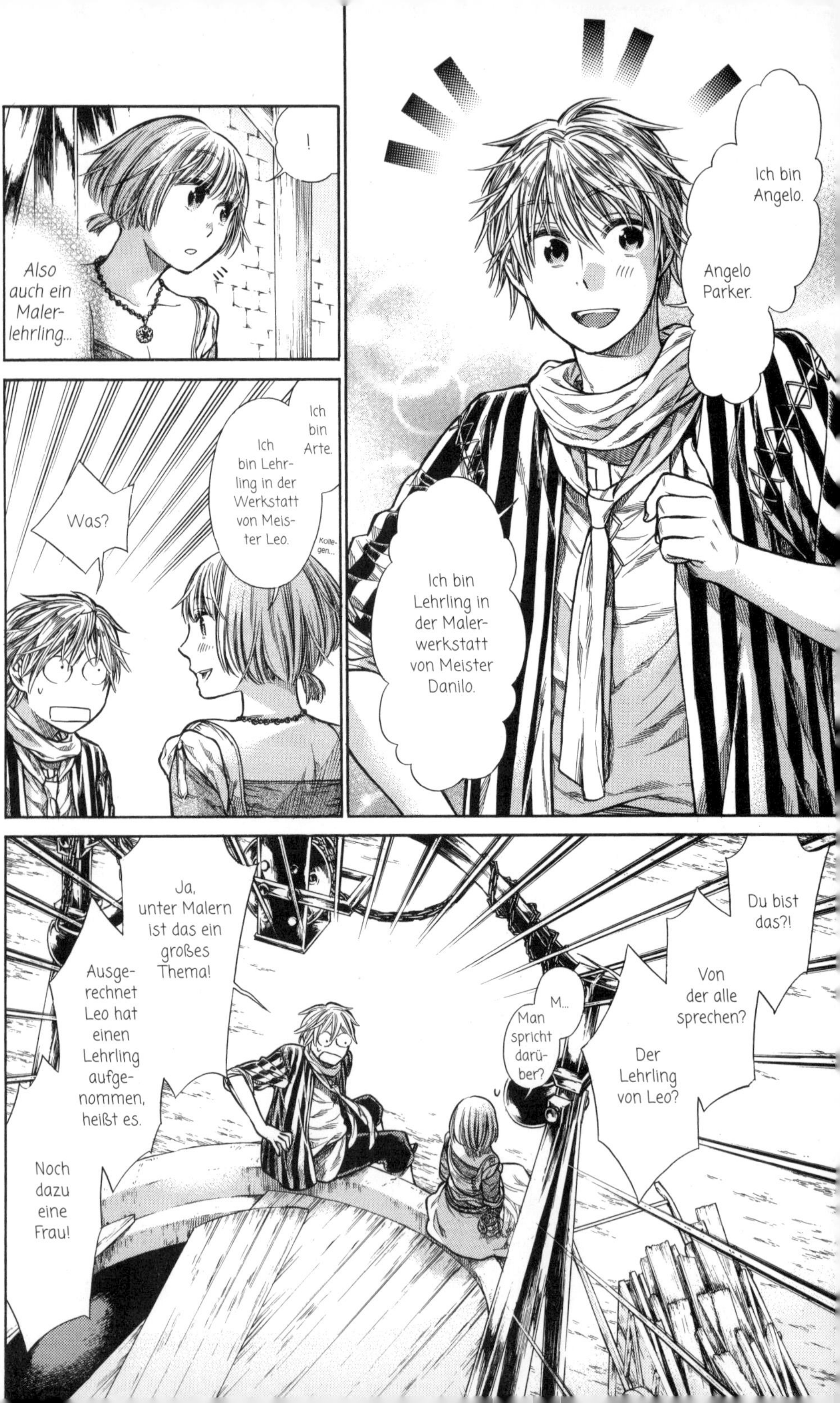
Ich bin Angelo.
Angelo Parker.
Ich bin Lehrling in der Malerwerkstatt von Meister Danilo.
!
Also auch ein Malerlehrling...
Ich bin Arte.
Ich bin Lehrling in der Werkstatt von Meister Leo.
Kollegen...
Was?
Du bist das?!
Von der alle sprechen?
Der Lehrling von Leo?
M... Man spricht darüber?
Ja, unter Malern ist das ein großes Thema!
Ausgerechnet Leo hat einen Lehrling aufgenommen, heißt es.
Noch dazu eine Frau!

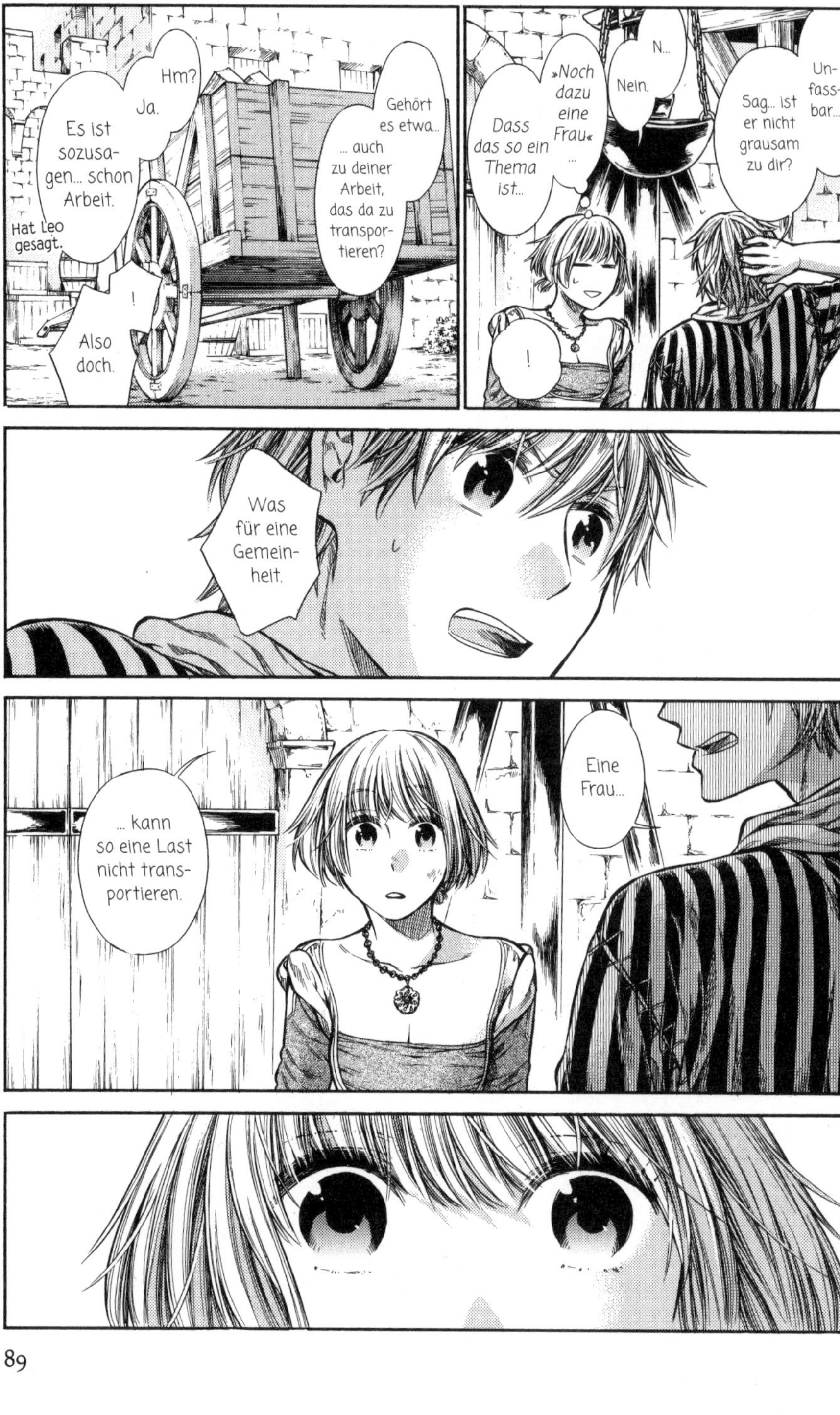
Un-fass-bar...
Sag... ist er nicht grausam zu dir?
N...
Nein.
»Noch dazu eine Frau« ...
Dass das so ein Thema ist...
!
Gehört es etwa...
... auch zu deiner Arbeit, das da zu transportieren?
Hm?
Ja.
Es ist sozusagen... schon Arbeit.
Hat Leo gesagt.
!
Also doch.
Was für eine Gemeinheit.
Eine Frau...
... kann so eine Last nicht transportieren.

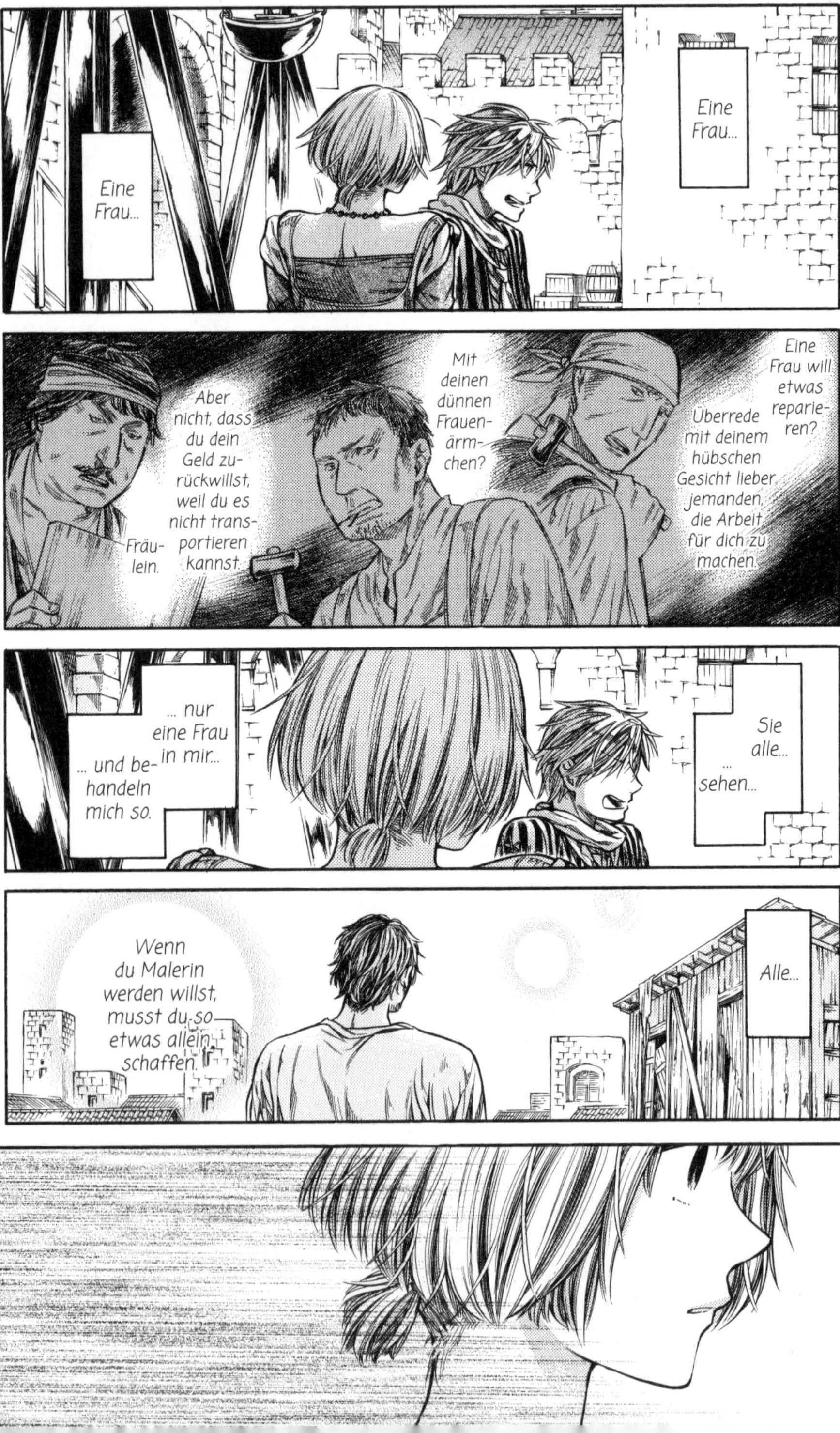

Eine Frau...
Eine Frau...
Eine Frau will etwas reparieren?
Überrede mit deinem hübschen Gesicht lieber jemanden, die Arbeit für dich zu machen.
Mit deinen dünnen Frauenärmchen?
Aber nicht, dass du dein Geld zurückwillst, weil du es nicht transportieren kannst.
Fräulein.
Sie alle...
... sehen...
... nur eine Frau in mir...
... und behandeln mich so.
Alle...
Wenn du Malerin werden willst, musst du so etwas allein schaffen.

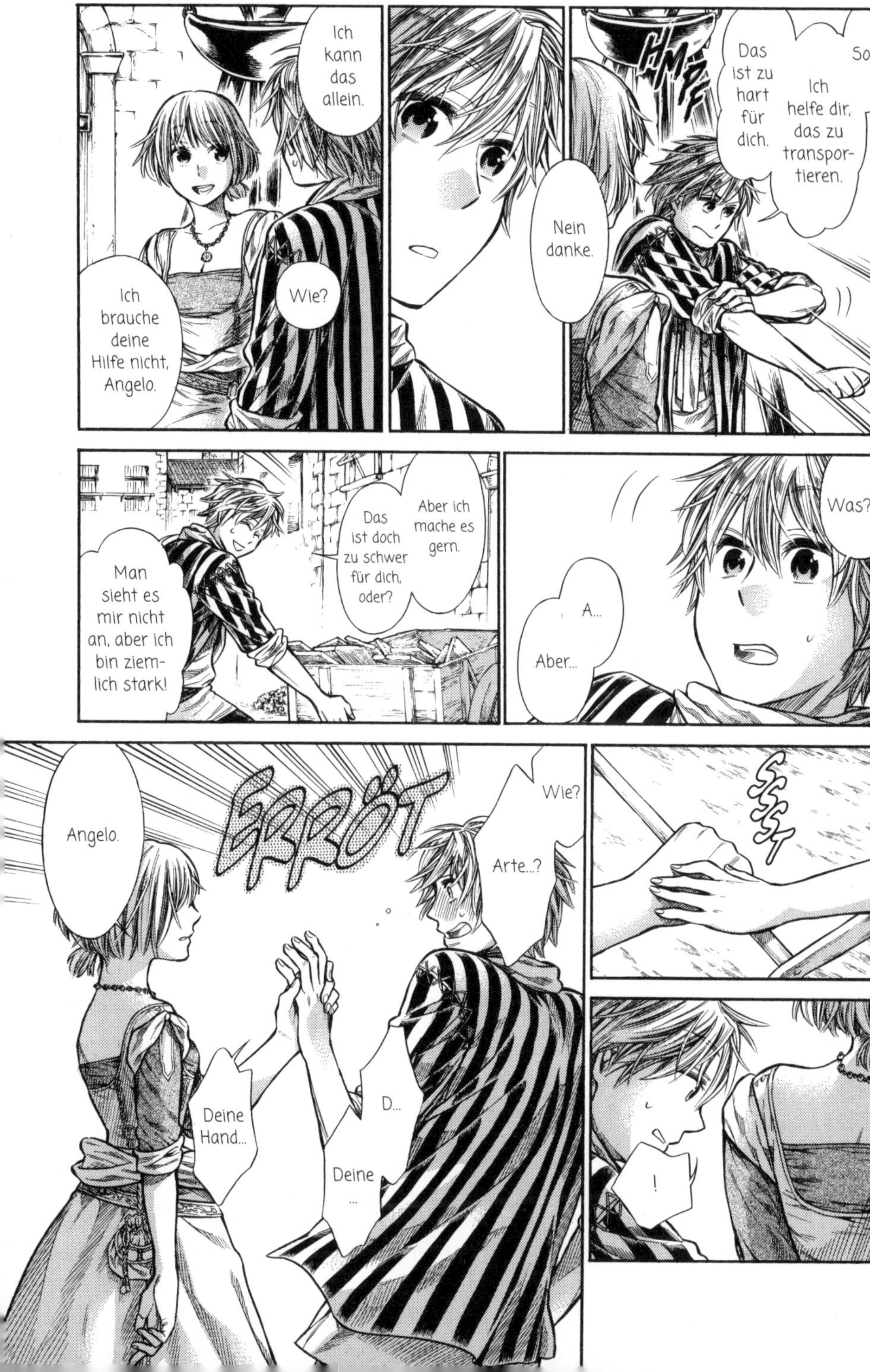
So.
Ich helfe dir, das zu transportieren.
Das ist zu hart für dich.
HMPF
Nein danke.
Ich kann das allein.
Wie?
Ich brauche deine Hilfe nicht, Angelo.
Was?
A...
Aber...
Aber ich mache es gern.
Das ist doch zu schwer für dich, oder?
Man sieht es mir nicht an, aber ich bin ziemlich stark!
SSST
!
Wie?
Arte...?
ERRÖT
Angelo.
D...
Deine ...
Deine Hand...

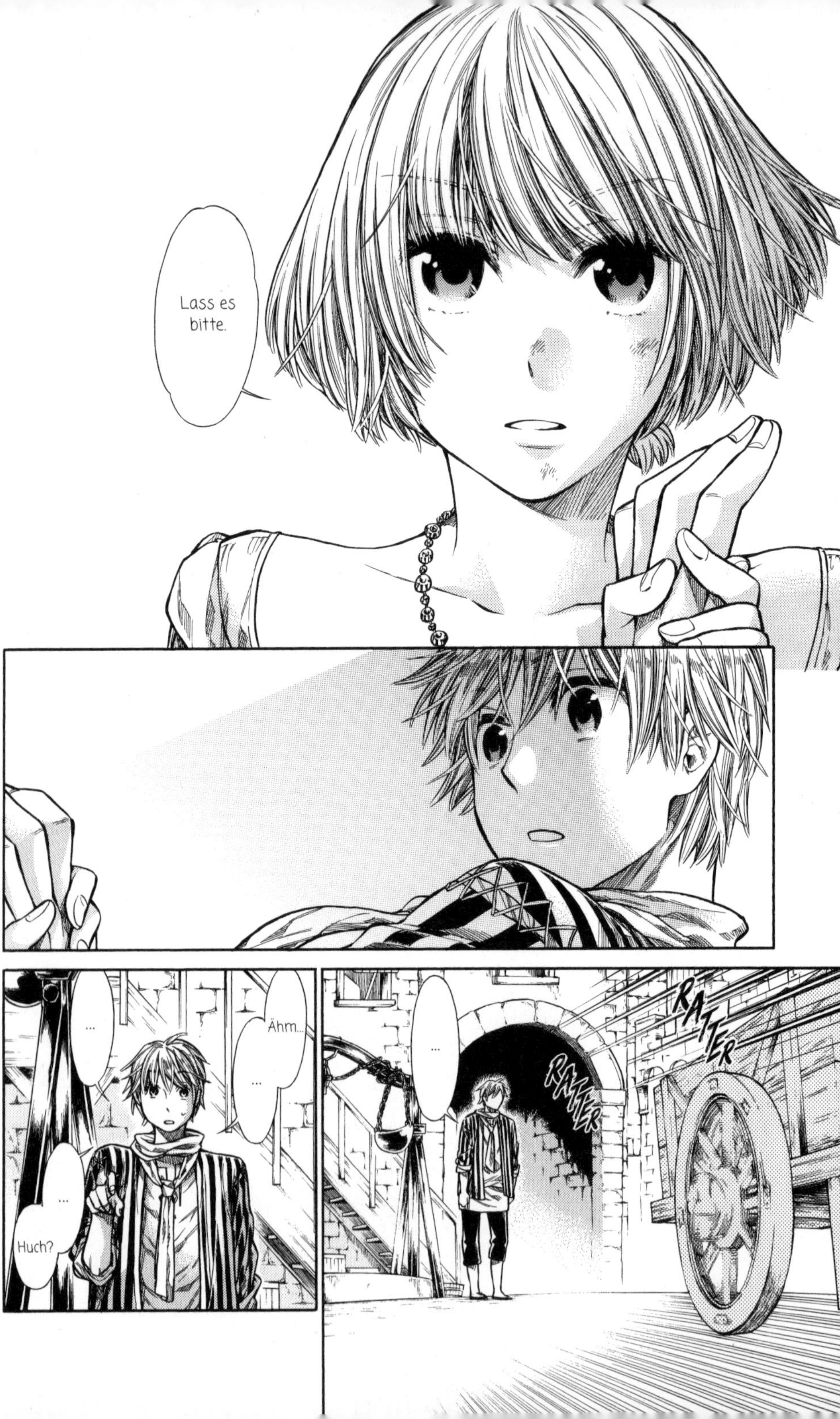

Lass es bitte.
RATTER
RATTER
...
Ähm...
...
...
...
Huch?

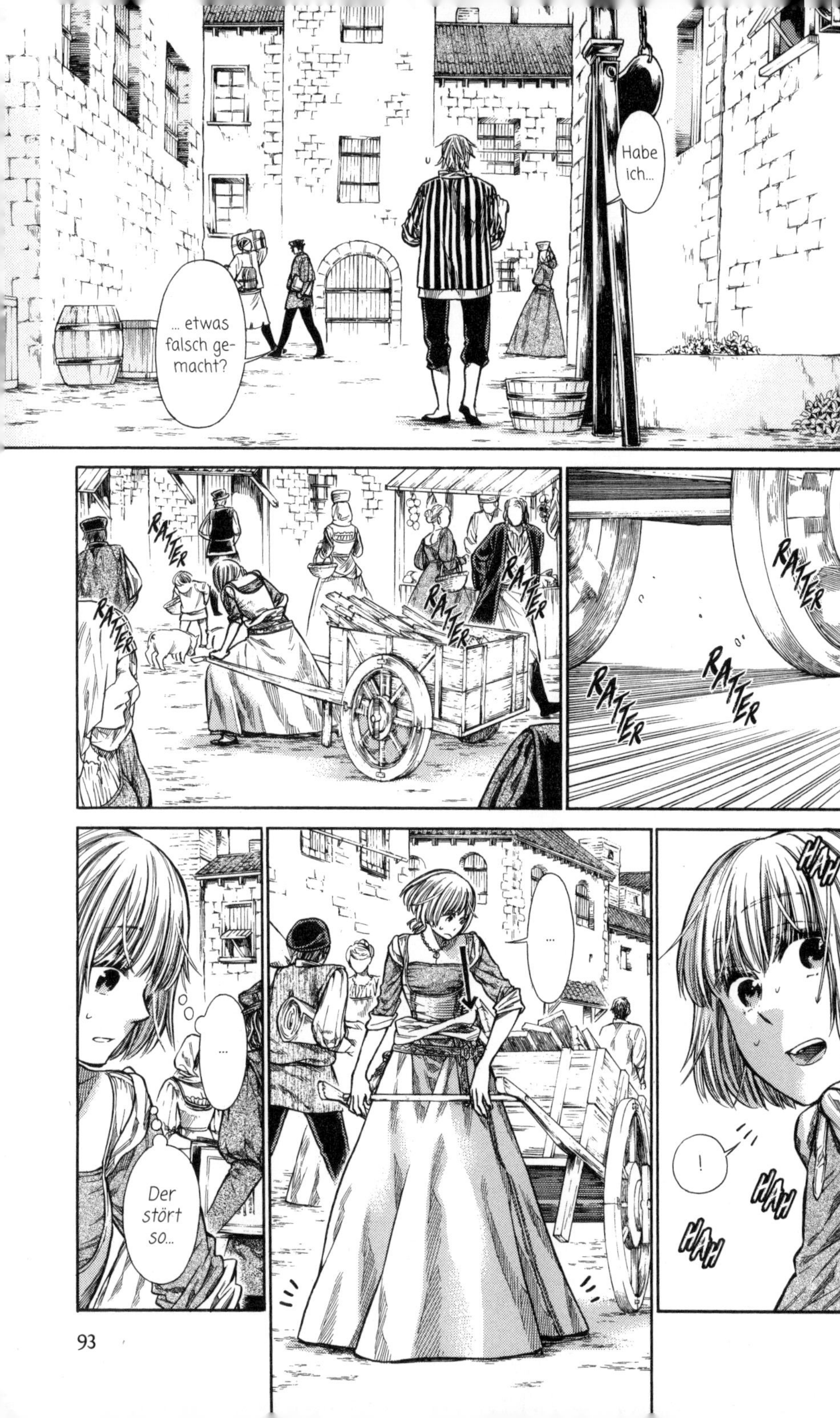
Habe ich...
... etwas falsch gemacht?
RATTER
RATTER
RATTER
RATTER
RATTER
RATTER
HAH
HAH
HAH
!
...
...
Der stört so...

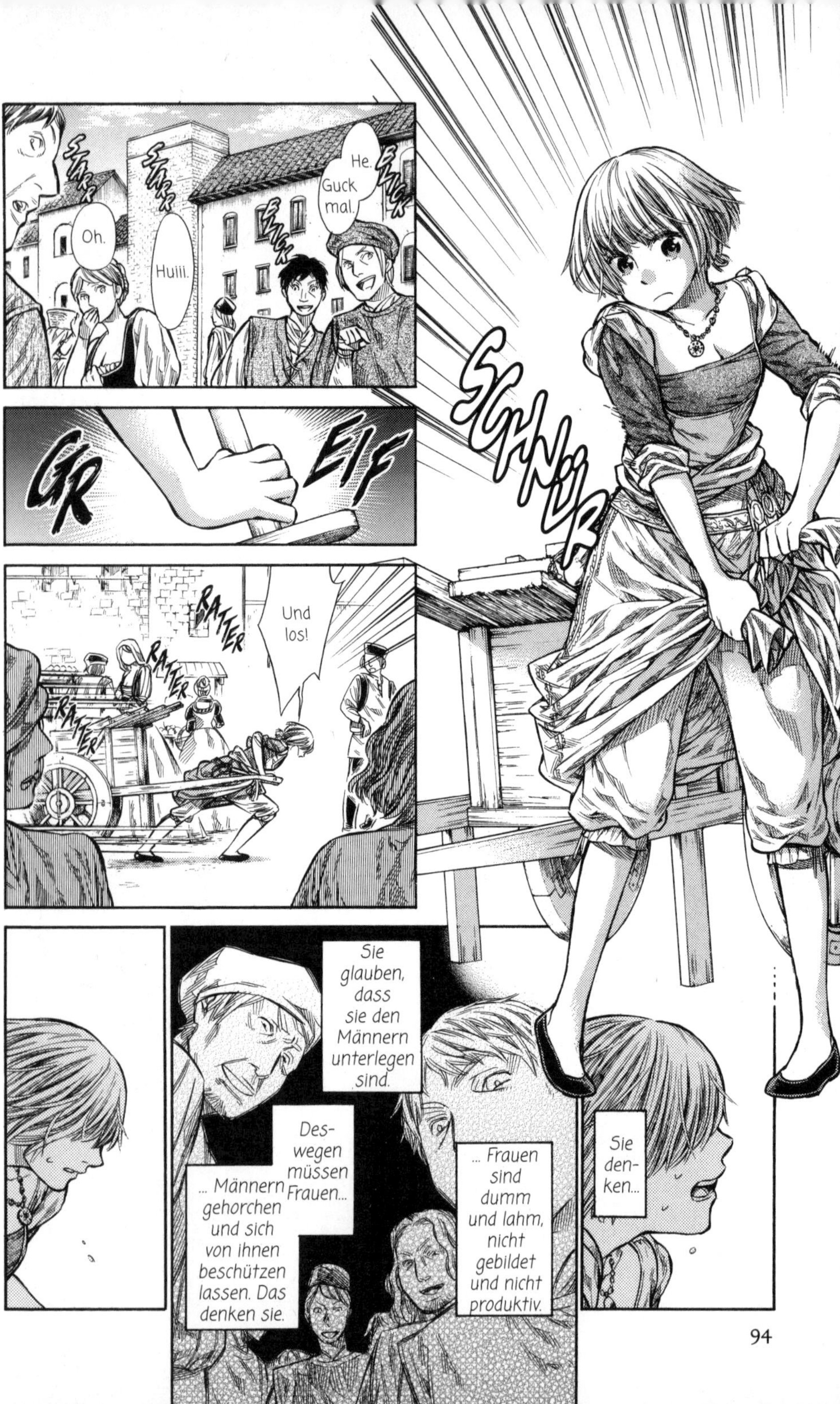
SCHNÜR
He. Guck mal.
BLICK
BLICK
STARR
STARR
Huiii.
Oh.
GR EIF
Und los!
RATTER
RATTER
RATTER
Sie denken...
... Frauen sind dumm und lahm, nicht gebildet und nicht produktiv.
Sie glauben, dass sie den Männern unterlegen sind.
Des- wegen müssen Frauen...
... Männern gehorchen und sich von ihnen beschützen lassen. Das denken sie.

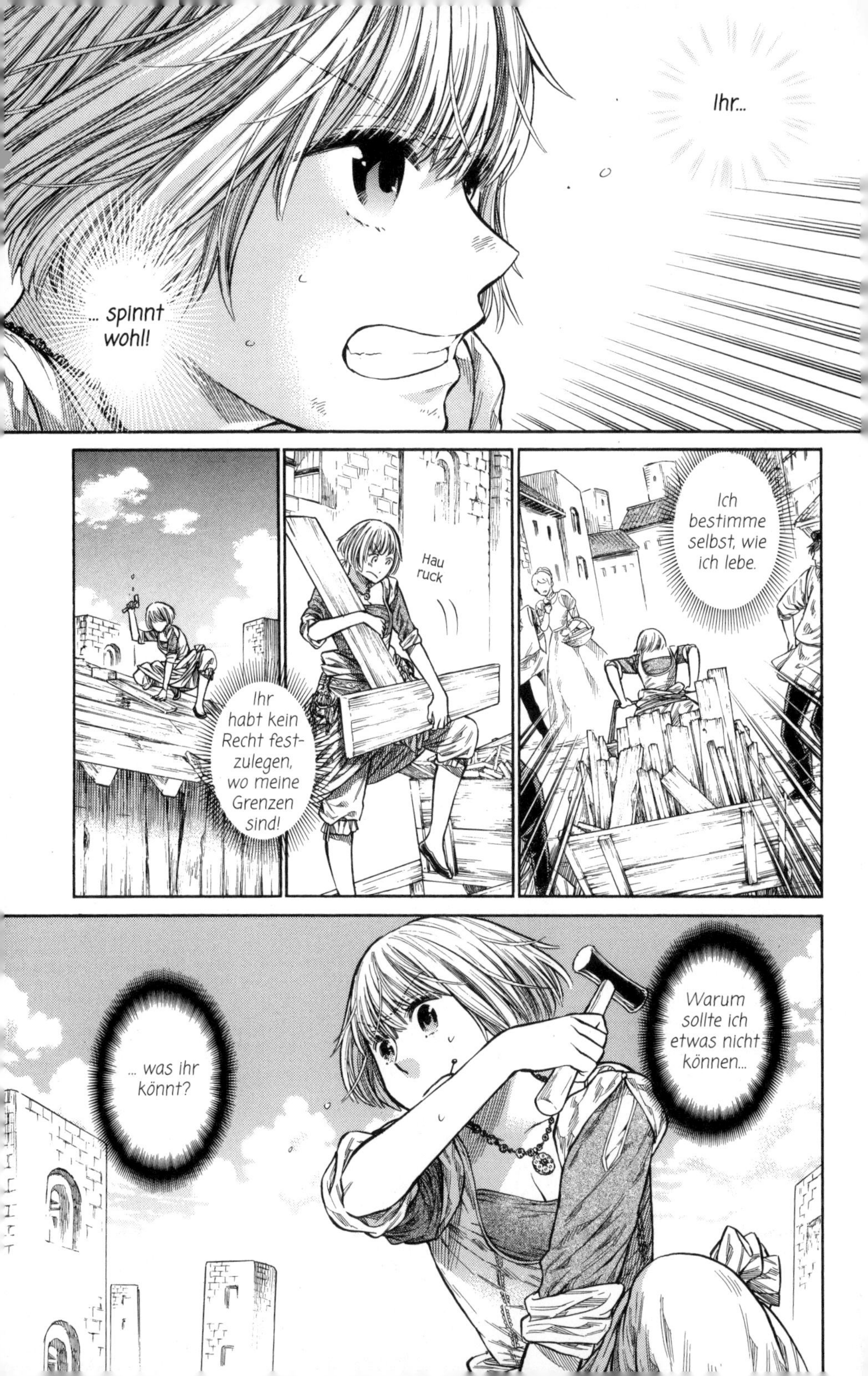
Ihr...
... spinnt wohl!
Ich bestimme selbst, wie ich lebe.
Hau ruck
Ihr habt kein Recht fest-zulegen, wo meine Grenzen sind!
Warum sollte ich etwas nicht können...
... was ihr könnt?

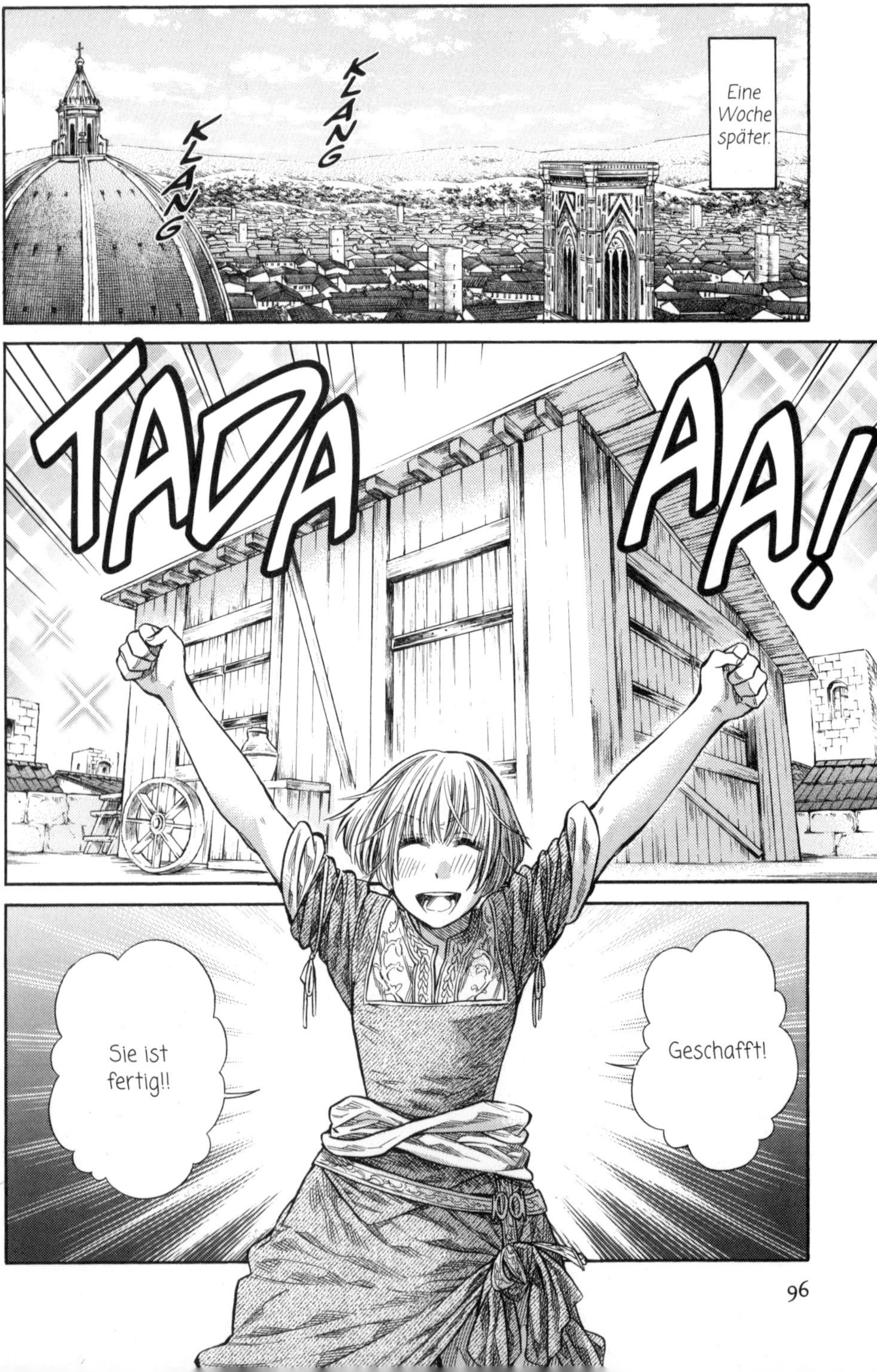
Eine Woche später.
KLANG
KLANG
TADA AA!
Geschafft!
Sie ist fertig!!

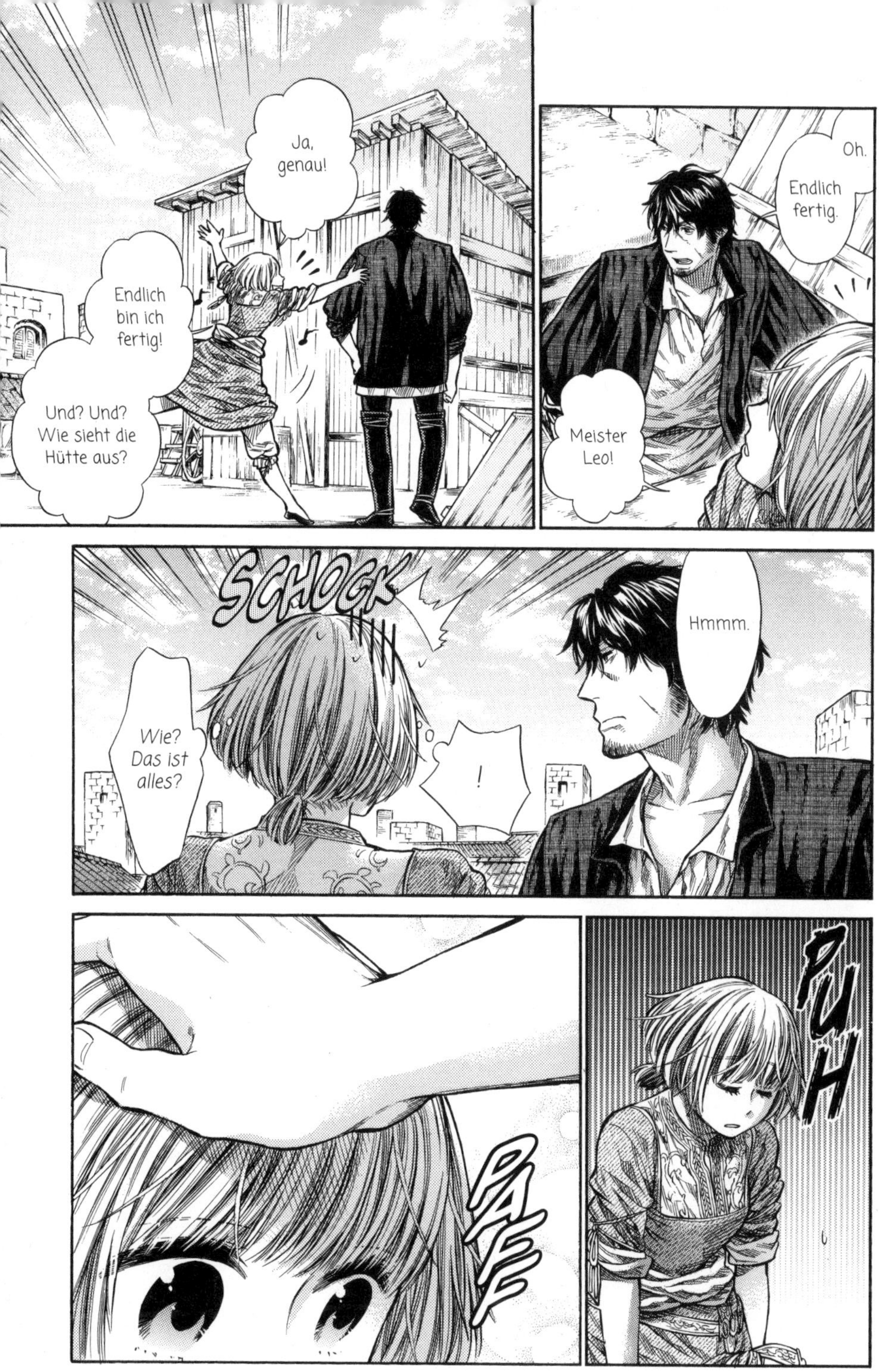
Oh.
Endlich fertig.
Meister Leo!
Ja, genau!
Endlich bin ich fertig!
Und? Und? Wie sieht die Hütte aus?
Hmmm.
SCHOCK
!
Wie? Das ist alles?
PUH
PAFF

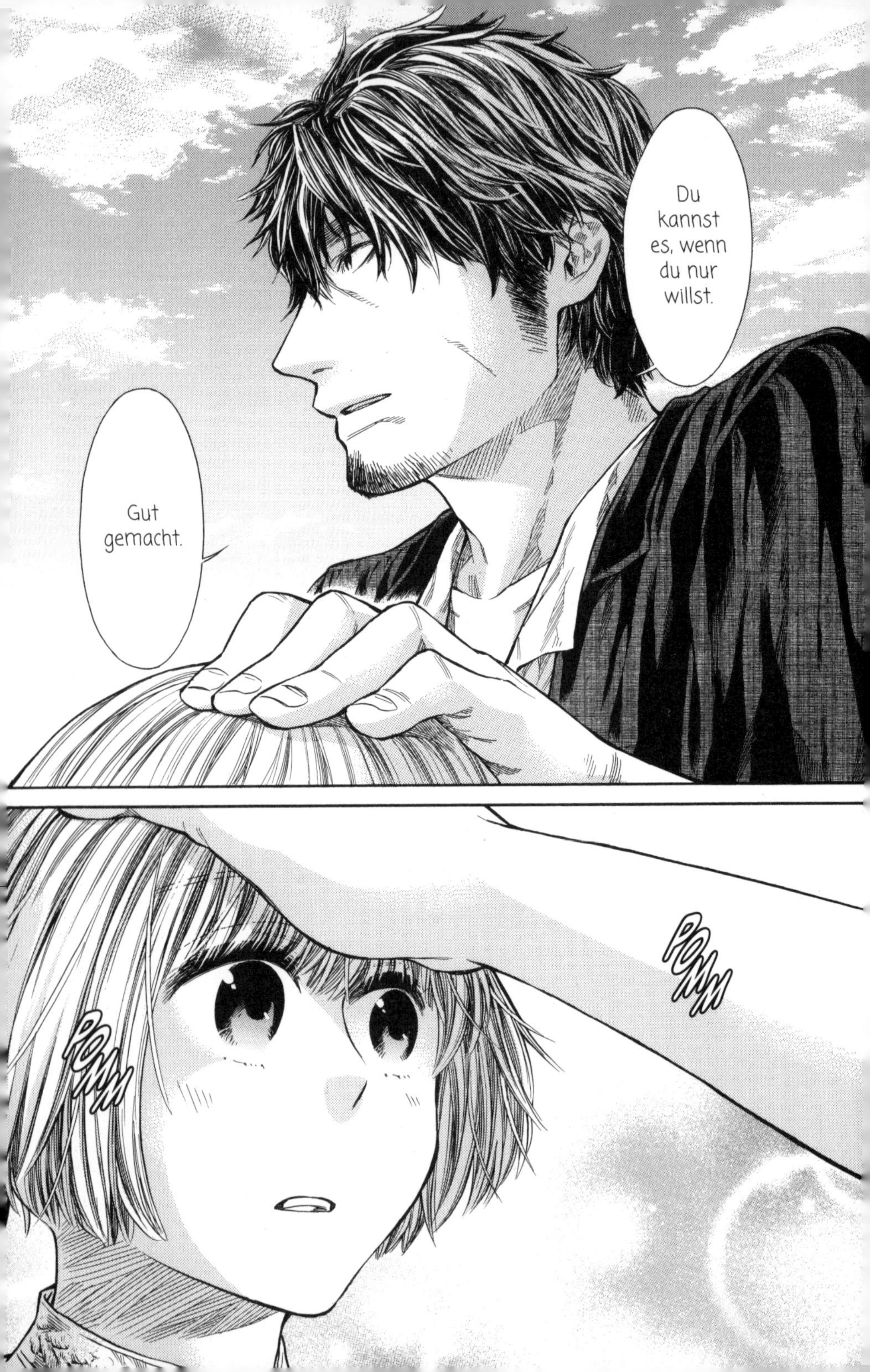
Du kannst es, wenn du nur willst.
Gut gemacht.
POMM
POMM

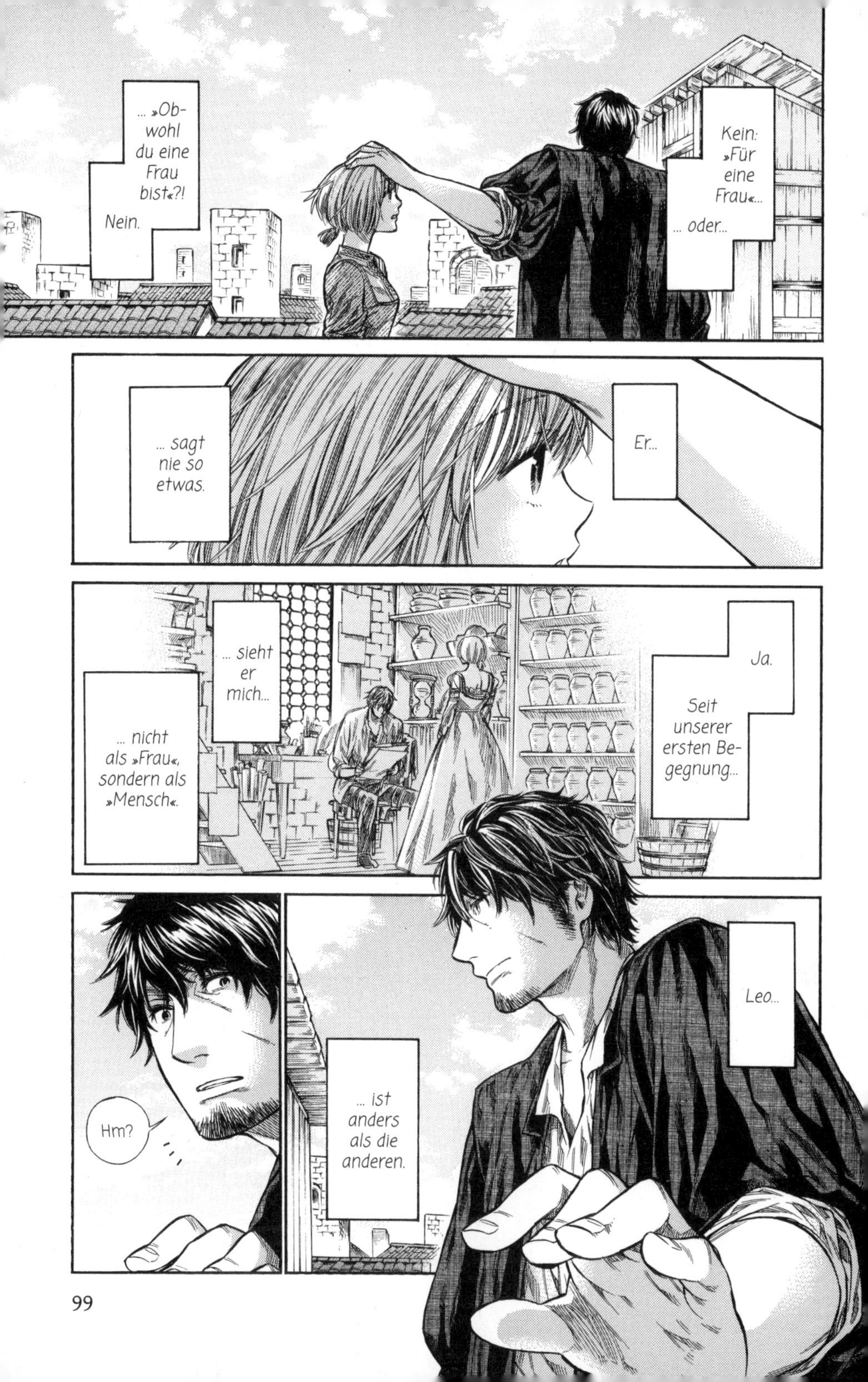
Kein: »Für eine Frau«...
... oder...
... »Obwohl du eine Frau bist«?!
Nein.
Er...
... sagt nie so etwas.
Ja.
Seit unserer ersten Begegnung...
... sieht er mich...
... nicht als »Frau«, sondern als »Mensch«.
Leo...
... ist anders als die anderen.
Hm?

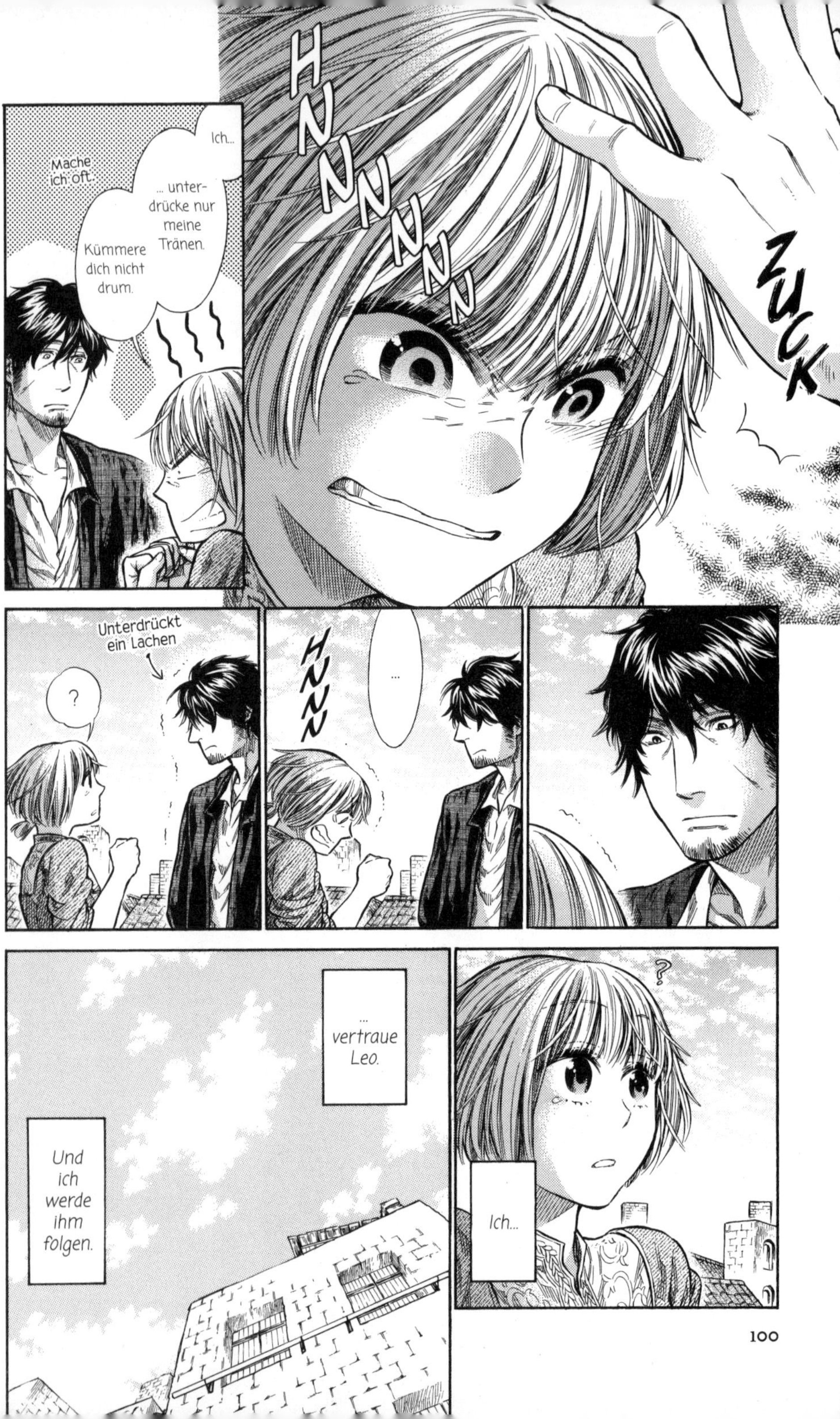
HNNNNNN
ZUCK
Ich...
... unter-drücke nur meine Tränen.
Kümmere dich nicht drum.
Mache ich oft.
...
HNNN
Unterdrückt ein Lachen
?
?
Ich...
... vertraue Leo.
Und ich werde ihm folgen.

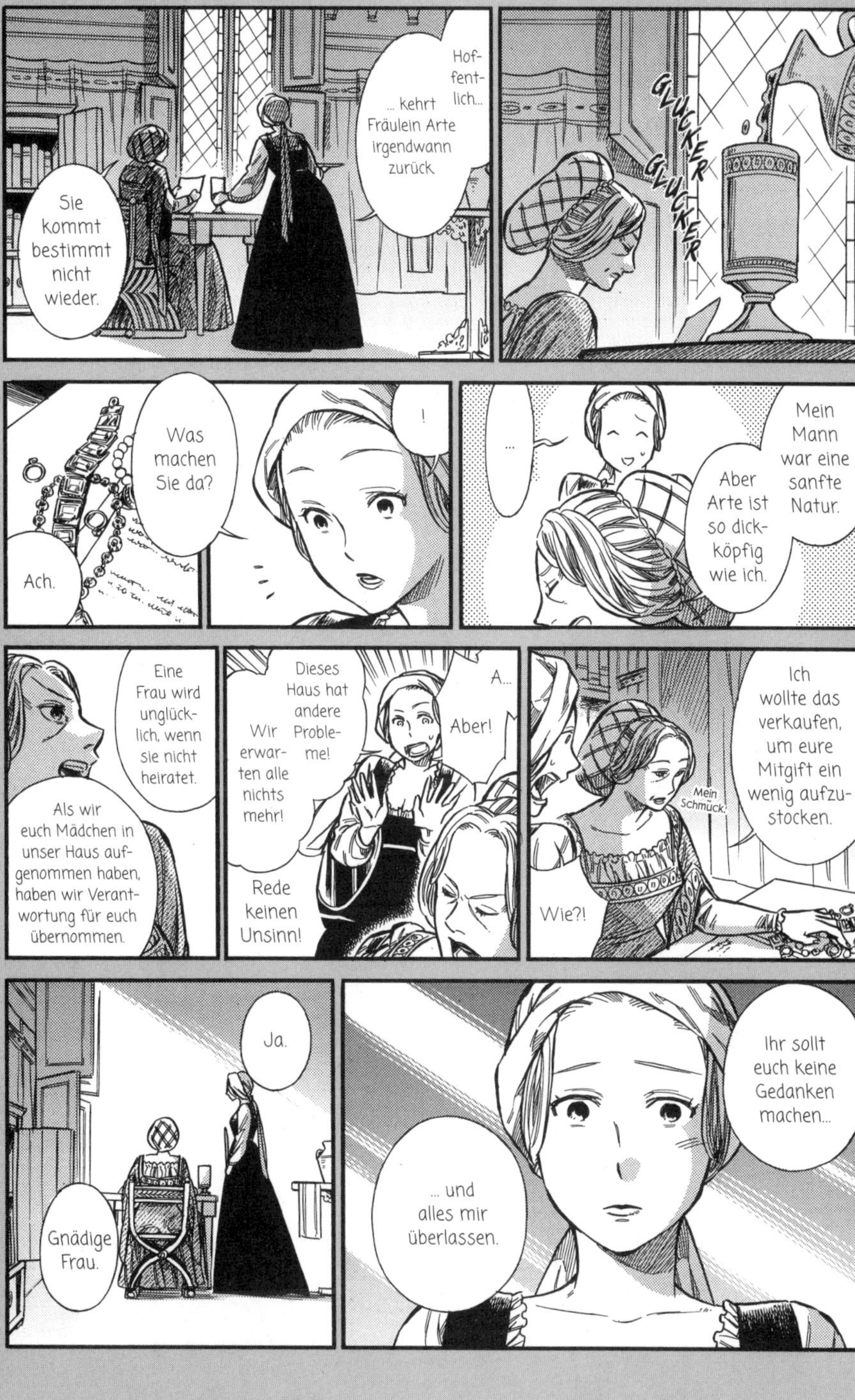
GLUCKER
GLUCKER
Hoffentlich...
... kehrt Fräulein Arte irgendwann zurück.
Sie kommt bestimmt nicht wieder.
...
Mein Mann war eine sanfte Natur.
Aber Arte ist so dickköpfig wie ich.
!
Was machen Sie da?
Ach.
Mein Schmuck!
Ich wollte das verkaufen, um eure Mitgift ein wenig aufzustocken.
Wie?!
A...
Aber!
Dieses Haus hat andere Probleme!
Wir erwarten alle nichts mehr!
Rede keinen Unsinn!
Eine Frau wird unglücklich, wenn sie nicht heiratet.
Als wir euch Mädchen in unser Haus aufgenommen haben, haben wir Verantwortung für euch übernommen.
Ihr sollt euch keine Gedanken machen...
... und alles mir überlassen.
Ja.
Gnädige Frau.

ARTE

Inizio XVI secolo, Firenze. Citta' dove ebbe origine il
Rinascimento, in cui fiorirono attività culturali e l'Arte.
Nel pieno di tale vibrante splendore ebbe inizio questa storia.

Kapitel 3 Der erste Auftrag

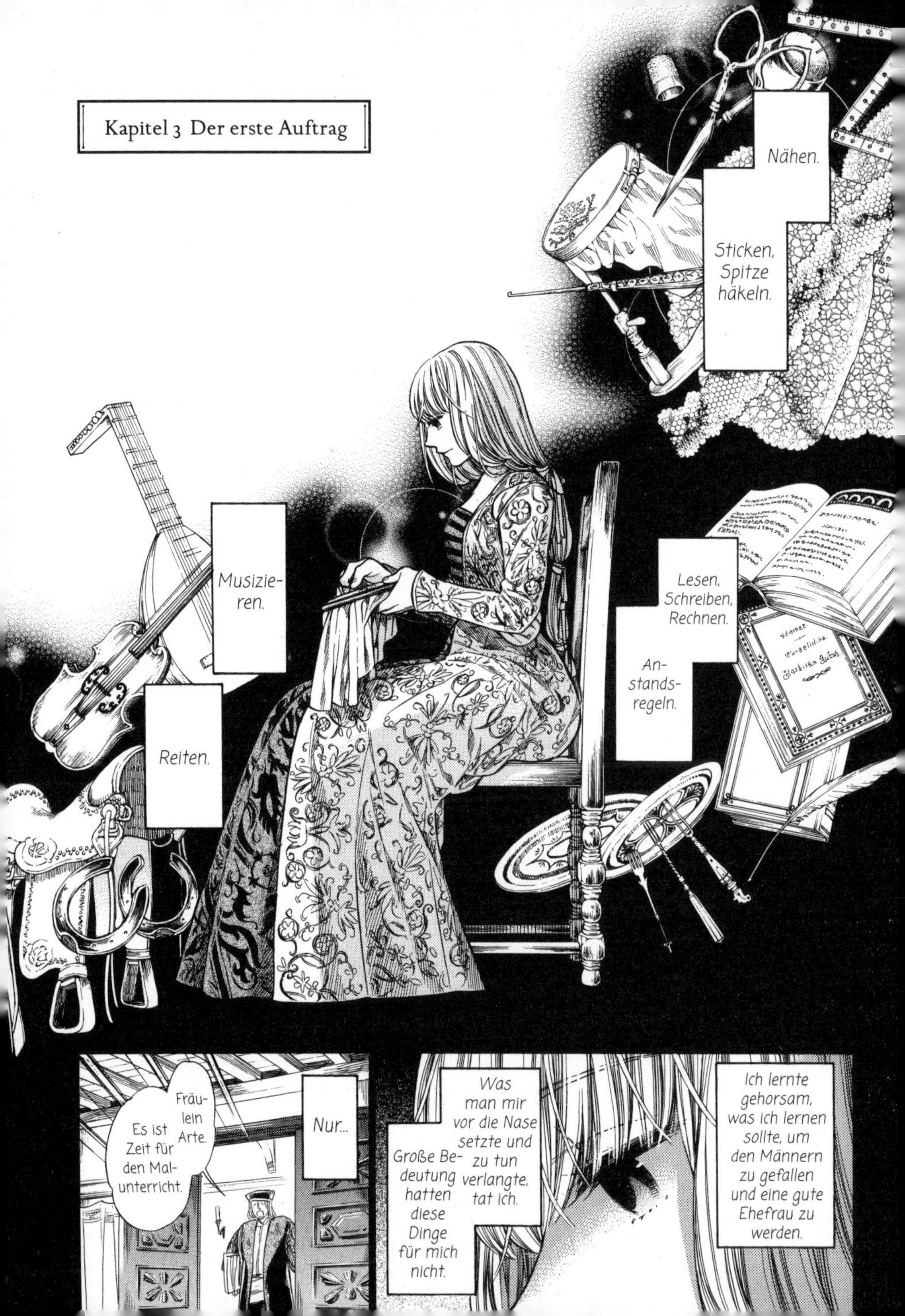

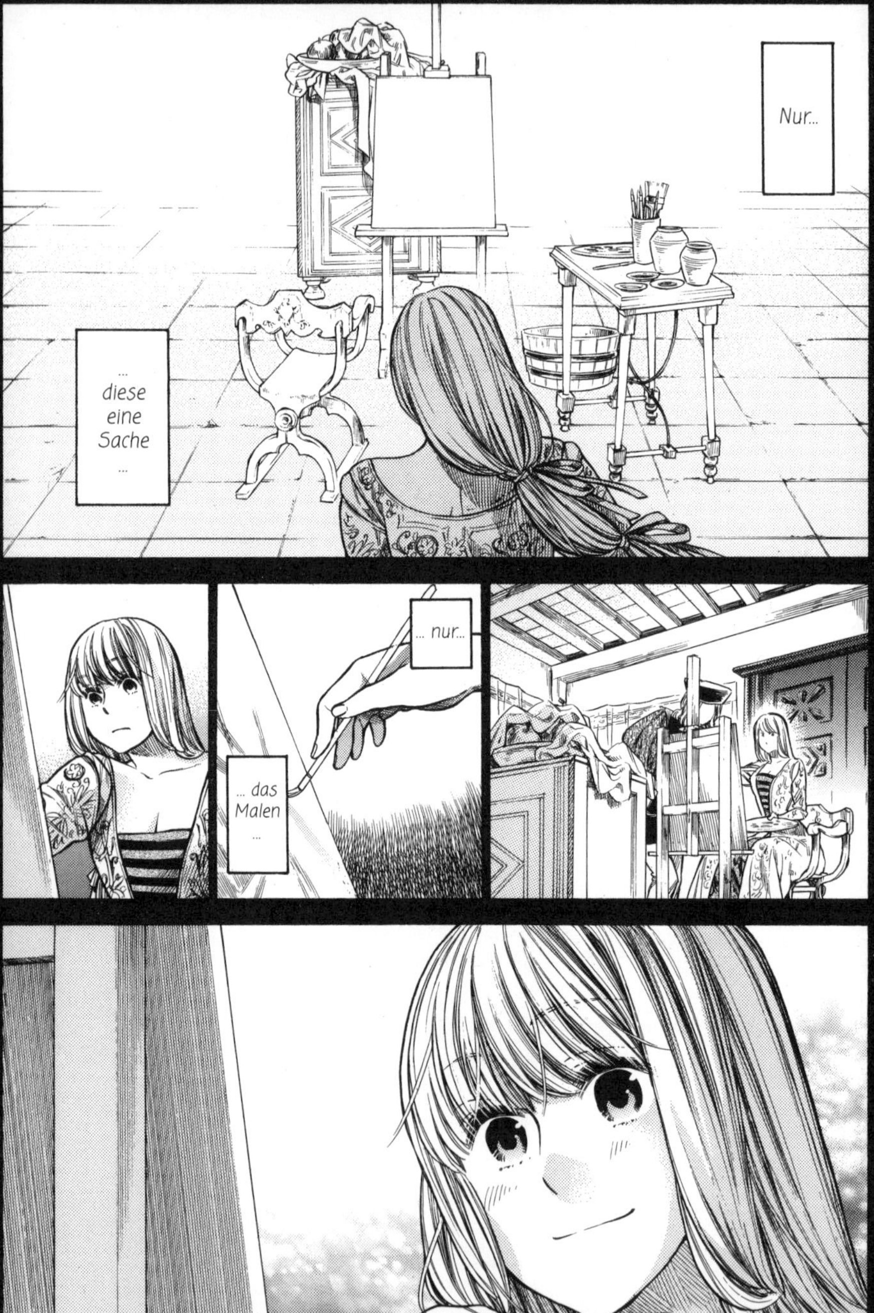
Nur...
... diese eine Sache ...
... nur...
... das Malen ...

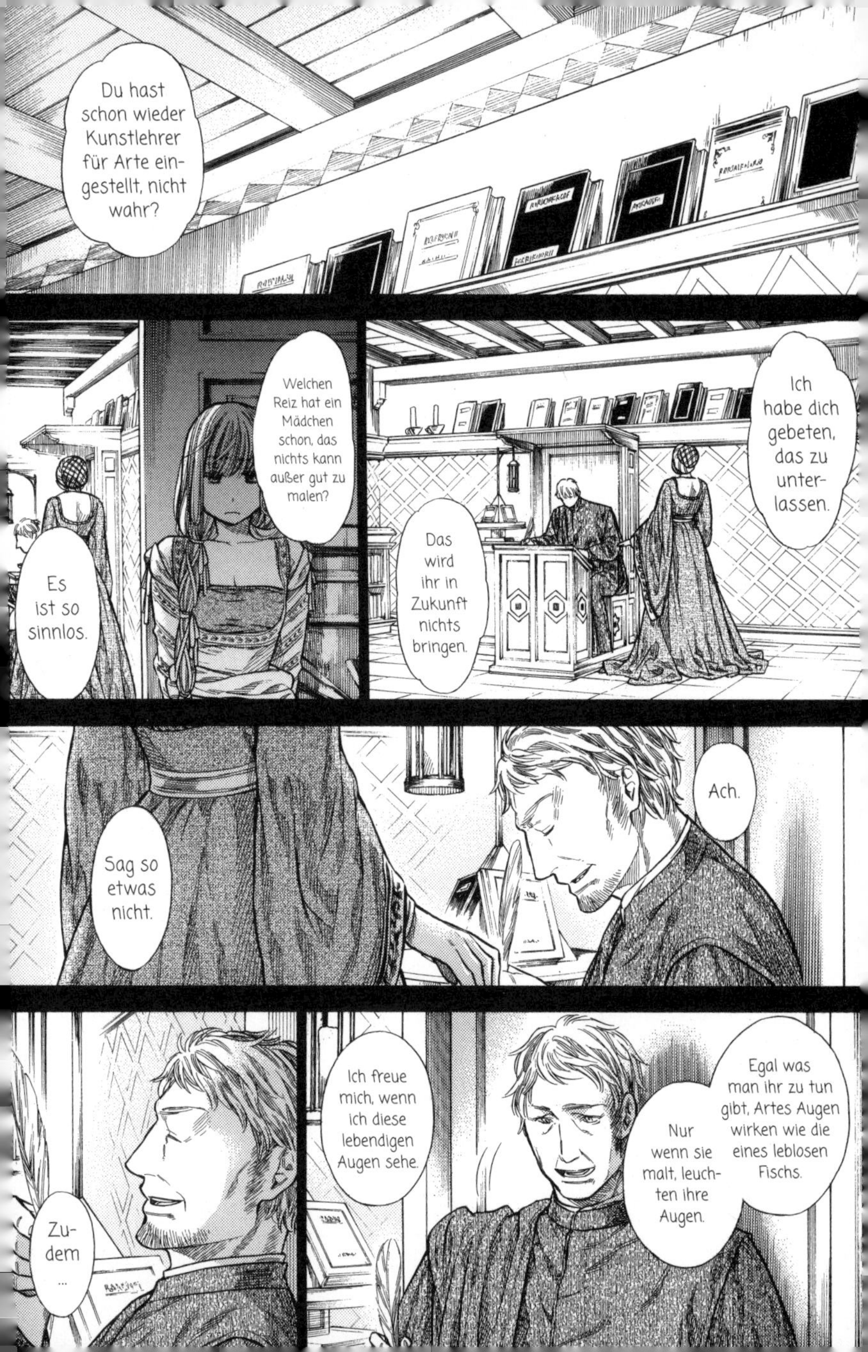

Du hast schon wieder Kunstlehrer für Arte eingestellt, nicht wahr?
Ich habe dich gebeten, das zu unterlassen.
Das wird ihr in Zukunft nichts bringen.
Welchen Reiz hat ein Mädchen schon, das nichts kann außer gut zu malen?
Es ist so sinnlos.
Ach.
Sag so etwas nicht.
Egal was man ihr zu tun gibt, Artes Augen wirken wie die eines leblosen Fischs.
Nur wenn sie malt, leuchten ihre Augen.
Ich freue mich, wenn ich diese lebendigen Augen sehe.
Zudem …

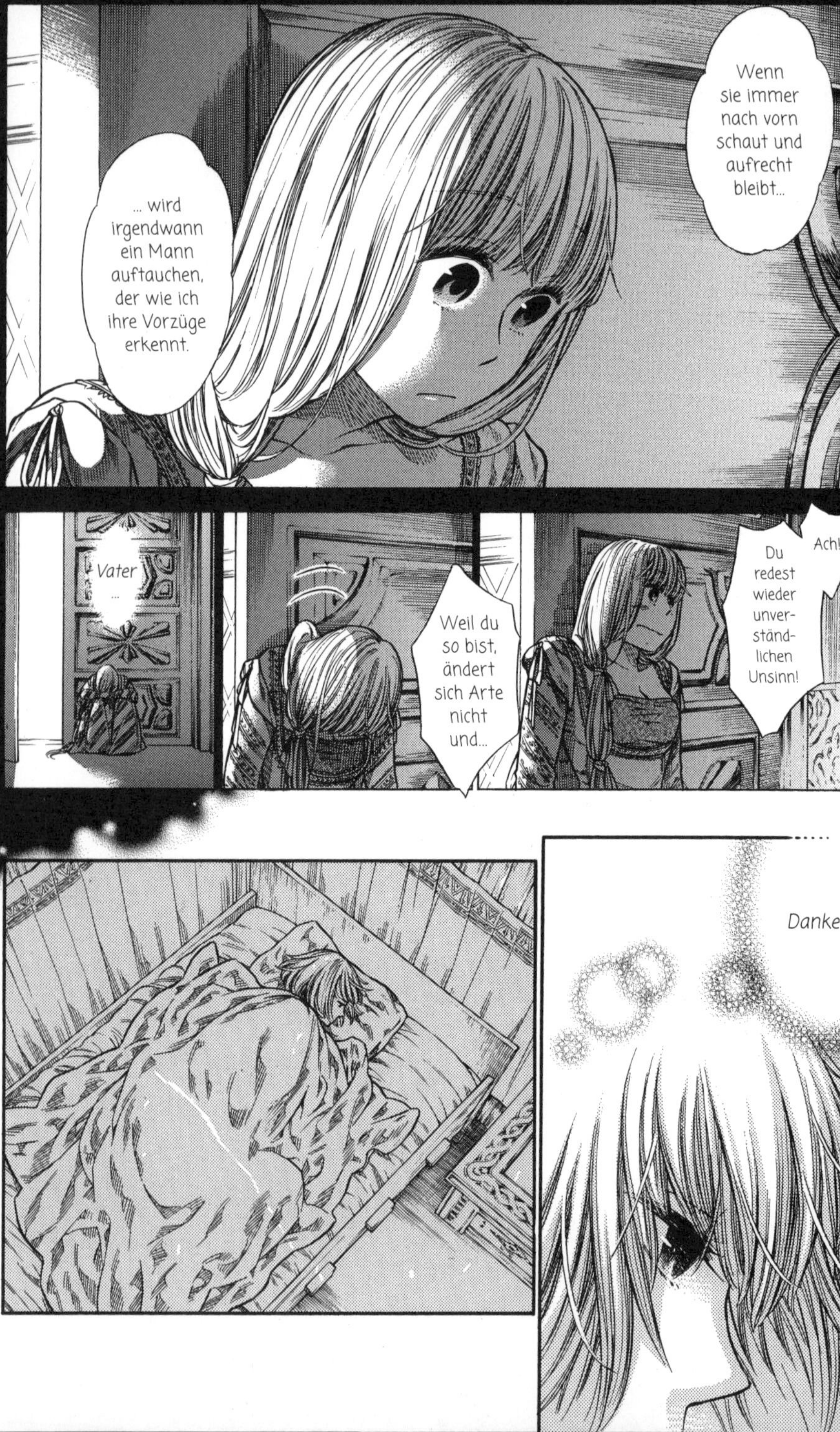
Wenn sie immer nach vorn schaut und aufrecht bleibt...
... wird irgendwann ein Mann auftauchen, der wie ich ihre Vorzüge erkennt.
Ach!
Du redest wieder unverständlichen Unsinn!
Weil du so bist, ändert sich Arte nicht und...
Vater ...
Danke.

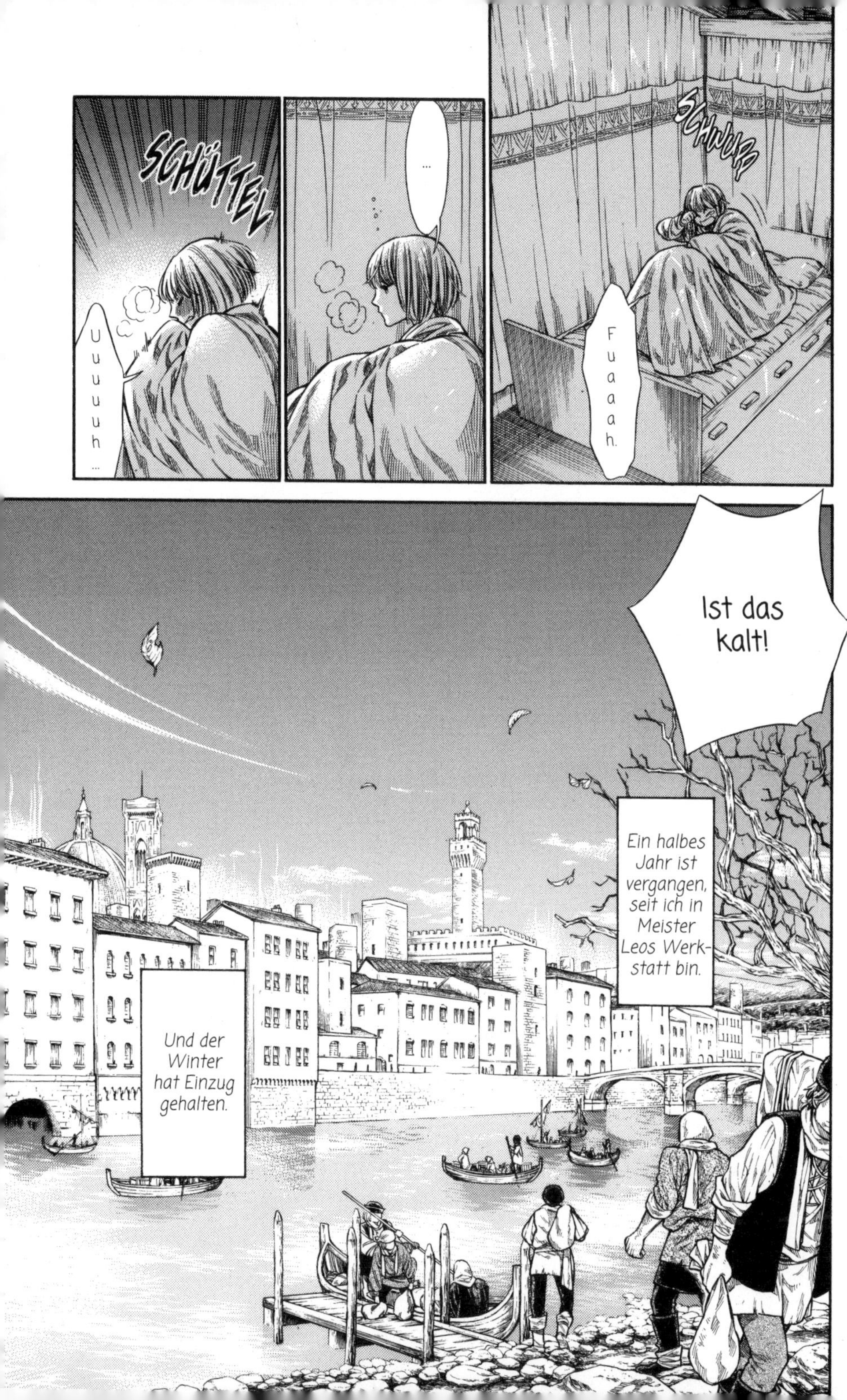
SCHWUPP
Fuaaah.
...
SCHÜTTEL
Uuuuuh ...
Ist das kalt!
Ein halbes Jahr ist vergangen, seit ich in Meister Leos Werkstatt bin.
Und der Winter hat Einzug gehalten.

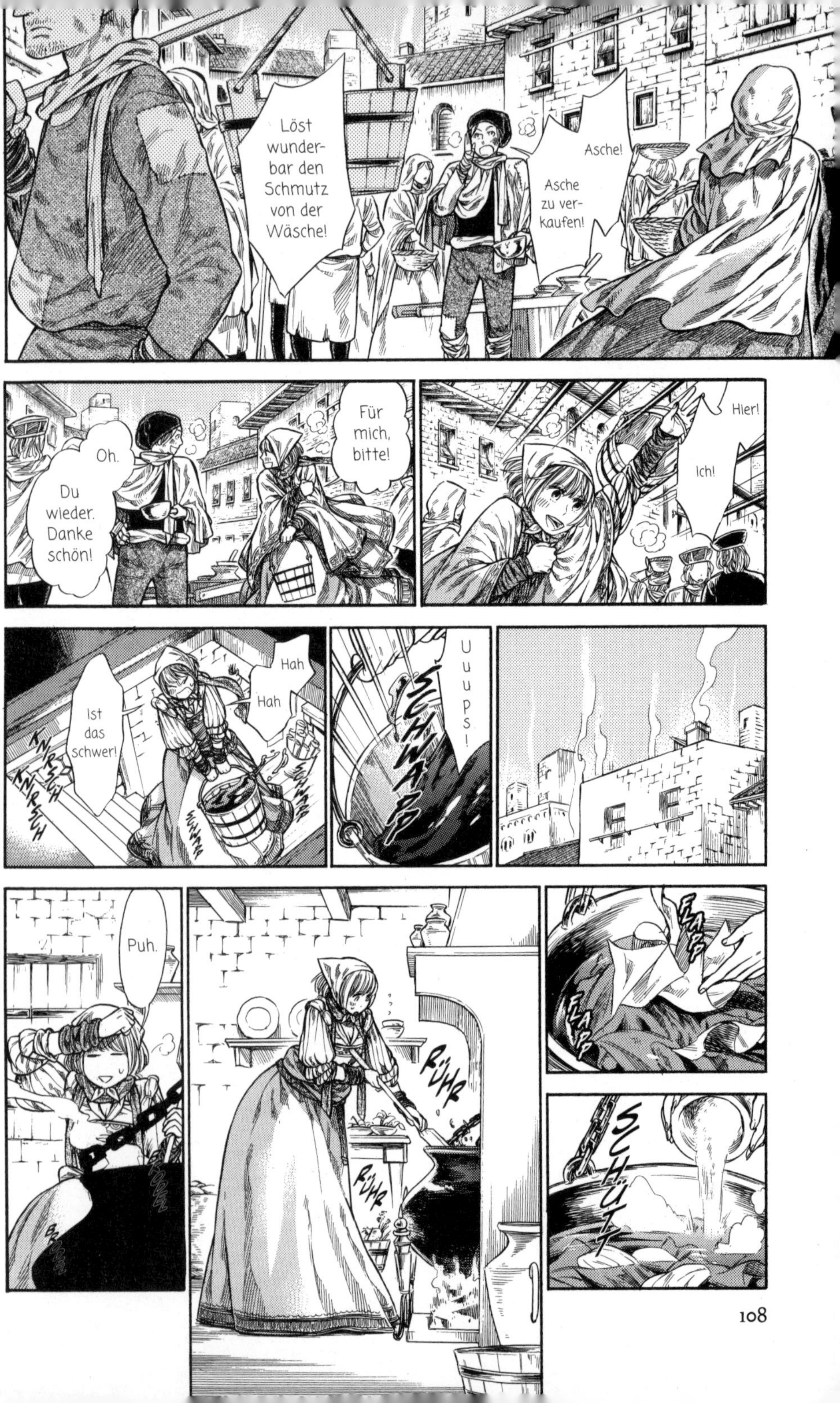
Löst wunderbar den Schmutz von der Wäsche!
Asche!
Asche zu verkaufen!
Für mich, bitte!
Oh.
Du wieder. Danke schön!
Hier!
Ich!
Hah
Hah
Ist das schwer!
KNIRSCH KNIRSCH KNIRSCH
SCHWAPP
Uuups!
SCHWAPP
Puh.
RÜHR
RÜHR
FLAPP
FLAPP
SCHÜTT

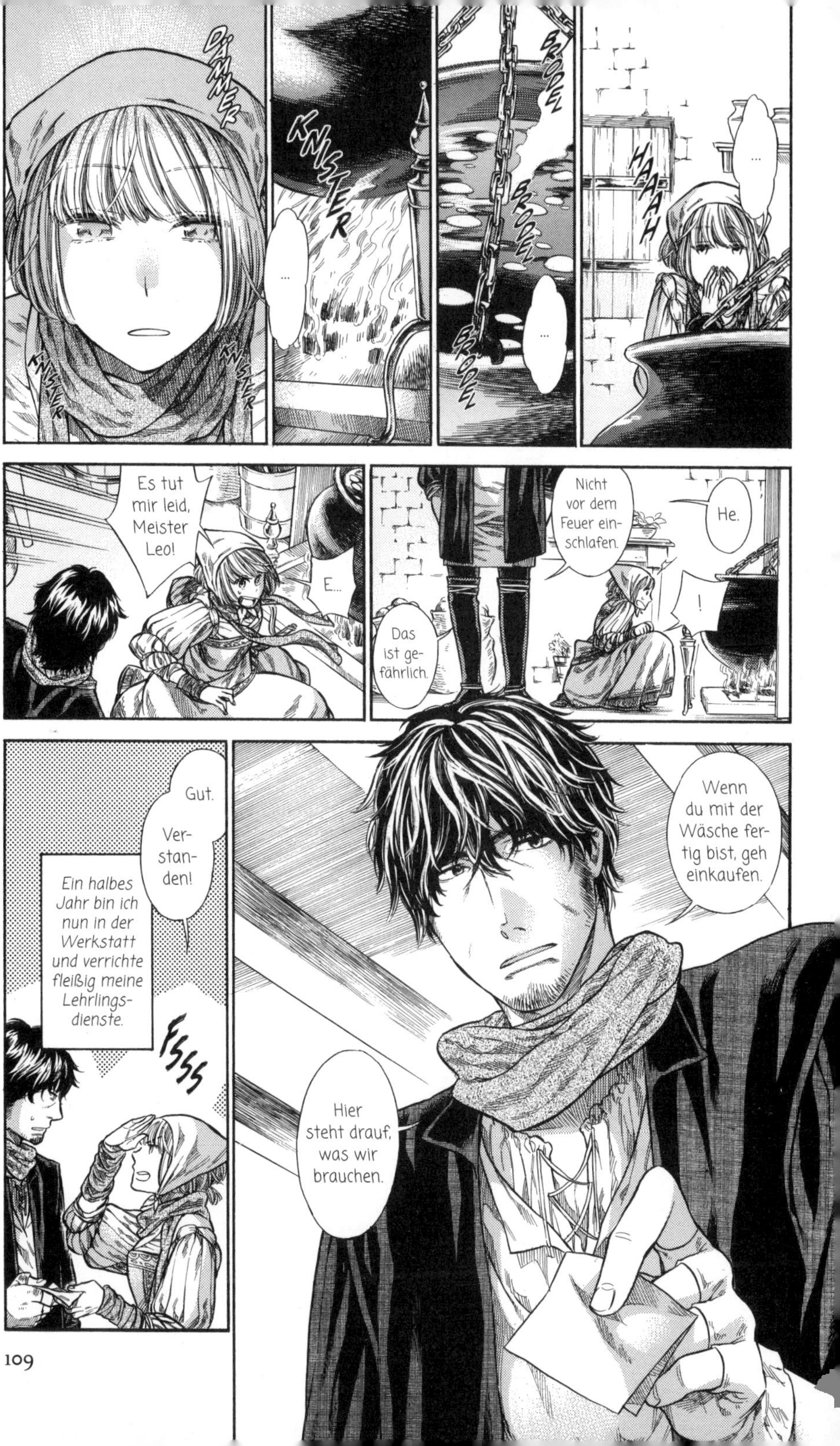
DÄMMER
KNISTER
KNISTER
KNISTER
...
BRODEL
BRODEL
BRODEL
...
HAAAH
...
Es tut mir leid, Meister Leo!
E...
Das ist gefährlich.
Nicht vor dem Feuer einschlafen.
He.
!
Wenn du mit der Wäsche fertig bist, geh einkaufen.
Hier steht drauf, was wir brauchen.
Gut.
Verstanden!
Ein halbes Jahr bin ich nun in der Werkstatt und verrichte fleißig meine Lehrlingsdienste.
FSSS

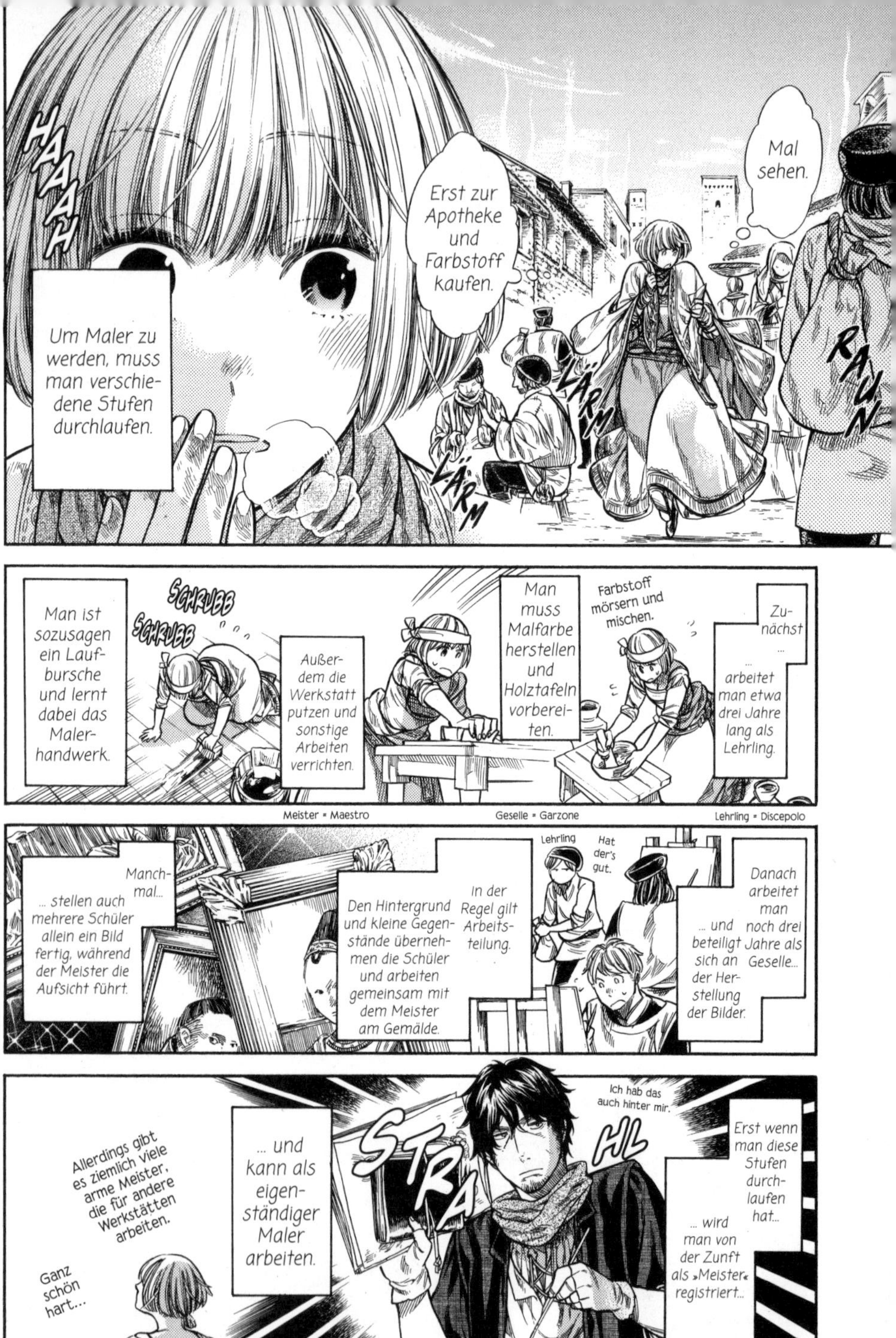

HAAAH
Mal sehen.
Erst zur Apotheke und Farbstoff kaufen.
Um Maler zu werden, muss man verschiedene Stufen durchlaufen.
LÄRM
LÄRM
RAUN
Zunächst ...
... arbeitet man etwa drei Jahre lang als Lehrling.
Farbstoff mörsern und mischen.
Man muss Malfarbe herstellen und Holztafeln vorbereiten.
Außerdem die Werkstatt putzen und sonstige Arbeiten verrichten.
SCHRUBB
SCHRUBB
Man ist sozusagen ein Laufbursche und lernt dabei das Malerhandwerk.
Meister = Maestro
Geselle = Garzone
Lehrling = Discepolo
Danach arbeitet man noch drei Jahre als Geselle...
... und beteiligt sich an der Herstellung der Bilder.
Hat der's gut.
Lehrling
In der Regel gilt Arbeitsteilung.
Den Hintergrund und kleine Gegenstände übernehmen die Schüler und arbeiten gemeinsam mit dem Meister am Gemälde.
Manchmal...
... stellen auch mehrere Schüler allein ein Bild fertig, während der Meister die Aufsicht führt.
Erst wenn man diese Stufen durchlaufen hat...
... wird man von der Zunft als »Meister« registriert...
Ich hab das auch hinter mir.
STRAHL
... und kann als eigenständiger Maler arbeiten.
Allerdings gibt es ziemlich viele arme Meister, die für andere Werkstätten arbeiten.
Ganz schön hart...

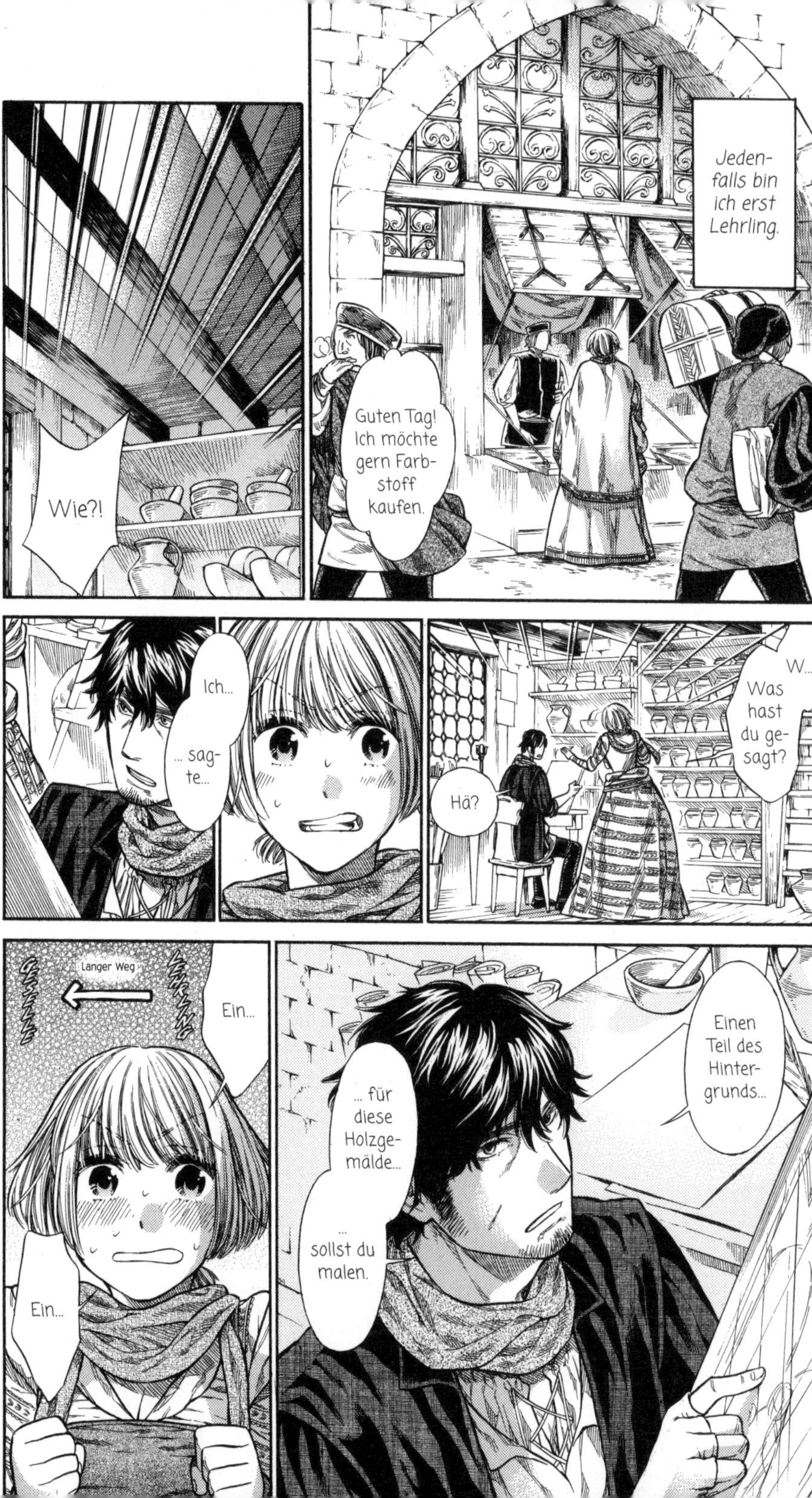
Jedenfalls bin ich erst Lehrling.
Guten Tag! Ich möchte gern Farbstoff kaufen.
Wie?!
W... Was hast du gesagt?
Hä?
Ich...
... sagte...
Einen Teil des Hintergrunds...
... für diese Holzgemälde...
... sollst du malen.
Ein...
LEHRLING
Langer Weg
GESELLE
Ein...

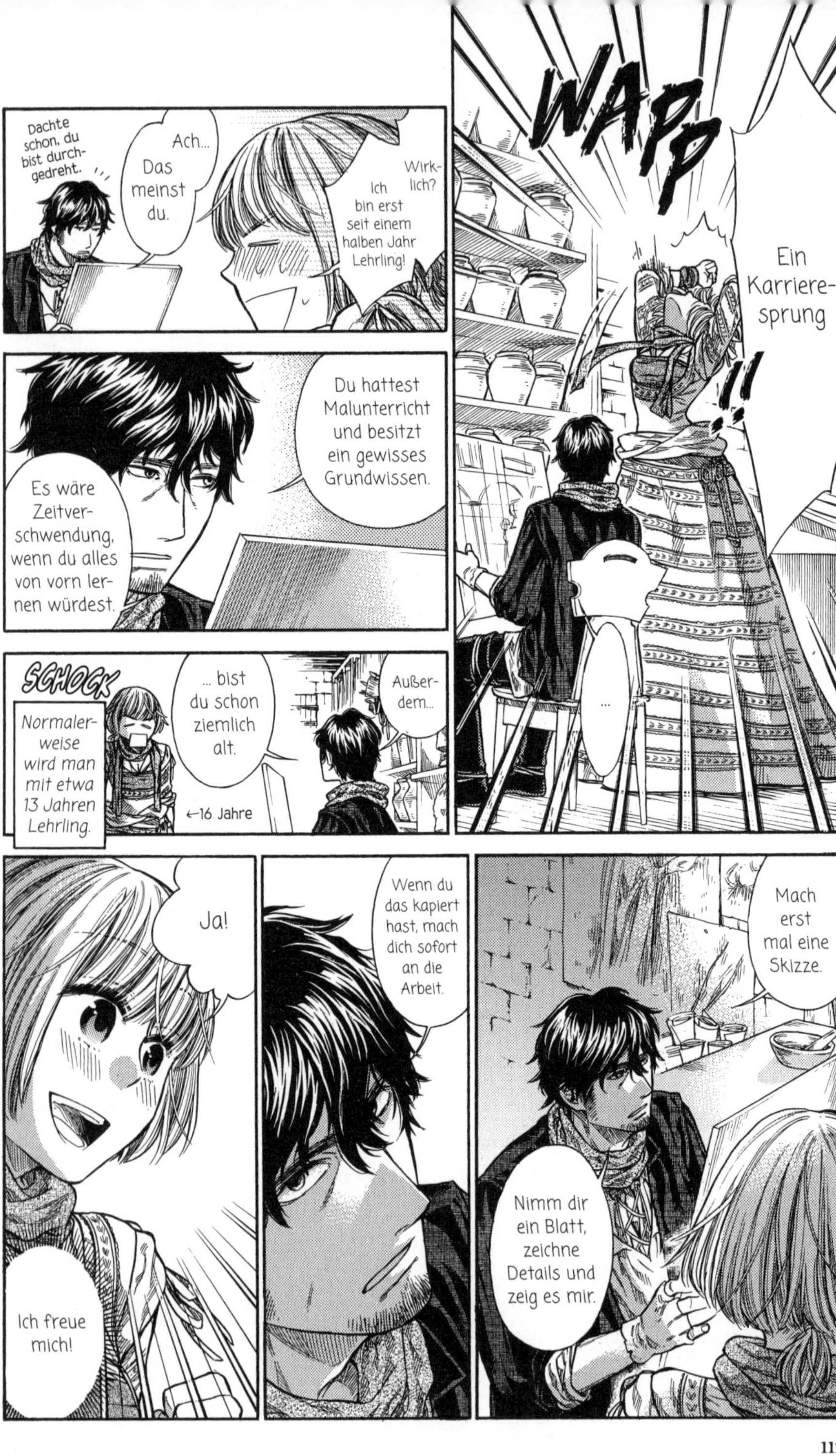
WAPP
Ein Karrieresprung
!!
...
Wirklich? Ich bin erst seit einem halben Jahr Lehrling!
Ach... Das meinst du.
Dachte schon, du bist durchgedreht. ...
Du hattest Malunterricht und besitzt ein gewisses Grundwissen.
Es wäre Zeitverschwendung, wenn du alles von vorn lernen würdest.
Außerdem...
... bist du schon ziemlich alt.
←16 Jahre
SCHOCK
Normalerweise wird man mit etwa 13 Jahren Lehrling.
Mach erst mal eine Skizze.
Nimm dir ein Blatt, zeichne Details und zeig es mir.
Wenn du das kapiert hast, mach dich sofort an die Arbeit.
Ja!
Ich freue mich!

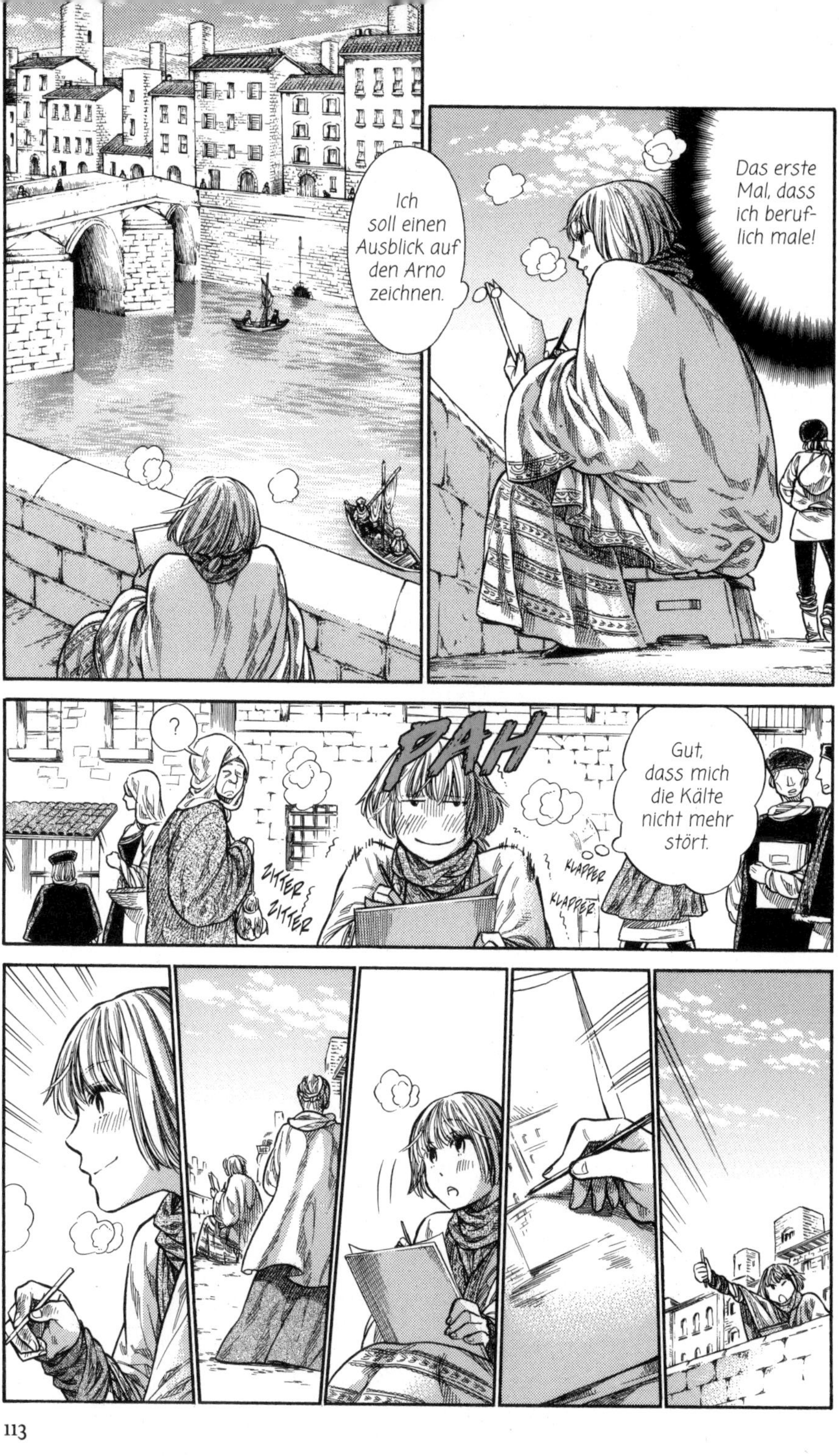
Das erste Mal, dass ich beruflich male!
Ich soll einen Ausblick auf den Arno zeichnen.
Gut, dass mich die Kälte nicht mehr stört.
KLAPPER
KLAPPER
PAH
?
ZITTER ZITTER

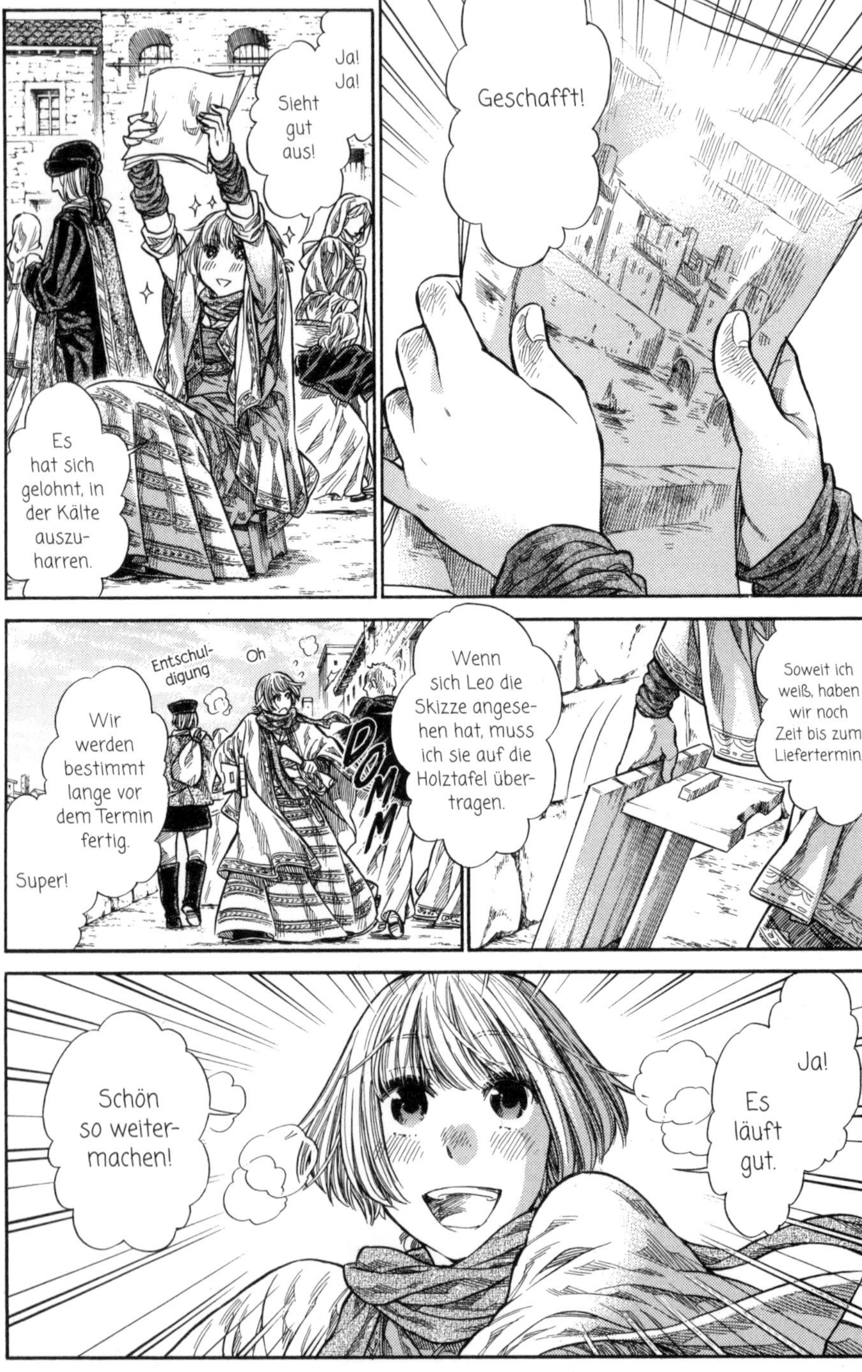
Geschafft!
Ja! Ja! Sieht gut aus!
Es hat sich gelohnt, in der Kälte auszuharren.
Soweit ich weiß, haben wir noch Zeit bis zum Liefertermin.
Wenn sich Leo die Skizze angesehen hat, muss ich sie auf die Holztafel übertragen.
DOMM
Oh
Entschuldigung
Wir werden bestimmt lange vor dem Termin fertig.
Super!
Ja! Es läuft gut.
Schön so weitermachen!

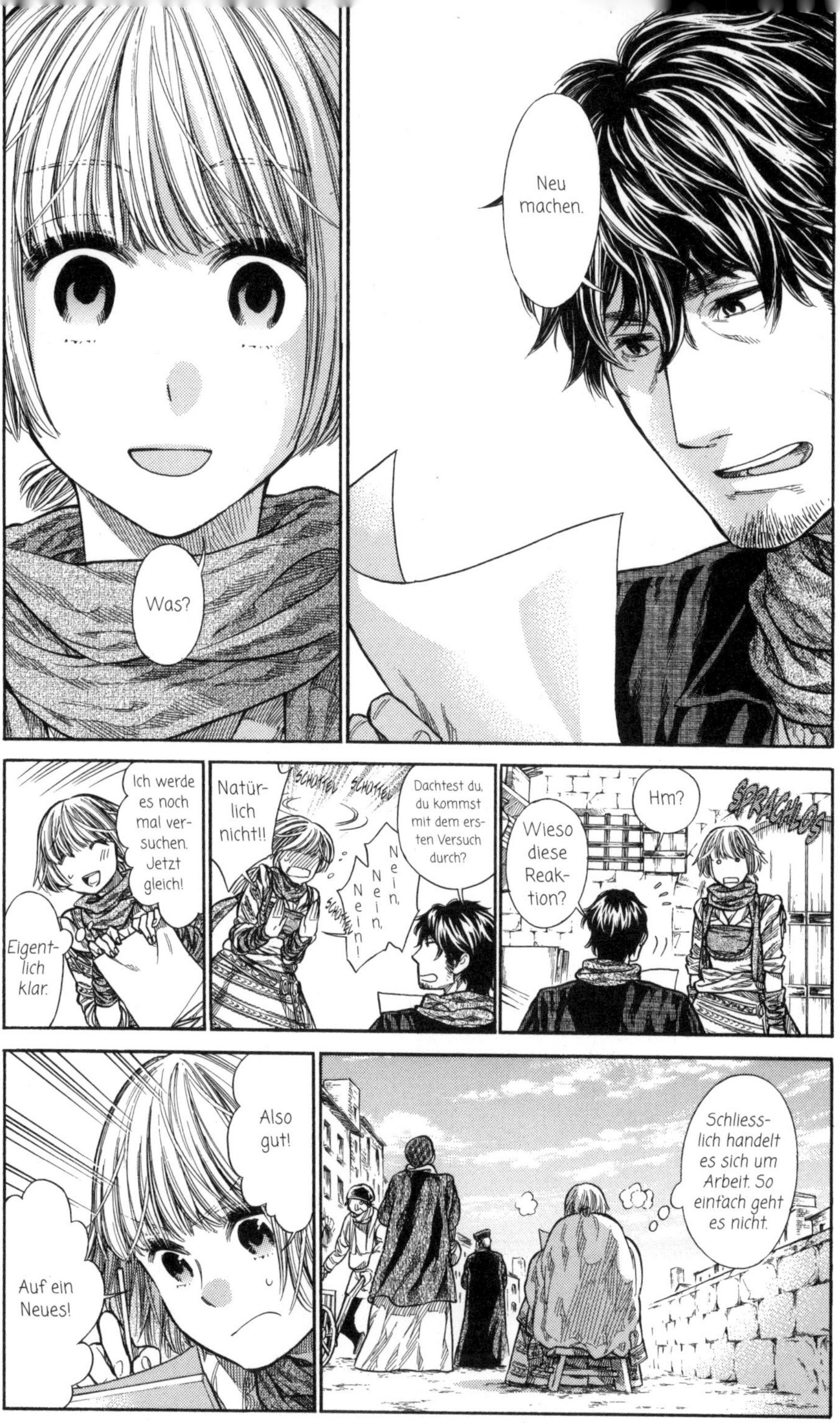
Neu machen.
Was?
Hm?
SPRACHLOS
Wieso diese Reaktion?
Dachtest du, du kommst mit dem ersten Versuch durch?
Nein, Nein, Nein!
SCHÜTTEL SCHÜTTEL SCHÜTTEL
Natürlich nicht!!
Ich werde es noch mal versuchen. Jetzt gleich!
Eigentlich klar.
Schliesslich handelt es sich um Arbeit. So einfach geht es nicht.
Also gut!
Auf ein Neues!

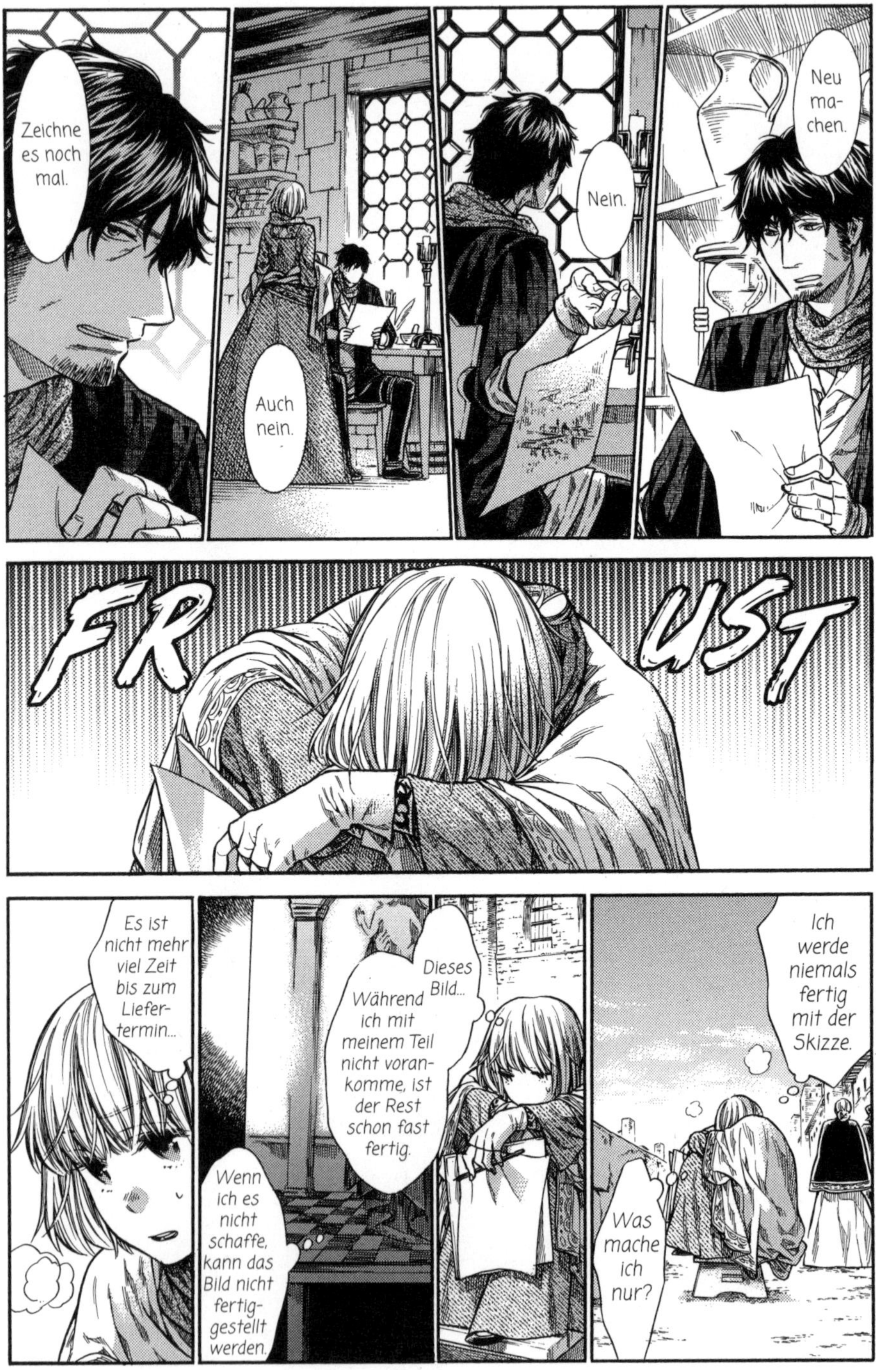
Neu ma-chen.
Nein.
Auch nein.
Zeichne es noch mal.
FR UST
Ich werde niemals fertig mit der Skizze.
Was mache ich nur?
Dieses Bild...
Während ich mit meinem Teil nicht voran-komme, ist der Rest schon fast fertig.
Wenn ich es nicht schaffe, kann das Bild nicht fertig-gestellt werden.
Es ist nicht mehr viel Zeit bis zum Liefer-termin...

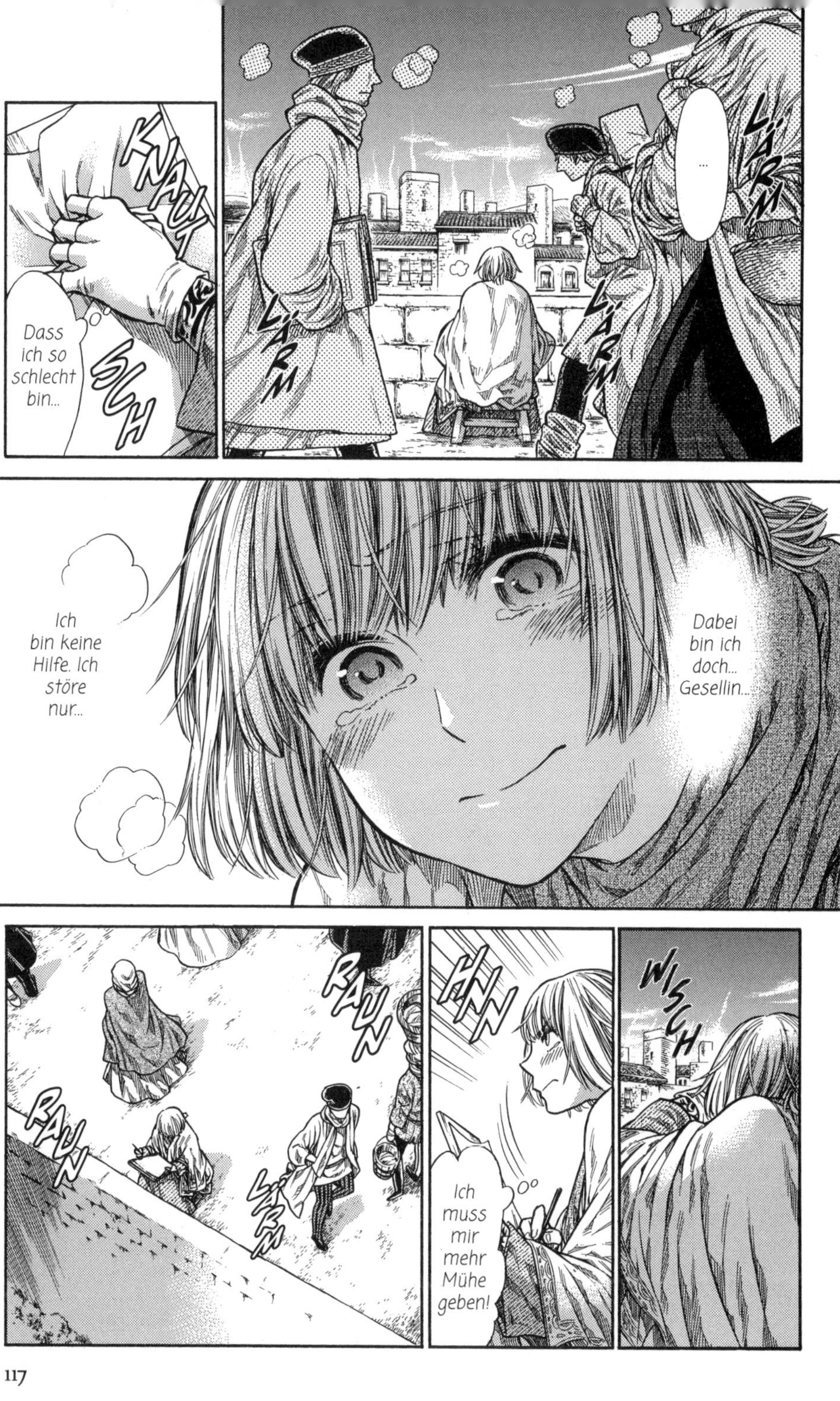
...
LÄRM
LÄRM
LÄRM
Dass ich so schlecht bin...
Dabei bin ich doch... Gesellin...
Ich bin keine Hilfe. Ich störe nur...
WISCH
Ich muss mir mehr Mühe geben!
RAUN
LÄRM
RAUN

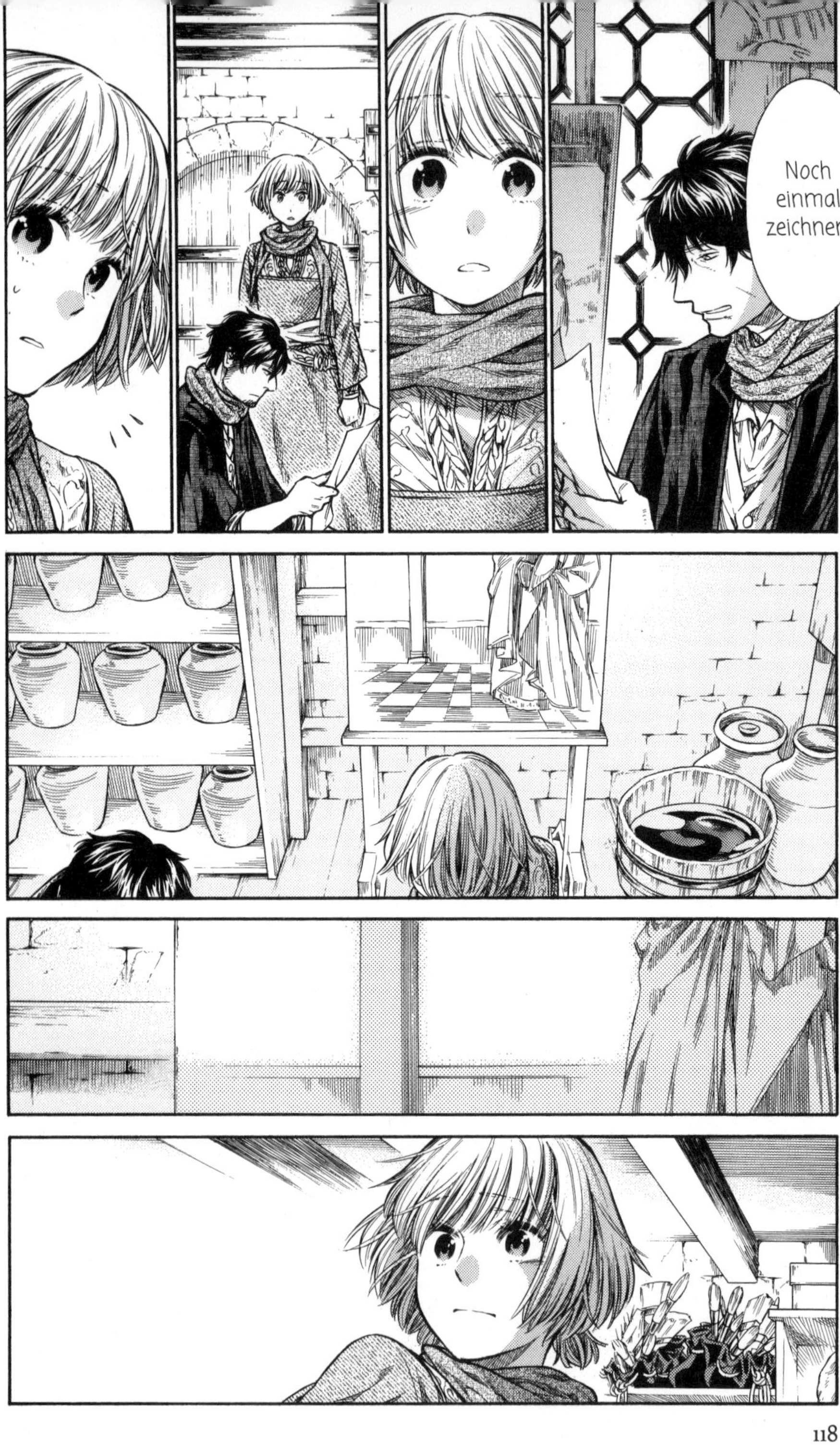
Noch
einmal
zeichnen.

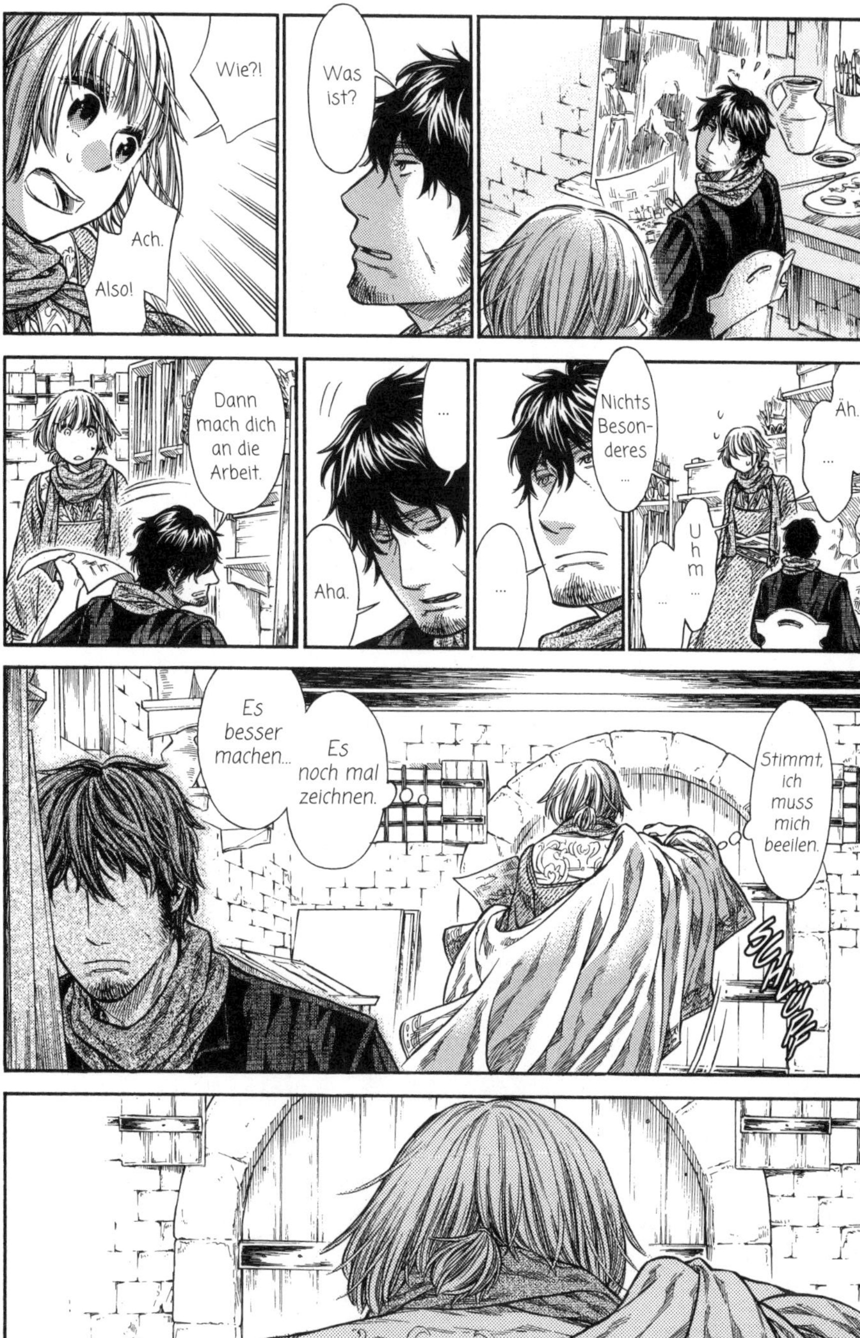
Was ist?
Wie?!
Ach.
Also!
Äh…
…
Uhm…
…
Nichts Besonderes …
…
…
Aha.
Dann mach dich an die Arbeit.
Stimmt, ich muss mich beeilen.
Es noch mal zeichnen.
Es besser machen…

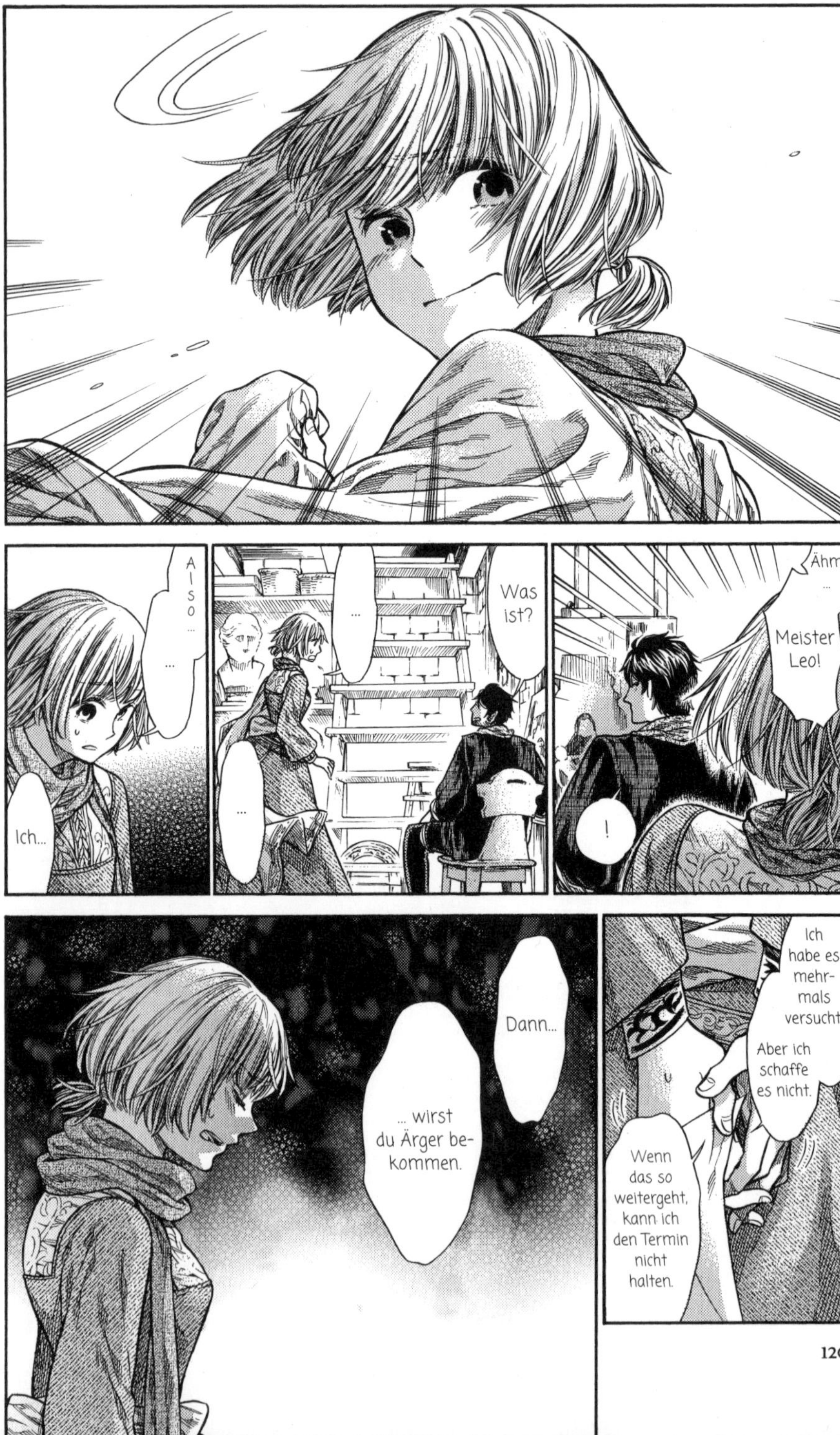
Ähm ...
Meister Leo!
!
Was ist?
...
...
Also ...
...
Ich...
Ich habe es mehrmals versucht.
Aber ich schaffe es nicht.
Wenn das so weitergeht, kann ich den Termin nicht halten.
Dann...
... wirst du Ärger bekommen.

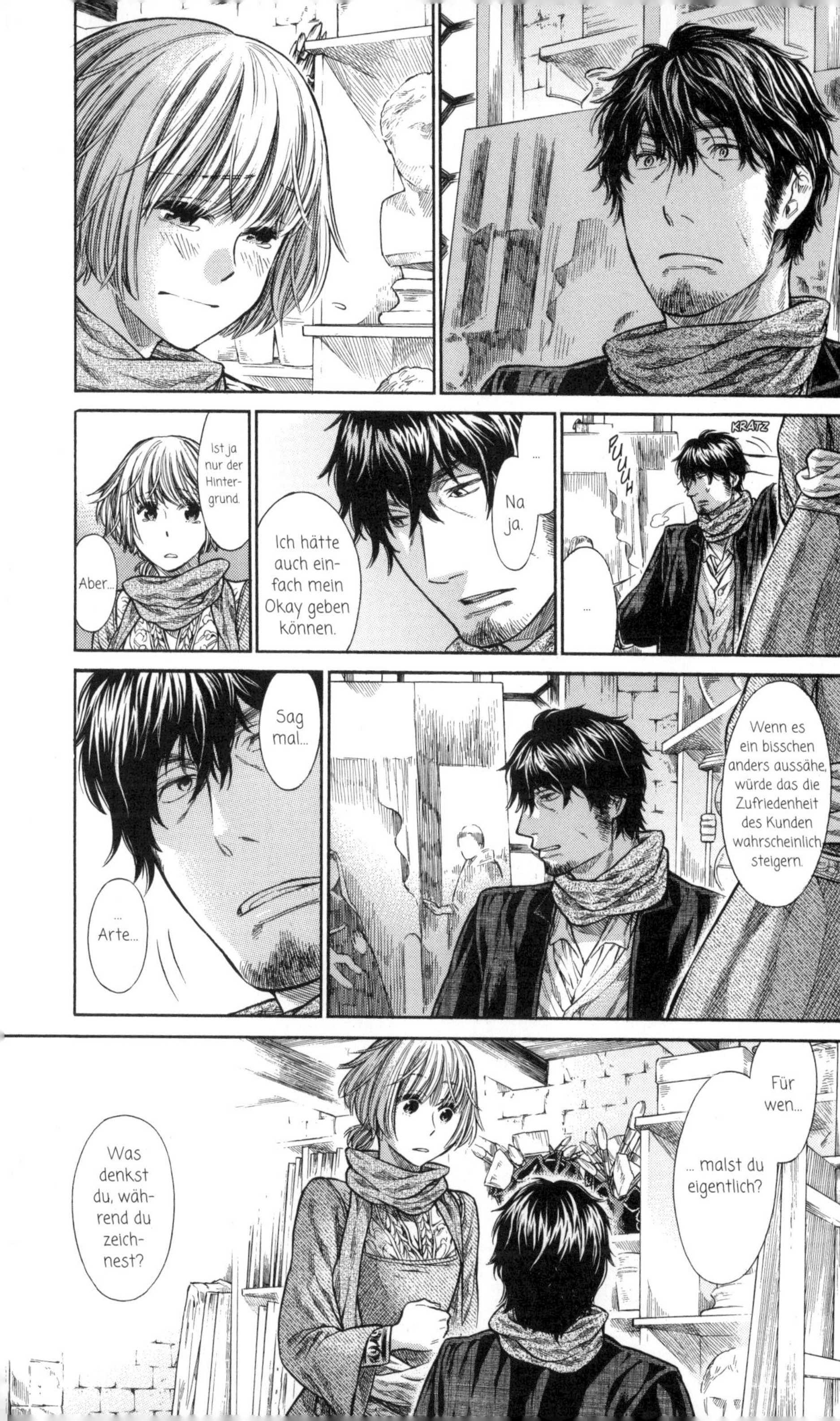
KRATZ
PUUUH
...
...
Na ja.
Ich hätte auch einfach mein Okay geben können.
Ist ja nur der Hintergrund.
Aber...
Wenn es ein bisschen anders aussähe, würde das die Zufriedenheit des Kunden wahrscheinlich steigern.
Sag mal...
... Arte...
Für wen...
... malst du eigentlich?
Was denkst du, während du zeichnest?

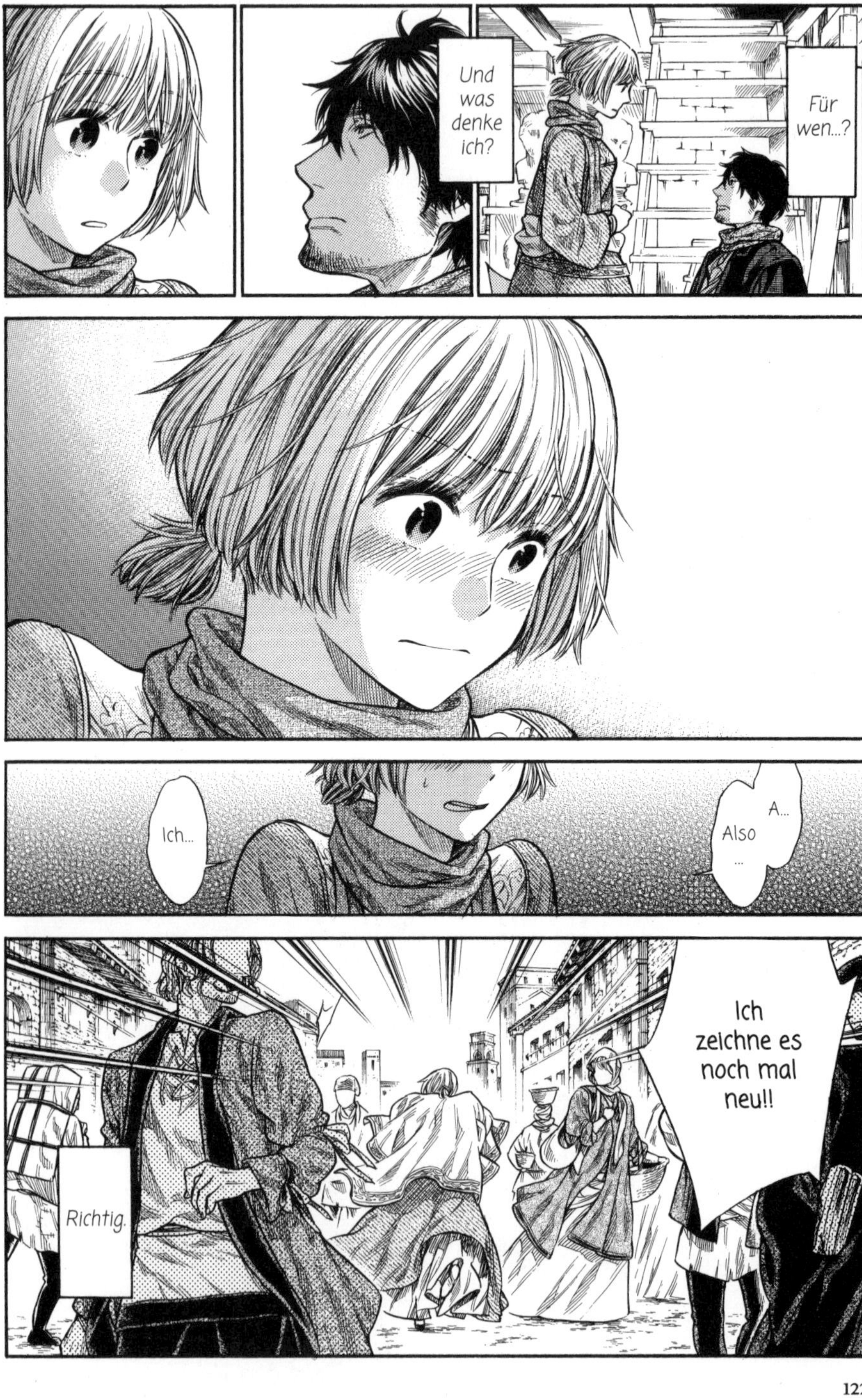

Für wen...?
Und was denke ich?
A... Also ...
Ich...
Ich zeichne es noch mal neu!!
Richtig.

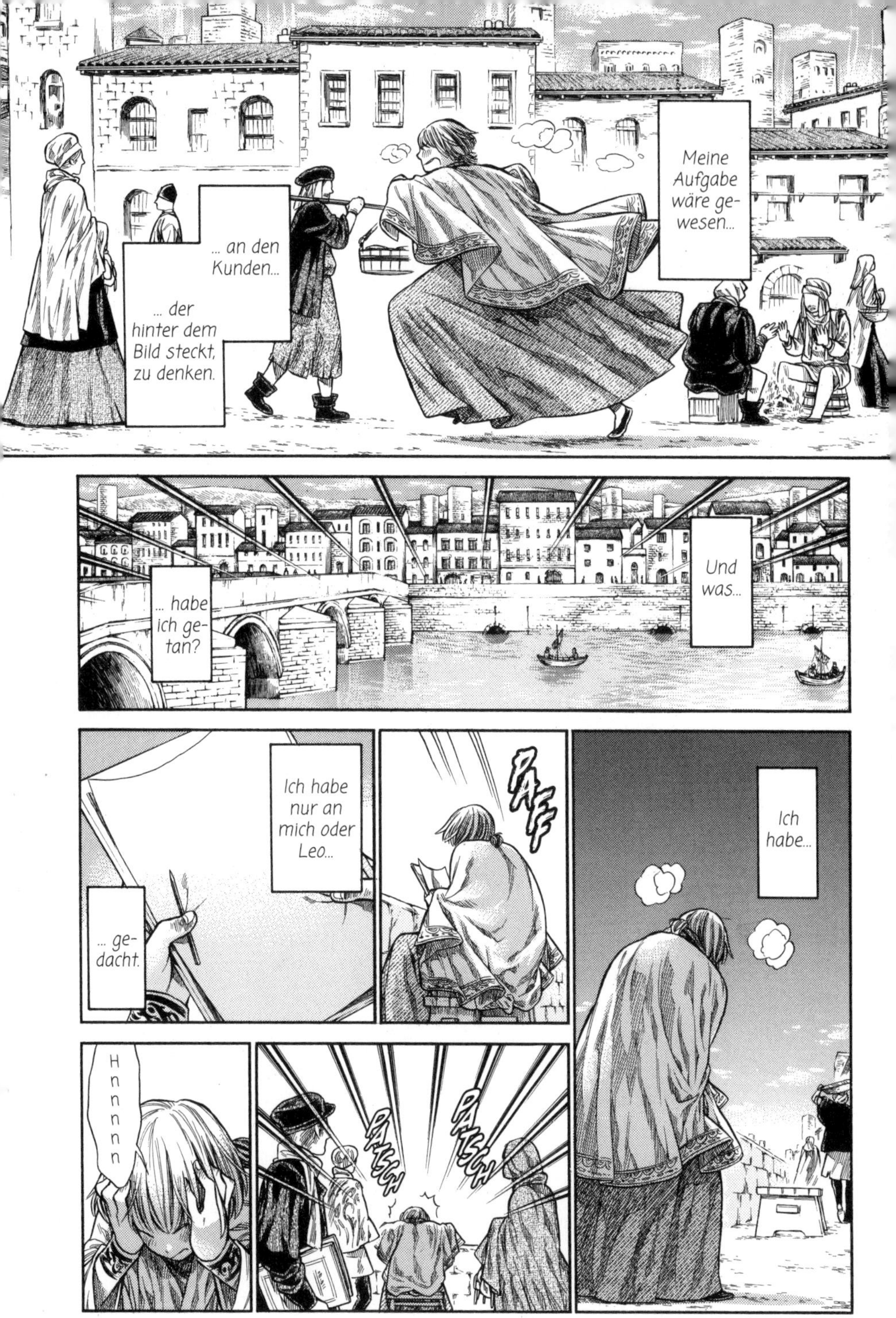
Meine Aufgabe wäre gewesen...
... an den Kunden...
... der hinter dem Bild steckt, zu denken.
Und was...
... habe ich getan?
Ich habe...
PAFF
Ich habe nur an mich oder Leo...
... gedacht.
PATSCH
PATSCH
Hnnnnn

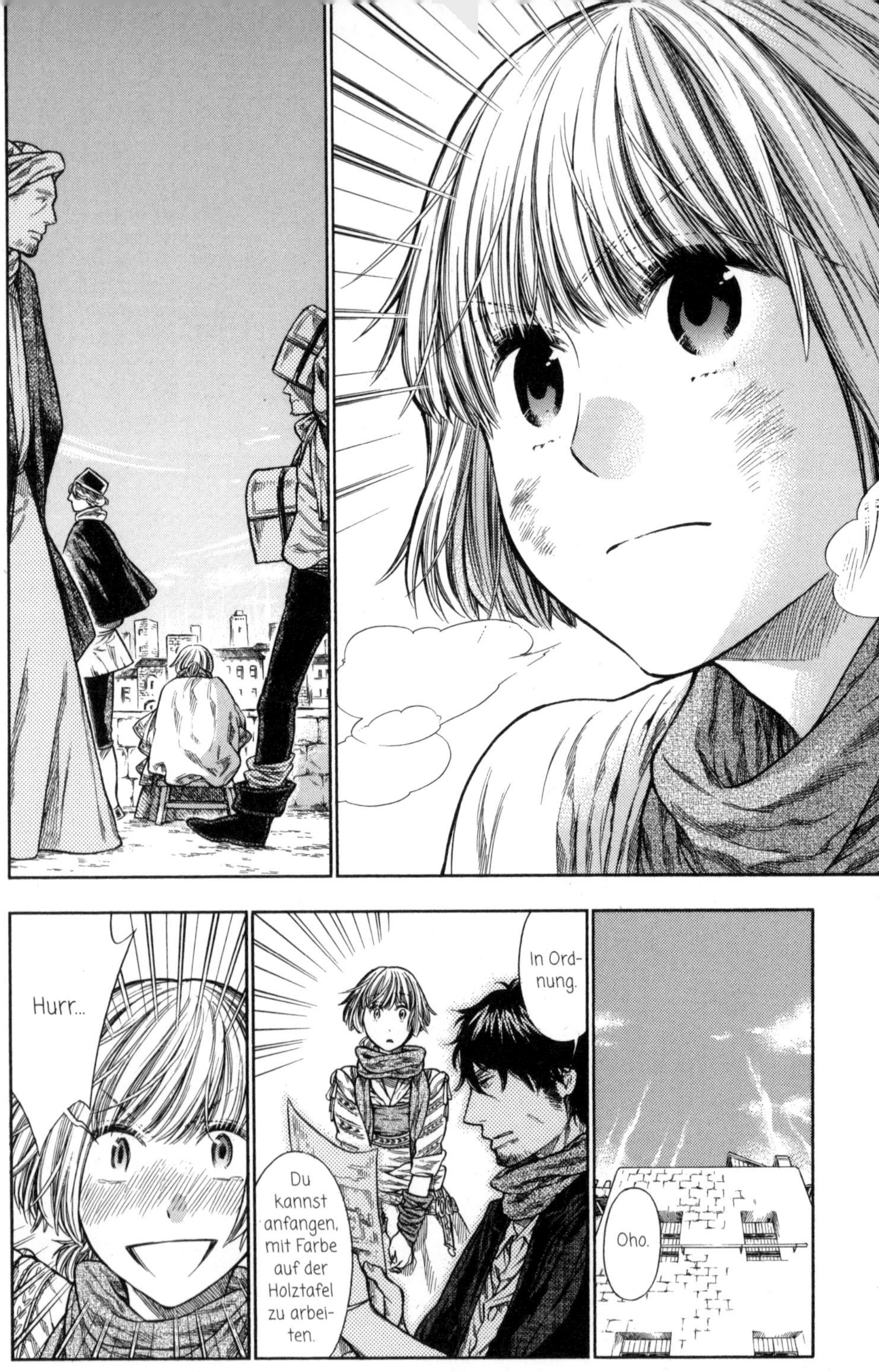
Oho.
In Ordnung.
Du kannst anfangen, mit Farbe auf der Holztafel zu arbeiten.
Hurr...

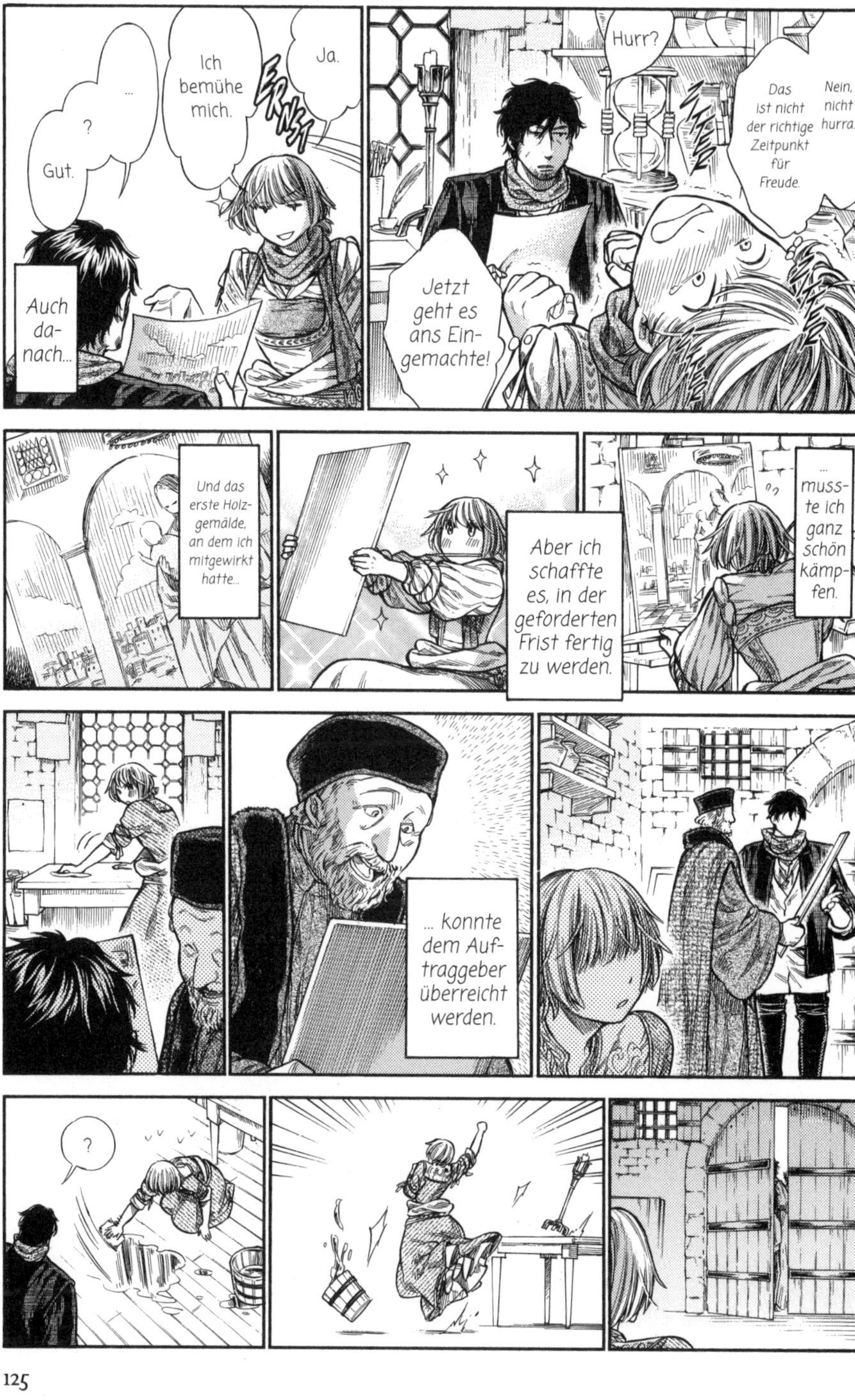
Hurr?
Nein, nicht hurra.
Das ist nicht der richtige Zeitpunkt für Freude.
Jetzt geht es ans Eingemachte!
Ja.
Ich bemühe mich.
...
?
Gut.
Auch danach...
... musste ich ganz schön kämpfen.
Aber ich schaffte es, in der geforderten Frist fertig zu werden.
Und das erste Holzgemälde, an dem ich mitgewirkt hatte...
... konnte dem Auftraggeber überreicht werden.
?

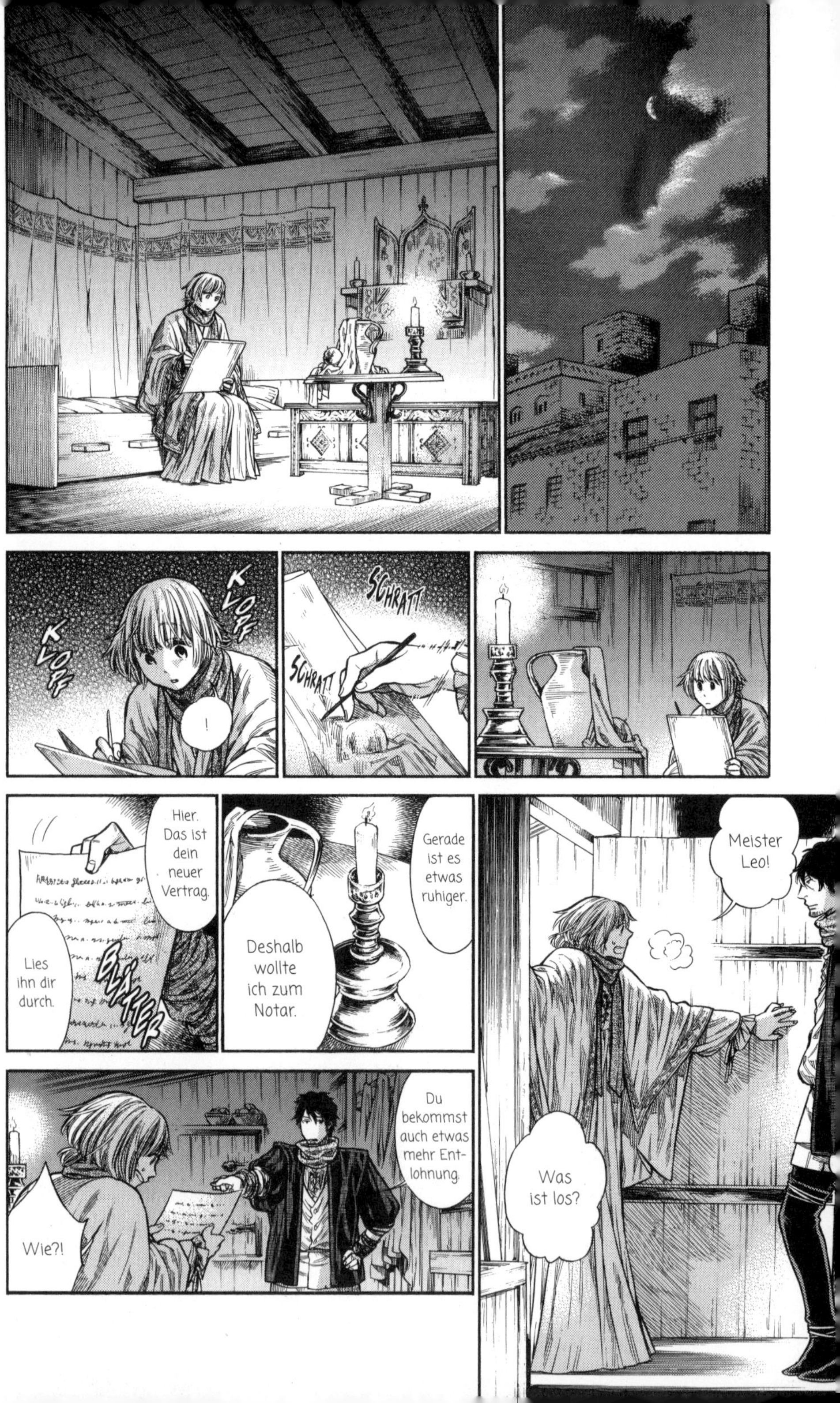
SCHRATT
SCHRATT
KLOPF
KLOPF
!
Meister Leo!
Was ist los?
Gerade ist es etwas ruhiger.
Deshalb wollte ich zum Notar.
Hier. Das ist dein neuer Vertrag.
Lies ihn dir durch.
BLÄTTER
Du bekommst auch etwas mehr Entlohnung.
Wie?!

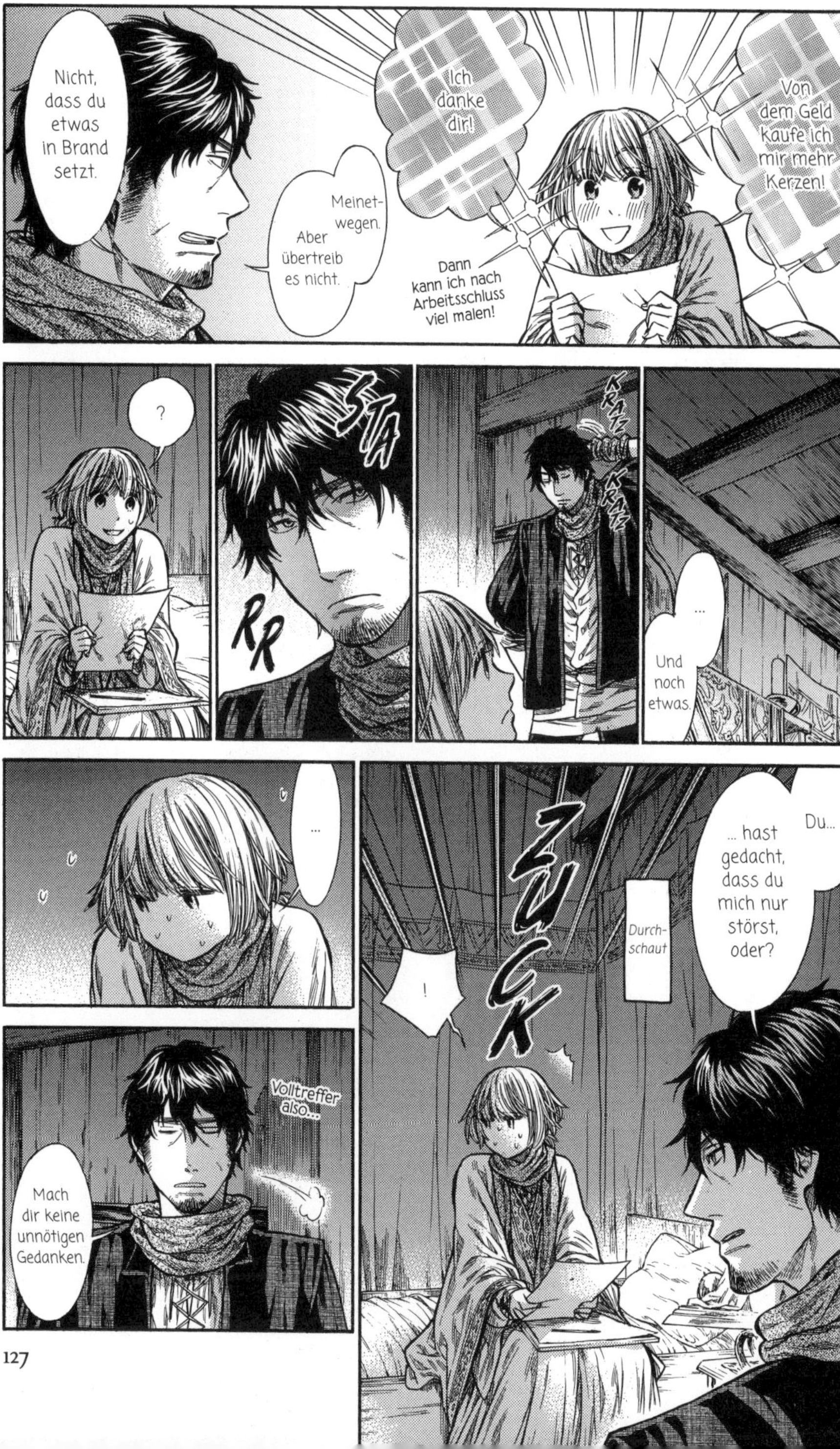
Von dem Geld kaufe ich mir mehr Kerzen!
Dann kann ich nach Arbeitsschluss viel malen!
Meinetwegen. Aber übertreib es nicht.
Nicht, dass du etwas in Brand setzt.
Ich danke dir!
... Und noch etwas.
KRAZ KRAZ
STARR
?
Du...
... hast gedacht, dass du mich nur störst, oder?
ZUCK
!
Durchschaut
...
Volltreffer also...
Mach dir keine unnötigen Gedanken.

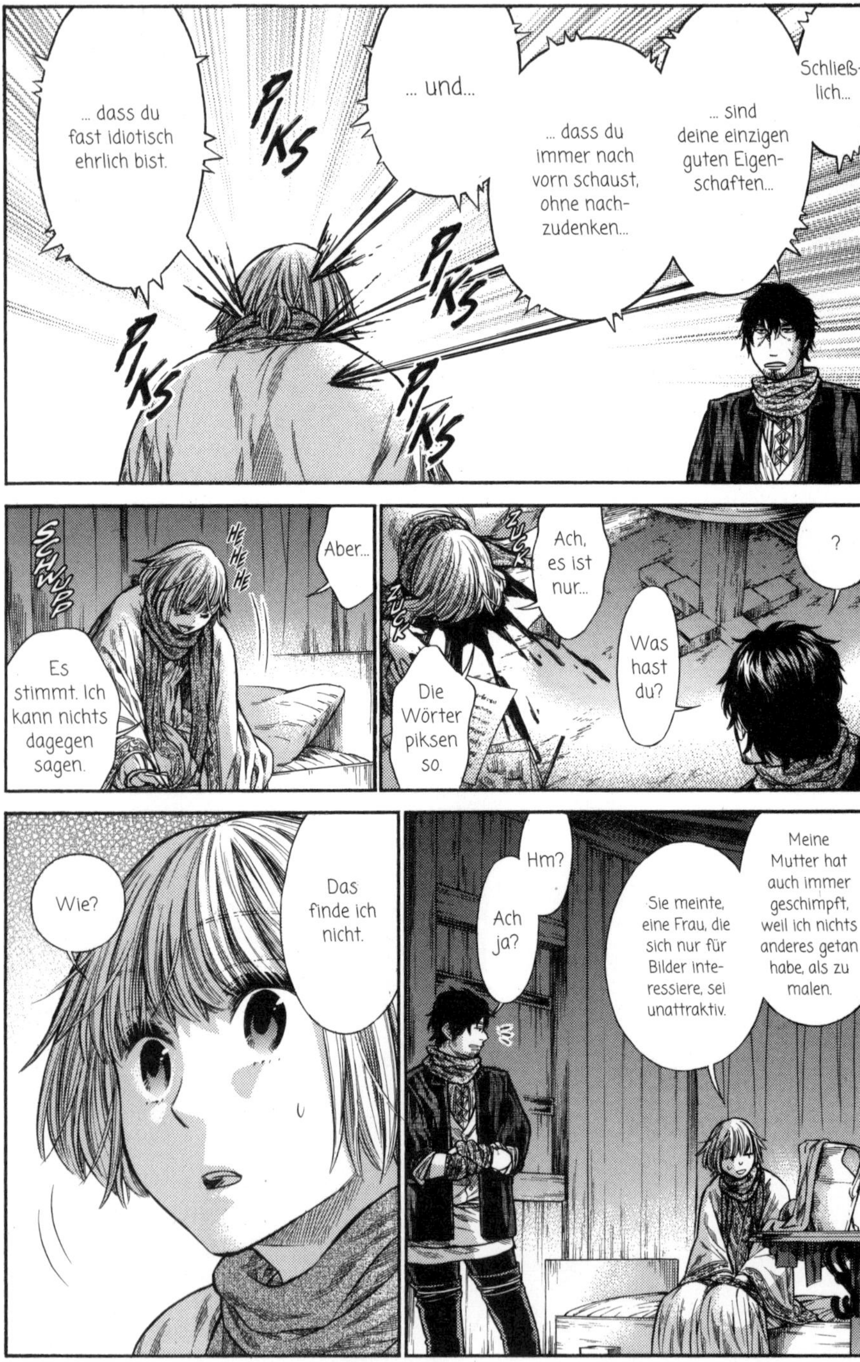
Schließ-
lich...
... sind
deine einzigen
guten Eigen-
schaften...
... dass du
immer nach
vorn schaust,
ohne nach-
zudenken...
... und...
... dass du
fast idiotisch
ehrlich bist.
PIKS
PIKS
PIKS
PIKS
Aber...
HE HE HE
SCHWUPP
Es
stimmt. Ich
kann nichts
dagegen
sagen.
?
Ach,
es ist
nur...
ZUCK
ZUCK
Was
hast
du?
Die
Wörter
piksen
so.
Meine
Mutter hat
auch immer
geschimpft,
weil ich nichts
anderes getan
habe, als zu
malen.
Sie meinte,
eine Frau, die
sich nur für
Bilder inte-
ressiere, sei
unattraktiv.
Hm?
Ach
ja?
Das
finde ich
nicht.
Wie?

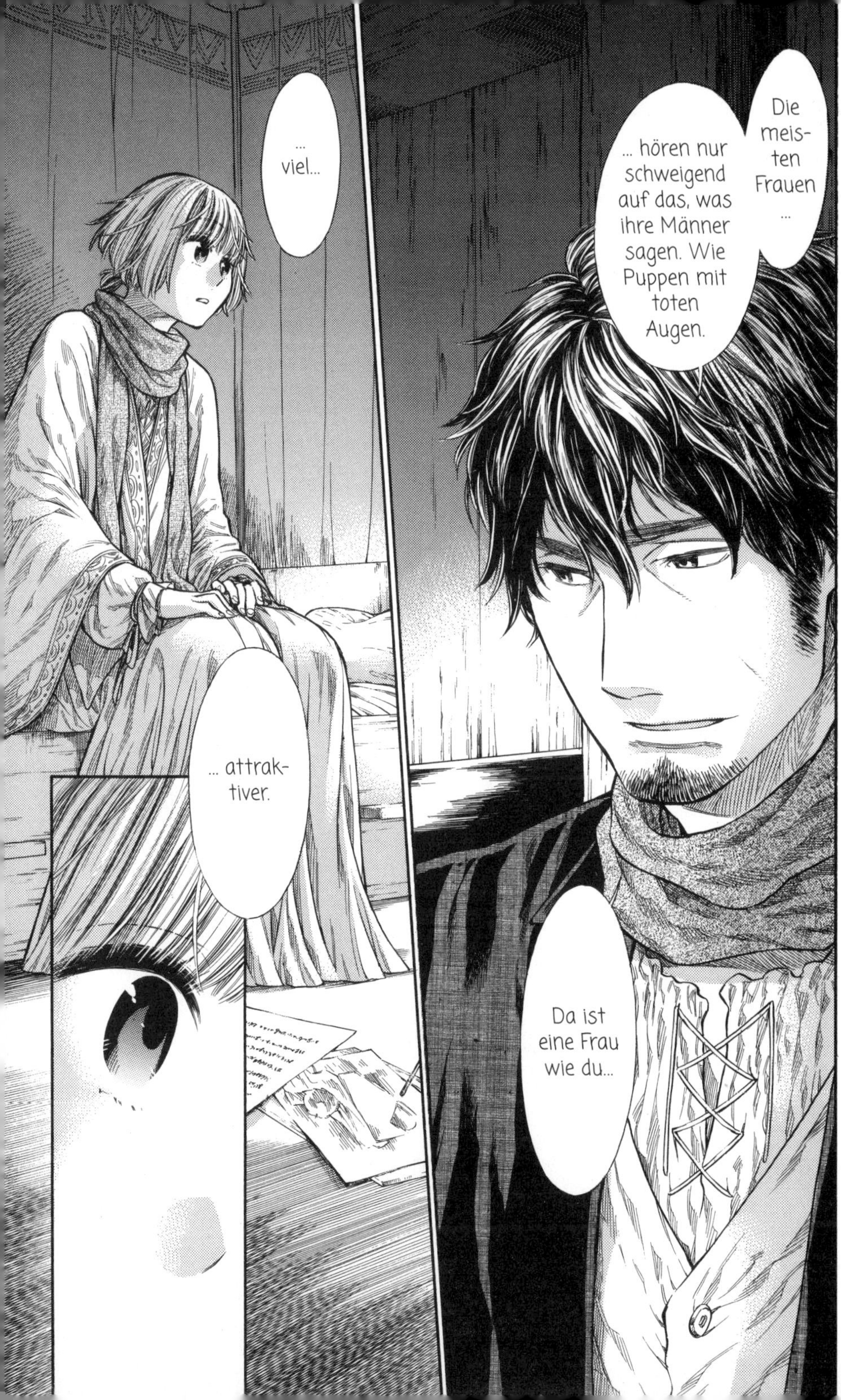
Die meisten Frauen ...
... hören nur schweigend auf das, was ihre Männer sagen. Wie Puppen mit toten Augen.
Da ist eine Frau wie du...
... viel...
... attraktiver.

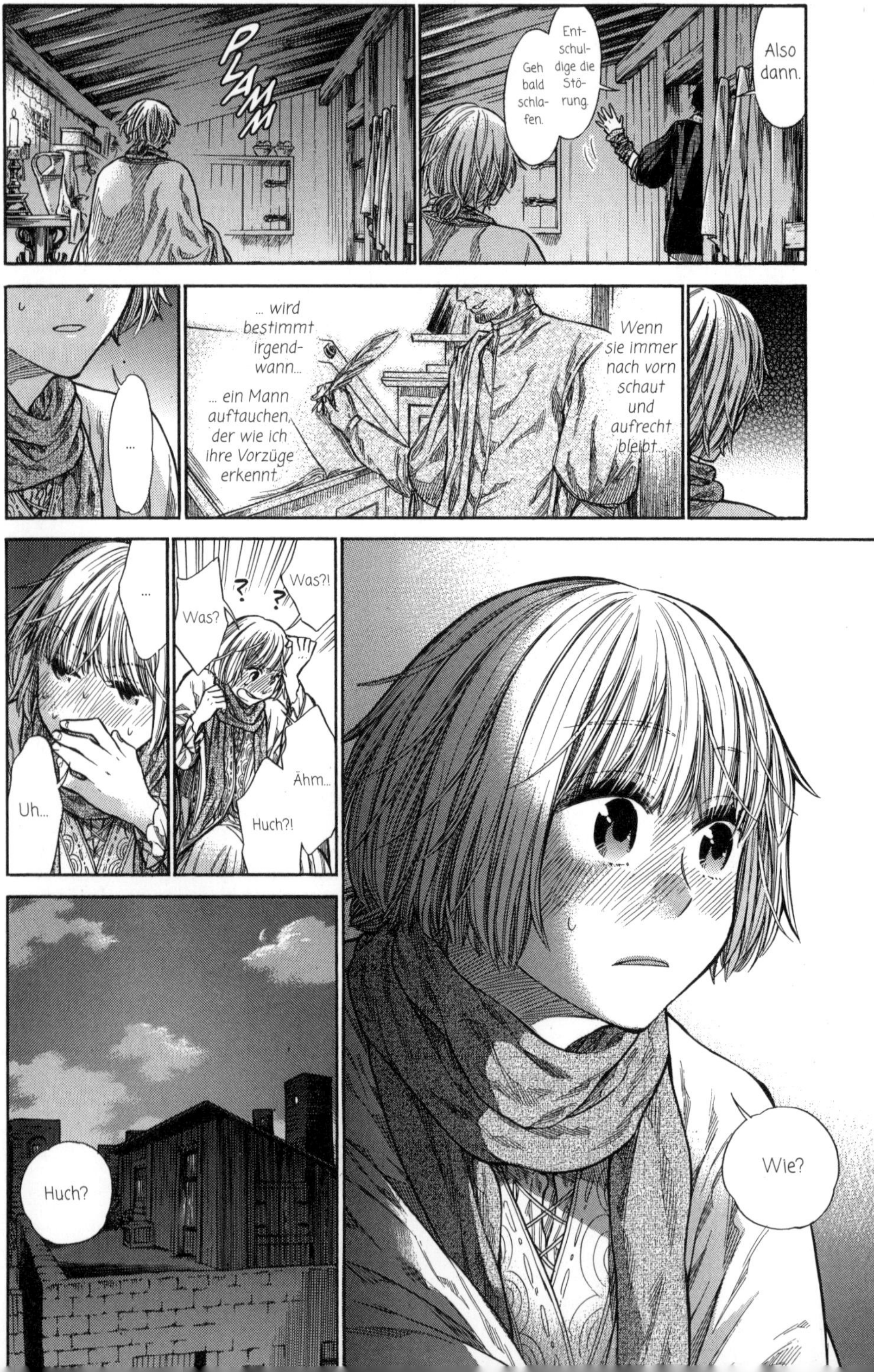
Also dann.
Entschuldige die Störung.
Geh bald schlafen.
PLAMM
Wenn sie immer nach vorn schaut und aufrecht bleibt...
... wird bestimmt irgendwann...
... ein Mann auftauchen, der wie ich ihre Vorzüge erkennt.
...
Wie?
Was?!
Was?
Ähm...
Huch?!
...
Uh...
Huch?

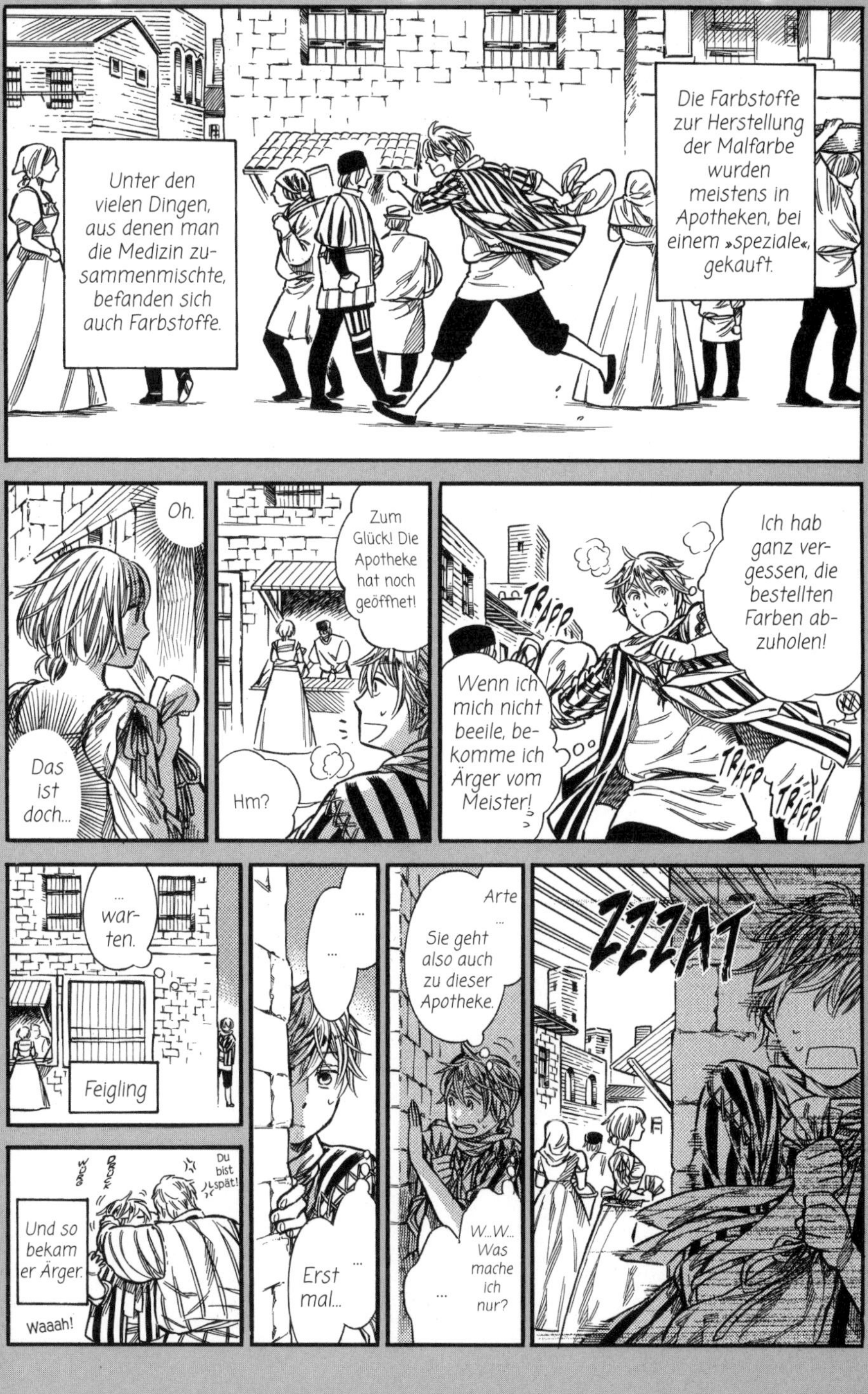
Unter den vielen Dingen, aus denen man die Medizin zusammenmischte, befanden sich auch Farbstoffe.
Die Farbstoffe zur Herstellung der Malfarbe wurden meistens in Apotheken, bei einem »speziale«, gekauft.
Ich hab ganz vergessen, die bestellten Farben abzuholen!
Wenn ich mich nicht beeile, bekomme ich Ärger vom Meister!
TRAPP
TRAPP
TRAPP
Zum Glück! Die Apotheke hat noch geöffnet!
Hm?
Oh.
Das ist doch...
ZZZAT
Arte ...
Sie geht also auch zu dieser Apotheke.
W...W... Was mache ich nur?
...
...
Erst mal...
...
...
... warten.
Feigling
Du bist spät!
Und so bekam er Ärger.
Waaah!

ARTE

Inizio XVI secolo, Firenze. Citta' dove ebbe origine il Rinascimento, in cui fiorirono attività culturali e l'Arte. Nel pieno di tale vibrante splendore ebbe inizio questa storia.

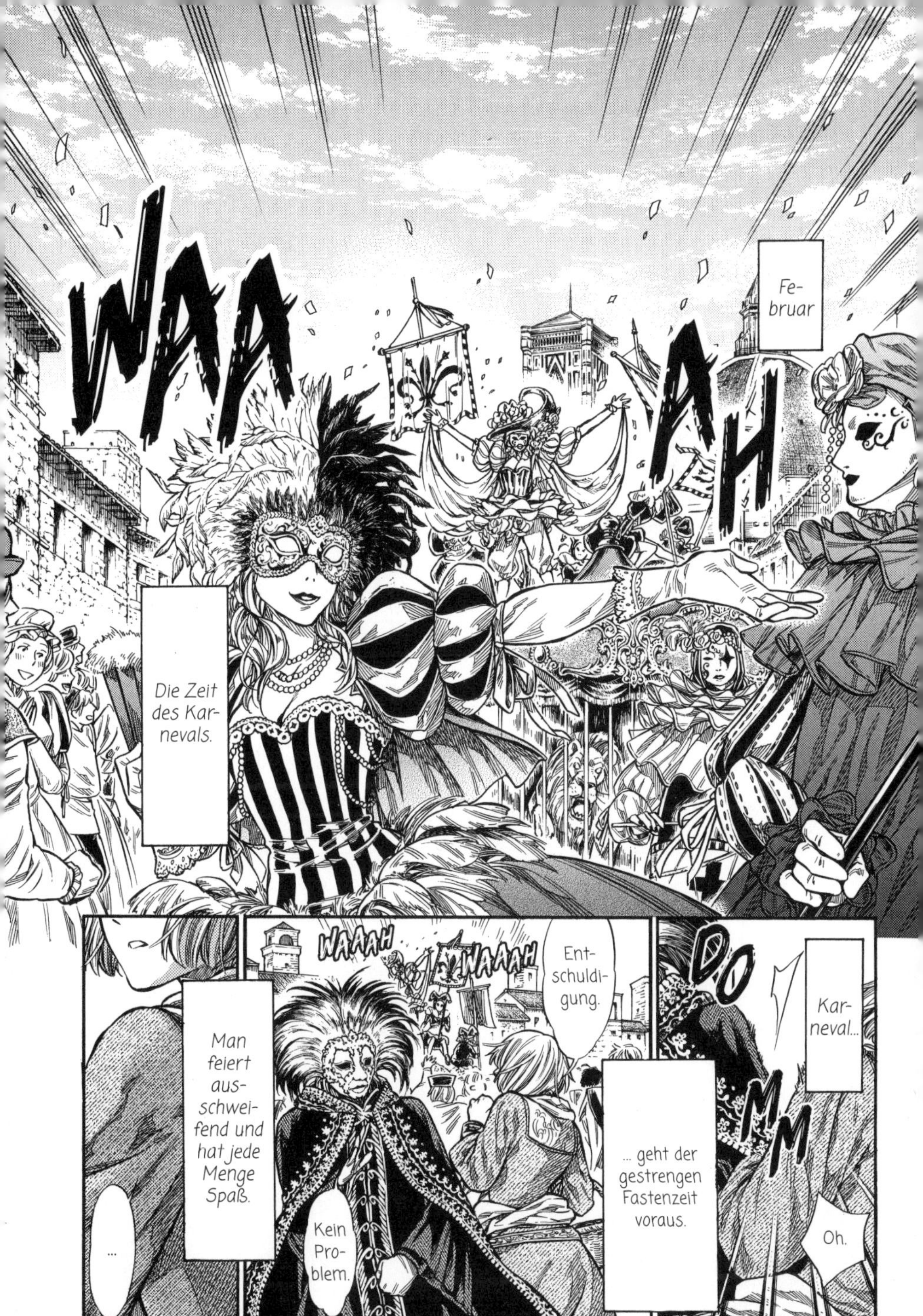

Kapitel 4 Karneval

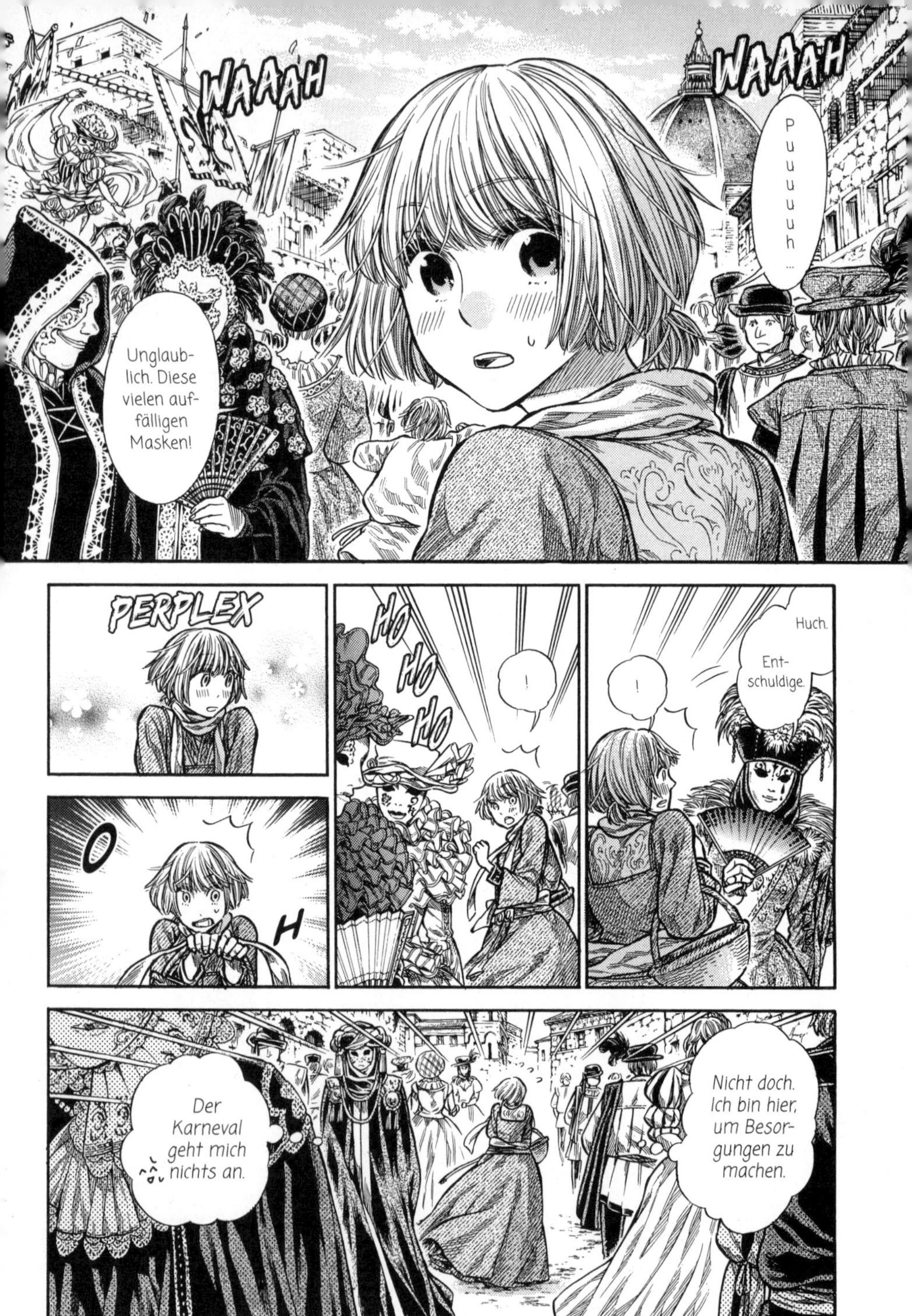

Ist zwar zur Gesellin aufgestiegen, macht aber noch Aushilfsarbeiten

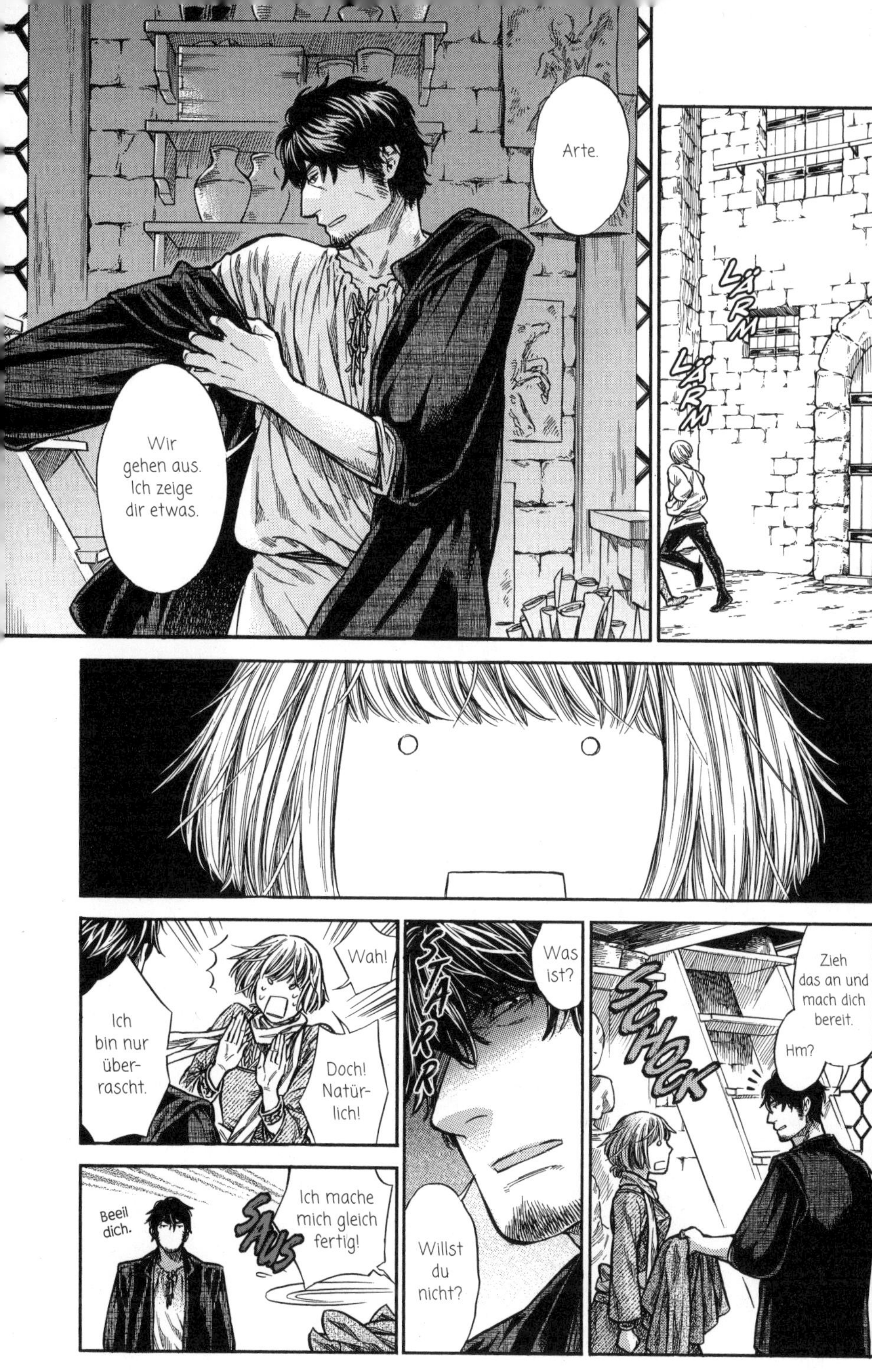
LÄRM
LÄRM
Arte.
Wir gehen aus. Ich zeige dir etwas.
Zieh das an und mach dich bereit.
Hm?
SCHOCK
Was ist?
STARRR
Willst du nicht?
Wah!
Doch! Natürlich!
Ich bin nur überrascht.
Ich mache mich gleich fertig!
SAUS
Beeil dich.

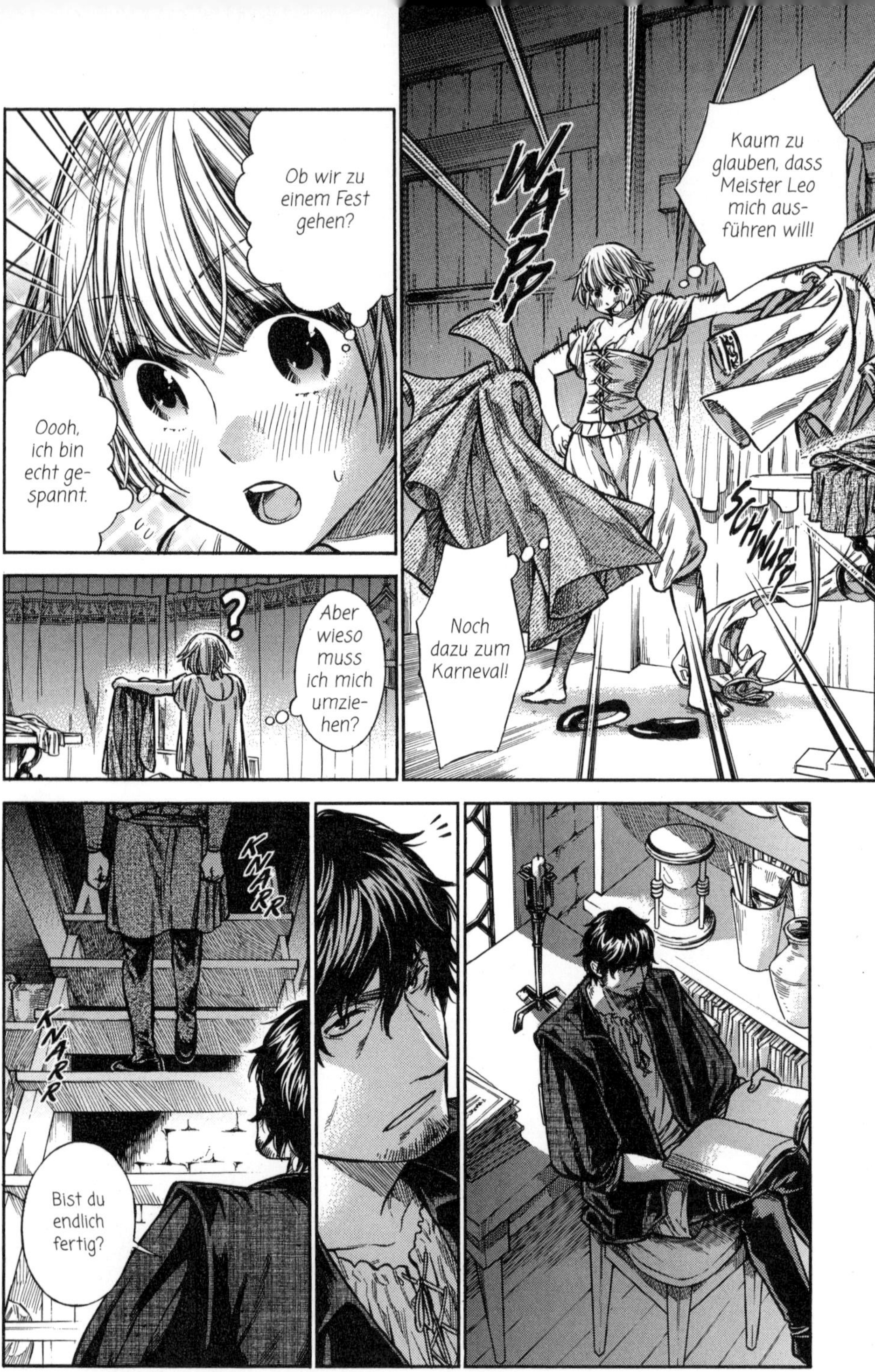
Kaum zu glauben, dass Meister Leo mich ausführen will!
WAPP
Noch dazu zum Karneval!
SCHWUPP
Ob wir zu einem Fest gehen?
Oooh, ich bin echt gespannt.
?
Aber wieso muss ich mich umziehen?
KNARR
KNARR
Bist du endlich fertig?

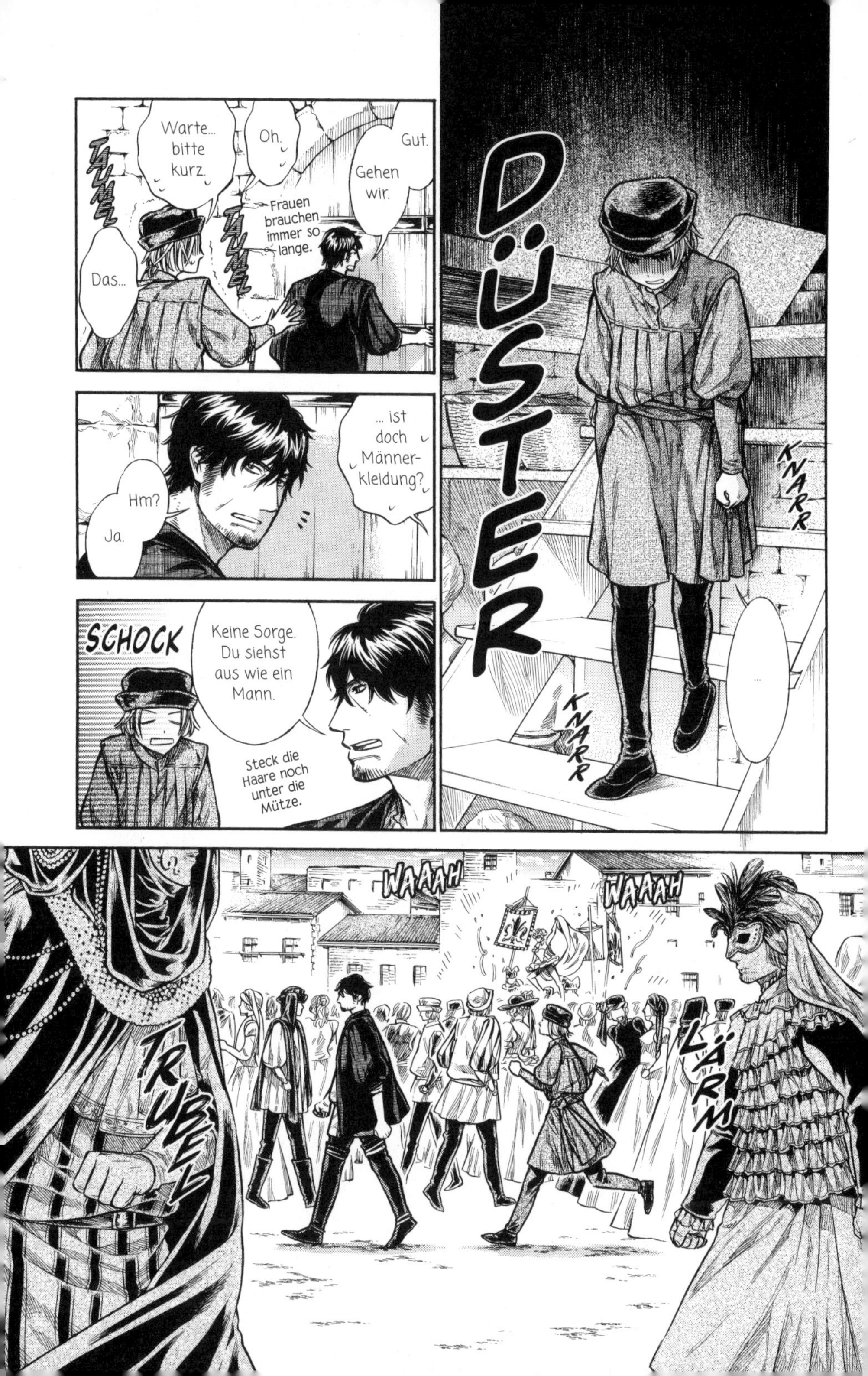
DÜSTER
KNARR
KNARR
...
Gut.
Gehen wir.
Frauen brauchen immer so lange.
Oh.
Warte... bitte kurz.
TAMM
TAMM
Das...
... ist doch Männerkleidung?
Hm?
Ja.
Keine Sorge. Du siehst aus wie ein Mann.
Steck die Haare noch unter die Mütze.
SCHOCK
WAAAH
WAAAH
LÄRM
TRUBEL

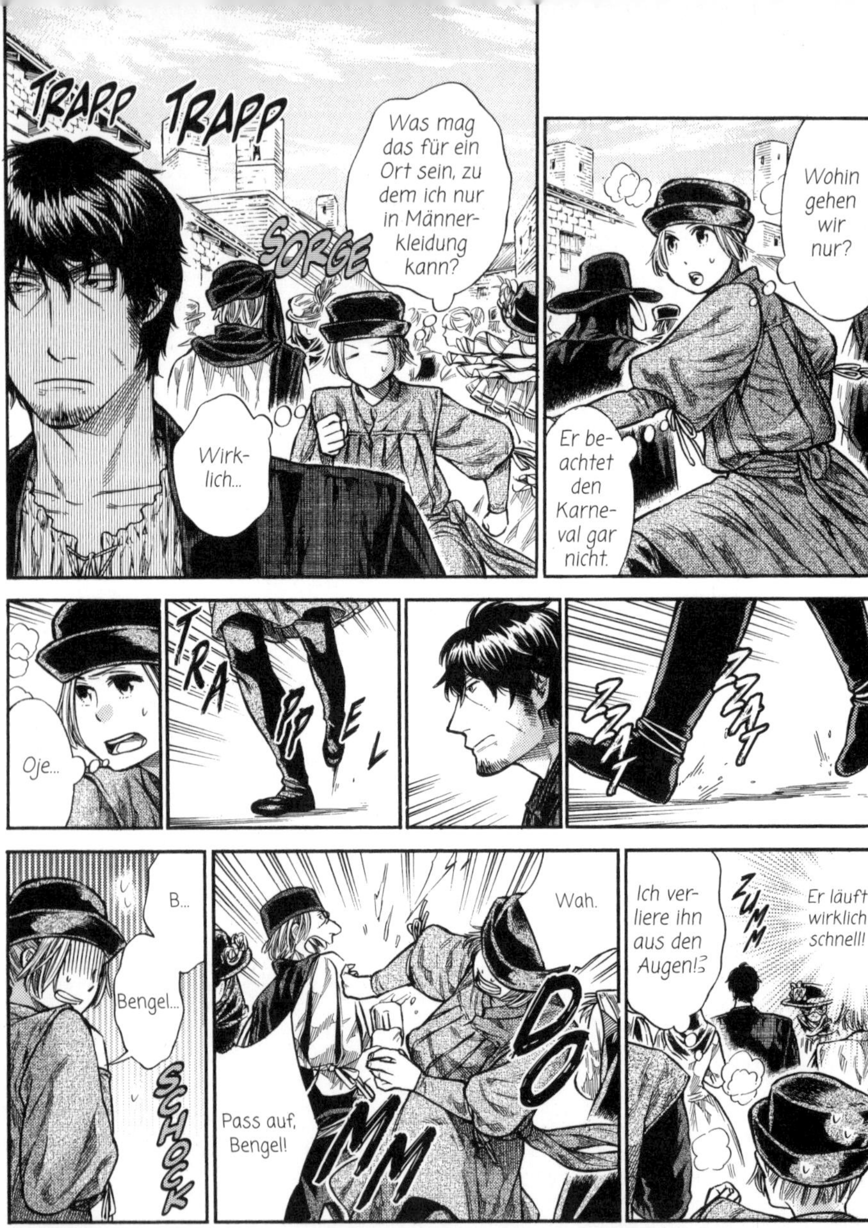

Wohin gehen wir nur?
Er beachtet den Karneval gar nicht.
TRAPP TRAPP
SORGE
Was mag das für ein Ort sein, zu dem ich nur in Männerkleidung kann?
Wirklich...
ZZAT ZZAT
TRAPPEL
Oje...
Er läuft wirklich schnell!
ZUMM
Ich verliere ihn aus den Augen!?
Wah.
DOMM
Pass auf, Bengel!
B...
Bengel...
SCHOCK
Uh.
Huch?
SUCH SUCH
Wo bist du?!

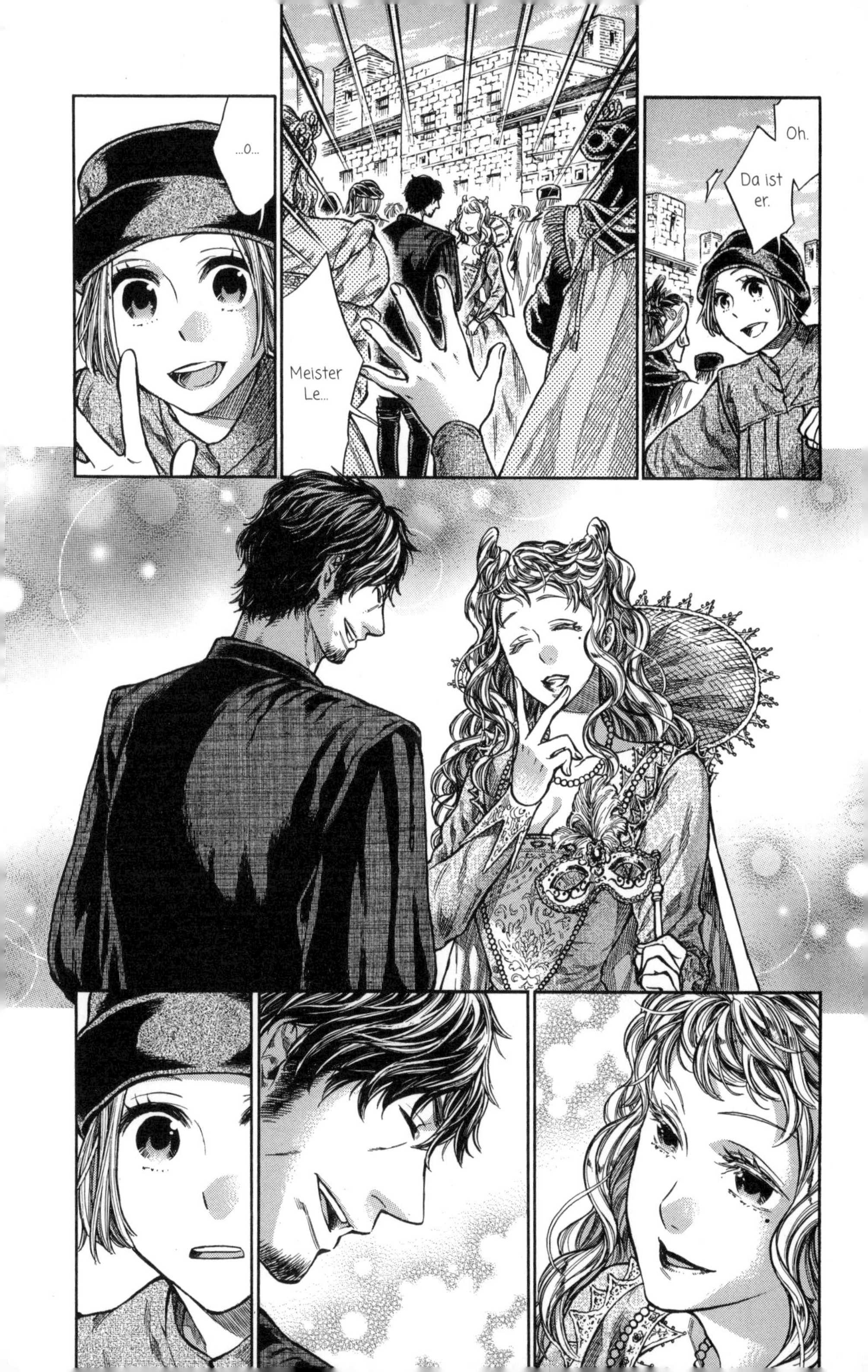
Oh.
Da ist er.
Meister Le...
...o...

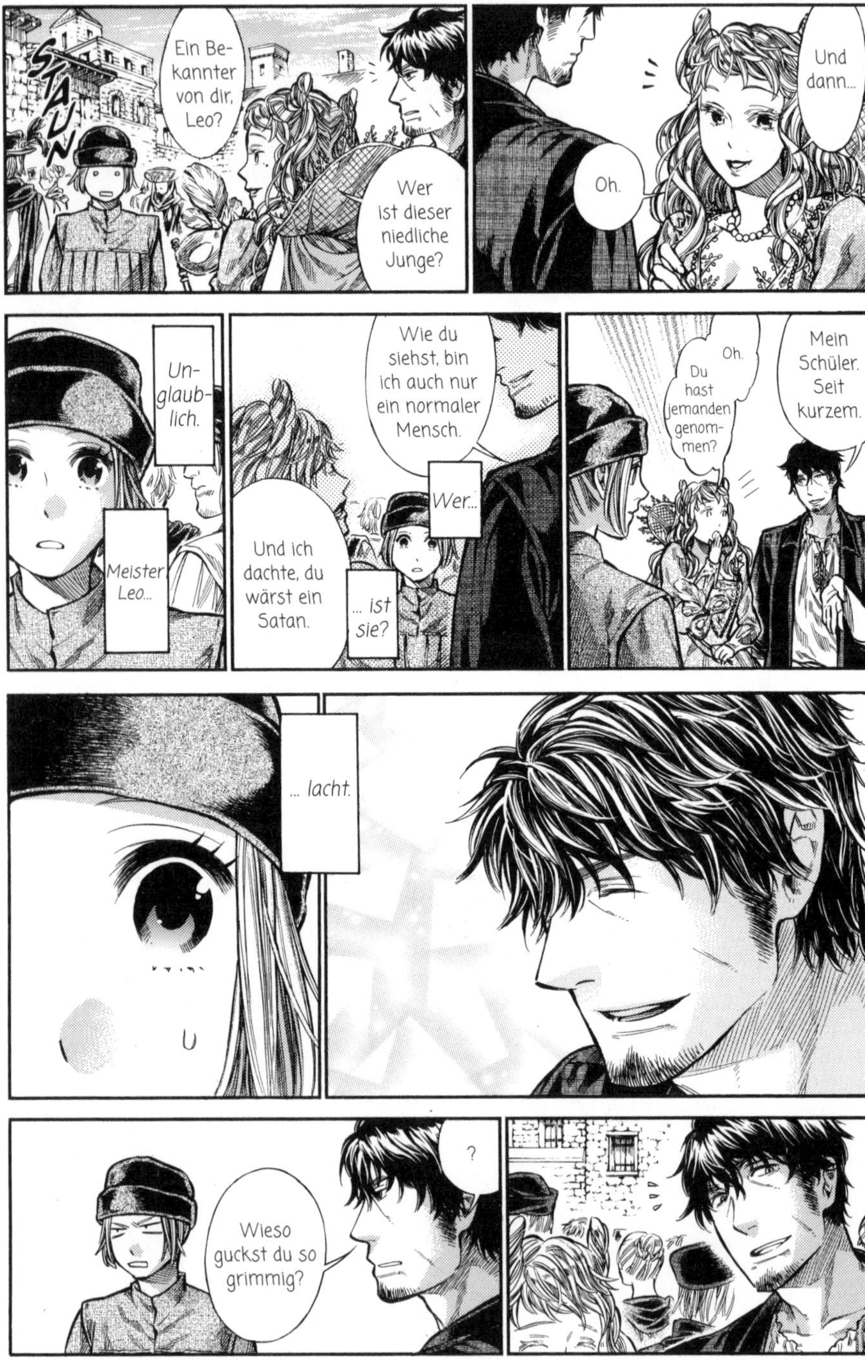
Und dann...
Oh.
STAUN
Ein Bekannter von dir, Leo?
Wer ist dieser niedliche Junge?
Mein Schüler. Seit kurzem.
Oh. Du hast jemanden genommen?
Wie du siehst, bin ich auch nur ein normaler Mensch.
Und ich dachte, du wärst ein Satan.
Wer...
... ist sie?
Unglaublich.
Meister Leo...
... lacht.
?
Wieso guckst du so grimmig?

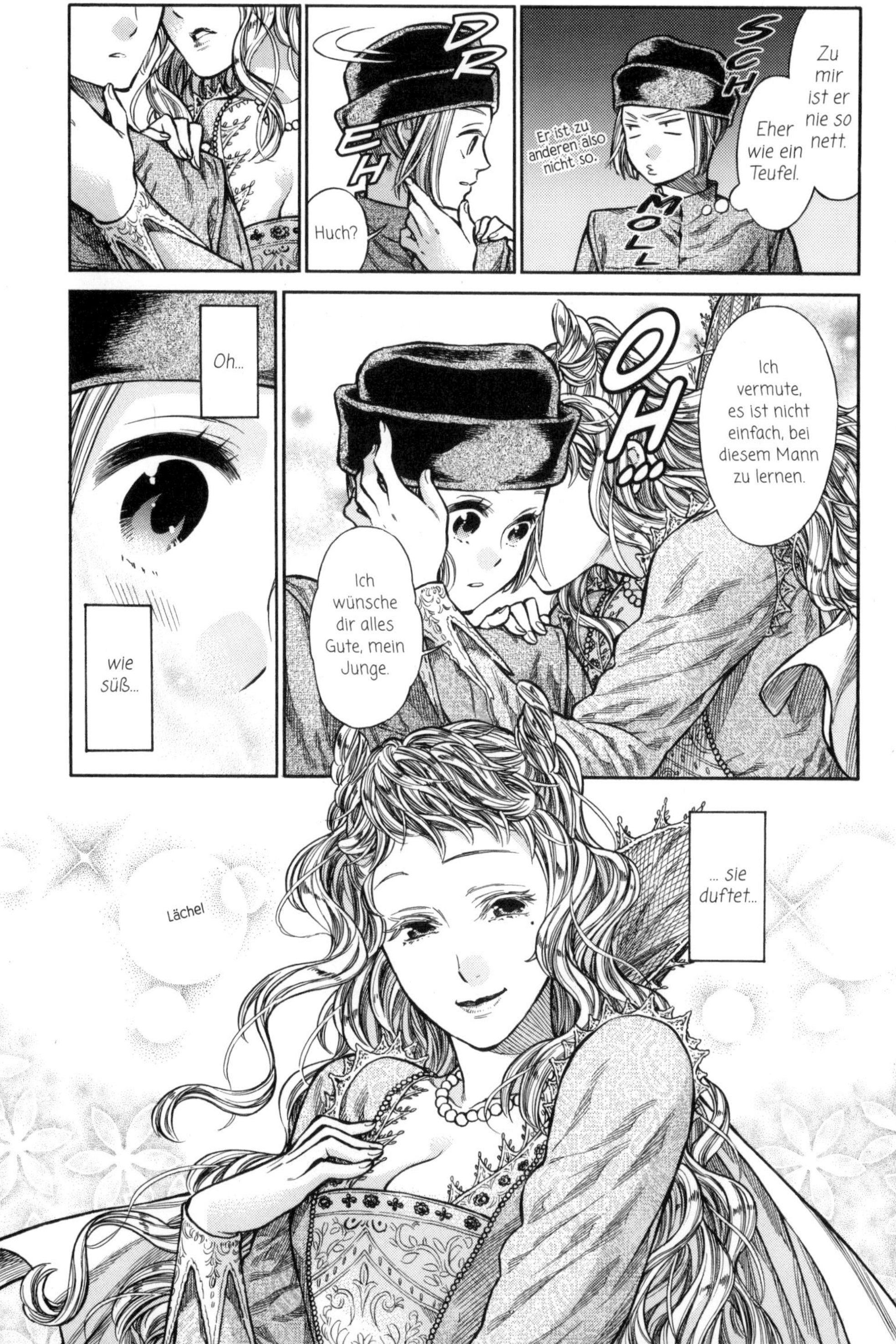
SCH
MOLL
Zu mir ist er nie so nett.
Eher wie ein Teufel.
Er ist zu anderen also nicht so.
DREH
Huch?
OH…
Ich vermute, es ist nicht einfach, bei diesem Mann zu lernen.
Ich wünsche dir alles Gute, mein Junge.
Oh…
wie süß…
… sie duftet…
Lächel

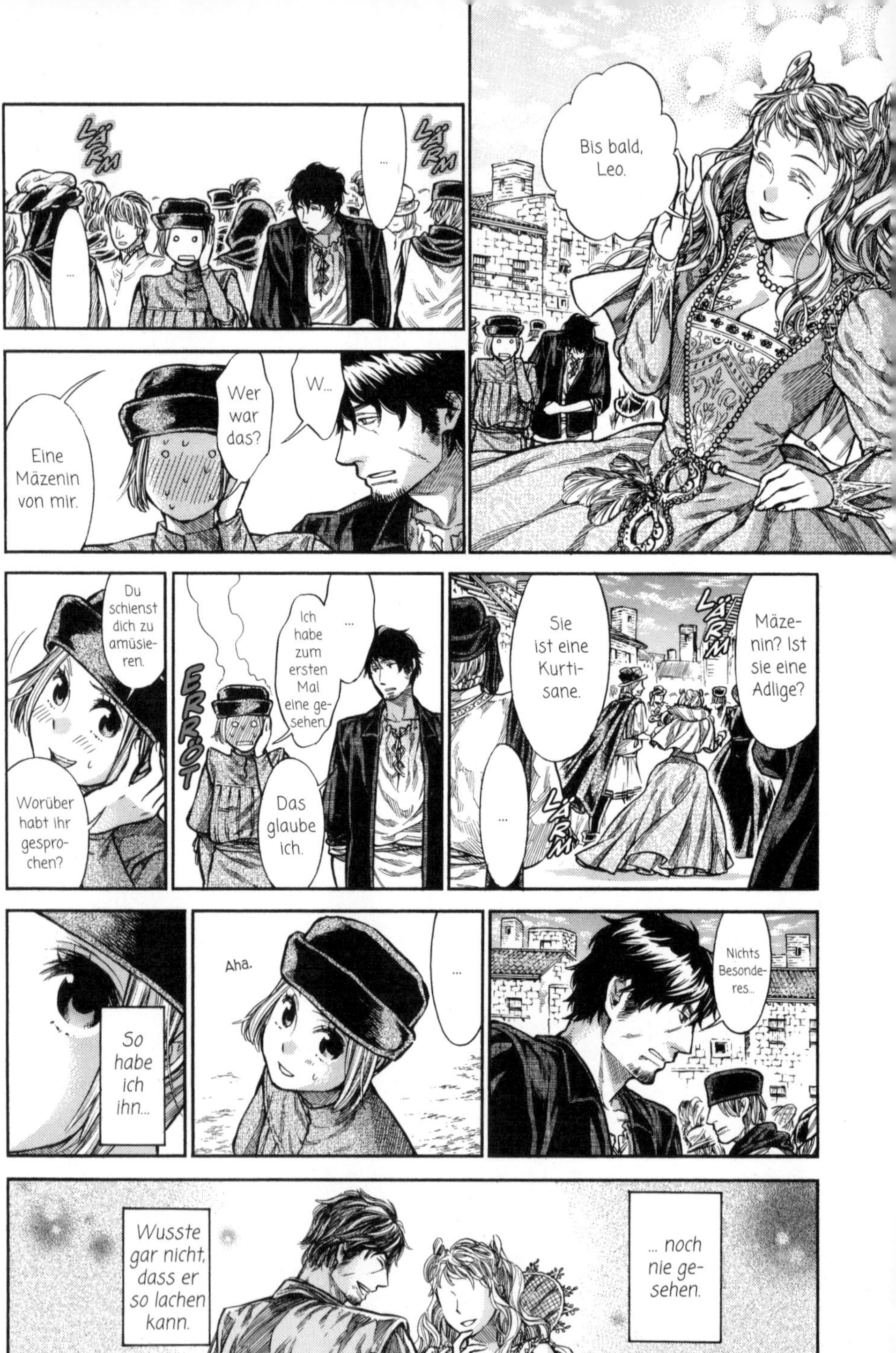
Bis bald, Leo.
...
...
LÄRM
LÄRM
W...
Wer war das?
Eine Mäzenin von mir.
Mäzenin? Ist sie eine Adlige?
Sie ist eine Kurtisane.
...
LÄRM
LÄRM
...
Ich habe zum ersten Mal eine gesehen.
Das glaube ich.
ERRÖT
Du schienst dich zu amüsieren.
Worüber habt ihr gesprochen?
Nichts Besonderes...
...
Aha.
So habe ich ihn...
... noch nie gesehen.
Wusste gar nicht, dass er so lachen kann.

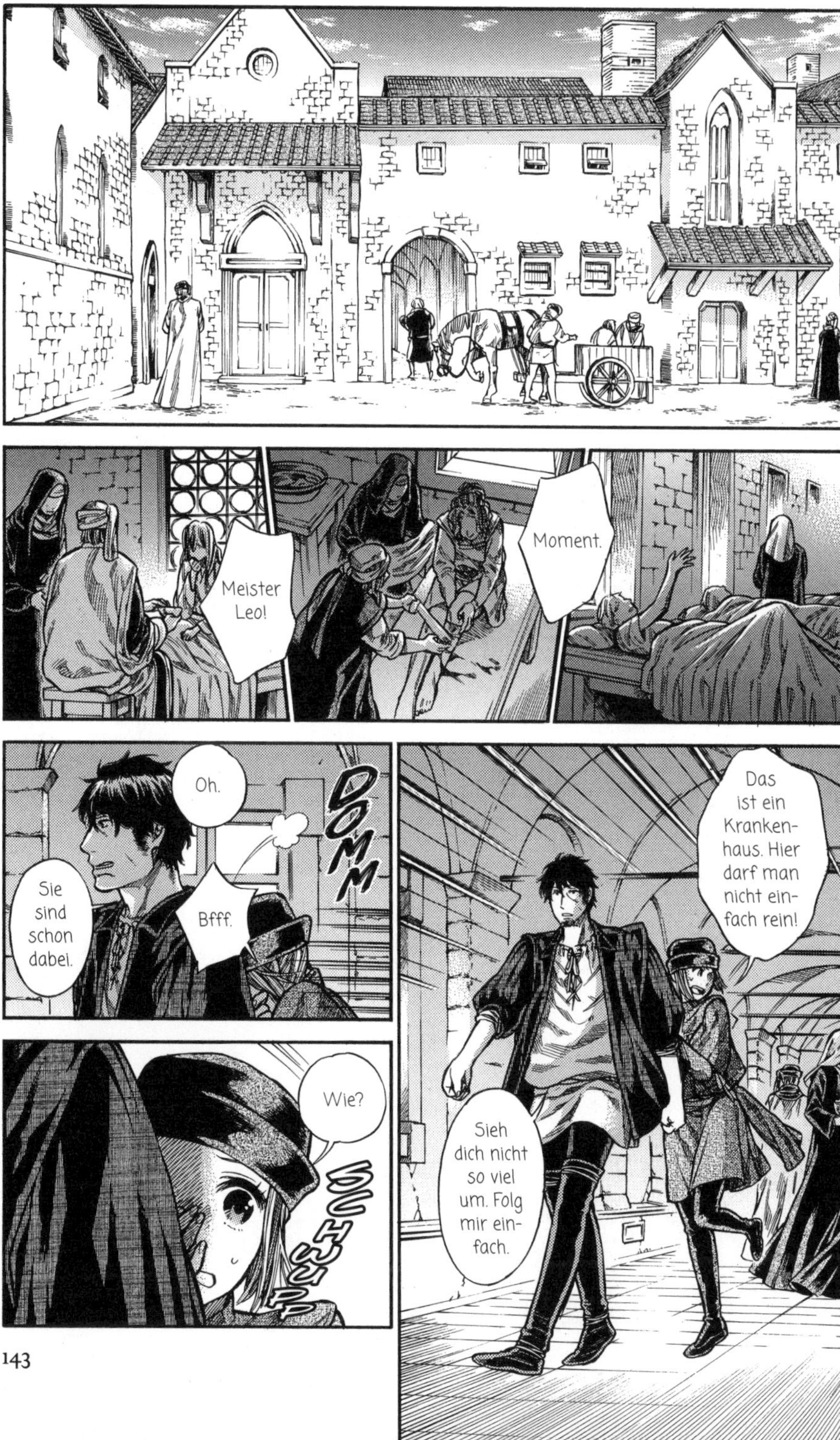
Moment.
Meister Leo!
Das ist ein Krankenhaus. Hier darf man nicht einfach rein!
Sieh dich nicht so viel um. Folg mir einfach.
Oh.
DOMM
Sie sind schon dabei.
Bfff.
Wie?
SCHUPP

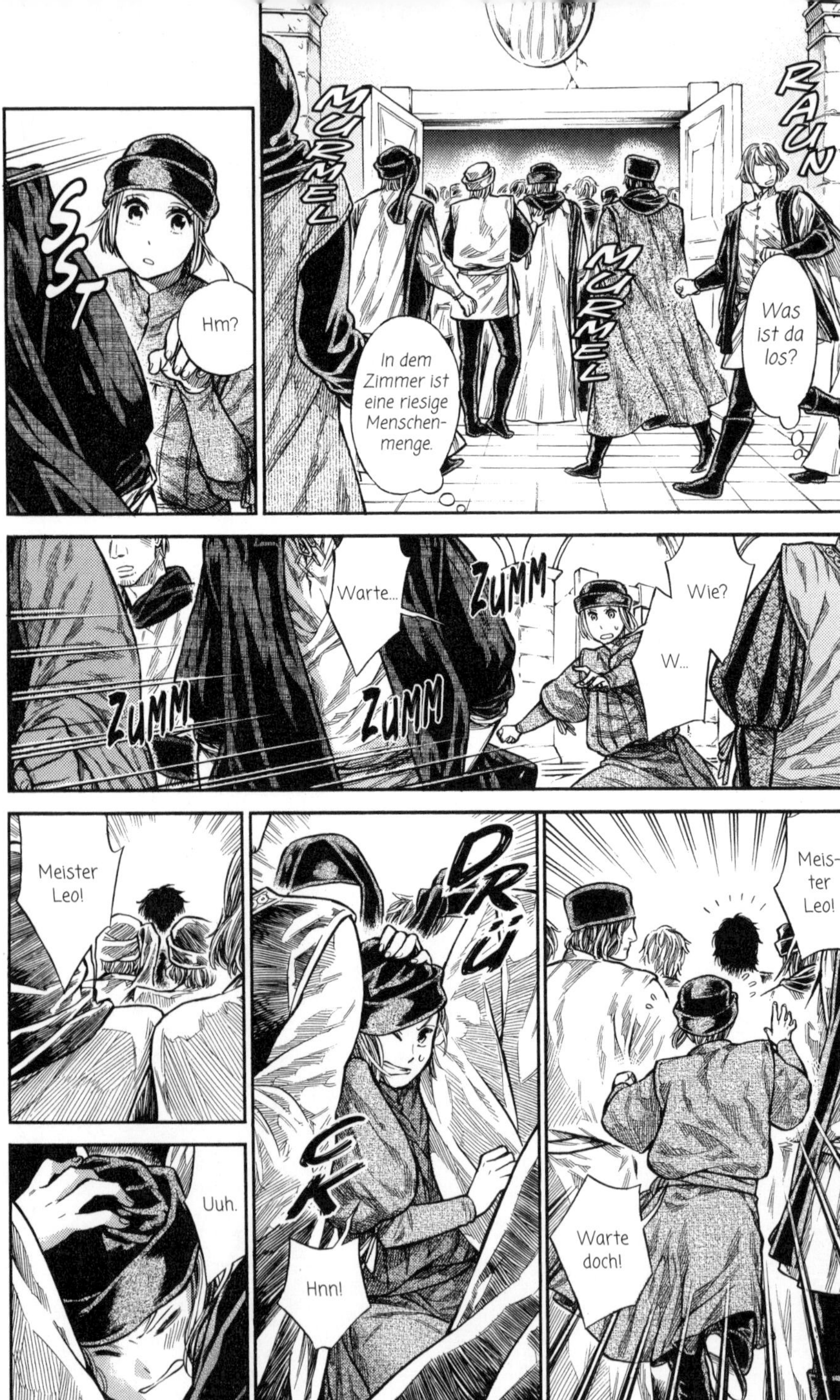
RAUN
Was ist da los?
MURMEL
MURMEL
In dem Zimmer ist eine riesige Menschenmenge.
SST
Hm?
Wie?
W...
ZUMM
Warte...
ZUMM
ZUMM
Meis-ter Leo!
Warte doch!
DRÜCK
Hnn!
Meister Leo!
Uuh.

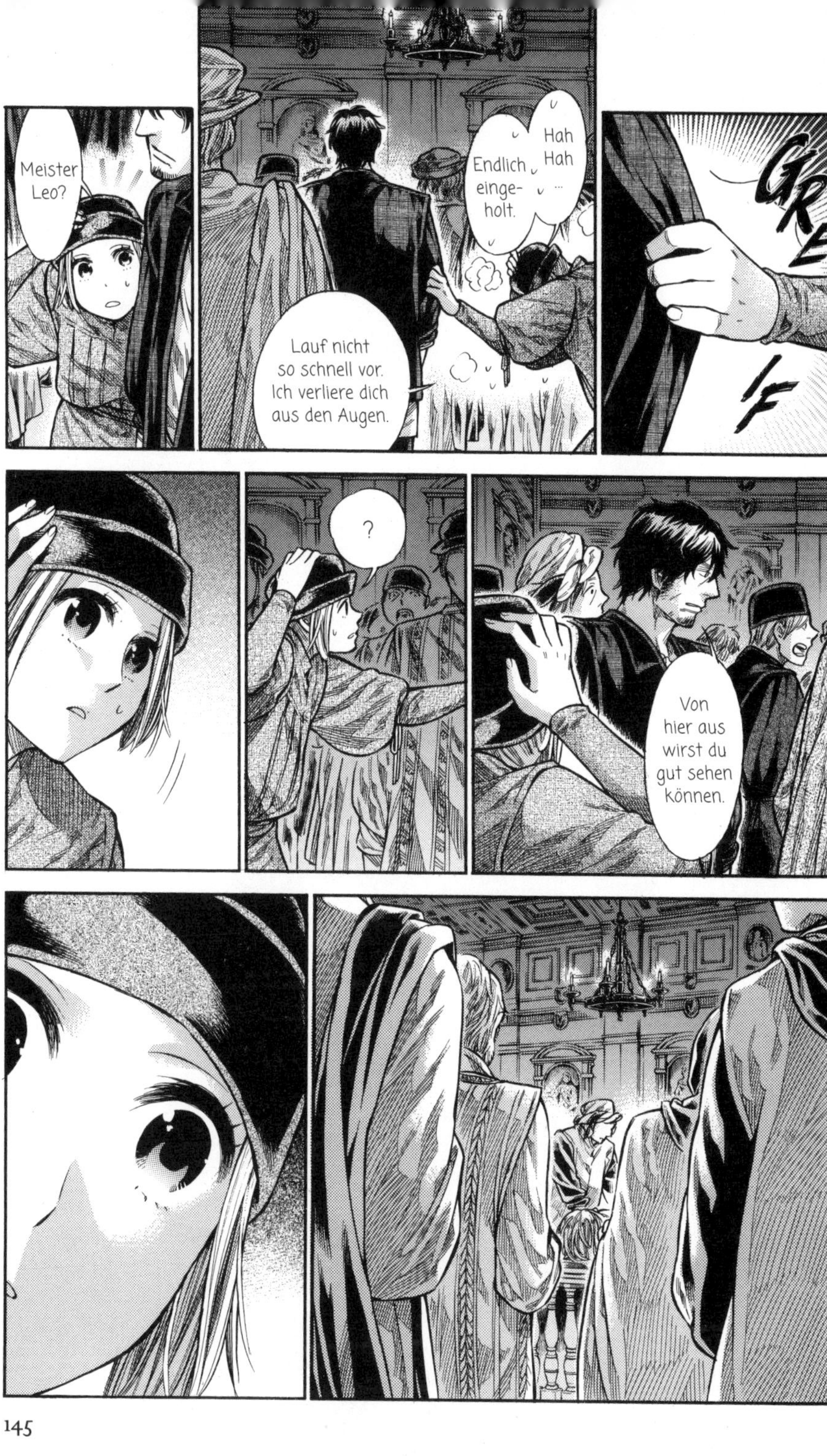
GREIF
Hah Hah ...
Endlich eingeholt.
Lauf nicht so schnell vor. Ich verliere dich aus den Augen.
Meister Leo?
Von hier aus wirst du gut sehen können.
?

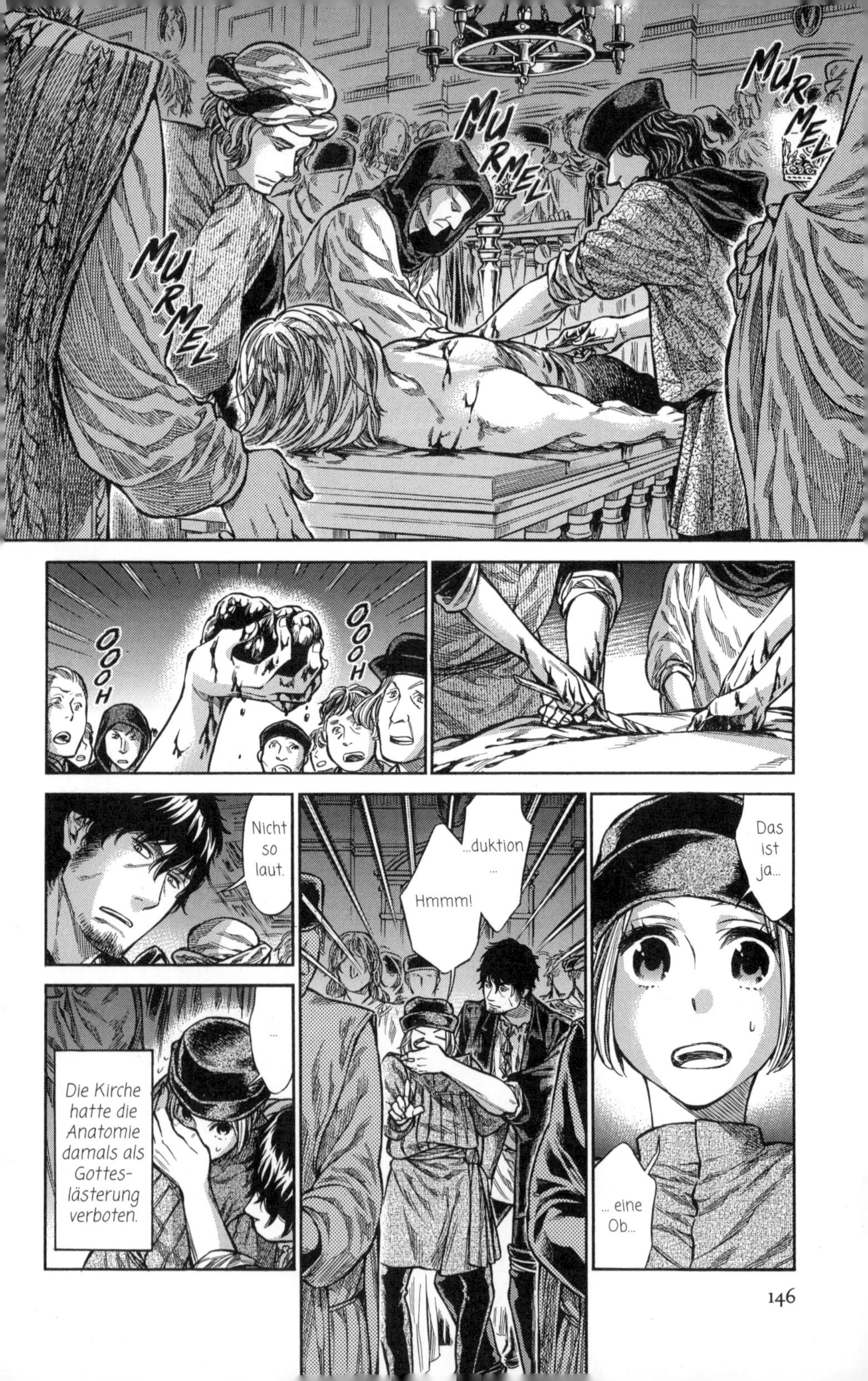
MURMEL
MURMEL
MURMEL
MURMEL
OOOH
OOOH
Das ist ja...
... eine Ob...
...duktion ...
Hmmm!
Nicht so laut.
...
Die Kirche hatte die Anatomie damals als Gotteslästerung verboten.

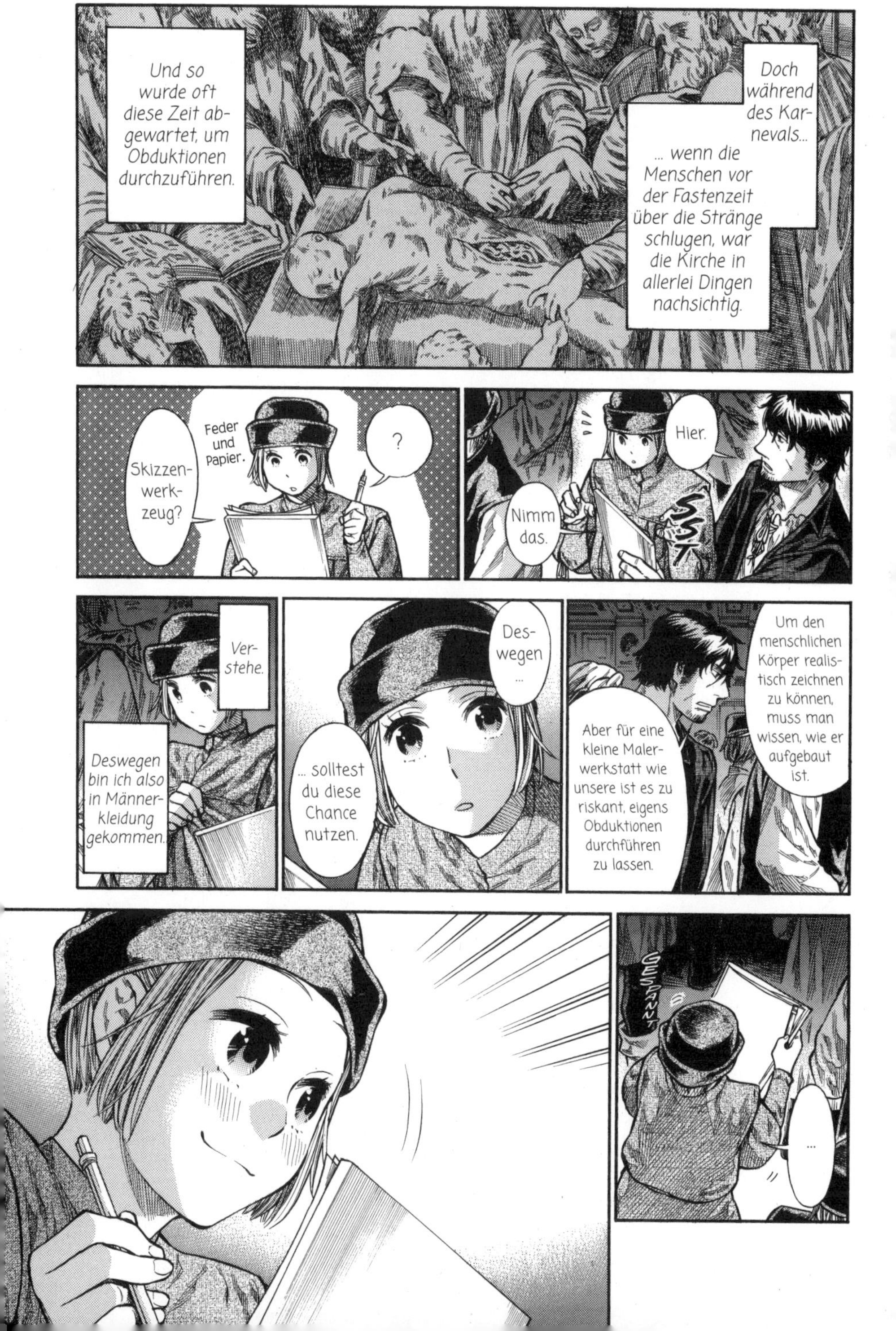
Doch während des Karnevals...
... wenn die Menschen vor der Fastenzeit über die Stränge schlugen, war die Kirche in allerlei Dingen nachsichtig.
Und so wurde oft diese Zeit abgewartet, um Obduktionen durchzuführen.
Hier.
Nimm das.
SSST
?
Feder und Papier.
Skizzenwerkzeug?
Um den menschlichen Körper realistisch zeichnen zu können, muss man wissen, wie er aufgebaut ist.
Aber für eine kleine Malerwerkstatt wie unsere ist es zu riskant, eigens Obduktionen durchführen zu lassen.
Deswegen ...
... solltest du diese Chance nutzen.
Verstehe.
Deswegen bin ich also in Männerkleidung gekommen.
GESPANNT
...

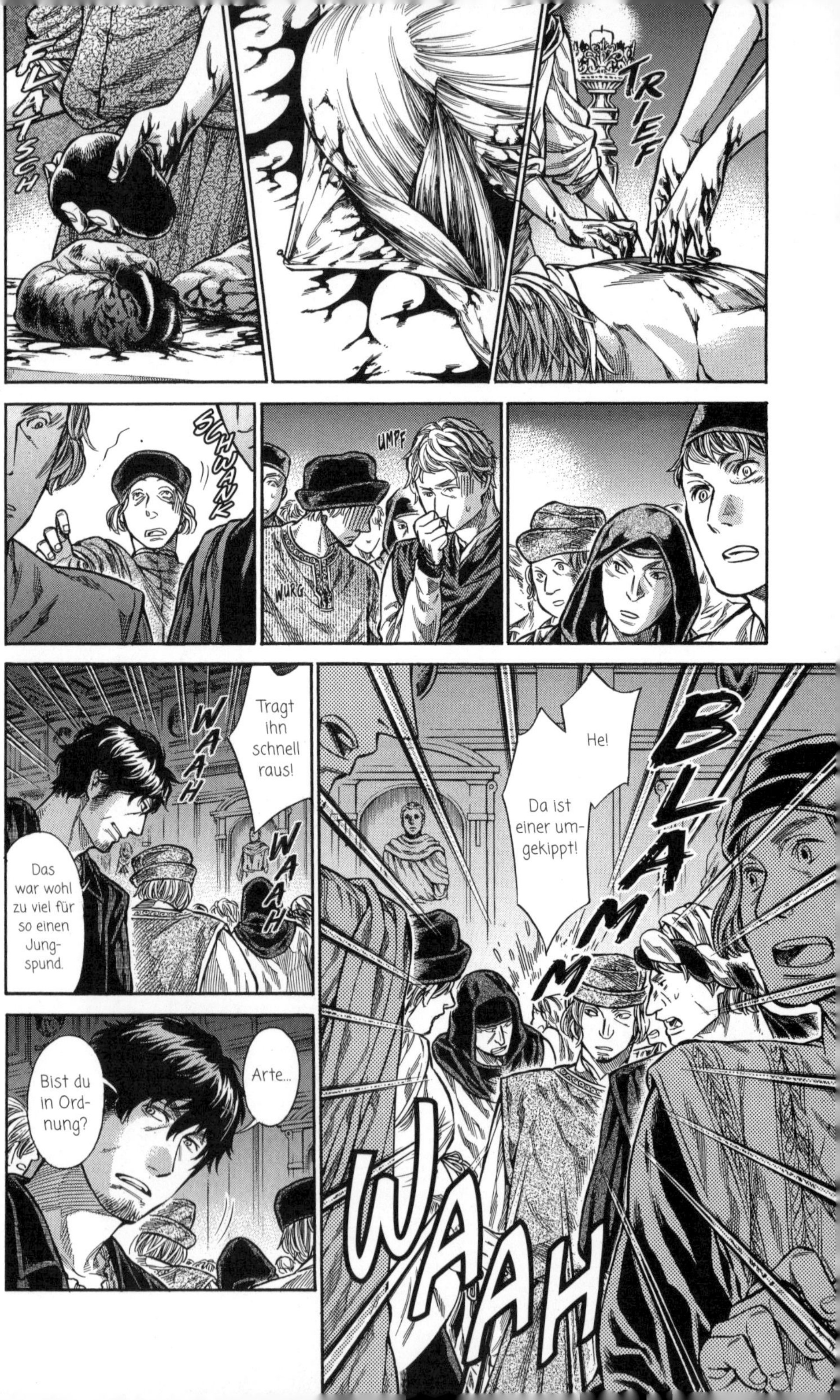
TRIEF
FLATSCH
UMPF
WÜRG
SCHWANK
He!
Da ist einer umgekippt!
BLAMM
WAAH
Tragt ihn schnell raus!
WAAH
WAAH
Das war wohl zu viel für so einen Jungspund.
Arte...
Bist du in Ordnung?

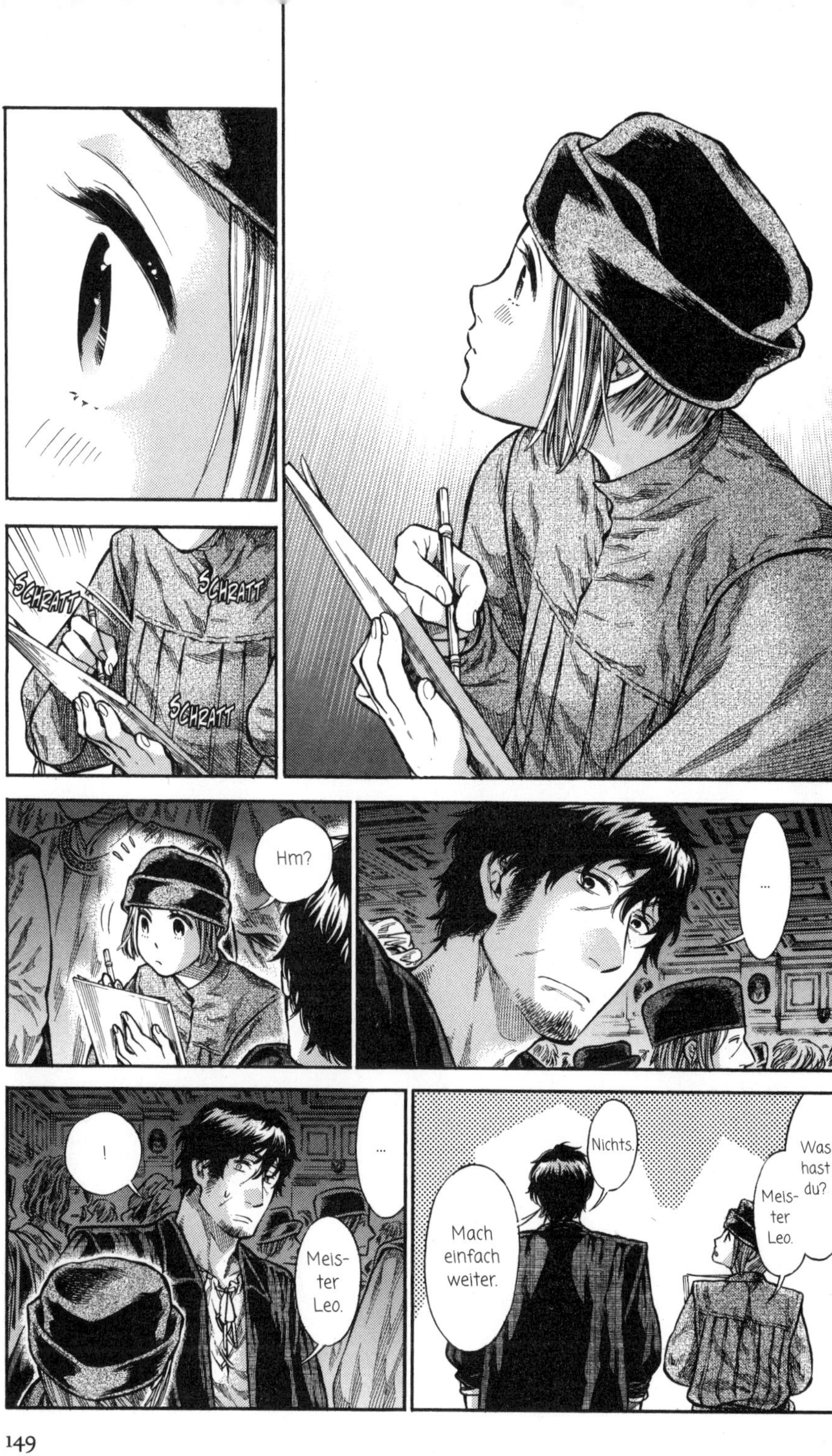
SCHRATT
SCHRATT
SCHRATT
…
Hm?
Meister Leo.
Was hast du?
Nichts.
Mach einfach weiter.
…
!
Meister Leo.

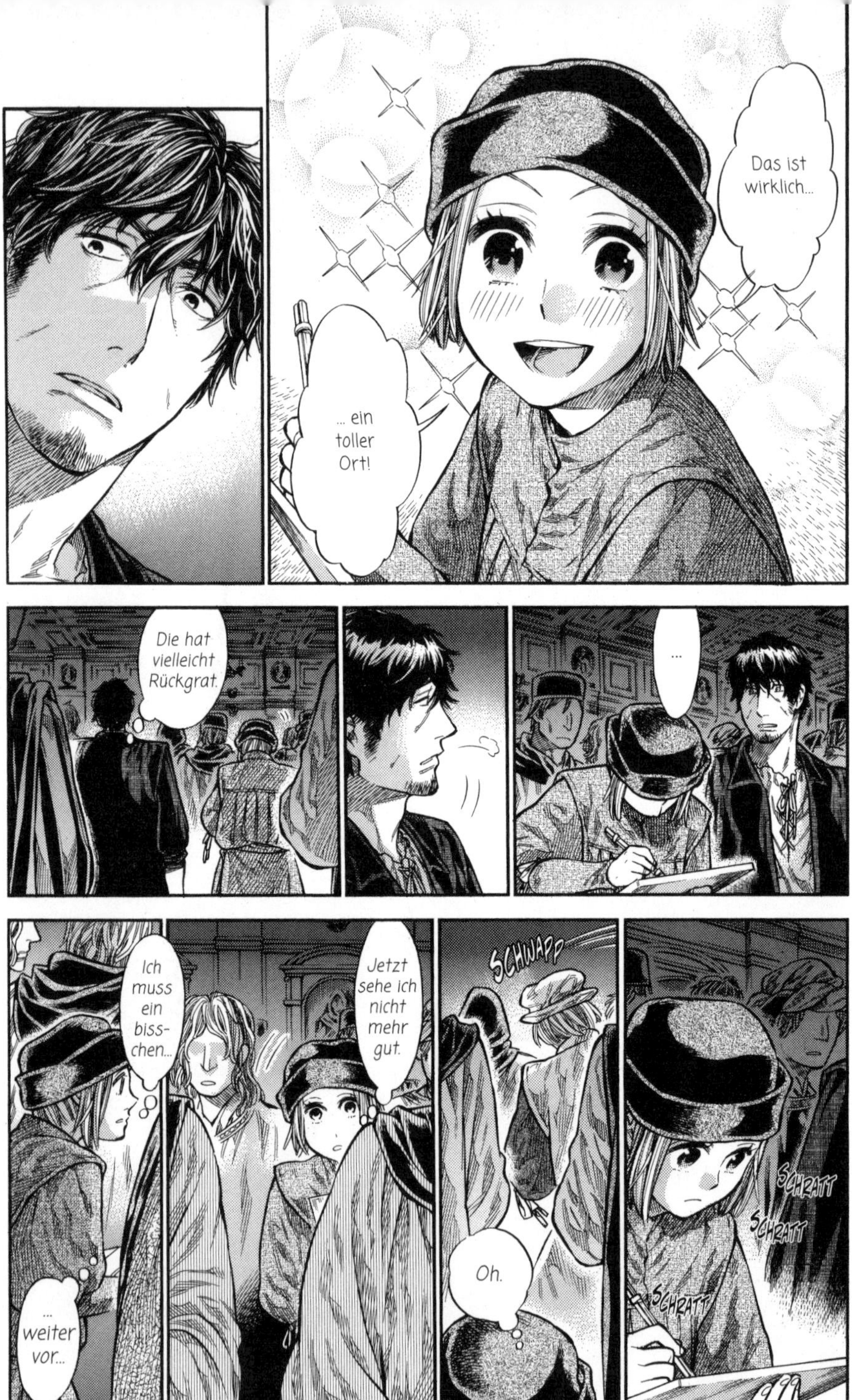
Das ist wirklich...
... ein toller Ort!
...
Die hat vielleicht Rückgrat.
SCHWAPP
Jetzt sehe ich nicht mehr gut.
Ich muss ein biss-chen...
... weiter vor...
SCHRATT
SCHRATT
SCHRATT
Oh.

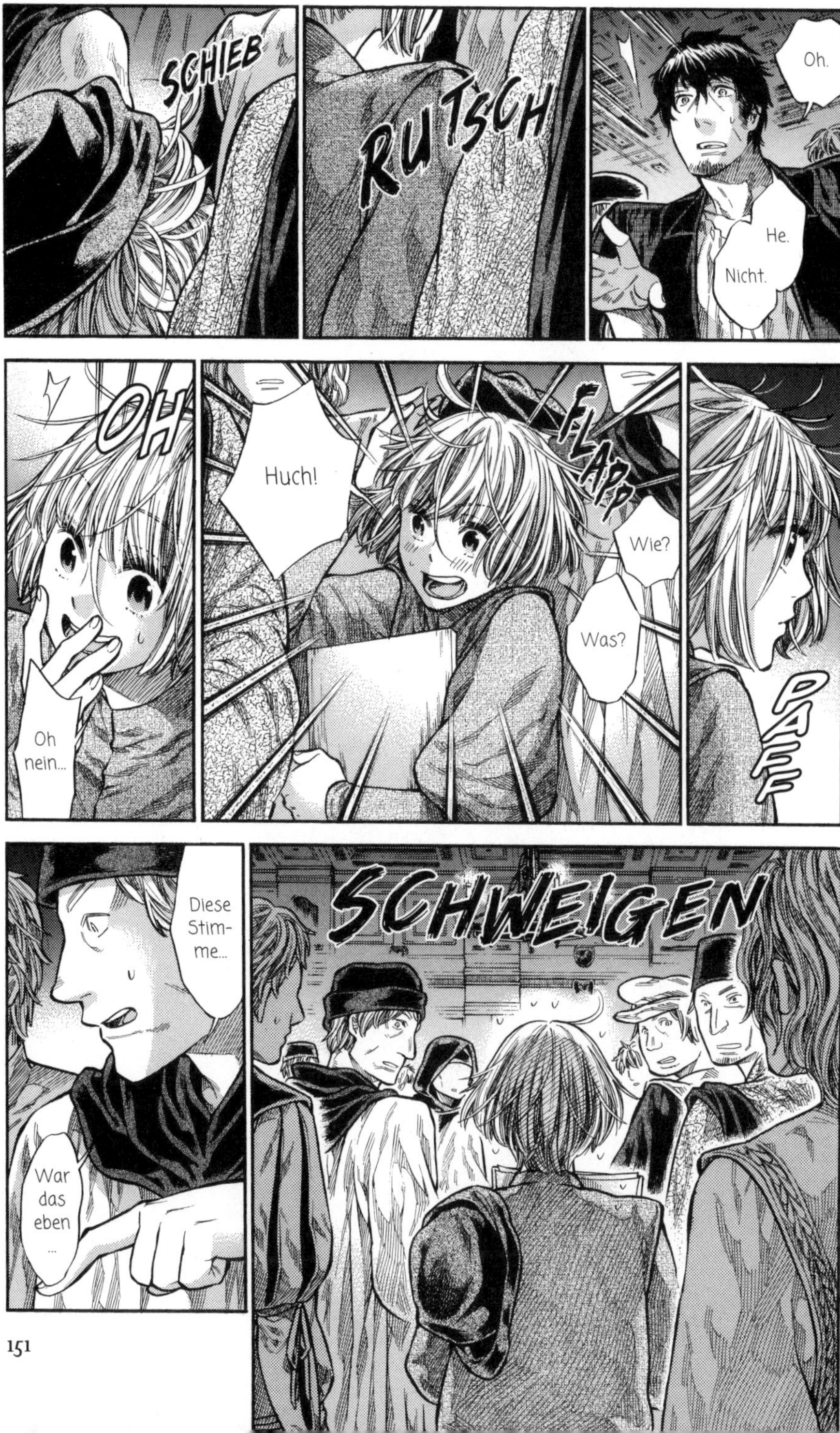

Oh.
He.
Nicht.
RUTSCH
SCHIEB
PAFF
Wie?
Was?
FLAPP
Huch!
OH
Oh nein...
SCHWEIGEN
Diese Stimme...
War das eben ...

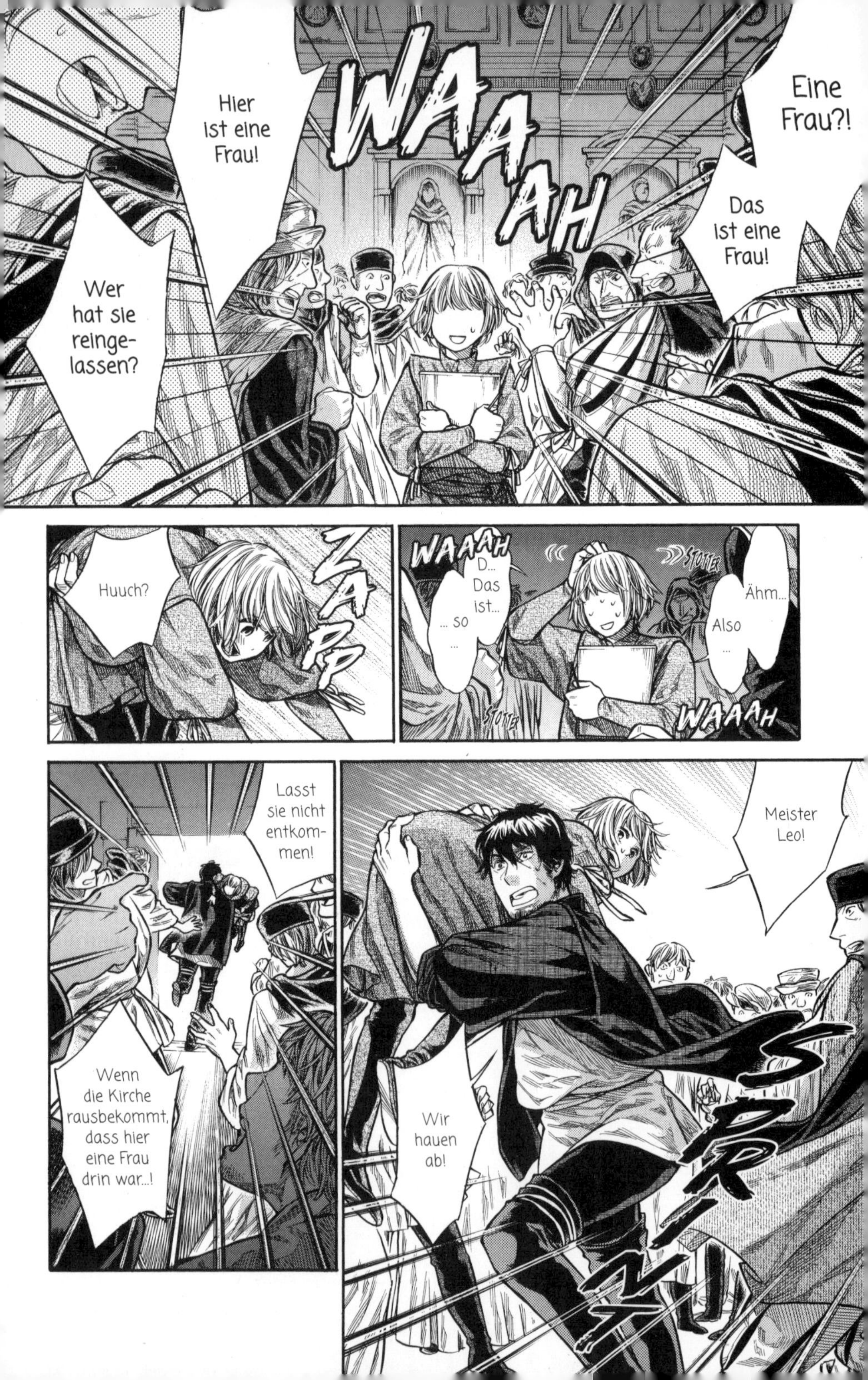
Eine Frau?!
Das ist eine Frau!
WAAAH
Hier ist eine Frau!
Wer hat sie reingelassen?
WAAAH
Ähm... Also ...
STOTTER
D... Das ist...
... so ...
STOTTER
WAAAH
ZAPP
Huuch?
Meister Leo!
Wir hauen ab!
Lasst sie nicht entkommen!
Wenn die Kirche rausbekommt, dass hier eine Frau drin war...!

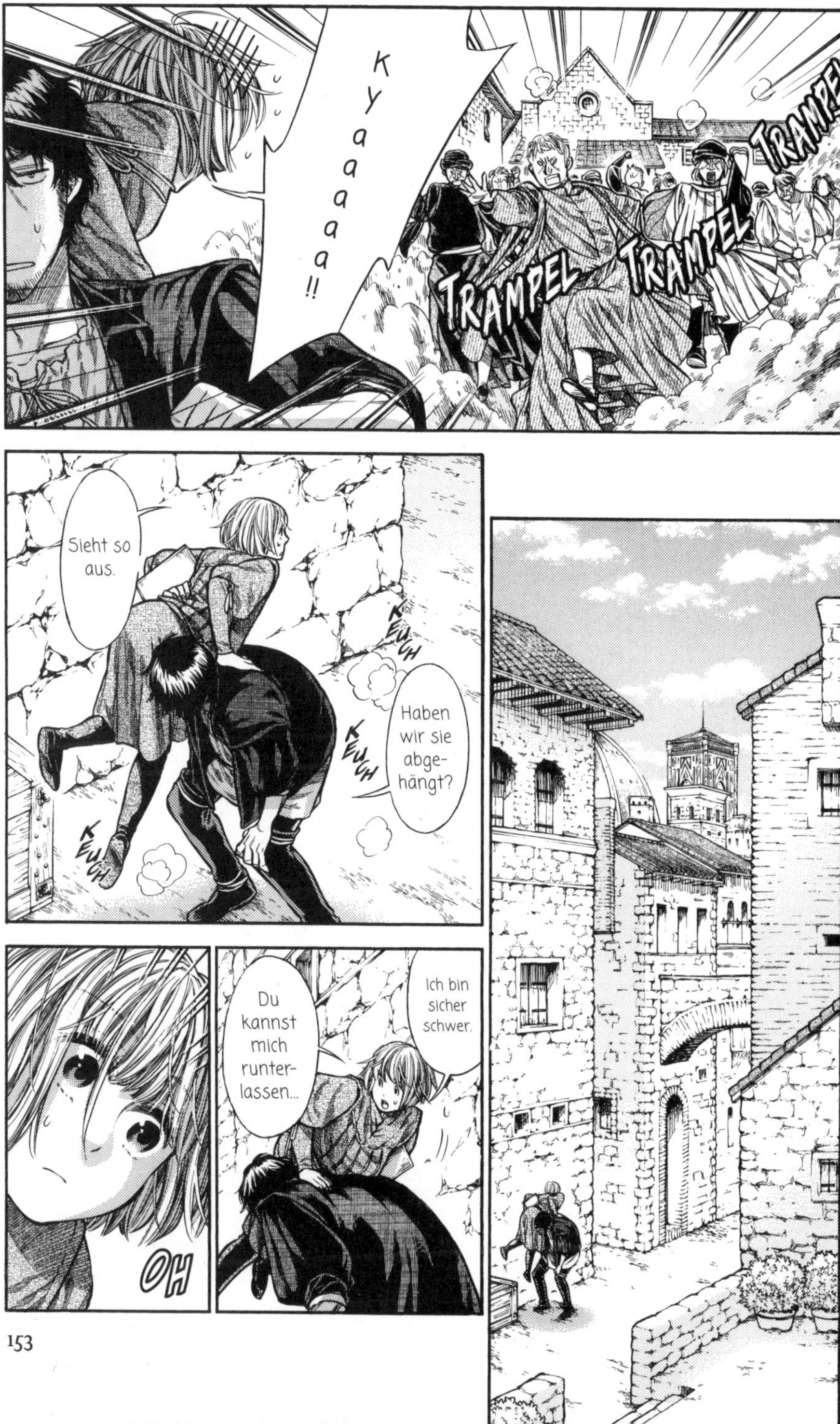
TRAMPEL
TRAMPEL
TRAMPEL
Kyaaaaaa!!
Haben wir sie abgehängt?
KEUCH
KEUCH
KEUCH
Sieht so aus.
Ich bin sicher schwer.
Du kannst mich runterlassen...
OH

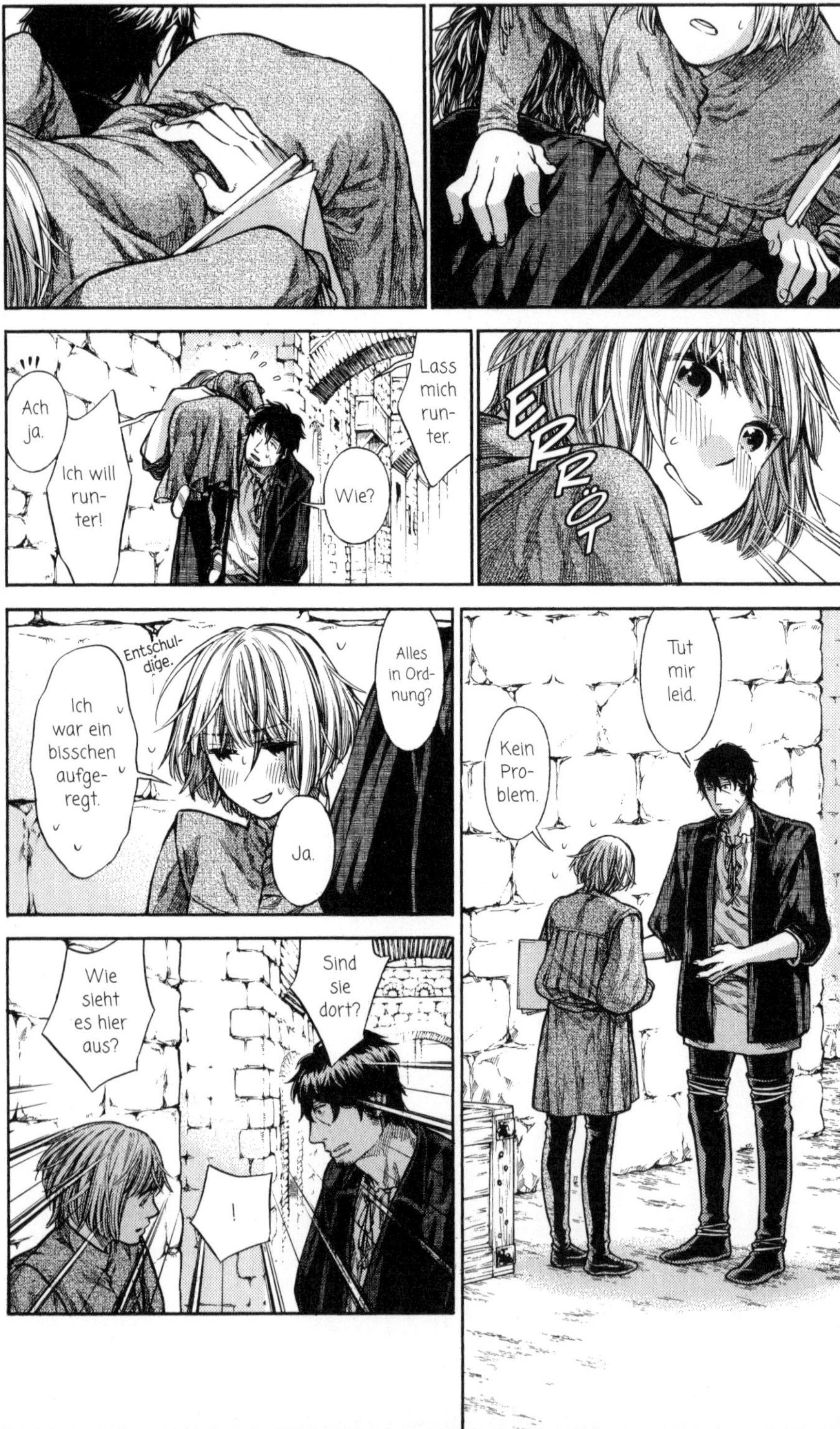
ERRÖT
Lass mich runter.
Wie?
Ich will runter!
Ach ja.
Alles in Ordnung?
Ja.
Entschuldige.
Ich war ein bisschen aufgeregt.
Tut mir leid.
Kein Problem.
Sind sie dort?
Wie sieht es hier aus?
!

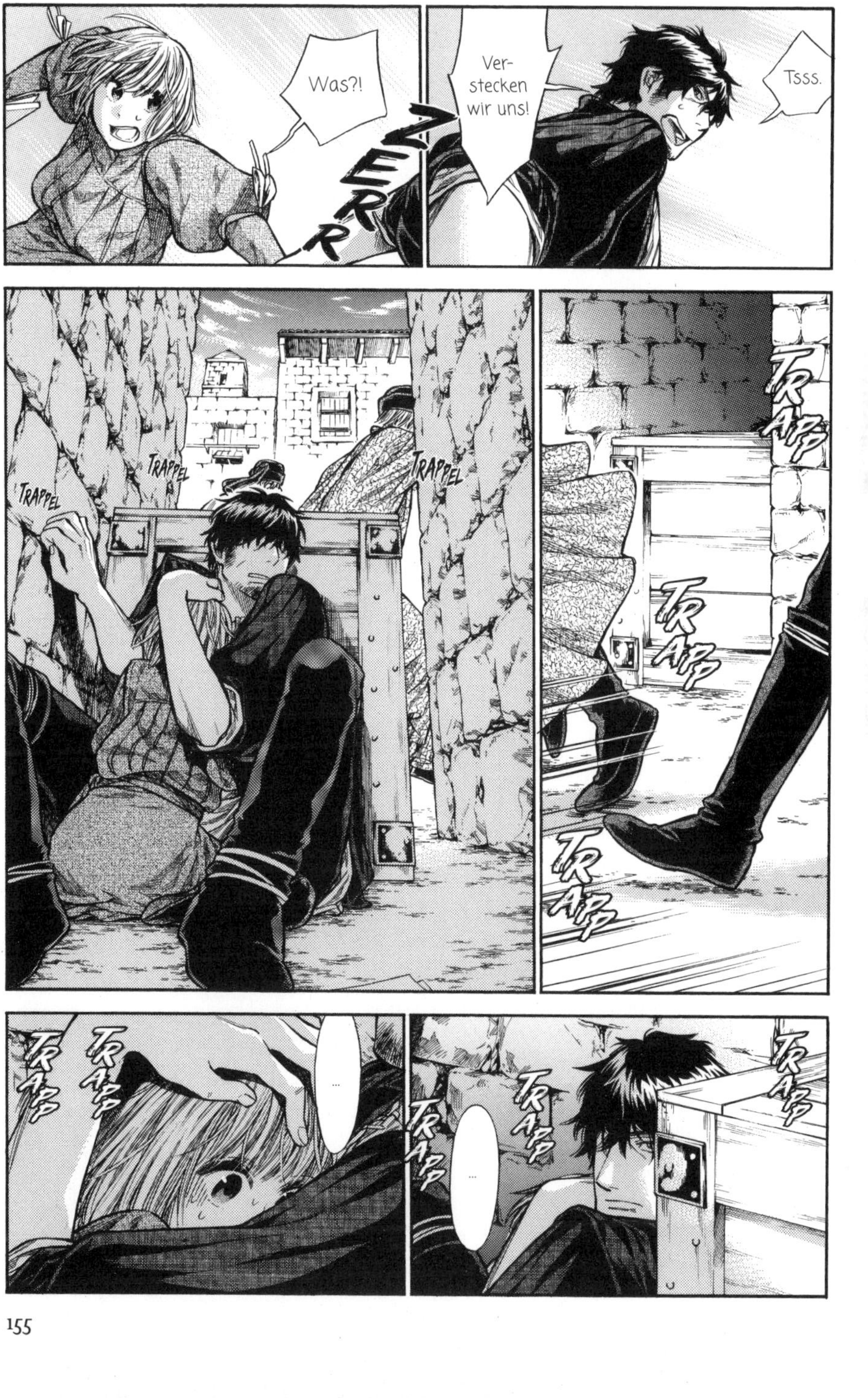
Tsss.
Ver-
stecken
wir uns!
ZERRR
Was?!
TRAPP
TRAPP
TRAPP
TRAPPEL
TRAPPEL
TRAPP
TRAPP
TRAPP
...
...
TRAPP
TRAPP

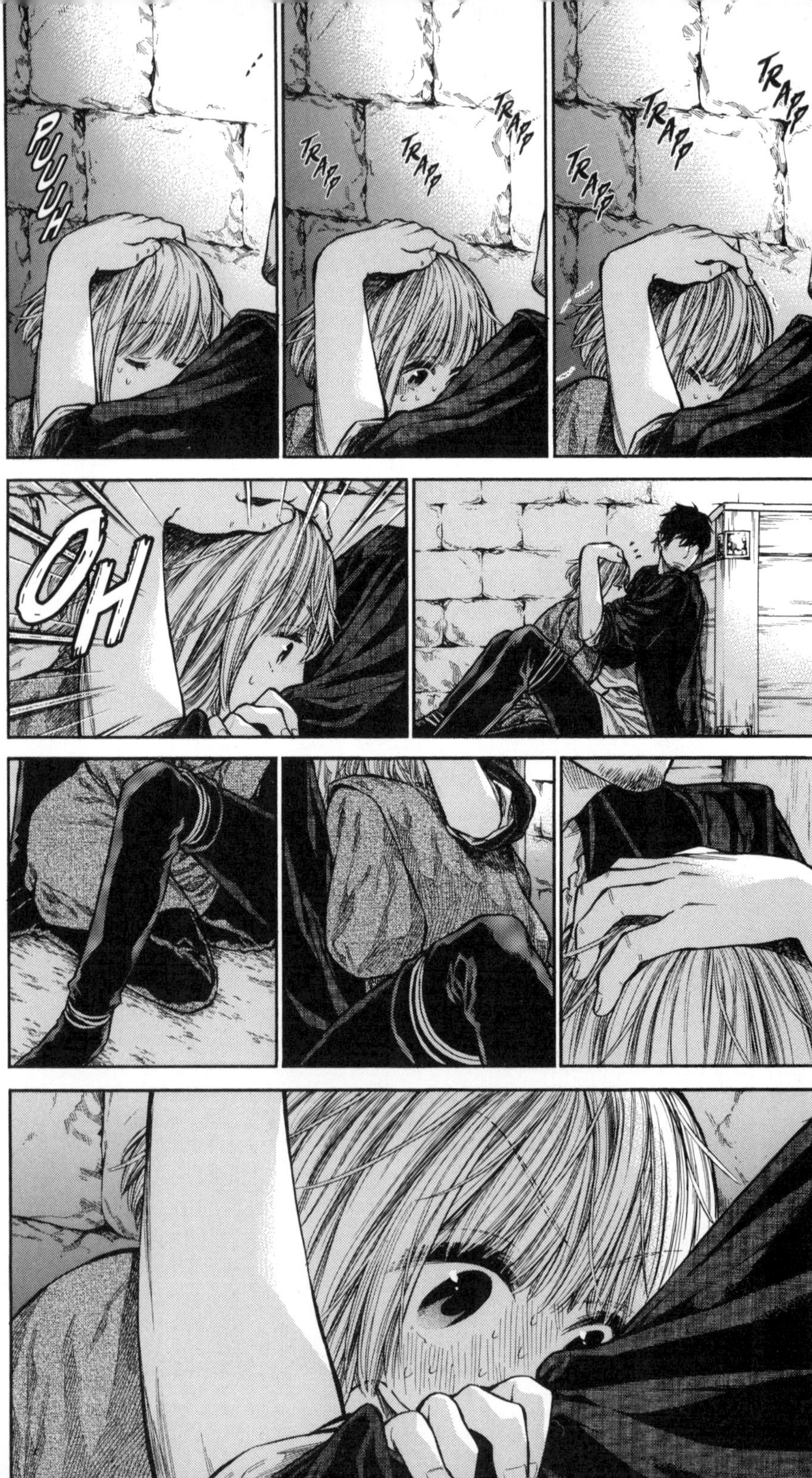
TRAPP
TRAPP
TRAPP
TRAPP
TRAPP
TRAPP
..
PUUH
OH

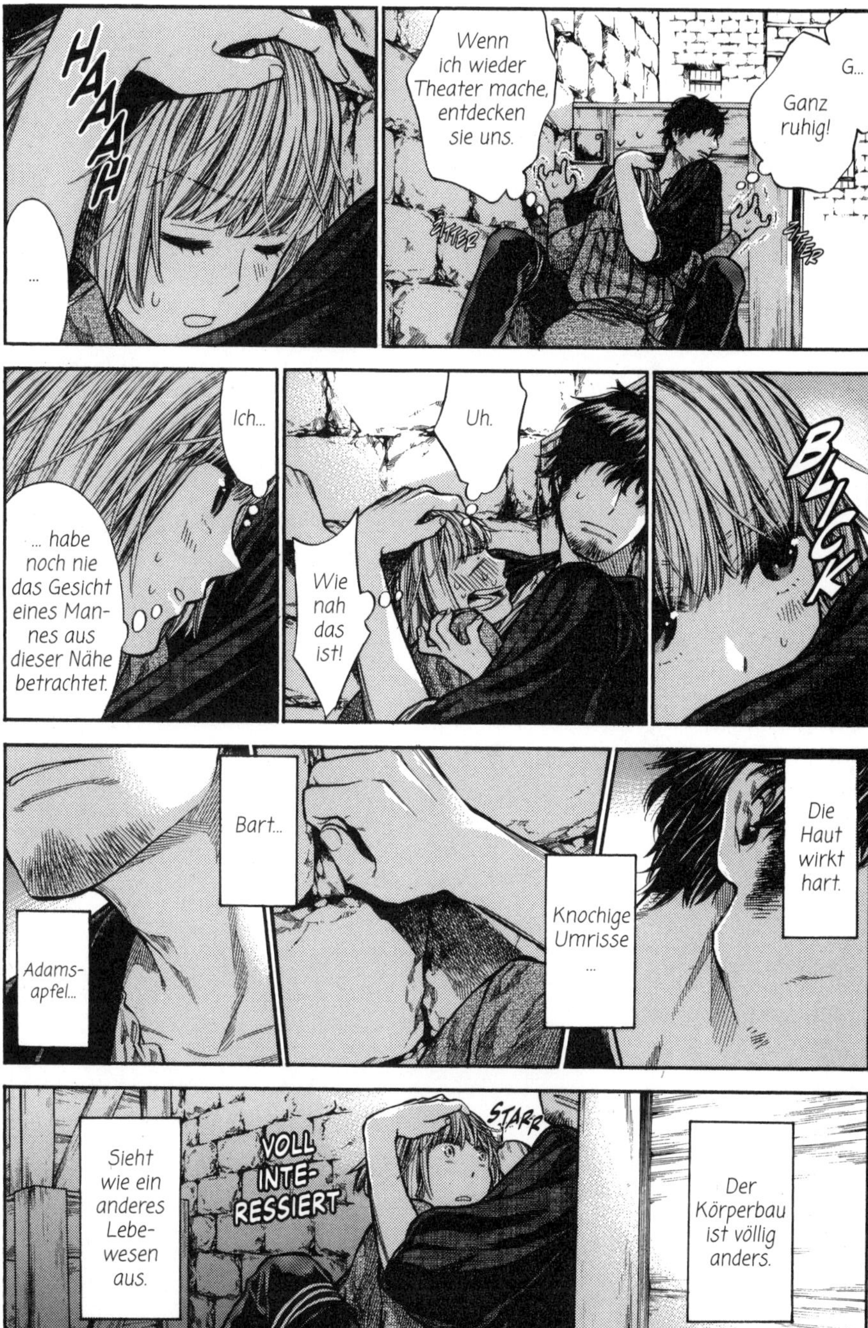
G... Ganz ruhig!
Wenn ich wieder Theater mache, entdecken sie uns.
HAAAH
...
BLICK
Uh.
Wie nah das ist!
Ich...
... habe noch nie das Gesicht eines Mannes aus dieser Nähe betrachtet.
Die Haut wirkt hart.
Knochige Umrisse ...
Bart...
Adams-apfel...
Der Körperbau ist völlig anders.
STARR
Sieht wie ein anderes Lebewesen aus.
VOLL INTERESSIERT

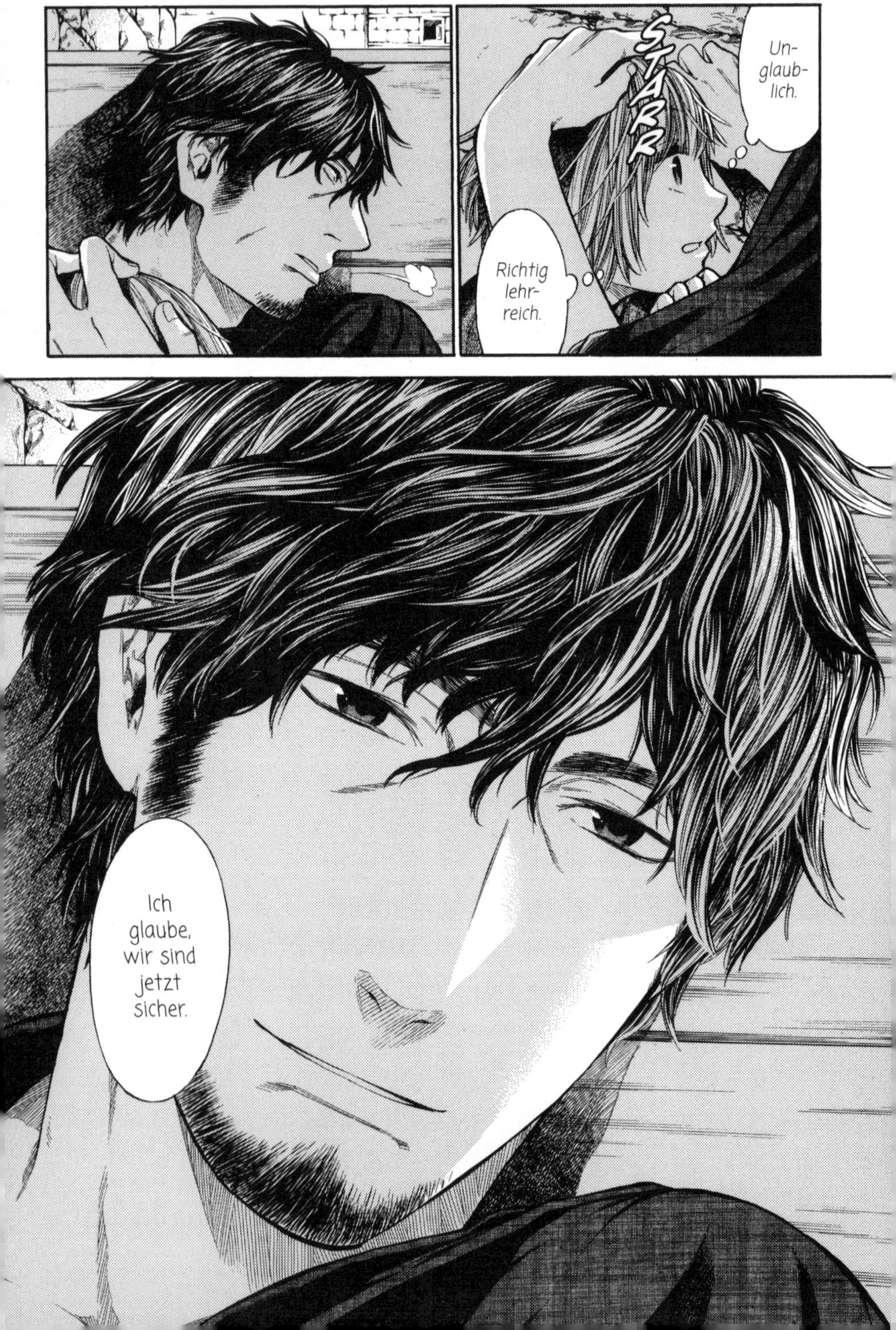

Un-
glaub-
lich.
STARR
Richtig
lehr-
reich.
Ich
glaube,
wir sind
jetzt
sicher.

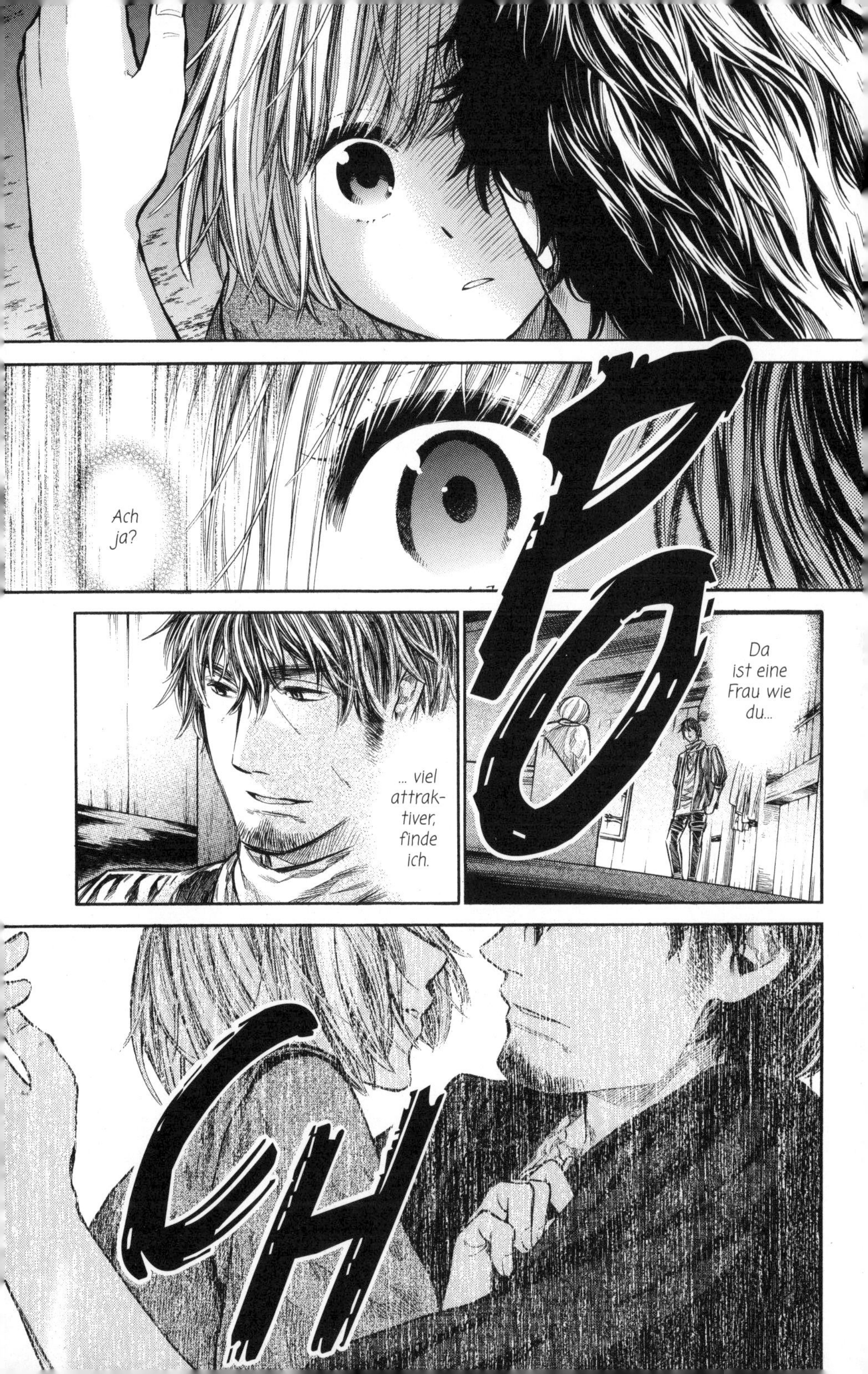
Ach ja?
Da ist eine Frau wie du...
... viel attraktiver, finde ich.

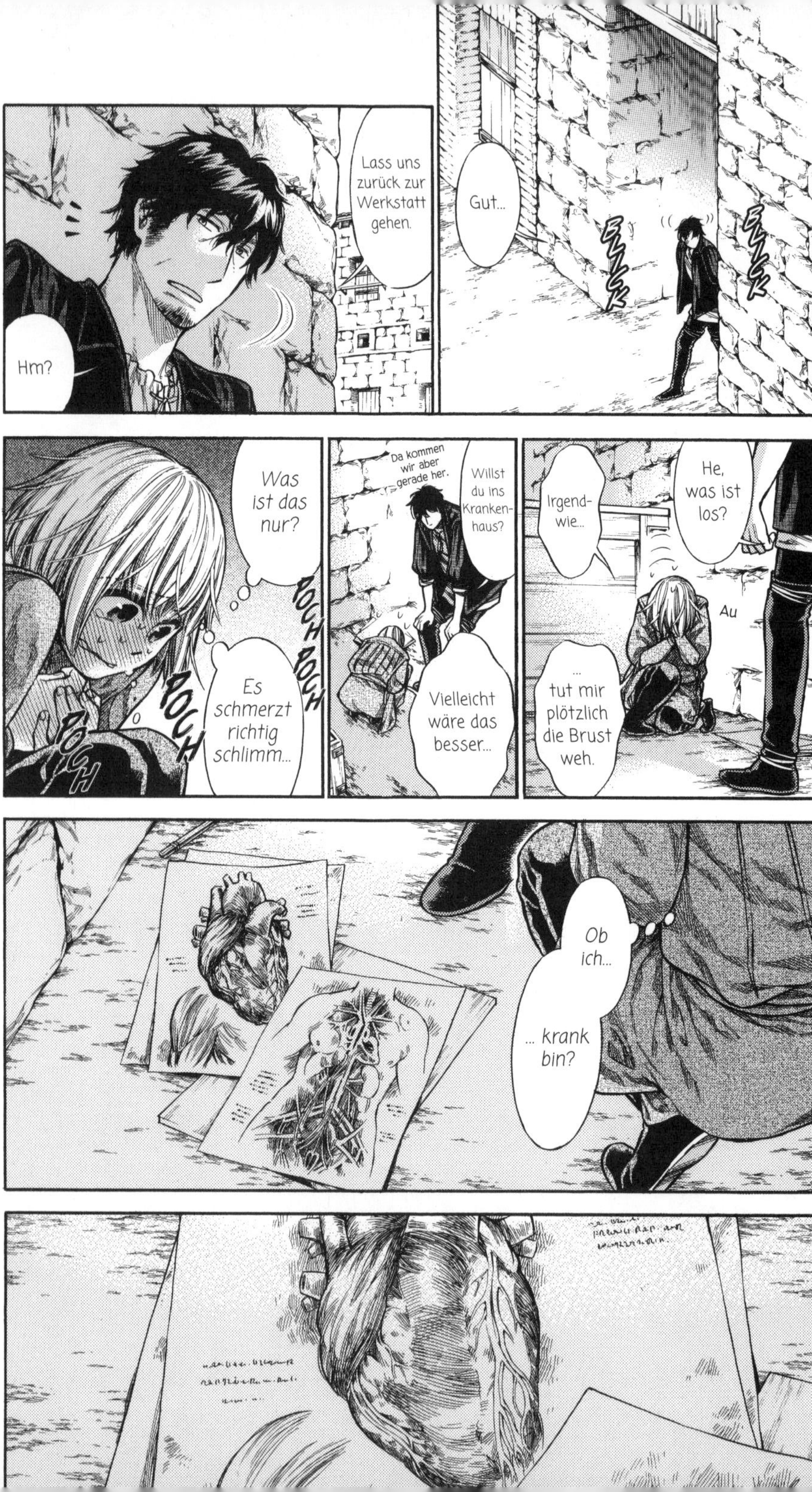
Gut...
Lass uns zurück zur Werkstatt gehen.
Hm?
He, was ist los?
Irgend-wie...
Au
... tut mir plötzlich die Brust weh.
Willst du ins Kranken-haus?
Da kommen wir aber gerade her.
Vielleicht wäre das besser...
Was ist das nur?
POCH POCH
Es schmerzt richtig schlimm...
POCH POCH
Ob ich...
... krank bin?

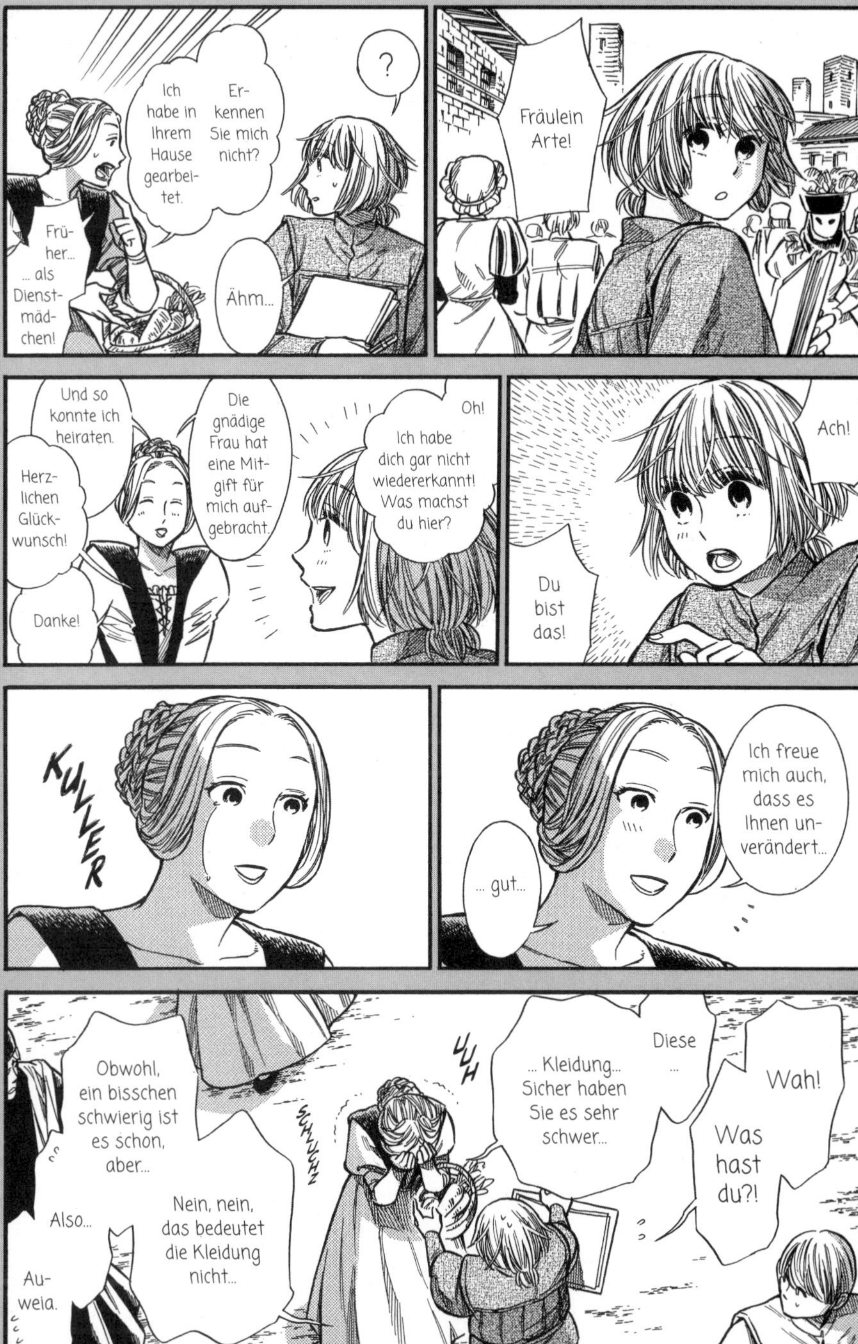
Fräulein Arte!
?
Erkennen Sie mich nicht?
Ich habe in Ihrem Hause gearbeitet.
Ähm...
Früher...
... als Dienstmädchen!
Ach!
Du bist das!
Oh!
Ich habe dich gar nicht wiedererkannt! Was machst du hier?
Die gnädige Frau hat eine Mitgift für mich aufgebracht.
Und so konnte ich heiraten.
Herzlichen Glückwunsch!
Danke!
Ich freue mich auch, dass es Ihnen unverändert...
... gut...
KULLER
Diese ...
Wah!
Was hast du?!
... Kleidung... Sicher haben Sie es sehr schwer...
UUH
SCHLUCHZ
Obwohl, ein bisschen schwierig ist es schon, aber...
Nein, nein, das bedeutet die Kleidung nicht...
Also...
Auweia.

ARTE

Inizio XVI secolo, Firenze. Citta' dove ebbe origine il Rinascimento, in cui fiorirono attività culturali e l'Arte. Nel pieno di tale vibrante splendore ebbe inizio questa storia.

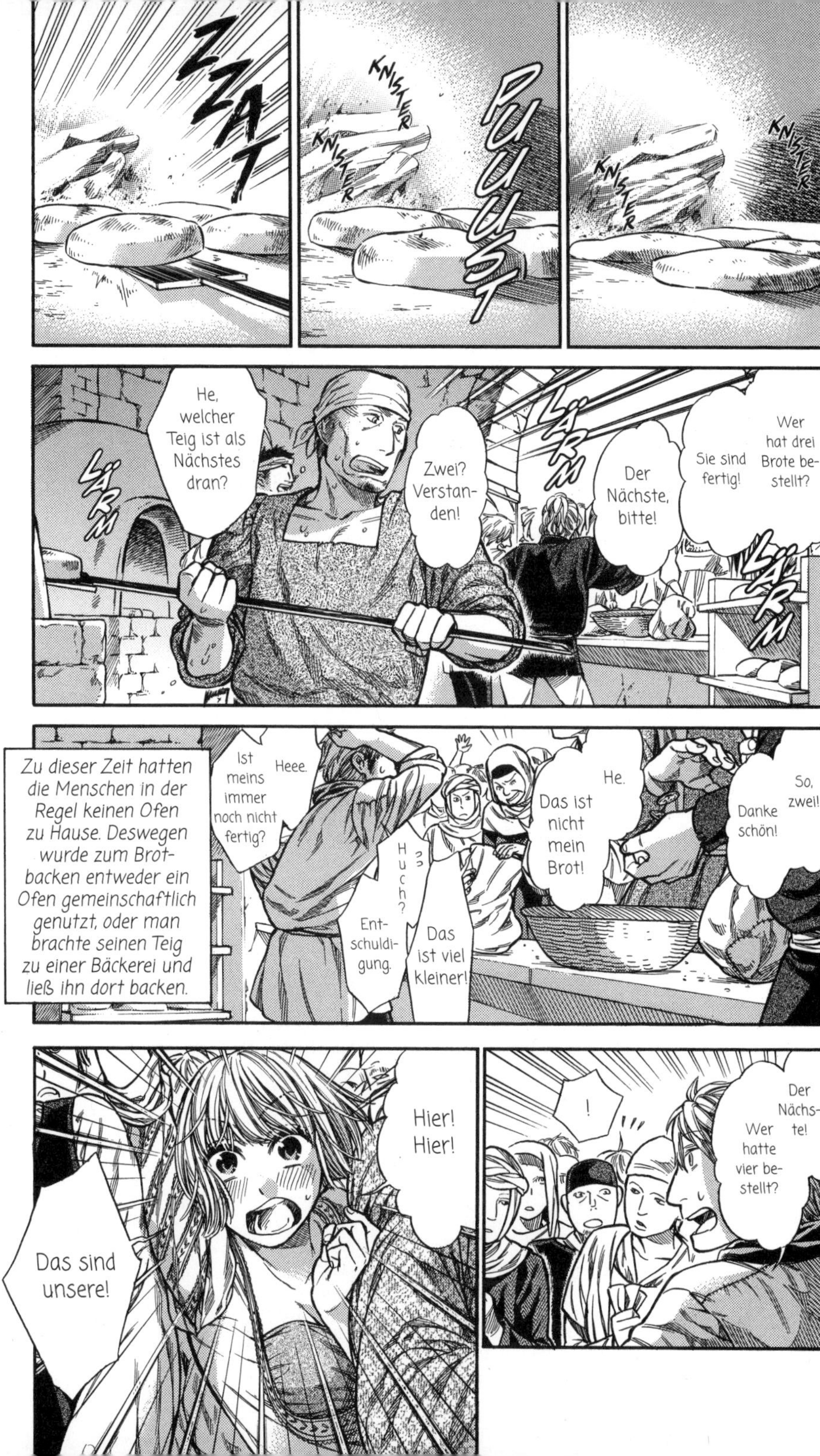
KNISTER
KNISTER
KNISTER
KNISTER
PUUUST
ZZZAT
Wer hat drei Brote bestellt?
Sie sind fertig!
LÄRM
Der Nächste, bitte!
LÄRM
Zwei? Verstanden!
He, welcher Teig ist als Nächstes dran?
LÄRM
So, zwei!
Danke schön!
He.
Das ist nicht mein Brot!
Das ist viel kleiner!
Huch?
Entschuldigung.
Heee.
Ist meins immer noch nicht fertig?
Zu dieser Zeit hatten die Menschen in der Regel keinen Ofen zu Hause. Deswegen wurde zum Brotbacken entweder ein Ofen gemeinschaftlich genutzt, oder man brachte seinen Teig zu einer Bäckerei und ließ ihn dort backen.
Der Nächste!
Wer hatte vier bestellt?
!
Hier! Hier!
Das sind unsere!

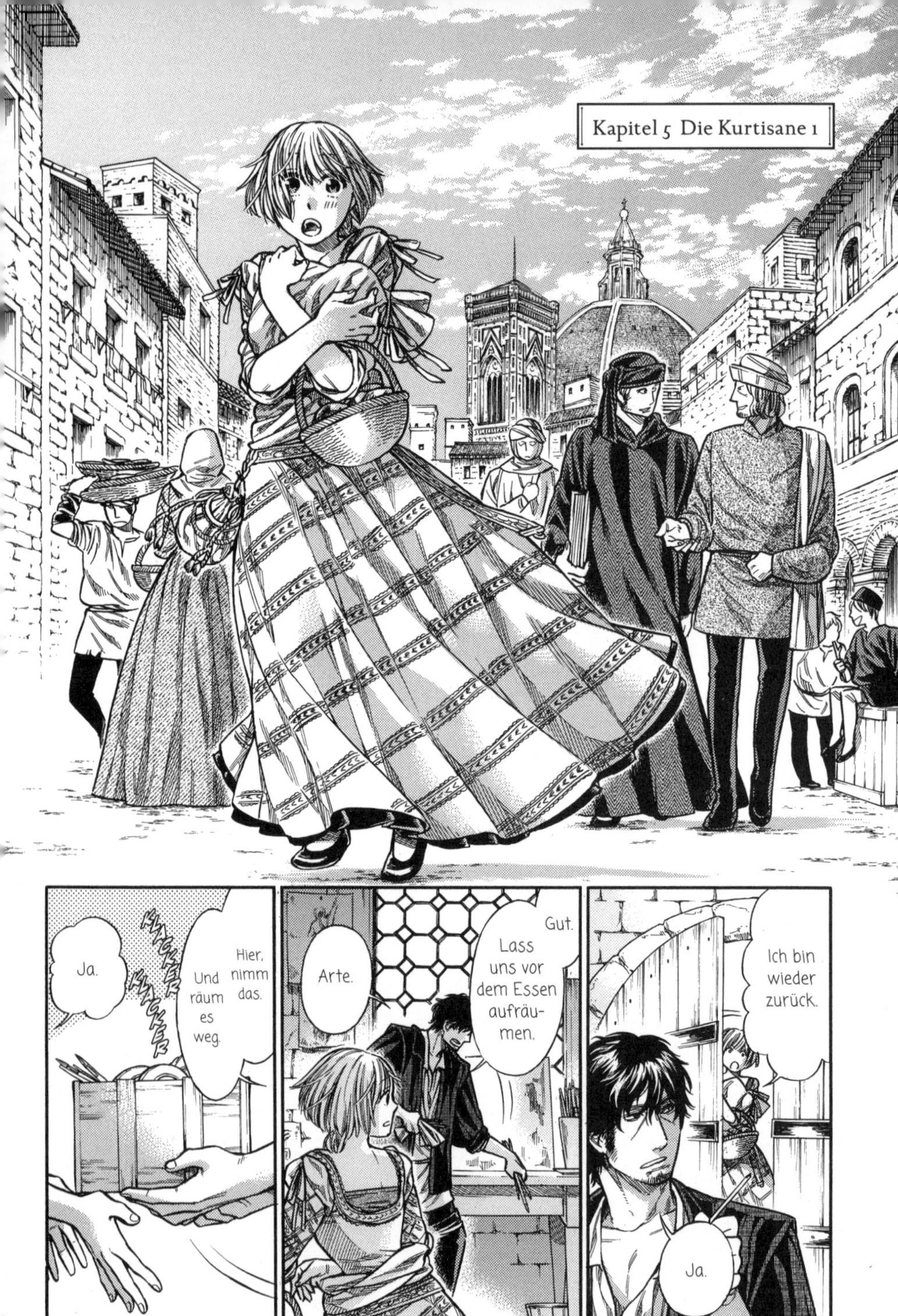
Kapitel 5 Die Kurtisane 1
Ich bin wieder zurück.
Ja.
Gut. Lass uns vor dem Essen aufräumen.
Arte.
Hier, nimm das.
Und räum es weg.
Ja.

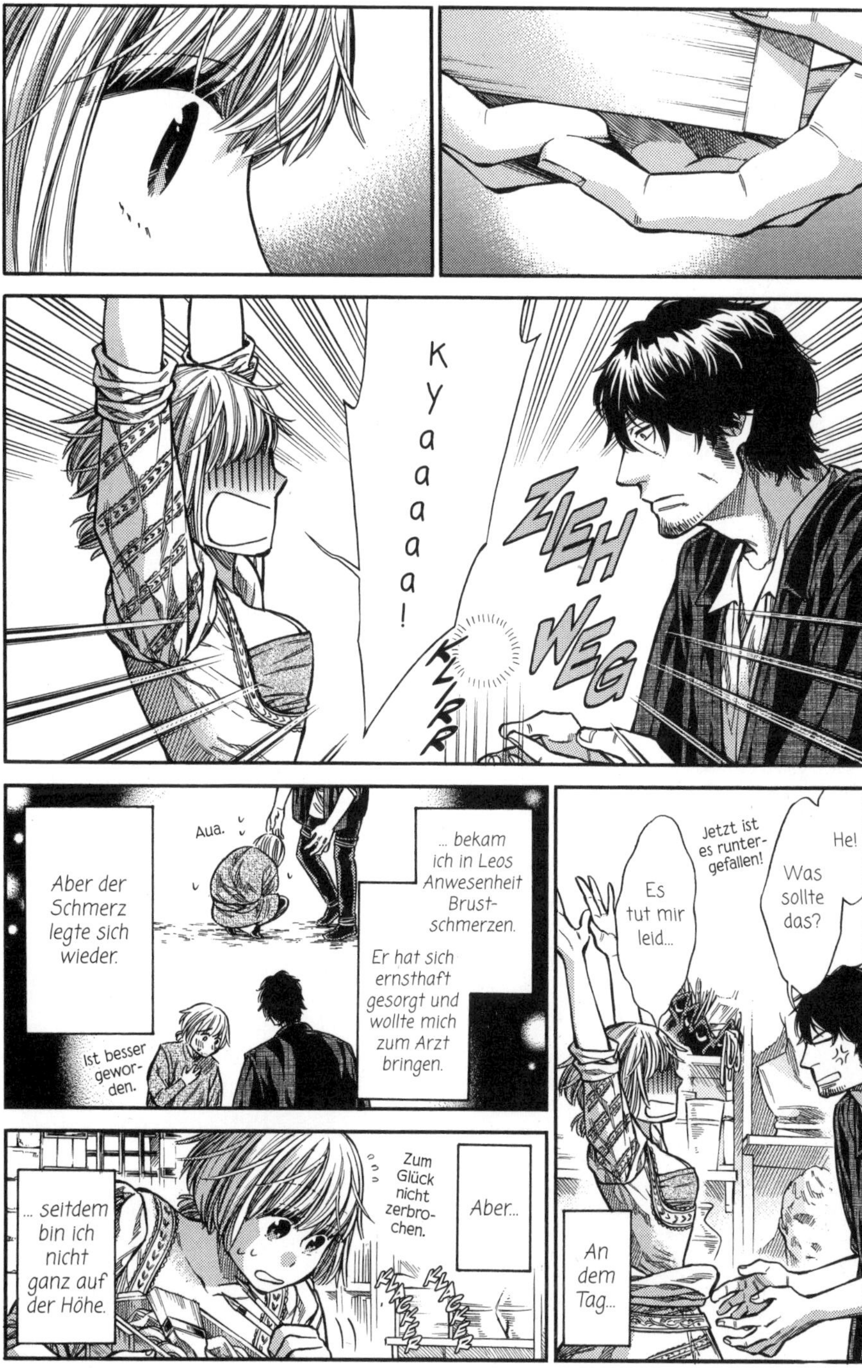
Kyaaaaaa!
ZIEH WEG
KLIRR
He! Was sollte das?
Jetzt ist es runtergefallen!
Es tut mir leid…
An dem Tag…
… bekam ich in Leos Anwesenheit Brustschmerzen.
Er hat sich ernsthaft gesorgt und wollte mich zum Arzt bringen.
Aua.
Aber der Schmerz legte sich wieder.
Ist besser geworden.
Aber…
Zum Glück nicht zerbrochen.
KLACKER KLACKER
… seitdem bin ich nicht ganz auf der Höhe.

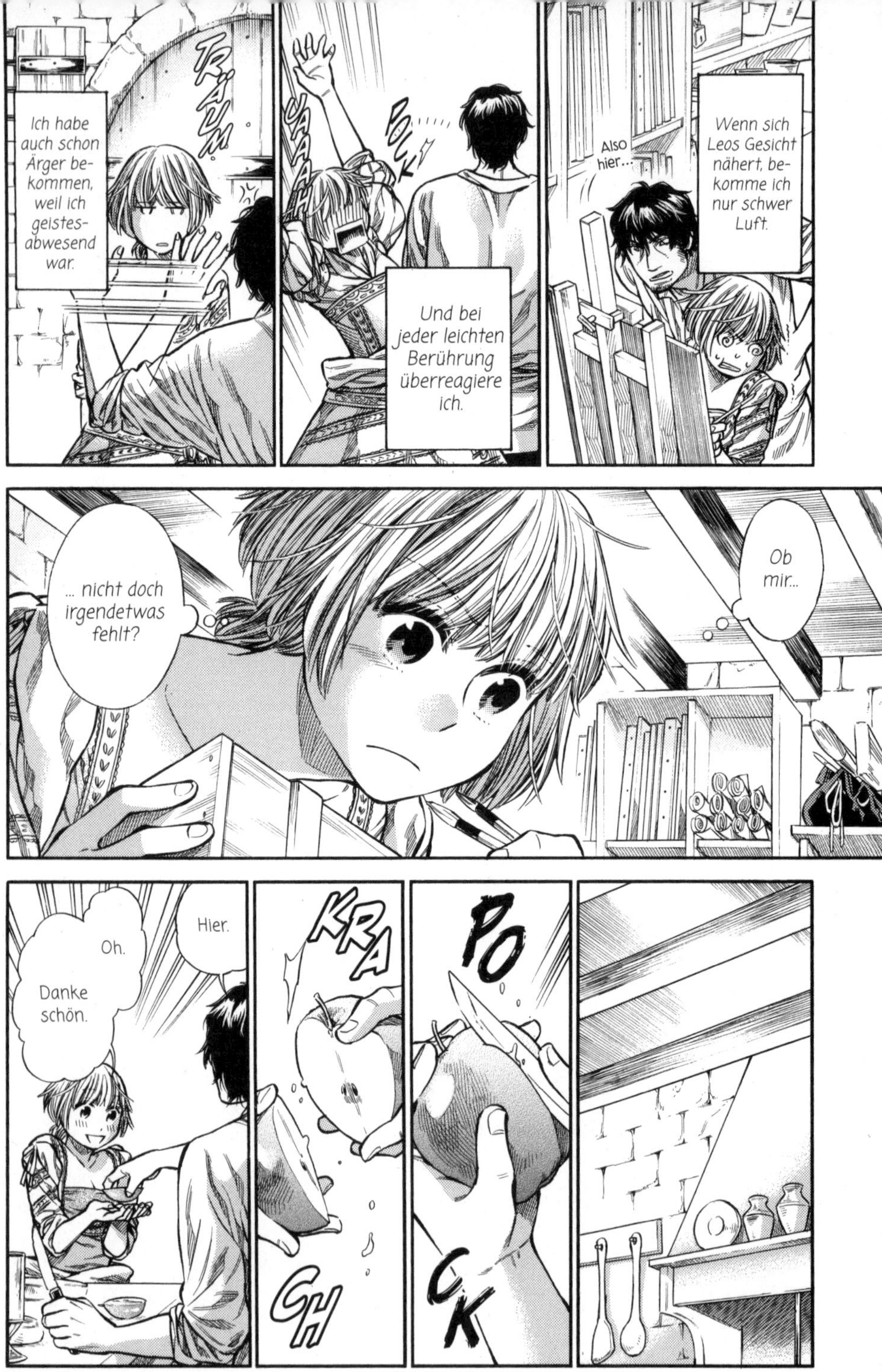
Wenn sich Leos Gesicht nähert, bekomme ich nur schwer Luft.
Also hier...
BOCK
UAAAAH
Und bei jeder leichten Berührung überreagiere ich.
TRÄUM.
Ich habe auch schon Ärger bekommen, weil ich geistesabwesend war.
Ob mir...
... nicht doch irgendetwas fehlt?
POCK
KRACH
Hier.
Oh.
Danke schön.

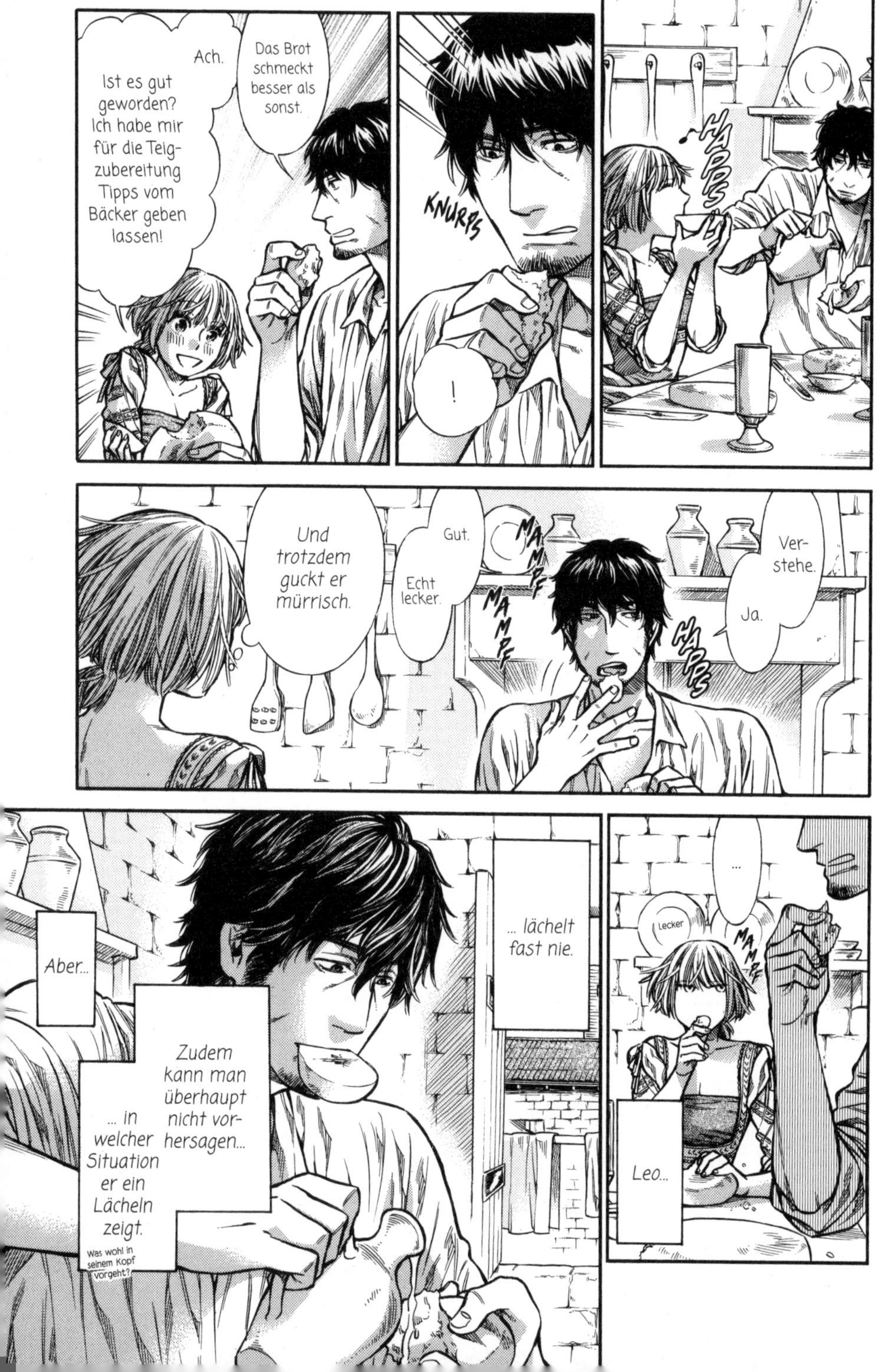

Das Brot schmeckt besser als sonst.
Ach.
Ist es gut geworden? Ich habe mir für die Teigzubereitung Tipps vom Bäcker geben lassen!
KNURPS
!
HAPPS
Ver-stehe.
Ja.
HAPPS
Gut.
Echt lecker.
MAMPF
MAMPF
Und trotzdem guckt er mürrisch.
...
Lecker
MAMPF
Leo...
... lächelt fast nie.
Aber...
Zudem kann man überhaupt nicht vorhersagen...
... in welcher Situation er ein Lächeln zeigt.
Was wohl in seinem Kopf vorgeht?

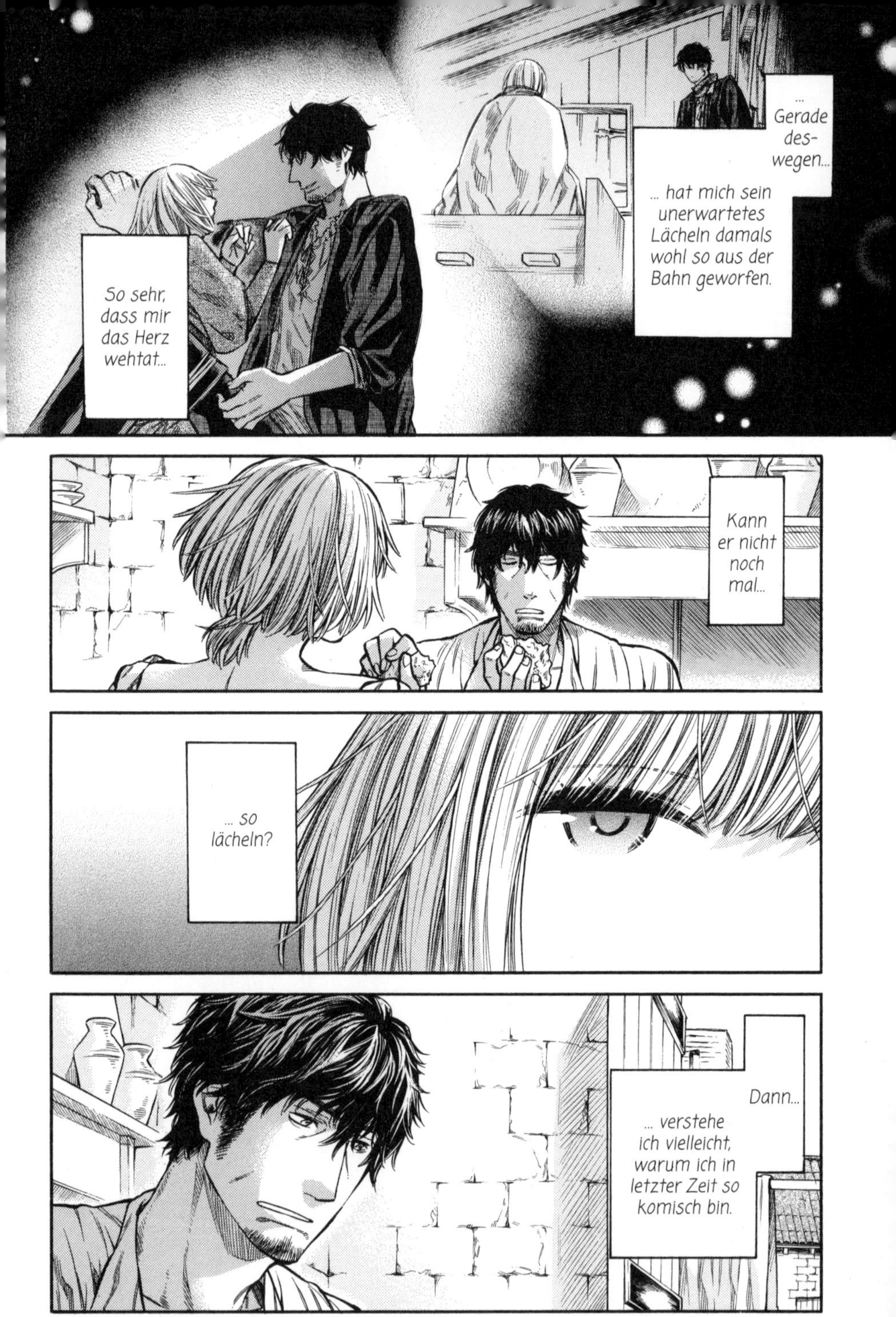
... Gerade des-wegen...
... hat mich sein unerwartetes Lächeln damals wohl so aus der Bahn geworfen.
So sehr, dass mir das Herz wehtat...
Kann er nicht noch mal...
... so lächeln?
Dann...
... verstehe ich vielleicht, warum ich in letzter Zeit so komisch bin.

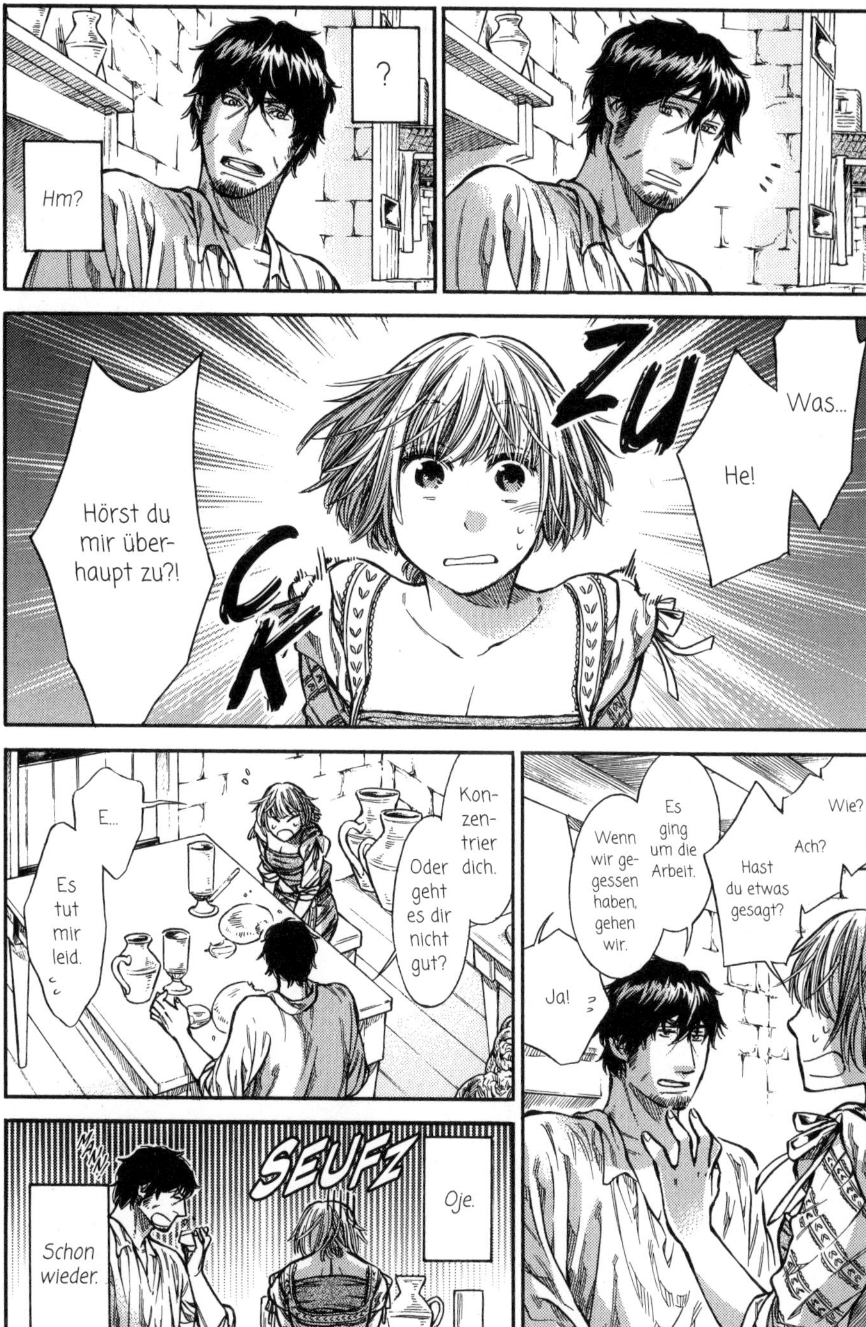
?
Hm?
Was...
He!
Hörst du mir überhaupt zu?!
ZU
CK
Wie?
Ach?
Hast du etwas gesagt?
Es ging um die Arbeit.
Wenn wir gegessen haben, gehen wir.
Ja!
Konzentrier dich.
Oder geht es dir nicht gut?
E...
Es tut mir leid.
Oje.
SEUFZ
Schon wieder.

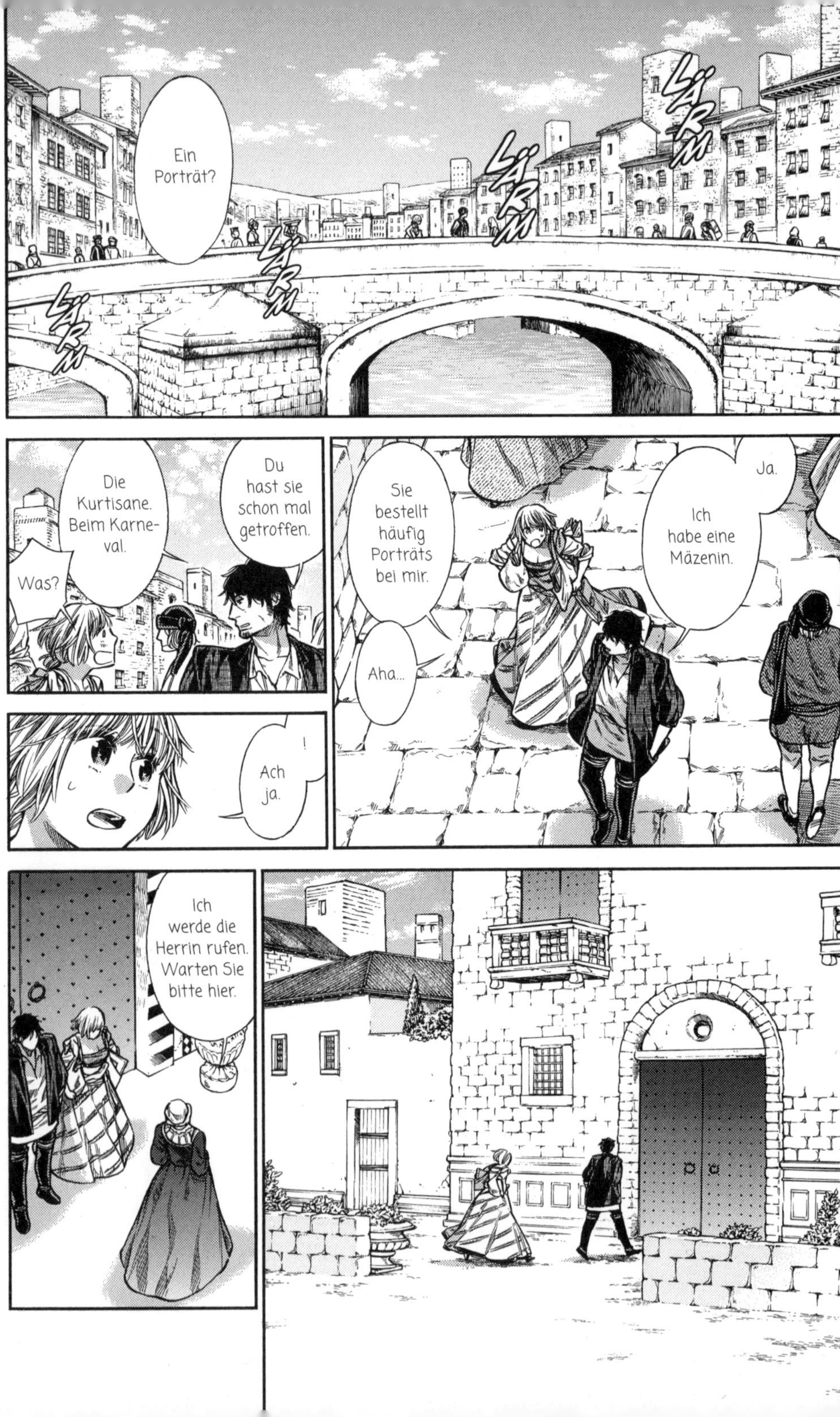
LÄRM
LÄRM
LÄRM
LÄRM
Ein Porträt?
Ja.
Ich habe eine Mäzenin.
Sie bestellt häufig Porträts bei mir.
Aha...
Du hast sie schon mal getroffen.
Was?
Die Kurtisane. Beim Karne-val.
!
Ach ja.
Ich werde die Herrin rufen. Warten Sie bitte hier.

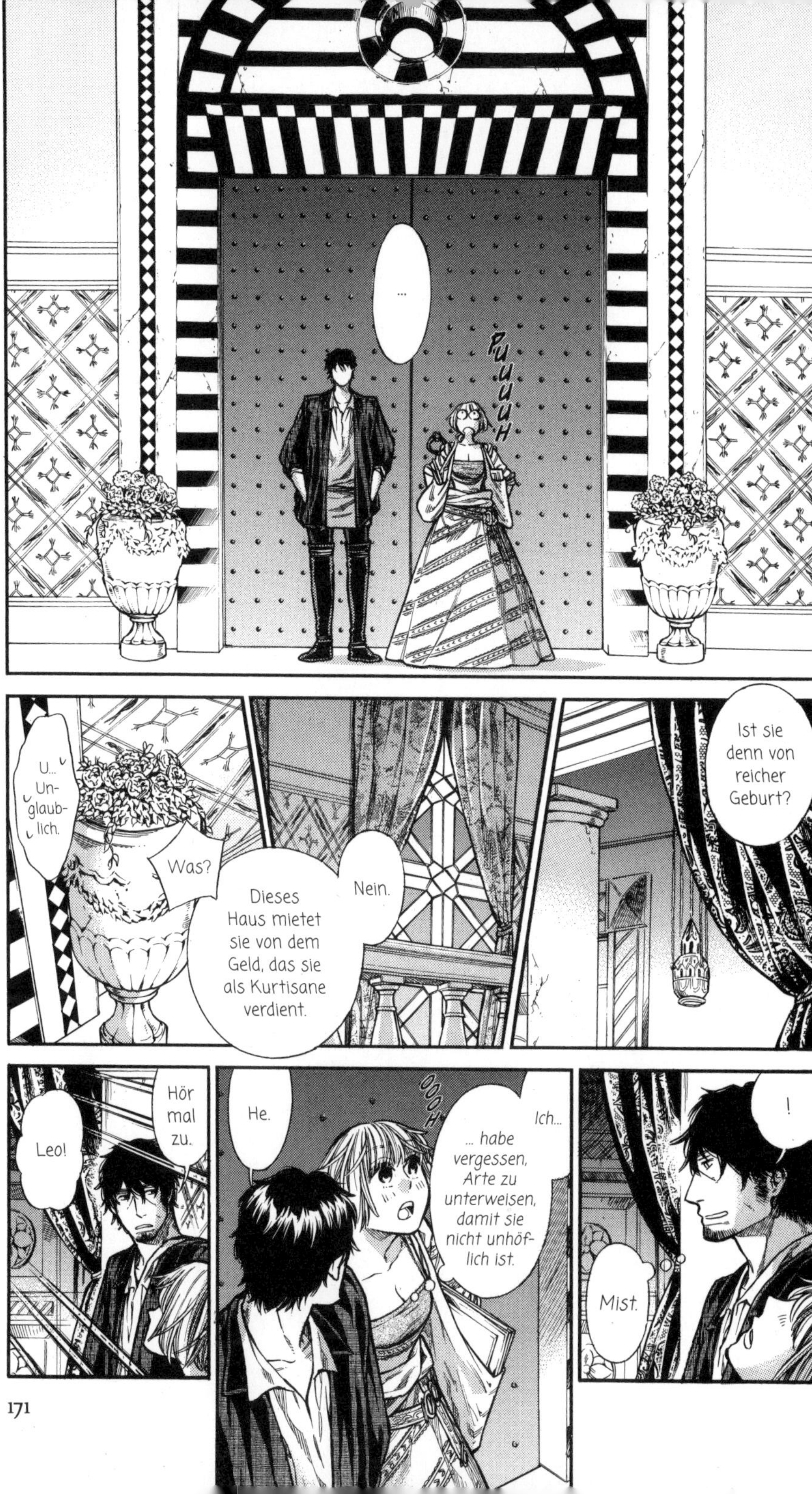
...
PUUUUH
Ist sie denn von reicher Geburt?
Nein.
Dieses Haus mietet sie von dem Geld, das sie als Kurtisane verdient.
Was?
U... Un-glaub-lich.
Hör mal zu.
Leo!
OOOH
Ich...
... habe vergessen, Arte zu unterweisen, damit sie nicht unhöf-lich ist.
He.
!
Mist.

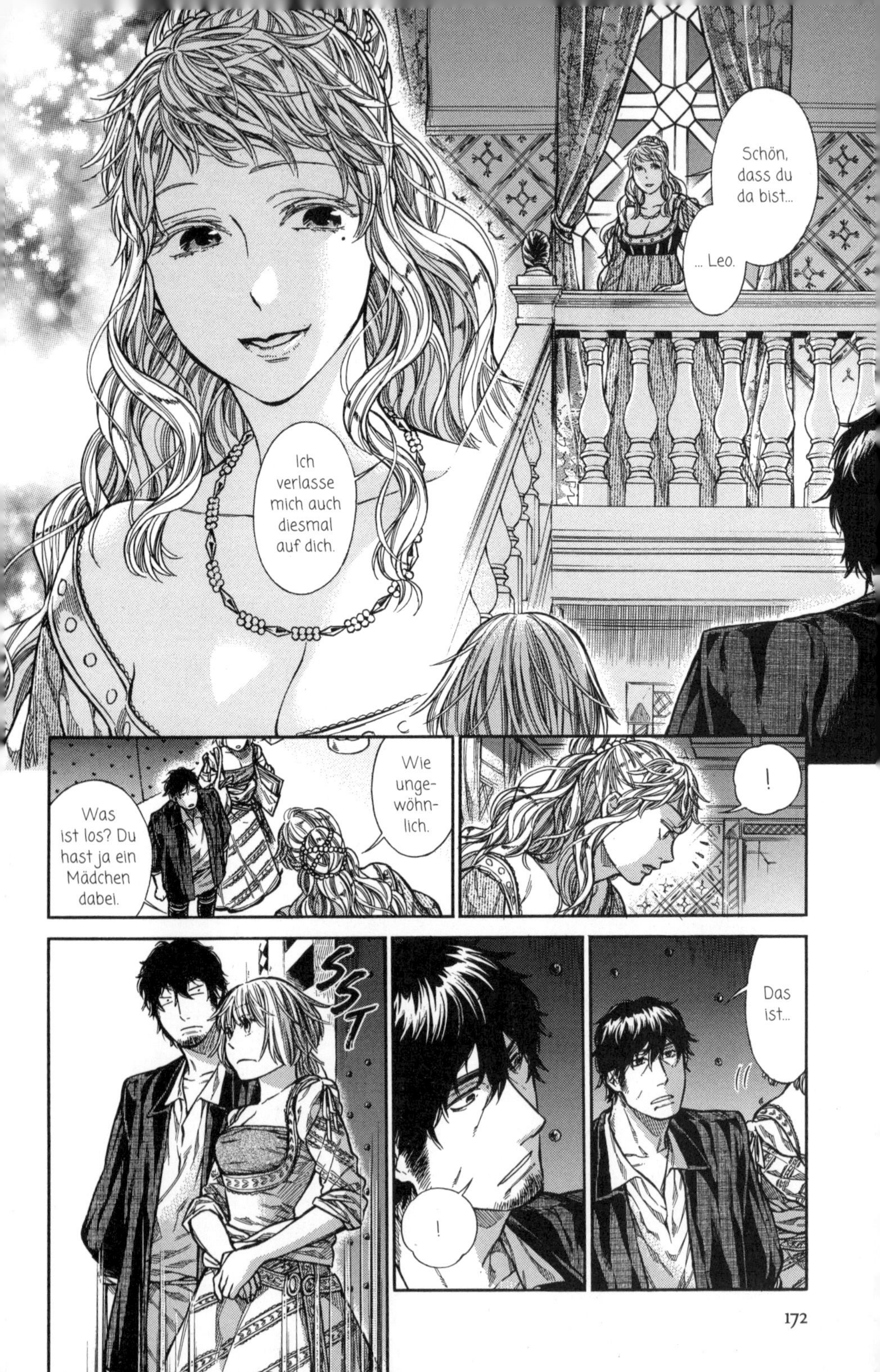

Schön, dass du da bist...
... Leo.
Ich verlasse mich auch diesmal auf dich.
!
Wie unge-wöhn-lich.
Was ist los? Du hast ja ein Mädchen dabei.
Das ist...
!!
!
SST

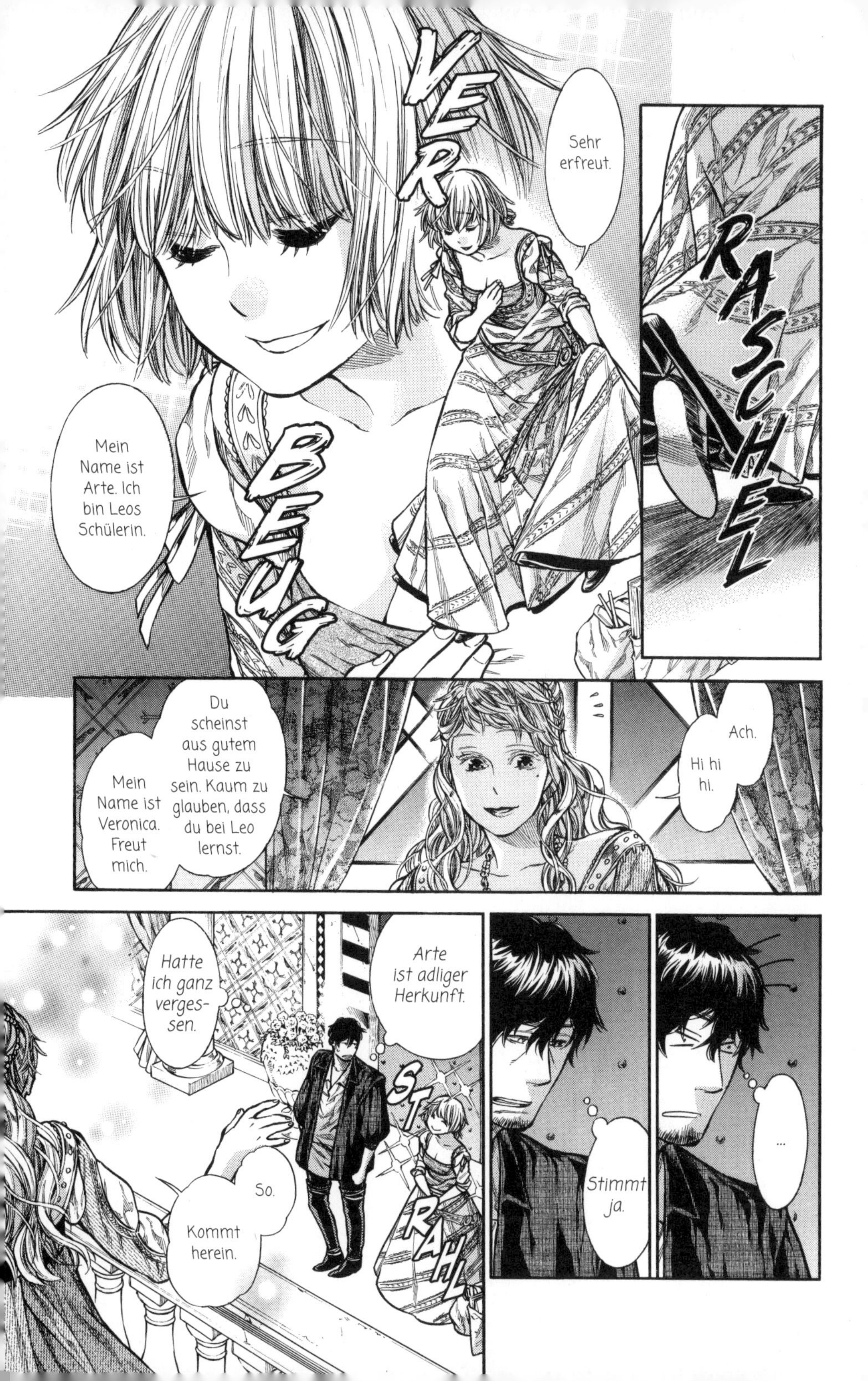
RASCHEL
Sehr erfreut.
VER
BEUG
Mein Name ist Arte. Ich bin Leos Schülerin.
Ach. Hi hi hi.
Du scheinst aus gutem Hause zu sein. Kaum zu glauben, dass du bei Leo lernst.
Mein Name ist Veronica. Freut mich.
...
Stimmt ja.
Arte ist adliger Herkunft.
Hatte ich ganz verges-sen.
STRAHL
So.
Kommt herein.

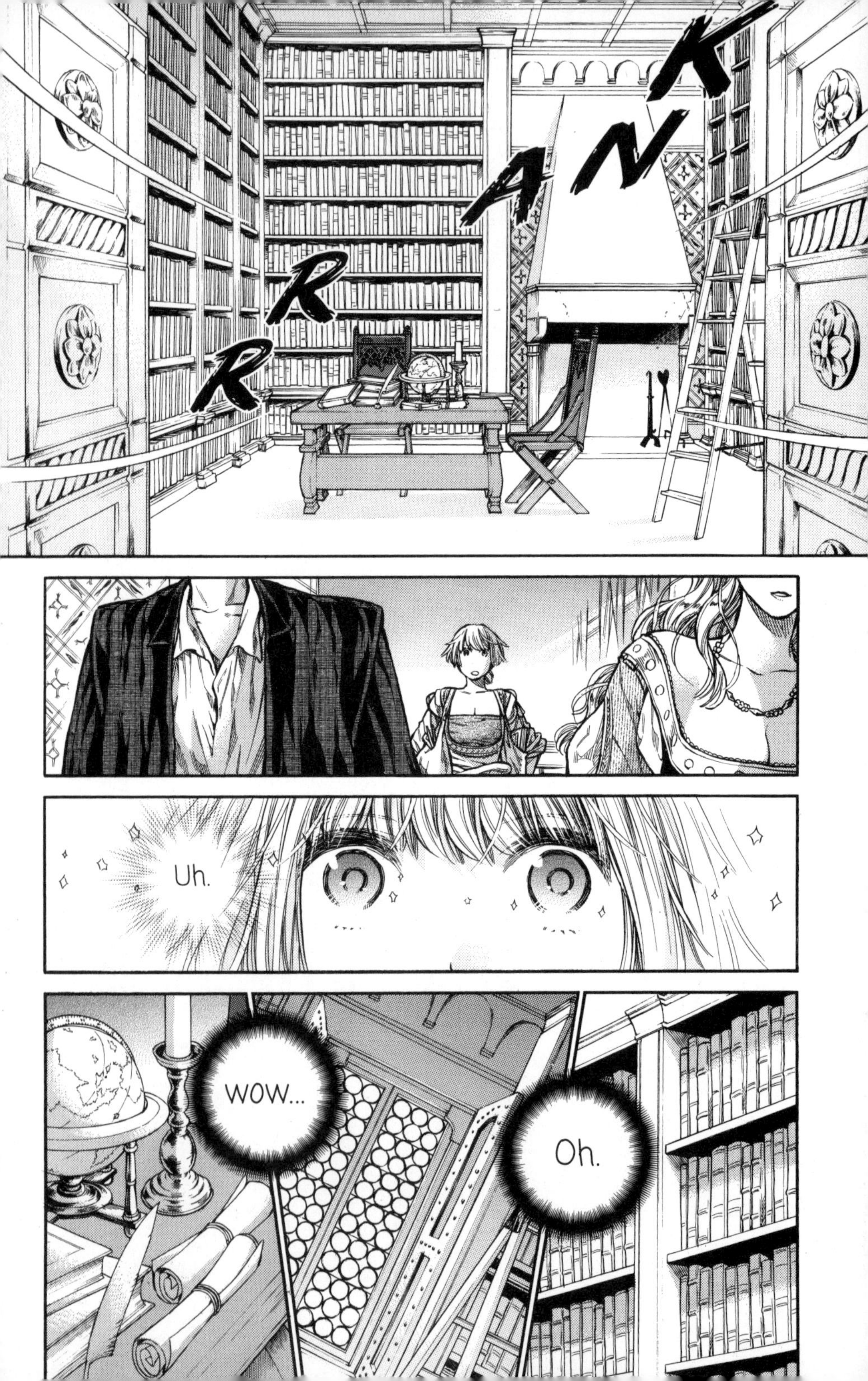

RRANK
Uh.
Oh.
WOW...

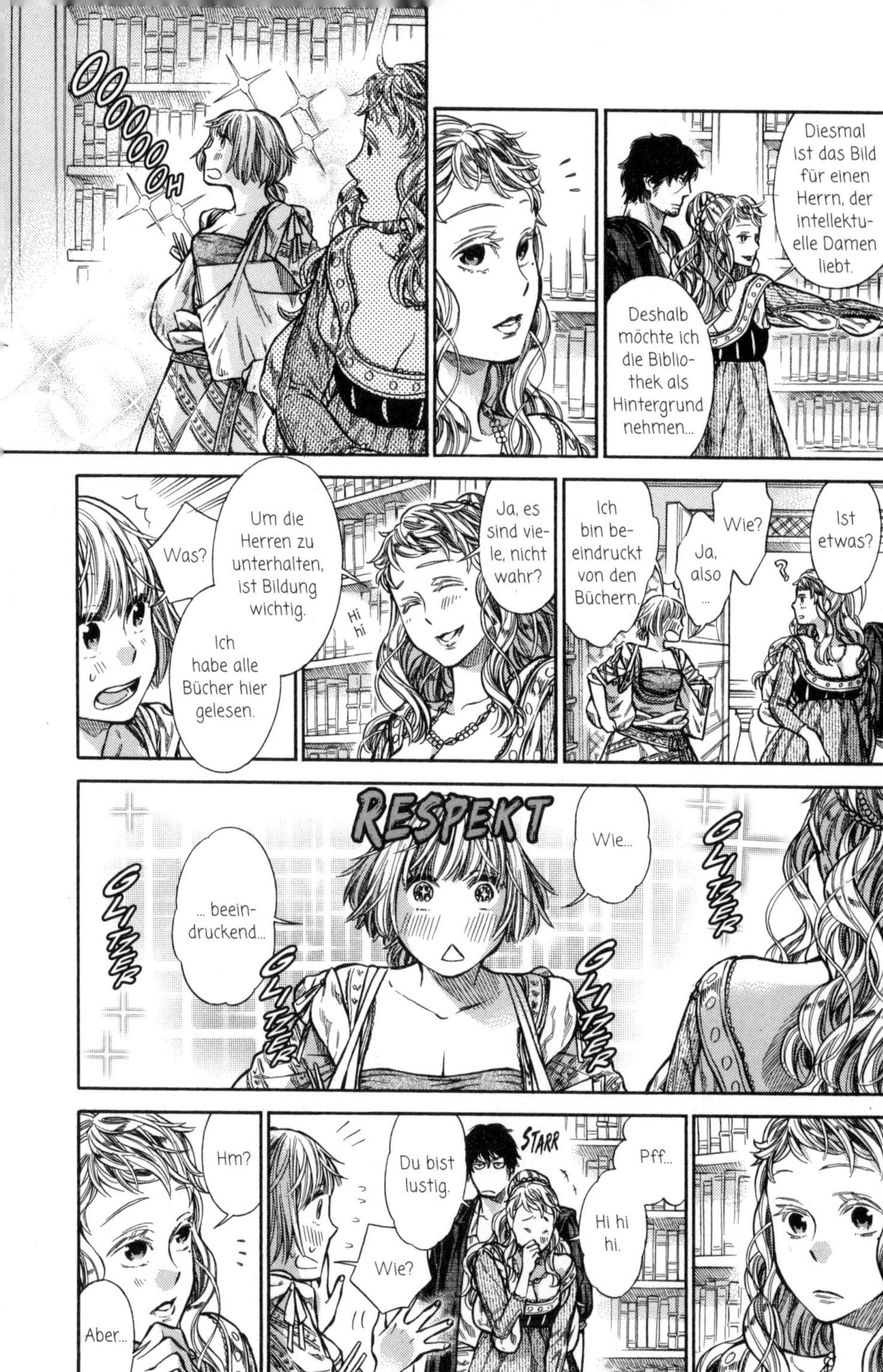
Diesmal ist das Bild für einen Herrn, der intellektuelle Damen liebt.
Deshalb möchte ich die Bibliothek als Hintergrund nehmen...
OOOOOOOH
Ist etwas?
Wie?
Ja, also ...
Ich bin beeindruckt von den Büchern.
Ja, es sind viele, nicht wahr?
Hi hi
Um die Herren zu unterhalten, ist Bildung wichtig.
Ich habe alle Bücher hier gelesen.
Was?
RESPEKT
Wie...
... beeindruckend...
GLITZER
Pff...
Hi hi hi.
STARR
Du bist lustig.
Wie?
Hm?
Aber...

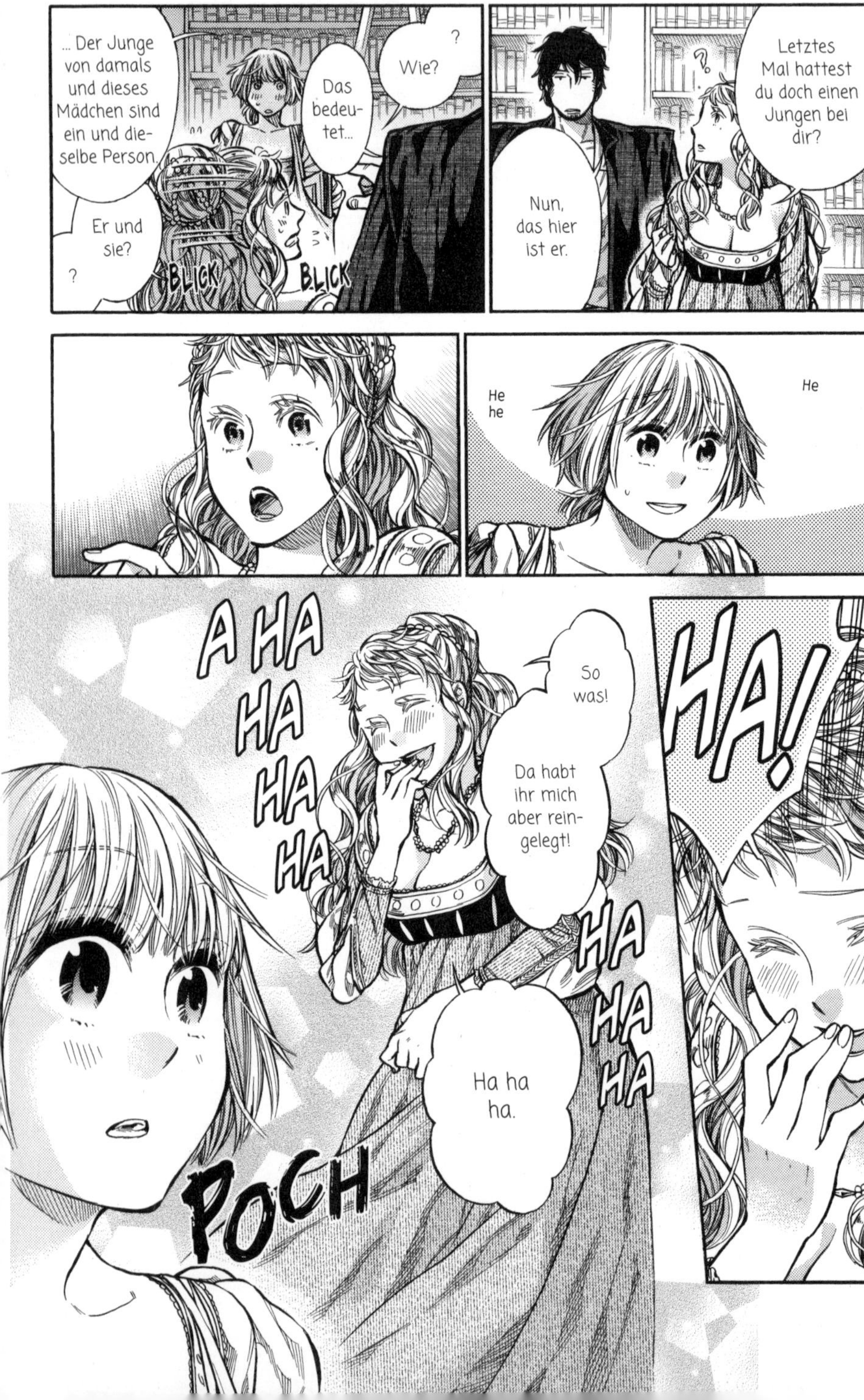
Letztes Mal hattest du doch einen Jungen bei dir?
?
Nun, das hier ist er.
?
Wie?
Das bedeu-tet...
... Der Junge von damals und dieses Mädchen sind ein und die-selbe Person.
Er und sie?
?
BLICK
BLICK
He
He he
HA!
So was!
Da habt ihr mich aber rein-gelegt!
A HA HA HA HA
HA HA HA
Ha ha ha.
POCH

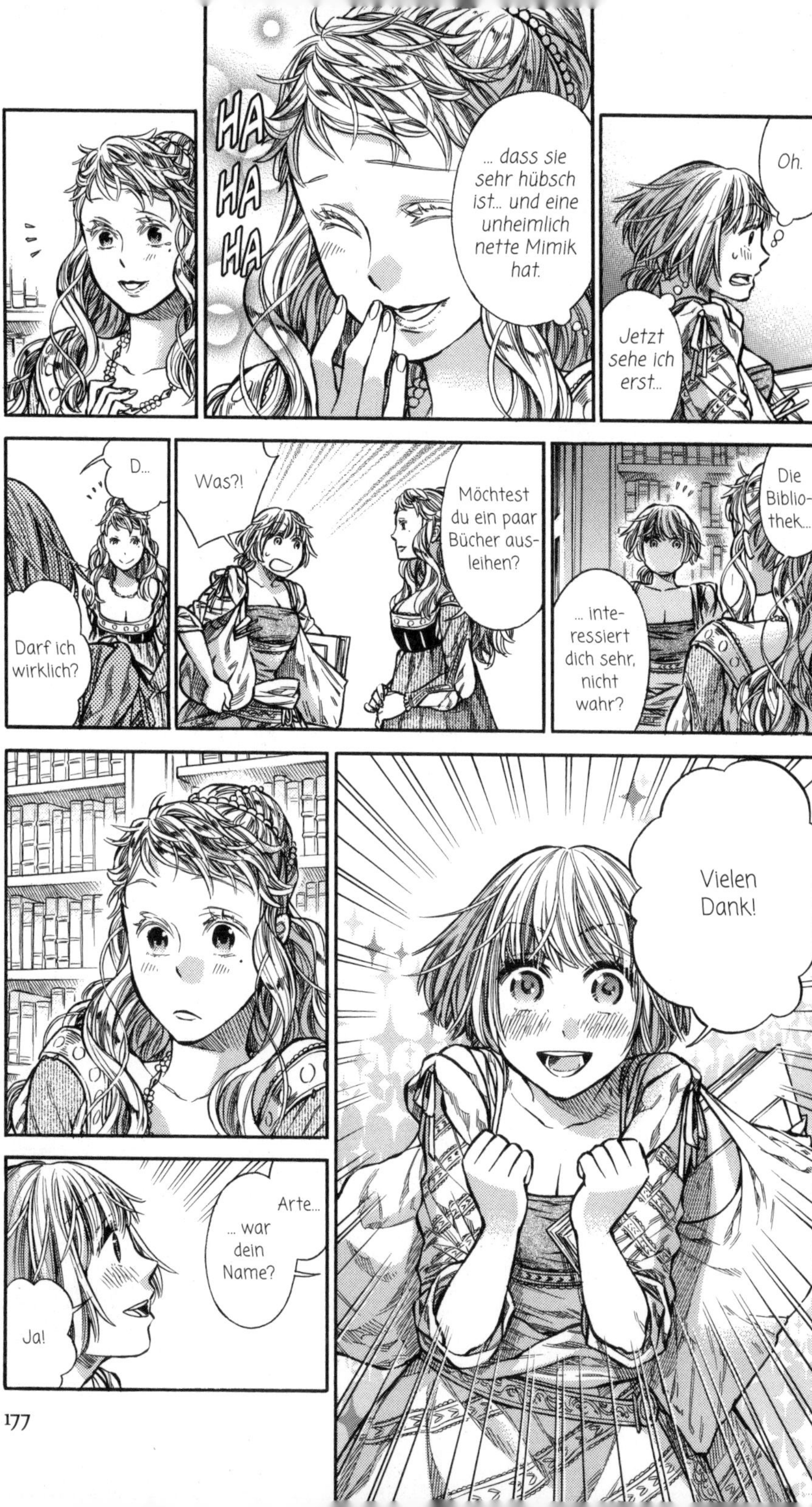
Oh.
Jetzt sehe ich erst...
... dass sie sehr hübsch ist... und eine unheimlich nette Mimik hat.
HA HA HA
Die Bibliothek...
... interessiert dich sehr, nicht wahr?
Möchtest du ein paar Bücher ausleihen?
Was?!
D...
Darf ich wirklich?
Vielen Dank!
Arte...
... war dein Name?
Ja!

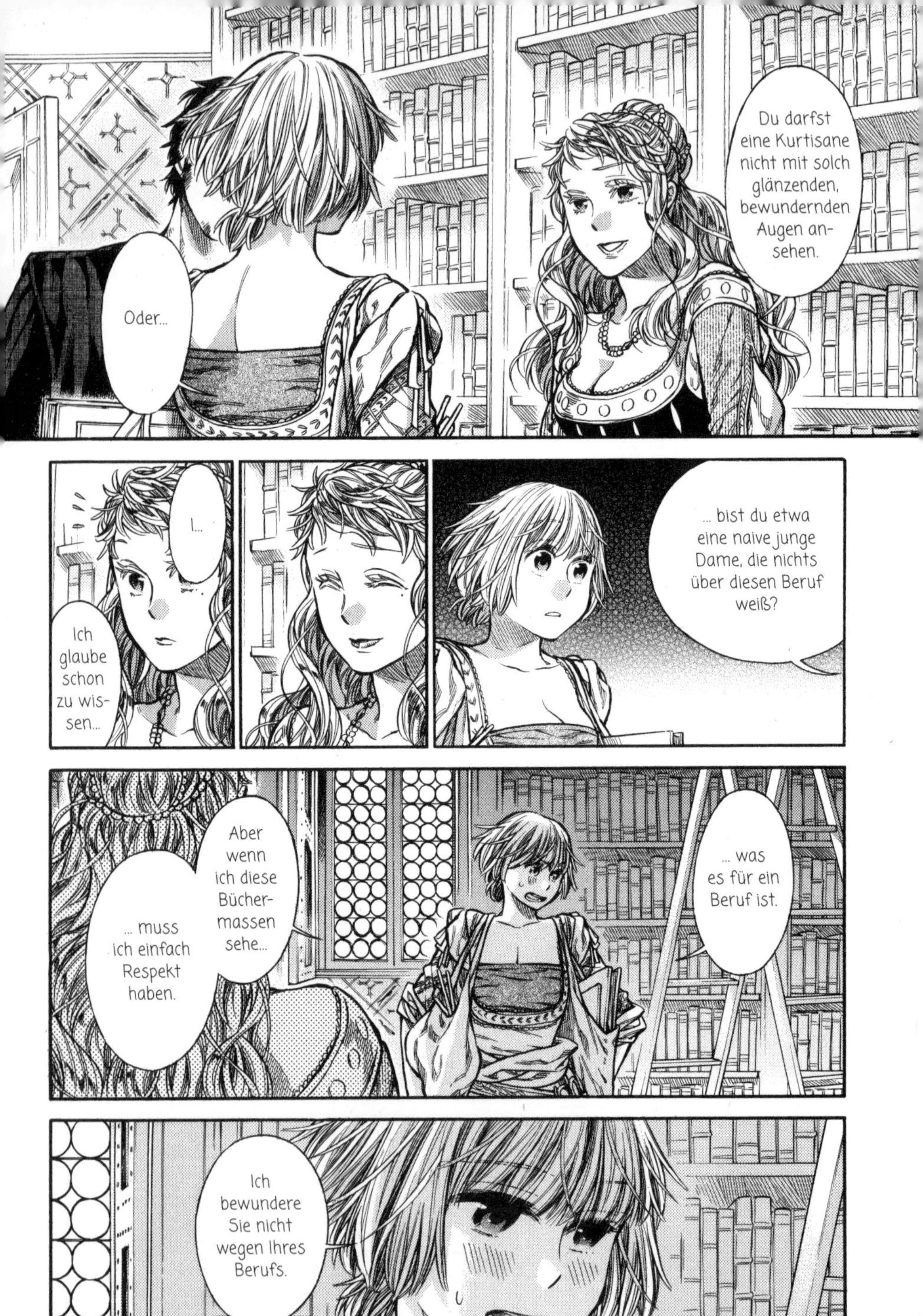
Du darfst eine Kurtisane nicht mit solch glänzenden, bewundernden Augen ansehen.
Oder…
… bist du etwa eine naive junge Dame, die nichts über diesen Beruf weiß?
I…
Ich glaube schon zu wissen…
… was es für ein Beruf ist.
Aber wenn ich diese Büchermassen sehe…
… muss ich einfach Respekt haben.
Ich bewundere Sie nicht wegen Ihres Berufs.

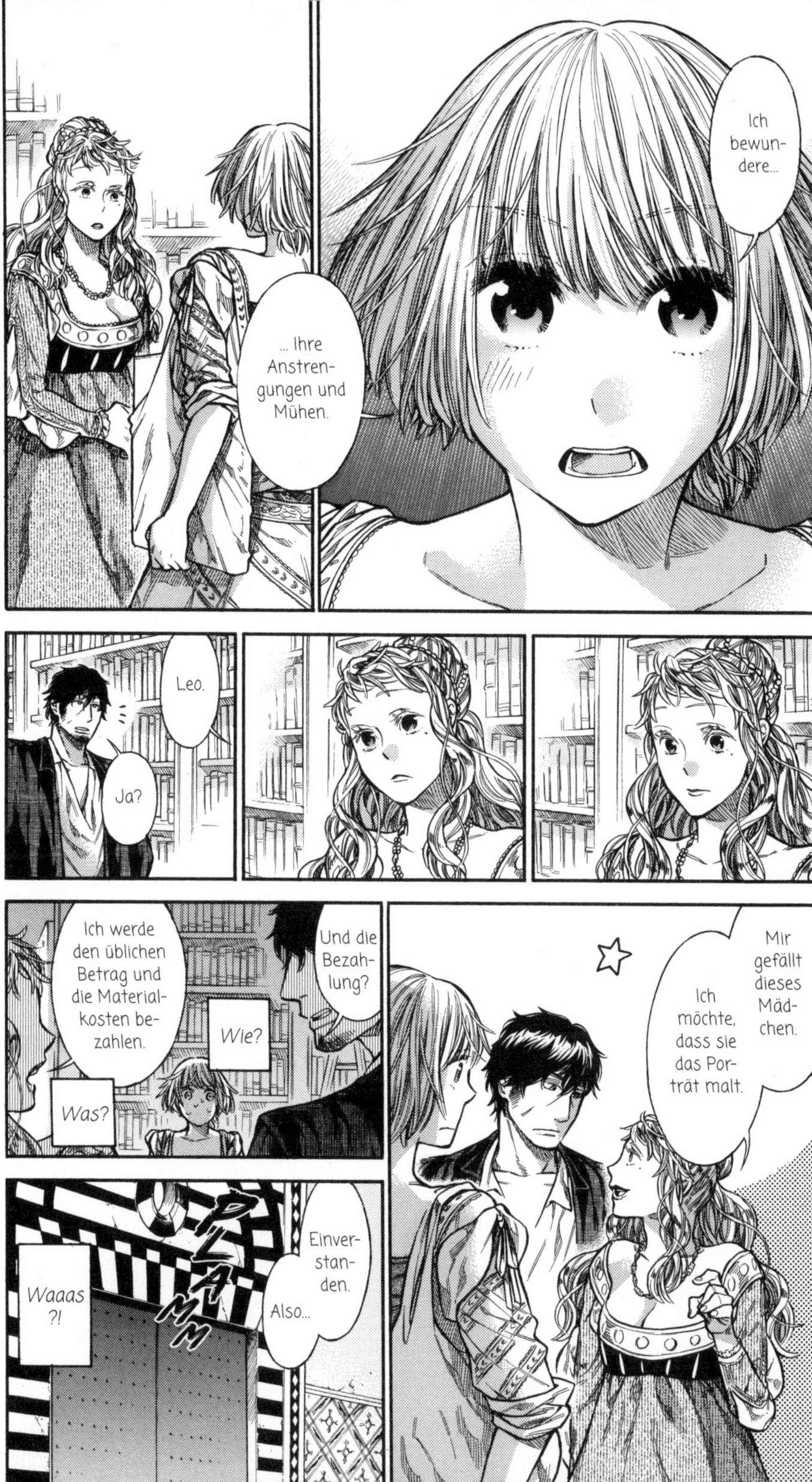
Ich bewundere...
... Ihre Anstrengungen und Mühen.
Leo.
Ja?
Mir gefällt dieses Mädchen.
Ich möchte, dass sie das Porträt malt.
Und die Bezahlung?
Ich werde den üblichen Betrag und die Materialkosten bezahlen.
Wie?
Was?
Einverstanden.
Also...
PLAMM
Waaas?!

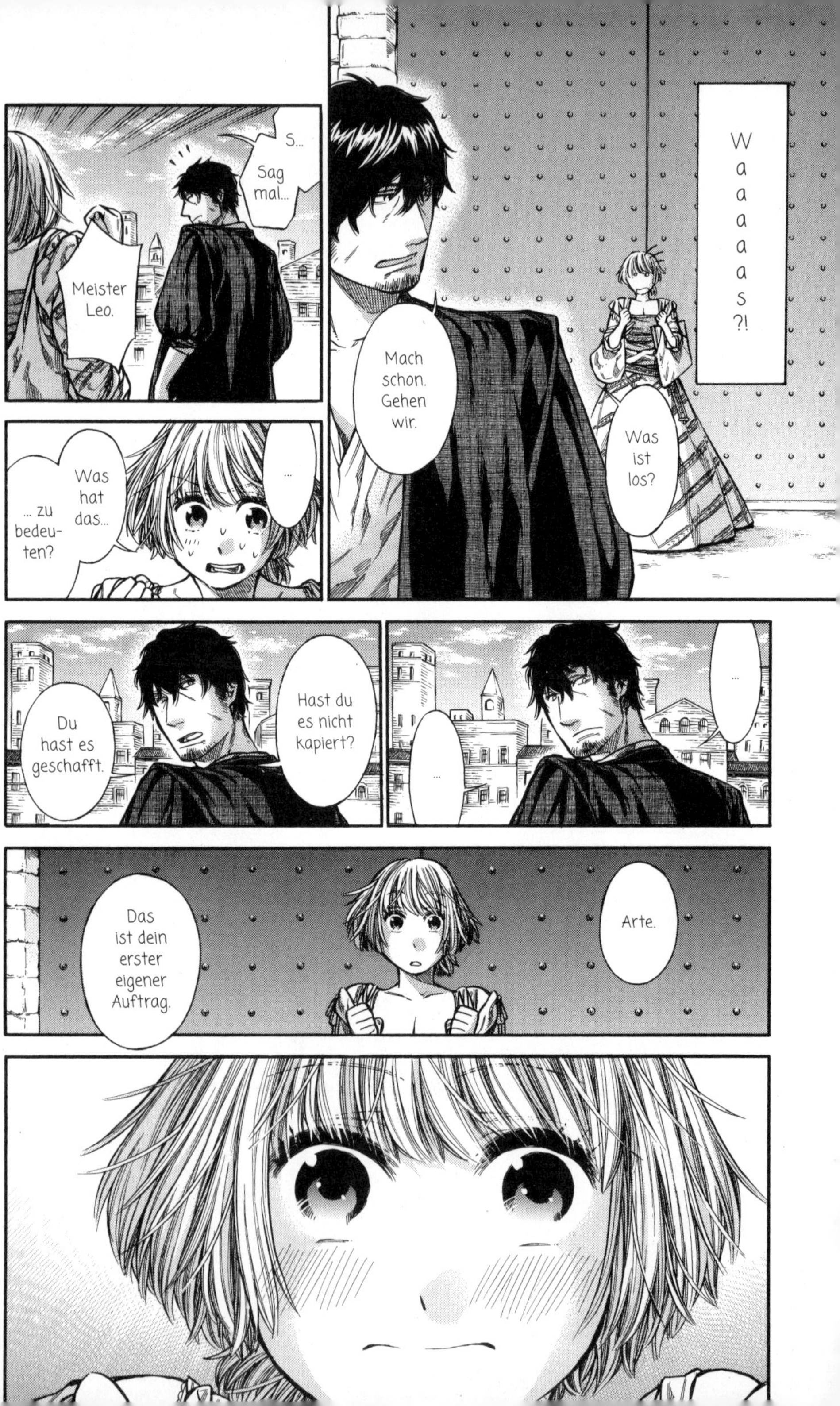
Waaaaas?!
Was ist los?
Mach schon. Gehen wir.
S... Sag mal...
Meister Leo.
...
Was hat das... ... zu bedeuten?
...
...
Hast du es nicht kapiert?
Du hast es geschafft.
Arte.
Das ist dein erster eigener Auftrag.

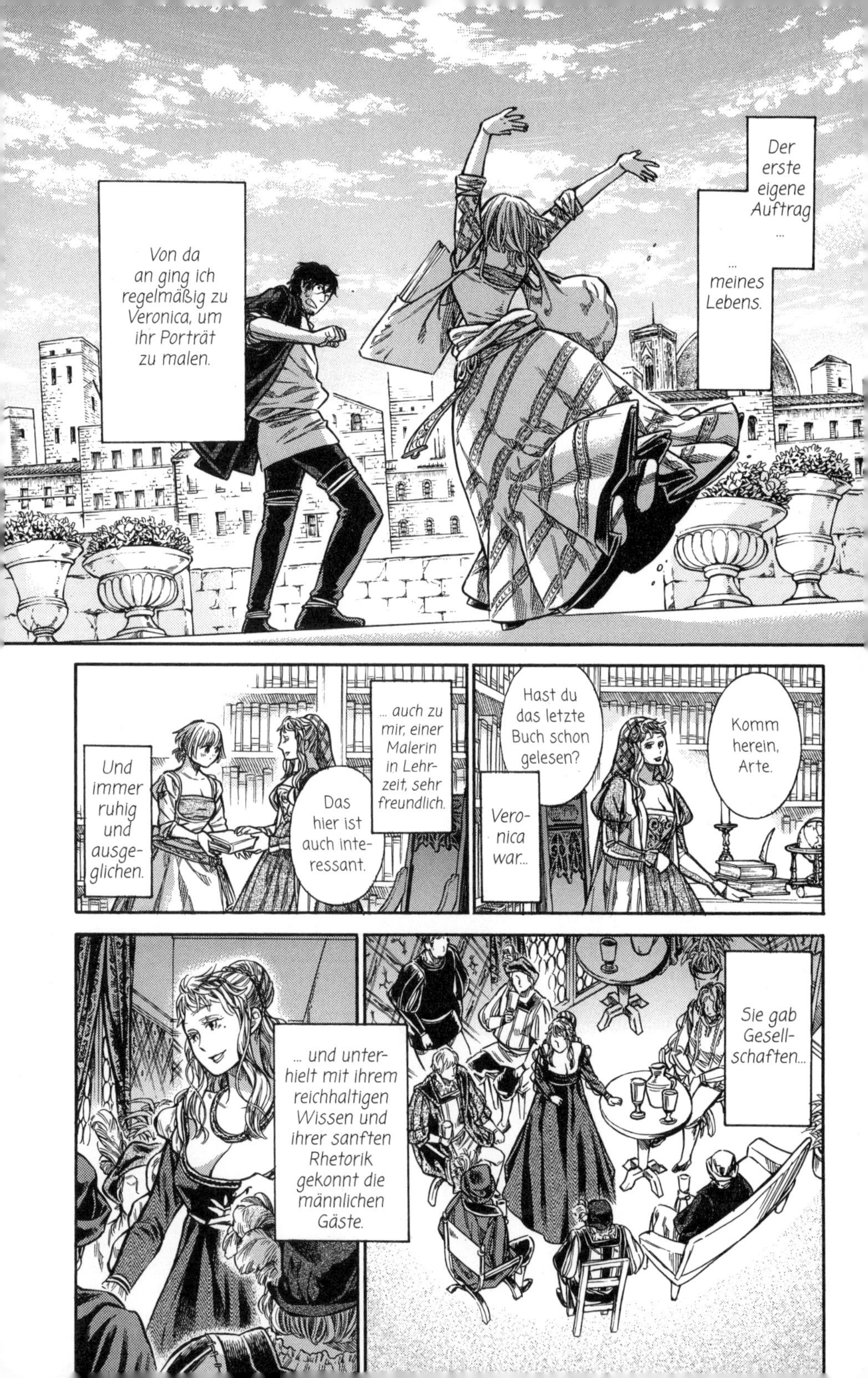
Der erste eigene Auftrag ...
... meines Lebens.
Von da an ging ich regelmäßig zu Veronica, um ihr Porträt zu malen.
Komm herein, Arte.
Hast du das letzte Buch schon gelesen?
Veronica war...
... auch zu mir, einer Malerin in Lehrzeit, sehr freundlich.
Das hier ist auch interessant.
Und immer ruhig und ausgeglichen.
Sie gab Gesellschaften...
... und unterhielt mit ihrem reichhaltigen Wissen und ihrer sanften Rhetorik gekonnt die männlichen Gäste.

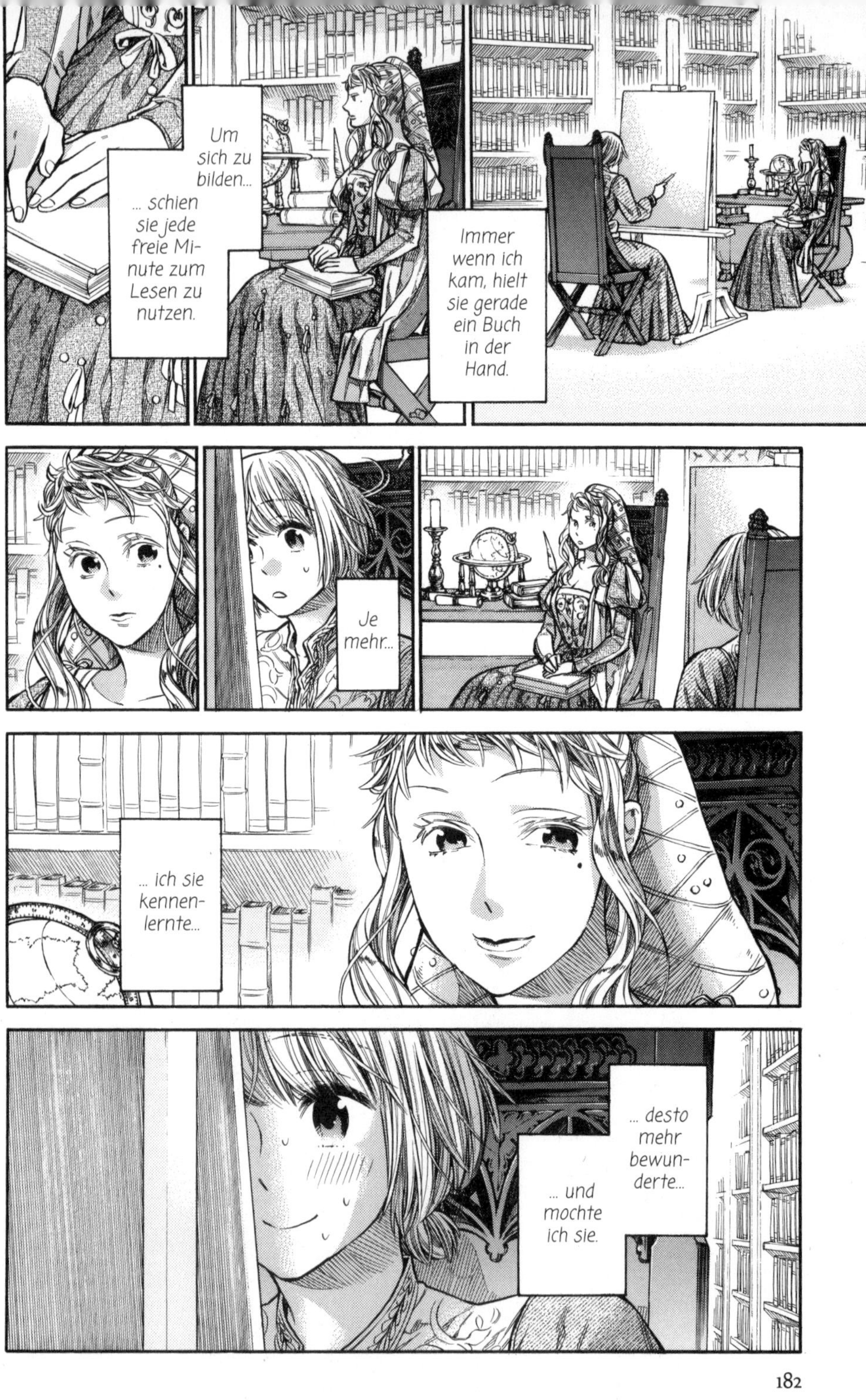
Um sich zu bilden...
... schien sie jede freie Minute zum Lesen zu nutzen.
Immer wenn ich kam, hielt sie gerade ein Buch in der Hand.
Je mehr...
... ich sie kennenlernte...
... desto mehr bewunderte...
... und mochte ich sie.

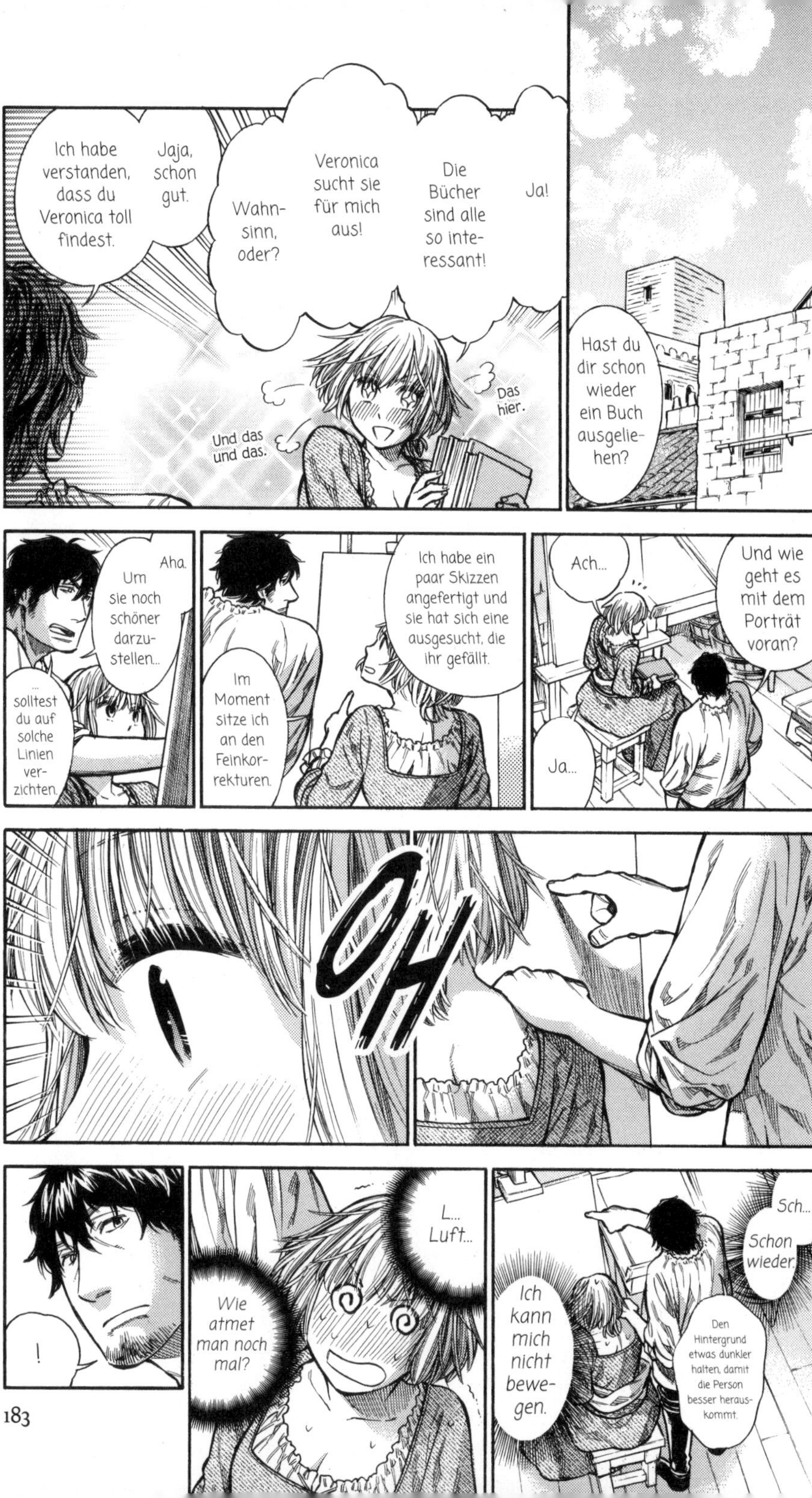
Hast du dir schon wieder ein Buch ausgeliehen?
Ja!
Die Bücher sind alle so interessant!
Veronica sucht sie für mich aus!
Wahnsinn, oder?
Das hier.
Und das und das.
Jaja, schon gut.
Ich habe verstanden, dass du Veronica toll findest.
Und wie geht es mit dem Porträt voran?
Ach...
Ja...
Ich habe ein paar Skizzen angefertigt und sie hat sich eine ausgesucht, die ihr gefällt.
Im Moment sitze ich an den Feinkorrekturen.
Aha.
Um sie noch schöner darzustellen...
... solltest du auf solche Linien verzichten.
OH
Sch...
Schon wieder.
Den Hintergrund etwas dunkler halten, damit die Person besser herauskommt.
Ich kann mich nicht bewegen.
L... Luft...
Wie atmet man noch mal?
!

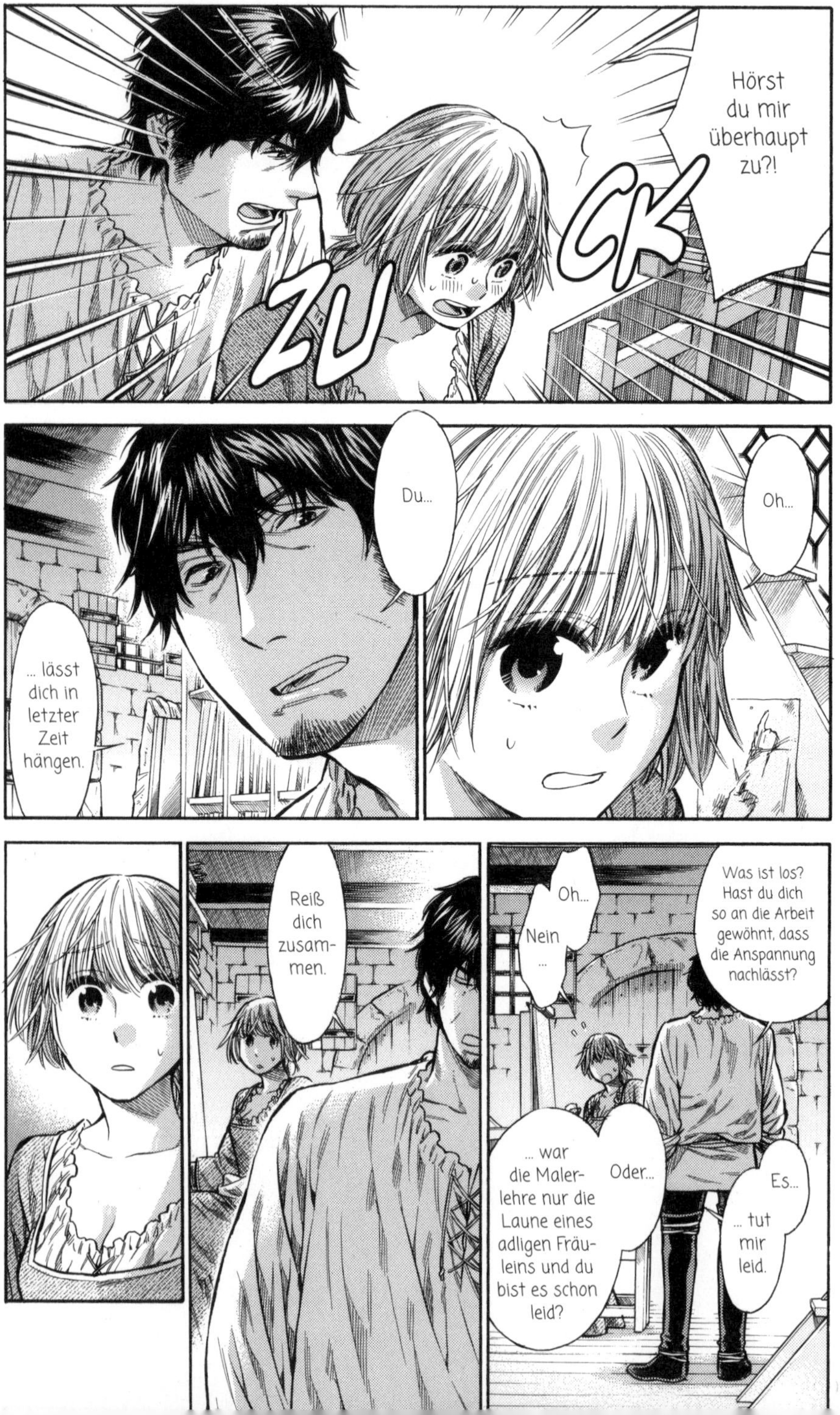
Hörst du mir überhaupt zu?!
ZUCK
Oh...
Du...
... lässt dich in letzter Zeit hängen.
Was ist los? Hast du dich so an die Arbeit gewöhnt, dass die Anspannung nachlässt?
Oh...
Nein ...
Es...
... tut mir leid.
Oder...
... war die Malerlehre nur die Laune eines adligen Fräuleins und du bist es schon leid?
Reiß dich zusammen.

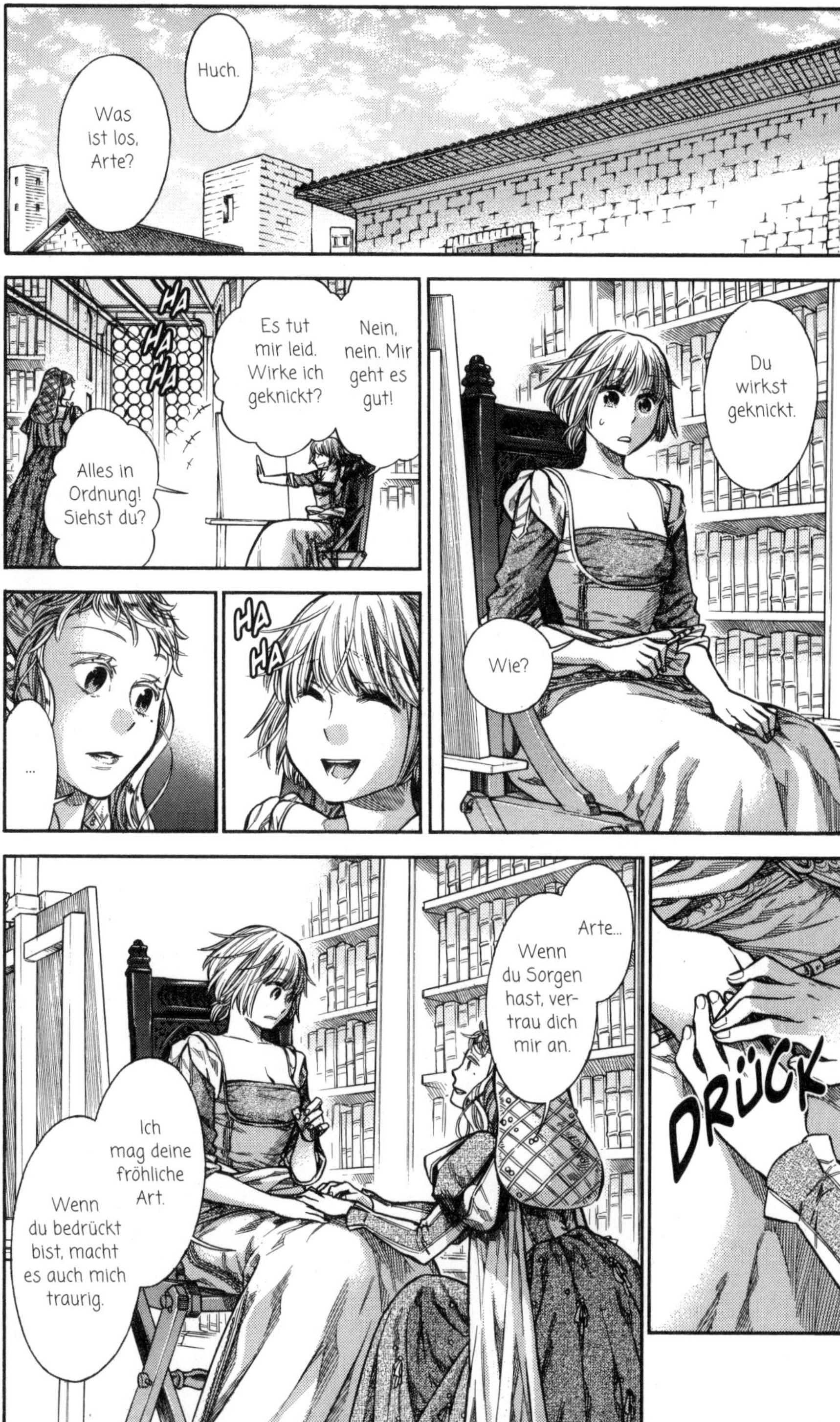
Huch.
Was ist los, Arte?
Du wirkst geknickt.
Wie?
Nein, nein. Mir geht es gut!
Es tut mir leid. Wirke ich geknickt?
HA HA HA
Alles in Ordnung! Siehst du?
HA HA
...
DRÜCK
Arte... Wenn du Sorgen hast, vertrau dich mir an.
Ich mag deine fröhliche Art.
Wenn du bedrückt bist, macht es auch mich traurig.

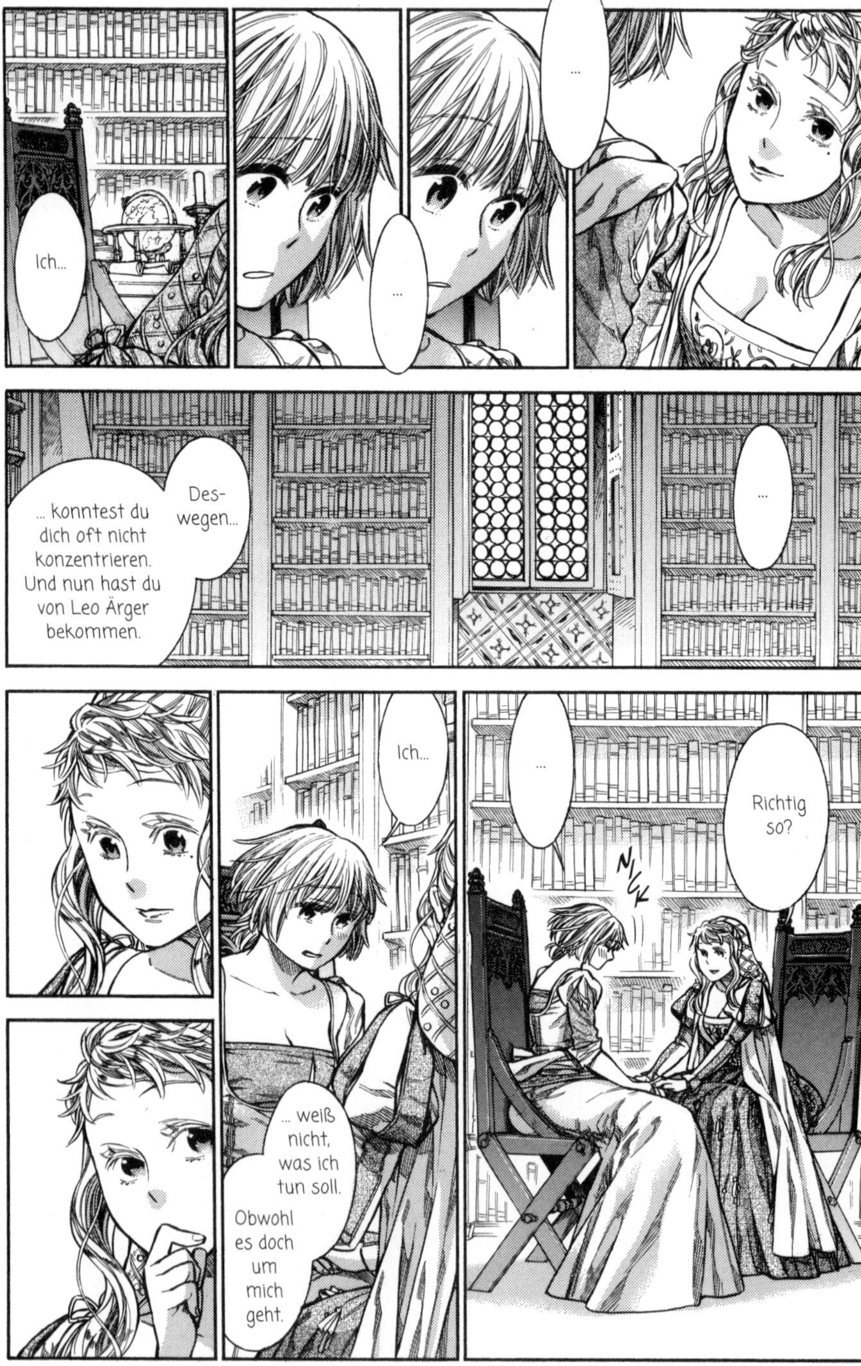
...
...
Ich...
...
Des-wegen...
... konntest du dich oft nicht konzentrieren. Und nun hast du von Leo Ärger bekommen.
Richtig so?
...
NICK
Ich...
... weiß nicht, was ich tun soll.
Obwohl es doch um mich geht.

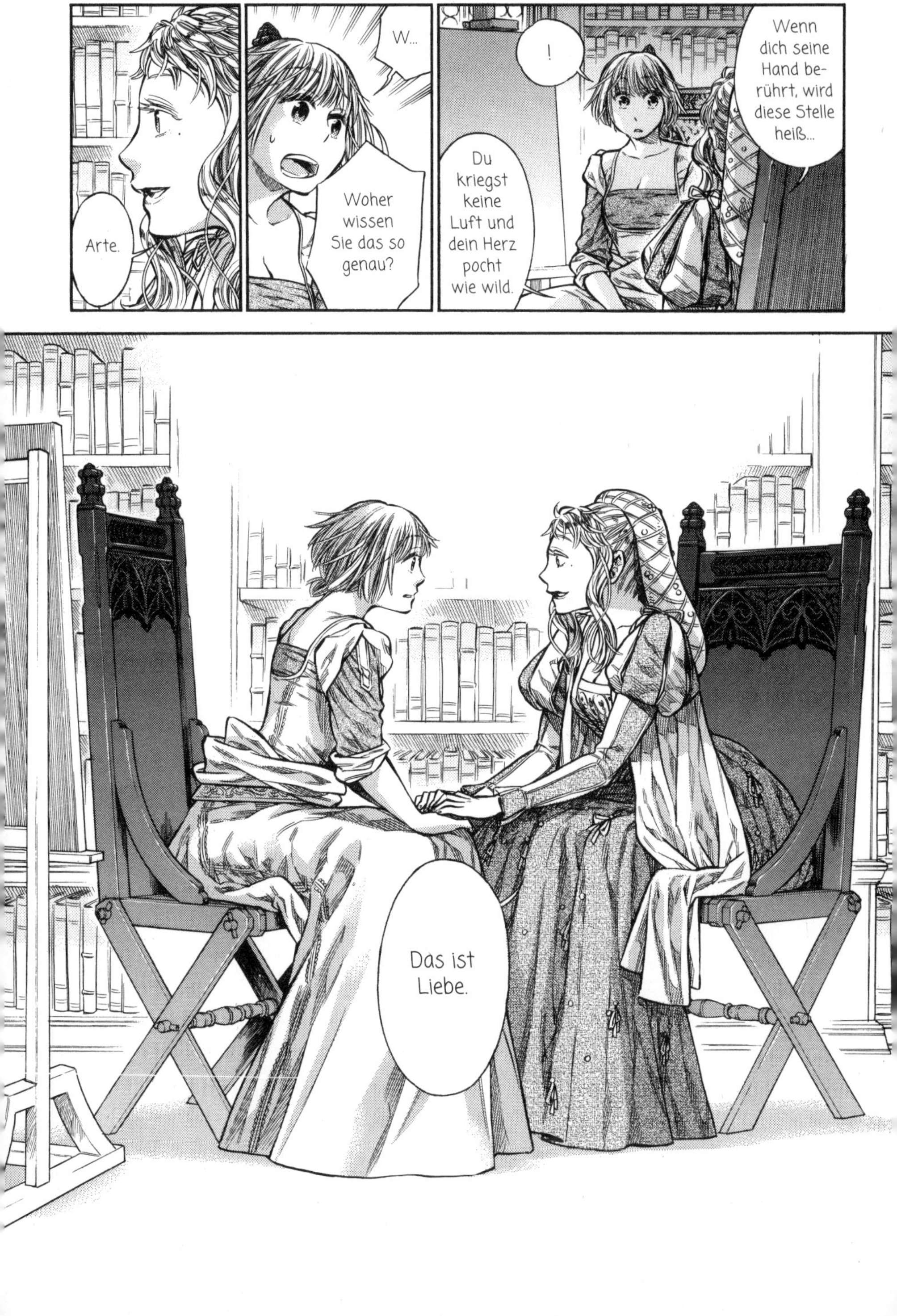
Wenn dich seine Hand berührt, wird diese Stelle heiß...
!
Du kriegst keine Luft und dein Herz pocht wie wild.
W...
Woher wissen Sie das so genau?
Arte.
Das ist Liebe.

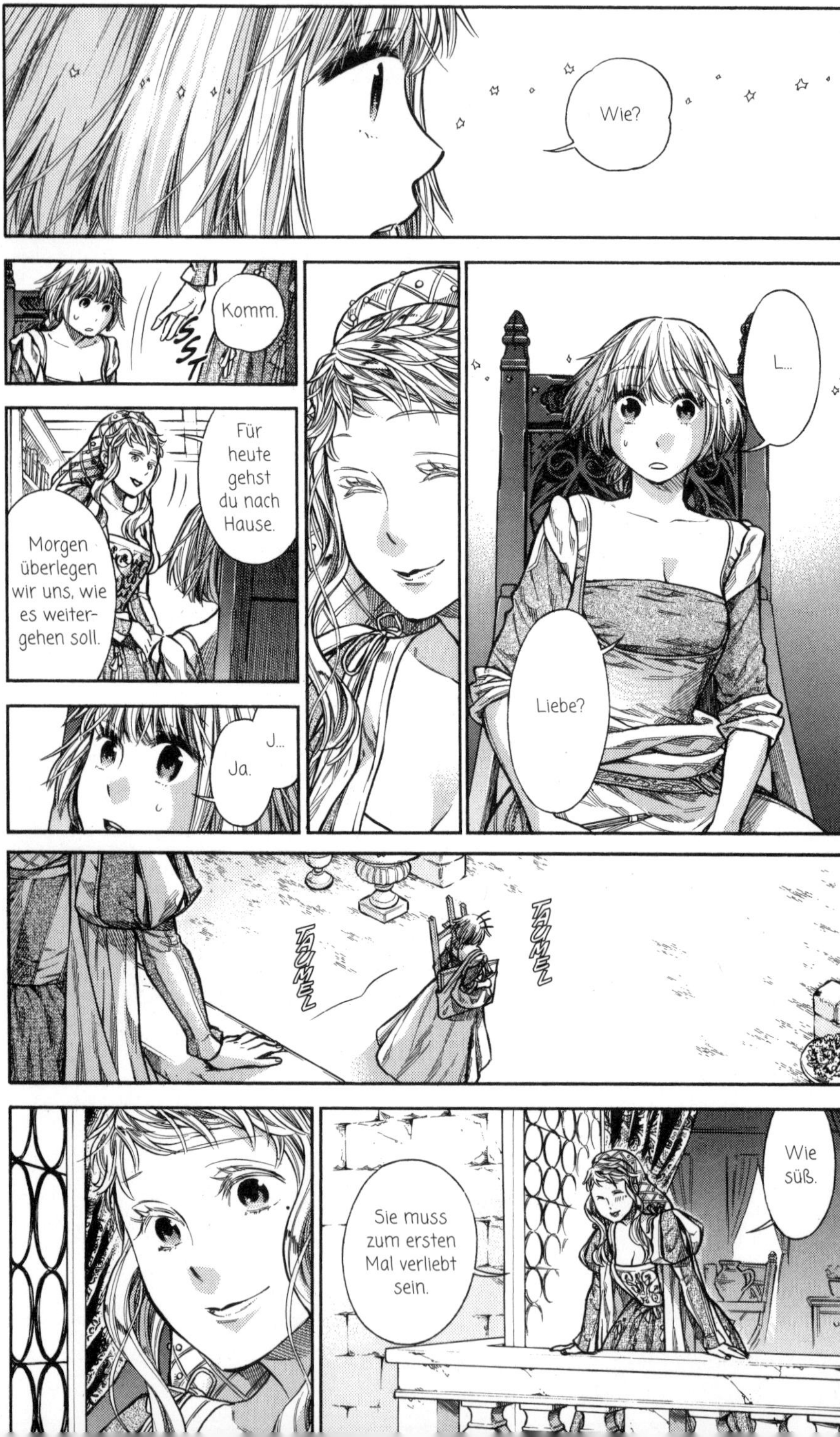
Wie?
L...
Liebe?
Komm.
SST
Für heute gehst du nach Hause.
Morgen überlegen wir uns, wie es weitergehen soll.
J... Ja.
TAUMEL
TAUMEL
Wie süß.
Sie muss zum ersten Mal verliebt sein.

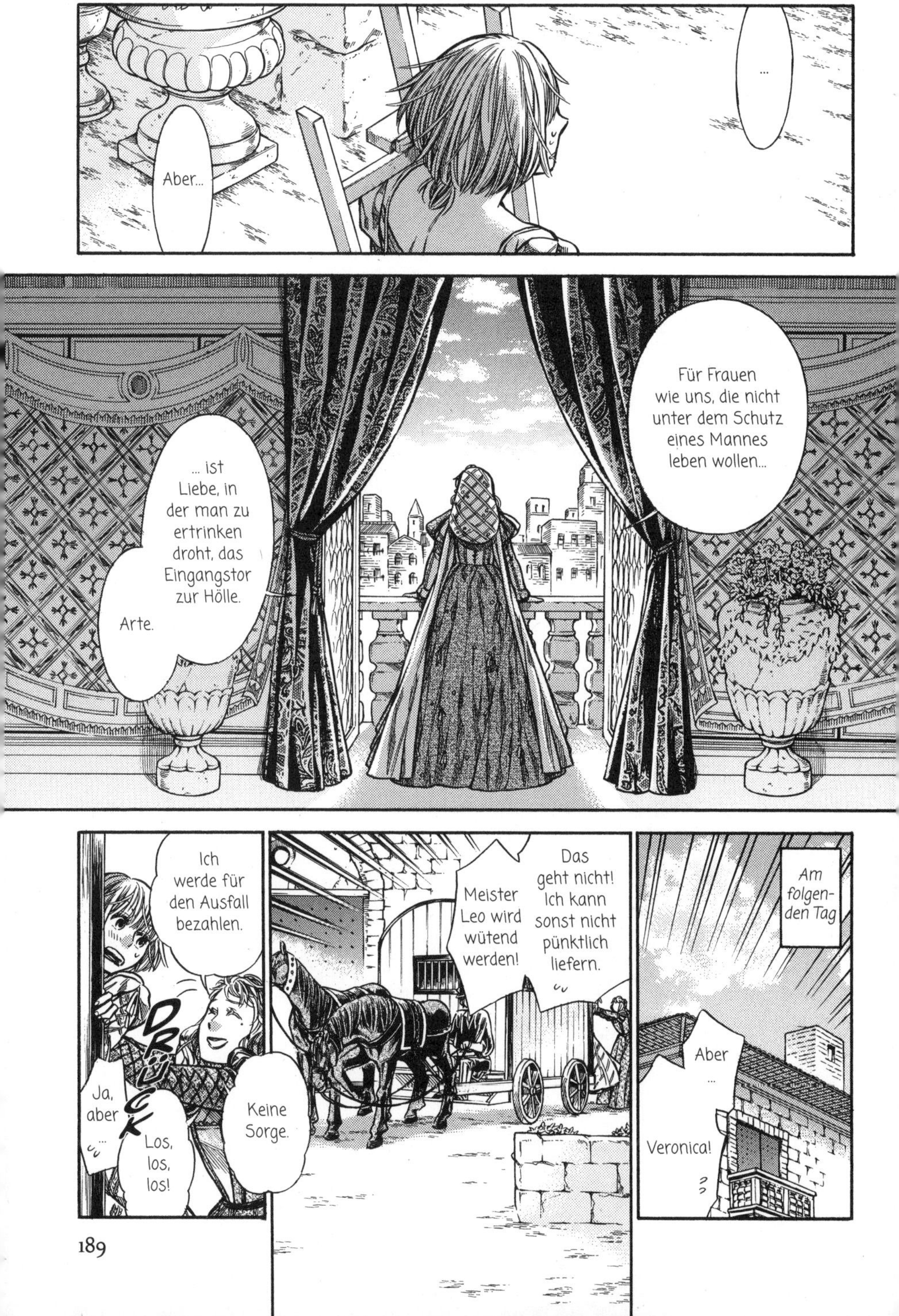

...
Aber...
Für Frauen wie uns, die nicht unter dem Schutz eines Mannes leben wollen...
... ist Liebe, in der man zu ertrinken droht, das Eingangstor zur Hölle.
Arte.
Am folgenden Tag
Veronica!
Aber ...
Das geht nicht! Ich kann sonst nicht pünktlich liefern.
Meister Leo wird wütend werden!
Keine Sorge.
Ich werde für den Ausfall bezahlen.
DRÜCK
Los, los, los!
Ja, aber ...

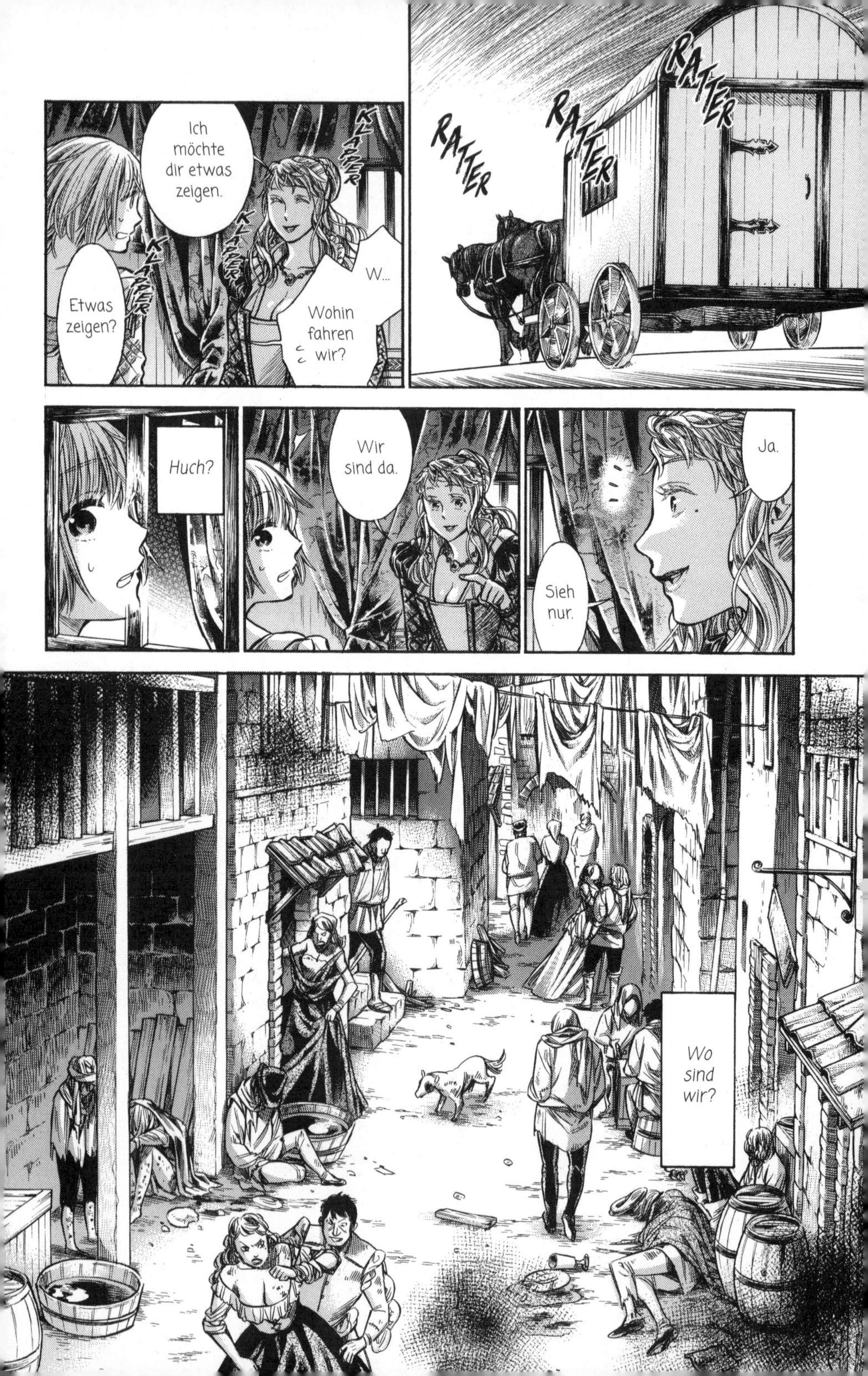
RATTER
RATTER
RATTER
Ich möchte dir etwas zeigen.
KLAPPER
KLAPPER
KLAPPER
Etwas zeigen?
W...
Wohin fahren wir?
Ja.
...
Sieh nur.
Wir sind da.
Huch?
Wo sind wir?

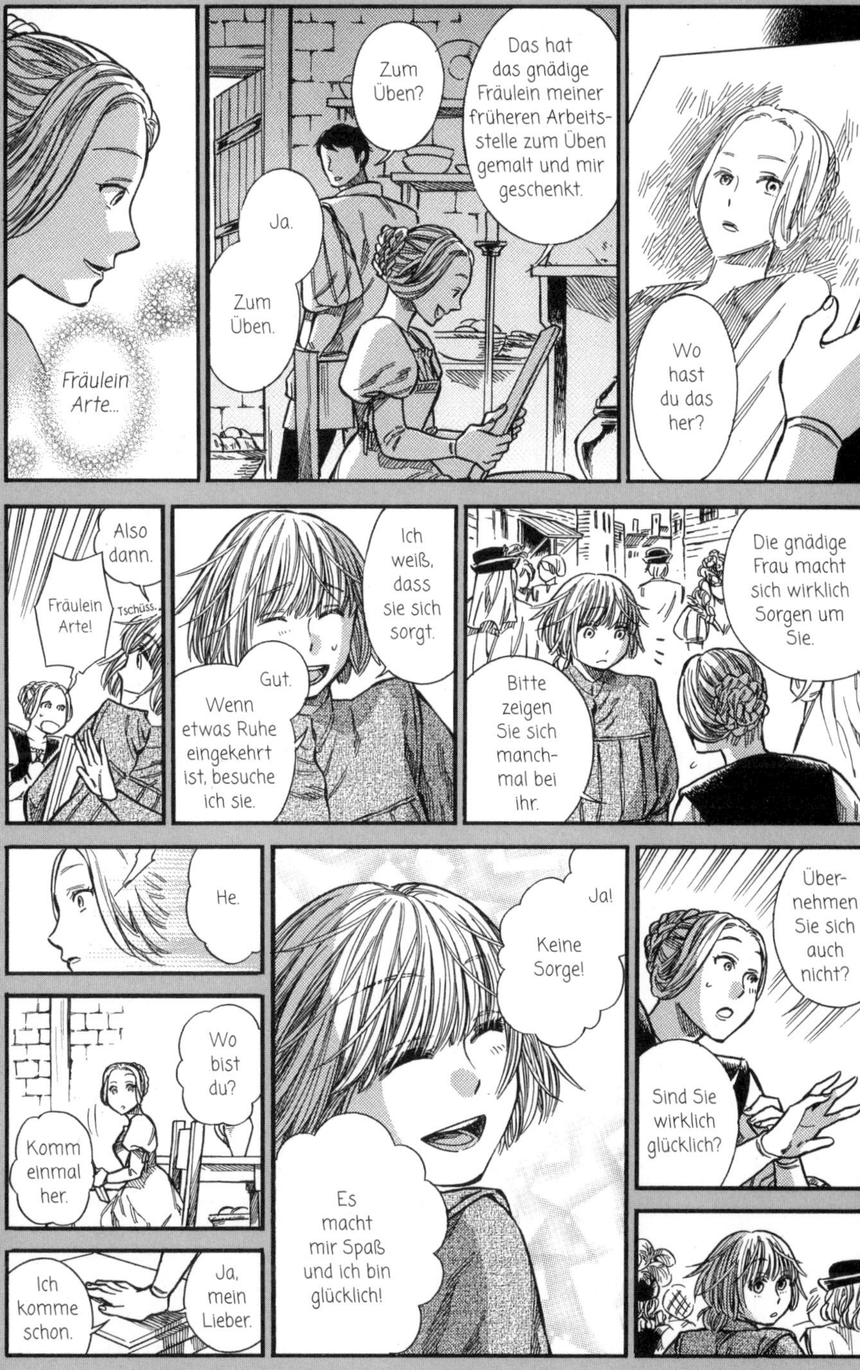
Wo hast du das her?
Das hat das gnädige Fräulein meiner früheren Arbeitsstelle zum Üben gemalt und mir geschenkt.
Zum Üben?
Ja.
Zum Üben.
Fräulein Arte...
Die gnädige Frau macht sich wirklich Sorgen um Sie.
Bitte zeigen Sie sich manchmal bei ihr.
Ich weiß, dass sie sich sorgt.
Gut. Wenn etwas Ruhe eingekehrt ist, besuche ich sie.
Also dann.
Tschüss.
Fräulein Arte!
Übernehmen Sie sich auch nicht?
Sind Sie wirklich glücklich?
Ja!
Keine Sorge!
Es macht mir Spaß und ich bin glücklich!
He.
Wo bist du?
Komm einmal her.
Ja, mein Lieber.
Ich komme schon.

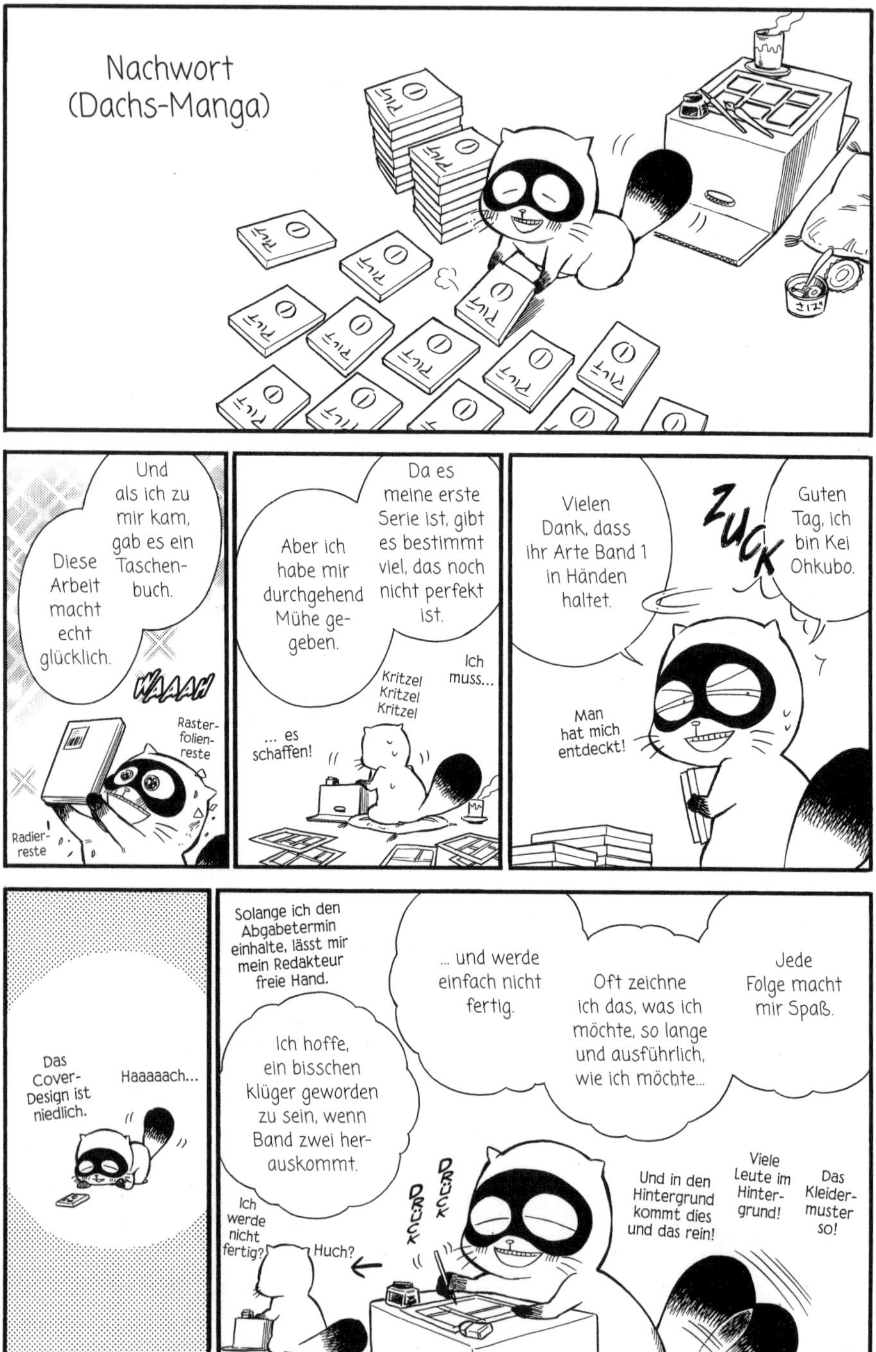
Nachwort (Dachs-Manga)
Guten Tag, ich bin Kei Ohkubo.
ZUCK
Vielen Dank, dass ihr Arte Band 1 in Händen haltet.
Man hat mich entdeckt!
Da es meine erste Serie ist, gibt es bestimmt viel, das noch nicht perfekt ist.
Aber ich habe mir durchgehend Mühe gegeben.
Ich muss...
Kritzel Kritzel Kritzel
... es schaffen!
Und als ich zu mir kam, gab es ein Taschenbuch.
Diese Arbeit macht echt glücklich.
WAAAH
Rasterfolienreste
Radierreste
Jede Folge macht mir Spaß.
Oft zeichne ich das, was ich möchte, so lange und ausführlich, wie ich möchte...
... und werde einfach nicht fertig.
Solange ich den Abgabetermin einhalte, lässt mir mein Redakteur freie Hand.
Das Kleidermuster so!
Viele Leute im Hintergrund!
Und in den Hintergrund kommt dies und das rein!
DRUCK
DRUCK
Ich hoffe, ein bisschen klüger geworden zu sein, wenn Band zwei herauskommt.
Huch?
Ich werde nicht fertig?
Haaaaach...
Das Cover-Design ist niedlich.

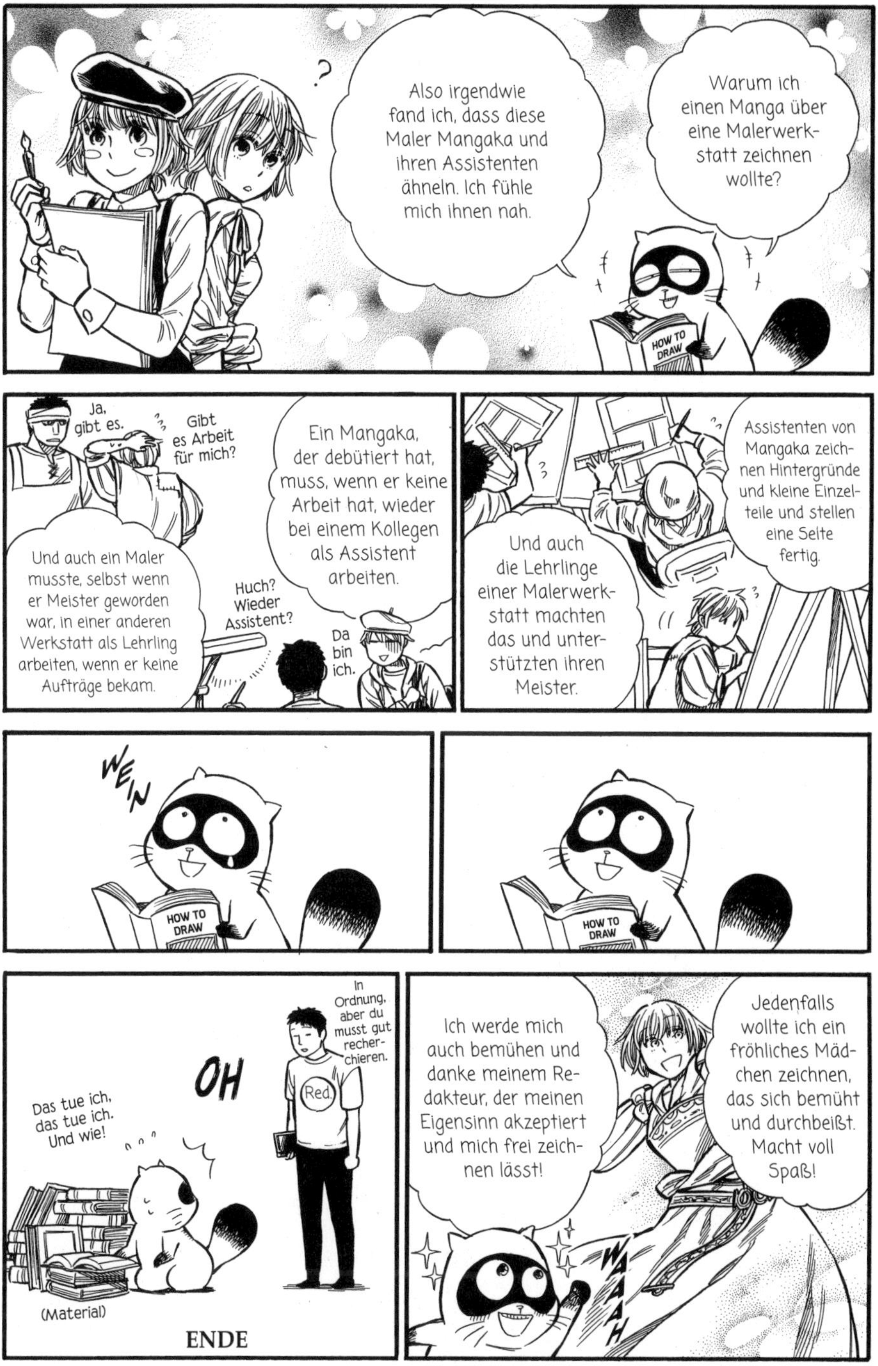

Warum ich einen Manga über eine Malerwerkstatt zeichnen wollte?
Also irgendwie fand ich, dass diese Maler Mangaka und ihren Assistenten ähneln. Ich fühle mich ihnen nah.
HOW TO DRAW
Assistenten von Mangaka zeichnen Hintergründe und kleine Einzelteile und stellen eine Seite fertig.
Und auch die Lehrlinge einer Malerwerkstatt machten das und unterstützten ihren Meister.
Ein Mangaka, der debütiert hat, muss, wenn er keine Arbeit hat, wieder bei einem Kollegen als Assistent arbeiten.
Huch? Wieder Assistent?
Da bin ich.
Gibt es Arbeit für mich?
Ja, gibt es.
Und auch ein Maler musste, selbst wenn er Meister geworden war, in einer anderen Werkstatt als Lehrling arbeiten, wenn er keine Aufträge bekam.
WEIN
HOW TO DRAW
HOW TO DRAW
Jedenfalls wollte ich ein fröhliches Mädchen zeichnen, das sich bemüht und durchbeißt. Macht voll Spaß!
Ich werde mich auch bemühen und danke meinem Redakteur, der meinen Eigensinn akzeptiert und mich frei zeichnen lässt!
WAAAH
In Ordnung, aber du musst gut recherchieren.
Red.
OH
Das tue ich, das tue ich. Und wie!
(Material)
ENDE

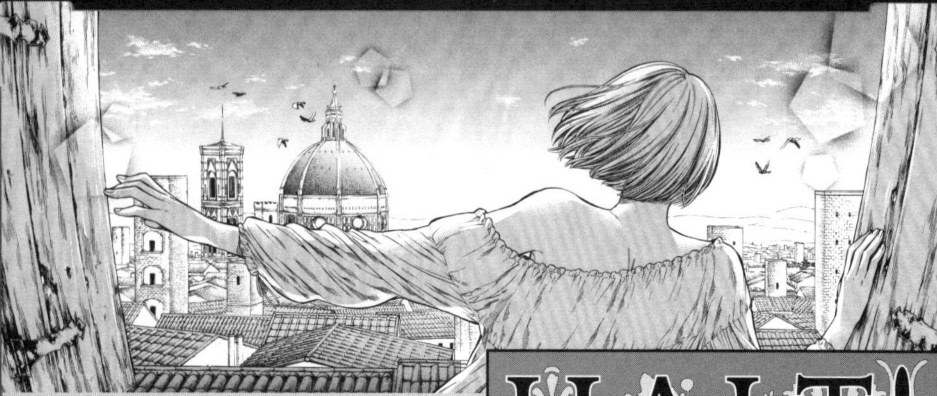

HALT!

Das ist nicht die erste Seite des Buches.
ARTE ist eine japanische Serie, die originalgetreu von »hinten« nach »vorne« und von rechts nach links gelesen wird! Schlagt das Buch also »hinten« auf und blättert Seite für Seite nach »vorne« weiter!
Auch die Bilder und Sprechblasen auf jeder Seite werden von rechts oben nach links unten gelesen, wie es in der Grafik gezeigt wird!

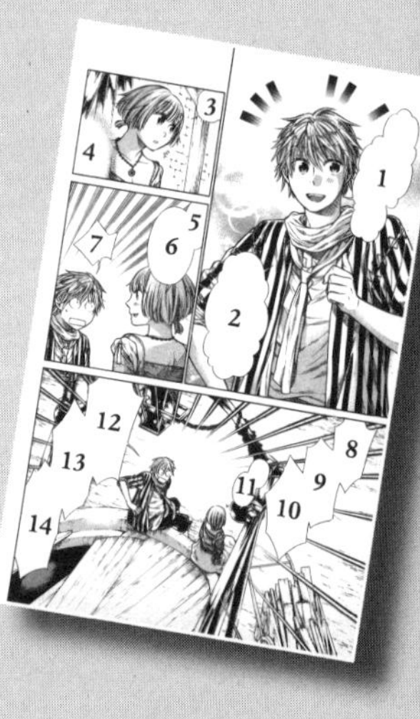

Dann kann die malerische Reise in die Vergangenheit beginnen!

Wir produzieren nachhaltig
- Klimaneutrales Produkt
- Papiere aus nachhaltigen und kontrollierten Quellen
- Hergestellt in Deutschland

FSC www.fsc.org MIX Papier | Fördert gute Waldnutzung FSC® C014496

Carlsen Verlag • Hamburg 2020
Aus dem Japanischen von Yuki Kowalsky
ARTE Vol. 01

Redaktion: Anne Berling † Textbearbeitung: Steffi Korda † Herstellung: Wiebke Düsedau
 † ISBN: 978-3-551-79861-9